沉香红 孙艺藩 郭斌 主编

CREATIVE
WRITING

记叙文篇

创意写作

U0640294

沉香红

作家

资深写作导师

中国作家协会会员

中央电视台CCTV4

新闻采访人物

CREATIVE
WRITING
- NARRATIVE ESSAY

叙文：写人、写事、状物、写景、
想象力、读后感

记叙文常用写作文体

篇范文拆讲、赏析与名师点评

副主编：张海新 蔡晓菲 戚文华 王伟珠
　　　　张奇珍 秋心念 蔡　娴 蒋海军
　　　　蔡圆治 善 文 毛　燕 李廷英
执行主编：杨艳媚 程雪瓶 侯娟利 岑　章
　　　　尹维鸿 杨一晨

西安出版社

图书在版编目（CIP）数据

创意写作 . 1, 记叙文篇 / 沉香红 , 孙艺藩 , 郭斌主

编 . -- 西安 : 西安出版社 , 2024. 8. -- ISBN 978-7

-5541-7380-0

Ⅰ . H15

中国国家版本馆 CIP 数据核字第 2024G2K395 号

创意写作 . 1, 记叙文篇

CHUANGYI XIEZUO JIXUWENPIAN

作　　者：沉香红、孙艺藩、郭斌

责任编辑：徐妹

出版发行：西安出版社

社　　址：西安市曲江新区雁南五路 1868 号影视演艺大厦 11 层

电　　话：（029）85253740

邮政编码：710061

印　　刷：三河市中晟雅豪印务有限公司

开　　本：787 毫米 ×1092 毫米　1/16

印　　张：31.875

字　　数：551 千字

版　　次：2024 年 8 月第 1 版

印　　次：2024 年 8 月第 1 次印刷

书　　号：ISBN 978-7-5541-7380-0

定　　价：160.00 元（全二册）

△ **本书如有缺页、误装，请寄回另换**

《创意写作》编辑团队名单

陈海燕　　吴瑷利　　木　西　　李新月

林之秋　　邓文芬　　苏甜甜　　秦　至

孙立红　　王玉娟　　易　英　　胡子如

张婧瑜　　郝　爽　　邬玲玲　　姜　燕

目　录

第二章　记叙文写事 / 　　029

一、记叙文写事的概念 …………………………………… 031

二、记叙文写事的特点 …………………………………… 031

三、记叙文写事思维导图 ………………………………… 032

四、写事篇范文 …………………………………………… 032

第三章　记叙文状物　/　049

第四章　记叙文写景　/　069

第五章　想象力作文 / 091

第六章　读后感 / 109

第七章 优秀作文鉴赏 / 129

序章

记叙文

一、记叙文的概念

记叙文是以记人、叙事、写景、状物为主，以写人物的经历和事物发展变化为主要内容的一种文体形式。

二、记叙文的表达方式

1.叙述：把人物的经历和事物的发展变化过程表达出来的一种表达方式。它是写作中最基本、最常见，也是最主要的表达方式。

2.描写：是对人物的外貌、动作，事物的性质、形态和景物的状貌、变化所作的具体刻画和生动描摹。

3.说明：是用简明的语言客观而准确地解说事物或阐述事理的一种表达方式。

4.抒情：是作者通过作品中心人物表达主观感受，倾吐心情即直抒胸臆。间接抒情是在叙述、描写、议论中流露出爱憎感情。

5.议论：根据作品写出自己的见解或道理（记叙文中议论往往起画龙点睛，深化中心，揭示记叙目的和意义的作用）。

为了让记叙生动，在写记叙文的时候，还需要辅之以描写表达方式；为了让记叙过程流露感情色彩，还需要辅之以抒情表达方式；为了让记叙的人和事有意义，还需要辅之以议论表达方式。在记叙的过程中，有些地方需要说明，还需要辅之以说明这一表达方式。综合表达方式的灵活运用，可以使记叙文变得更有表现力，更具感染力。

三、记叙文的特点

1.记叙文的特点：通过生动形象的事件来反映生活、来表达作者的思想感情，文章的中心思想蕴含在具体材料中，通过对人、事、物的生动描写来表现。

2.概括文章的内容，抓住以下几个要点：

（1）把握记叙文的要素，以写事为主的应明确写什么事，写人为主的应明确写什么样的人。

（2）把握关键性语句，揣摩作者为什么要写这些人、事。

（3）分析层与层之间的关系，理清文章脉络，然后概括文章的中心思想，体验作者的思想感情。

第一章

记叙文写人

扫码查看

★ 创意写作课
★ 名家创作谈
★ 佳作朗诵赛
★ 作文点评站

一、记叙文写人概念

写人文章，就是以人物为主要描写对象，人物可以是一个人、几个人或一群人。写人文章也会有记事，与记事不同的写人文章，就是以人物为主要描写对象，人物可以是一个人、几个人或一群人。写人文章也会有记事，与记事不同的是写人文章的描写重点是人物而非事件，事件只是为了突出人物的性格特点或思想品质服务的。

二、记叙文写人特点

1.抓住人物的特点，体会人物的个性。

世界上没有两片完全相同的树叶，人也一样。每个人的外貌特征，言行举止都不尽相同，在阅读时，认真分析人物的外貌描写从而了解人物的个性特点。

2.抓住典型事例，分析人物形象。

写人离不开记事，人，是全文的中心，事，则是为表现人物的形象服务的。有的写人文章是通过一件事或几件事表现某一特征，有的则是通过几件不同的事表现某几方面的特征。所以在阅读时，我们应抓住典型的事例，认真分析人物的性格特征、道德情操。

3.抓住细节描写，体会人物内心世界。

人物的细节描写，主要指语言、动作、神态、描写等。在阅读时，要通过语言描写分析出人物的性格、内心活动和精神面貌。通过人物神态和动作来分析、判断人物的思想感情、性格特征及内心活动。通过描写人物的心理体会人物的想法、心情、情感。

4.理清文章层次，明确写作目的

在理清文章段落层次的基础上，了解文章详细和略写的是什么，弄清作者的写作目的。看文章通过记叙或者描写表现、歌颂了什么，概括文章的中心思想。明确了中心，有利于更进一步加深对文章内容的理解。

5. 准确抓关键字词语句

写人文章里写的人是活生生的人，其思想性格是通过具体的事情或者材料来显示的。因此，在阅读写人文章时，要看一看作者是通过写什么事情来表现人物的，想一想所写事情的侧重点在哪里，它对表现人物特点有什么好处等。

三、记叙文写人思维导图

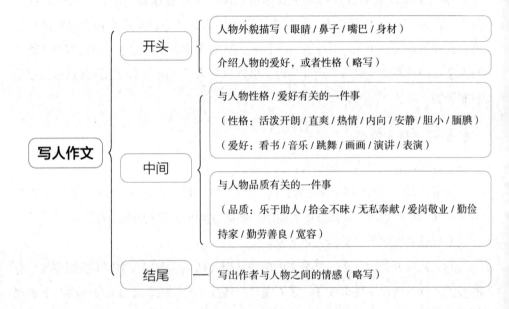

四、写人篇范文

※ 范文一

我的老父亲

文 / 杨晓艳

在我的记忆深处，父亲年轻时是一个标准的美男子，他身材高大魁梧，饱满的额头，高高的鼻梁，方正的脸盘上长着一双炯炯有神的大眼睛，充满了智慧。

父亲今年 71 岁，他就像湘中大地的山山水水一样平凡，但是，父亲忠厚老实，勤劳善良，吃苦耐劳。在那个遥远的年代，爷爷去世早，父亲长兄如父，含辛茹苦地帮助三个叔叔上学，建房和结婚，他像一头老水牛默默耕耘。从我记事起，父亲似乎没有闲下来过，他对土地有一种执着的爱，早晚都要去田边转转，耕田犁地，浇水施肥，尤其是收获的季节，父亲天不亮就去田里割稻谷，沉甸甸的稻穗令父亲十分开心，他毫不畏惧稻叶在他胳膊上留下一道道醒目的痕迹，动作非常敏捷，往往把大家都甩得远远的。稻谷收下来后，父亲还要一筐筐挑回家，窄窄的田间小道上了留下来他深深浅浅的足迹。

父亲像一座山，巍峨厚重，为了养育我们，父亲农闲时去村里的采石场上班。在一片热火朝天中，父亲卷起袖子，抡起沉重的锤子，一锤一锤地把大石头锤成一颗颗小的，然后装进竹筐里，倒进货车上。父亲汗如雨下，他双手不停地锤石头、搬石头，累得腰酸背痛，甚至还被石头刮伤脚趾。有一次，我去采石场给父亲送水，在刺耳的叮叮当当的敲击声中，父亲沉稳地举着铁锤，聚精会神敲着坚硬的石头，他的脸晒得黑黝黝的，脖颈上、肩膀上汗水肆意地冒出来，就像一幅粗犷雄浑的图画，永远定格在我的脑海里。长年累月的辛劳，父亲的肩膀又红又肿，他的胳膊留下一道道刺眼的划痕，双手就像干涸的长满结巴的老树皮，沟壑纵横，指尖还布满大大小小的裂口，像被岁月的刻刀无情地雕刻出来的。

父亲脾气温和，待人和善，他的脸上总是含着朴实的笑容，从小到大，父亲从来没有打骂过我们，还一直教导我们要做个善良的人。父亲当了十几年队长，他非常热心，无论谁家有困难，他都力所能及地去帮忙。那时候，家家户户都要挑水喝，水井位于村子的最边上，来回一趟都令人气喘吁吁，可是，父亲常常帮一位孤寡老人挑水。有一年夏季，天气十分狂躁，连续下了几天几夜大雨，河水逐渐涨了起来，慢慢越过堤坝，逼近金灿灿的稻田，老人的稻谷都漂在水里，他急得寝食难安，父亲知道后立刻和几个叔伯一起，毫不犹豫走进齐腰深的水田抢收稻谷。

父亲节约简朴，他的鞋跟断了粘上胶水继续穿，每件衣服都反反复复穿多年，甚至缝上了补丁，但他给予我们的却是无比深沉的爱。那年冬天，寒风刺骨，鹅毛般的大雪飘了整夜后，依旧没有停下，积雪厚得就像给大地盖上了几尺深的棉被。我正在上课，突然，传来"咚咚咚"的敲门声，紧接着，教室门"吱呀"一声开了，"二宝。"随着一声浑厚亲切的呼唤，父亲大步流星地走了进来，他穿着陈旧的棉袄，戴着一顶黑色的帽子，浑身落满了雪花，连眉毛都是白色的。父亲利索地从袋子里掏出一双崭新的雪地鞋递给我，我低着头，弯下腰，默默地换好鞋子，泪水在眼眶里四下颤动，父亲拎着旧鞋子，朝老师点点头，飞快地消失在教室门口。

父亲性格爽朗、开明，在我的印象里，似乎没有什么事情让他沮丧过。十几年前，我把丈夫带回了家，父亲得知我要远嫁千里之外后，并没有阻止我，他只是语重心长地告诉我，人生有许许多多选择，既然选择了远嫁，就要孝敬公婆，好好过日子。结婚那天，坚强的父亲眼眶红了，他一边挥手，一边依依不舍地目送我离开了家乡。

正如有首歌里唱的："时光时光慢些吧，不要再让你变老了。谢谢你做的一切，双手撑起我们的家……"我的老父亲，你就像黑暗中的灯塔，默默照耀我前行；你就像春天的阳光，给予我无尽的温暖，愿这世间的平安、健康、幸福和快乐与父亲如影随形。

名师点评：本篇作文以外貌描写开头，开门见山地引出文章所描写的对象——父亲。紧接着作者通过父亲种地供养弟妹上学、去采石场工作、帮老人挑水、给我送新鞋几件事情，勾勒出一个忠厚老实、勤劳善良、吃苦耐劳的父亲形象。文章的语言朴实无华，情感真挚，字里行间都流露出作者对父亲真切的爱。不失为一篇描写父亲的佳作。

指导老师：谢威

※ 范文二

我的好兄弟

文/沙诗晨

我有一个铁哥们儿名叫"乔峰"，大家别误会，他可不是武侠剧里叱咤风云的大侠"乔峰"，他是我的表弟，一个十一岁的很有个性的男孩子。

我的表弟乔峰是一个酷酷的、帅帅的男孩子，他瘦得像一阵风都能把他吹跑。他有一双小眼睛，但是小眼睛聚光，他生气的时候，小眼睛一瞪，不怒而威，看起来还真的有点大将风范。

乔峰不爱说话，常常是一副"人狠话不多"的模样。最让我佩服的是他的勇敢，他虽然个头不高，但却有一股天不怕地不怕的劲儿。

有一次，我和乔峰在公园里玩耍，一个球忽然朝我飞过来，我下意识地把球拍了出去，哪知球"啪"的一声砸在了一旁的人身上。三个凶神恶煞的少年不怀好意地把我围在了中间："你砸到我了，你看怎么办吧！"看到对方人多势众来势汹汹，我心里直打鼓。乔峰看见了这一幕，他立刻挺身而出站在我的前面："你们要干什么？他是我哥哥，你们不能欺负他！"可能是乔峰攥着拳头的狠样儿吓退了他们，那三个想欺负我的人没有再为难我，继续打球去了。这一次的事情让我十分感动，乔峰是在我遇到危难的时候，第一时间站在我前面的人。

我的兄弟乔峰，他是一个运动健将。乔峰是学校的短跑冠军，曾经代表学校参加"市运会"，并且取得了好成绩。在运动场上，就是乔峰大放异彩的时候。只听一声令下，乔峰的身影就像一道闪电，眨眼之间就冲到了终点，把对手远远甩在自己的身后。

我和乔峰最大的乐趣就是一起打篮球，我们哥俩常常暗自较劲，在篮球场上一较高下。我是个大块头，个子高有力量，乔峰个儿小很灵巧，球场上我们是旗鼓相当，不分胜负。在一场场较量之中，我们酣畅淋漓地挥洒汗水，奋力奔跑，欢笑和汗水交融，男子汉之间的友谊越来越深厚。

我和表弟乔峰，从小一起长大，有快乐一起分享，有烦恼一起分担。他是我的好兄弟，有这样一个好兄弟，我很幸运。

名师点评：小作者抓住了好兄弟乔峰勇敢、天不怕地不怕，爱运动的特点，通过外貌、语言、行动的描写，让有个性的乔峰跃然纸上。"不怒而威""挺身而出""身影就像一道闪电"等形象的词语、句子的运用，让乔峰的人物形象更加突出，给读者留下了深刻印象。从文中叱咤风云、凶神恶煞、来势汹汹等成语的运用，可以看出作者日常丰富的词语积累。

指导老师：席小丽

第一章 记叙文写人

节俭的姥姥

文 / 司德珍

我的姥姥六十多岁了，齐耳的短发有些花白，她笑起来特别好看，眼睛像弯弯的月牙，脸上的皱纹像绽开的菊花，仿佛也跟着笑了起来，整个人看起来特别和蔼可亲。

认识我姥姥的人都说她是一位特别节俭的老人。

上次我去姥姥家吃饭，姥姥做了我最爱吃的饭菜，我狼吞虎咽地吃了起来，后来还剩了几口米饭吃不动了，就要端着倒进垃圾桶里。这时姥姥看见后，赶紧将我拦住伸手接过我手里的碗。将我的剩饭倒进自己碗里津津有味地吃了起来，她边吃边说："这么好的粮食可不能糟蹋了。"妈妈见状就劝姥姥说："妈，孩子的剩饭您就别吃了，现在日子好了起来，咱们又不是穷得揭不开锅。"姥姥听到后皱起了眉头说："倒掉的是剩饭，流走的是汗水，一粥一饭当思来之不易，日子再好，也要记得节约粮食。"我听了姥姥的话，羞得满脸通红。从此，我吃饭时都是吃多少盛多少，再也不会浪费粮食了。

姥姥有一件外套已经穿了好多年了，袖口已经洗得发白了，可是她就是舍不得扔掉。前两天妈妈背着姥姥偷偷丢掉了，被姥姥发现后又捡了回来。她生气地责备妈妈："衣服旧点怕什么，只要干净就好，一针一线来之不易，要养成节俭的好习惯。"见妈妈不说话，姥姥还列举了毛爷爷当年穿补丁衣服的故事。妈妈听了，赶紧把这件捡来的衣服清洗干净，并且再也不敢乱扔姥姥的衣服了。

姥姥经常说节俭是传家宝，什么年代都不能丢。在她的影响下，我们一家人都养成了节俭的习惯。这种节俭的习惯，不仅让我们家省下了不少开支，还让我们更加珍惜眼前的幸福生活呢！

※ 范文四

勤劳的奶奶

文 / 丝语

奶奶今年七十多岁了。她矮胖的个子，腰板结实，常年的户外劳动把她晒得黝黑黝黑的，脸上肌肉饱满，看上去可精神利索了。

奶奶一生务农，没有别的爱好，诸如打牌、打麻将的一样不沾边，最大的爱好就是劳动。

前年"五一"我们好不容易说服奶奶去上海和苏州旅游，这是她第一次出远门，却让大家哭笑不得。

在上海的商场上扶梯时，她一只脚伸出去又猛地缩了回来，试了几次都不敢踏上去，眼前的扶梯像一条巨大的翻滚的黑蟒蛇，令她望而生畏，生怕自己双脚踩上去会被吞掉。我笑奶奶是胆小鬼，她却说大城市不好玩，连楼梯都没有。习惯走路的她，令人啼笑皆非。

游苏州园林时，她一整天话很少，似乎在想什么心事。大家以为她是走累了，才不想讲话。

到了第四天去周庄，沿途经过田野、村庄，看到她熟悉的禾苗、农作物、果树，她的话一下子多了起来："这个稻苗长得好，那个扁扁的豆跟家里的不同……"她像见到久违的孩子，两眼发亮，恨不得立即冲上去抱抱！她是惦念家里的农活了。

　　果不出所料，正当大家热烈地商量下站的行程时，一直沉默的奶奶开口了："我哪儿也不去，我要回家，家里稻田和果园的草肯定疯长了，我要回去拔草！"

　　似一声炸雷，所有人都惊呆了！不约而同望向她："这怎么行？回程的动车可是两天后！既然出来了，就好好玩个够。"

　　"我不管，我就是要回去！"她像个任性、撒泼的小姑娘一样不依不饶。大家见拗不过她，只得提前回去。

　　这就是我一刻也闲不住的奶奶！远在千里之外心里想的念的都是她的庄稼、她的农活，那是她的根，她的灵魂寄托啊！可不是，她一回到家就浑身充满了劲头，忙个不停：喂鸡，去菜园摘菜，到田里拔草……而她心里最放不下的就是果园。

　　果园里新种上了澳洲坚果、石榴、荔枝、油茶。每天奶奶都要去看看，就像一位母亲看护自己的婴儿一样，格外慈祥、用心。哪棵长得瘦，哪棵长得矮，她一一记着，淋水施肥时总会多喂一瓢。风吹过，满山坡的小树苗摇摇晃晃，似乎在争着要她抱抱呢。我仿佛看到了满园硕果累累，那是奶奶用辛勤的汗水浇灌而结出的丰收果实！

　　奶奶一生像勤劳的小蜜蜂一样不知疲倦地劳作，每天的辛苦和劳动就像吃饭和睡觉一样变成了她的日常，哪怕白发苍苍，仍然是生命不息，劳作不止。

　　名师点评：作者通过写奶奶日常生活中的几件小事，小中见大，不仅写出了奶奶的善良以及对"我"无微不至的爱，同时也写出了"我"对奶奶深深的思念之情。文末再次点题，奶奶是众多普通劳动人民中的一员，距离无法阻隔"我"与奶奶紧紧相连的心，对奶奶的怀念之情溢于言表。

　　　　　　　　　　　　　　　　　　　　　　　　　　　　指导老师：赵雅静

离不开讲台的二舅

文 / 张绍琴

我家二舅天生就是当老师的料。国字脸上架一副厚厚的镜片，不大的眼睛炯炯有神，和蔼中不乏威严。

二舅比妈妈大 5 岁。听妈妈讲，二舅读初中的时候就给小学一、二年级的妈妈当老师。每到寒暑假便给妈妈布置作业，妈妈必须完成每天的作业才能外出和小朋友一起玩耍。

我心中暗自庆幸走上讲台后的二舅带着一大帮孩子，没有时间给我布置作业。

去年疫情防控期间延迟开学，我高兴得跳起来八丈高。大人呼我们为"神兽"，神兽就神兽吧，没有老师的紧箍咒，彻底还我神兽的世界！

奇怪的是不用到学校的二舅居然憋不住了。那时在家隔离，外出要求戴口罩。70多岁的外婆总觉得口罩隔着，不能自由呼吸，常常不戴口罩偷偷溜出家门。随着疫情越来越严峻，二舅开始寻思如何让外婆转变观念，增强防护意识，仿佛面对一个逃学的学生，开始思考如何把这个"学生"劝回课堂，如何让这个"学生"遵守学校的规章制度，直到这个"学生"爱上学习。

二舅首先对外婆进行了调查研究。外婆除了喜欢入城后离城近 10 公里亲手开垦的土地，没有别的爱好，隔离期间日子显得特别漫长。二舅于是精心设计了一个教案，上门教学。他说："家庭是国家的一分子，国家有难，人人有责，每个人都应该做好当前力所能及的事。"

后来固执的外婆果然不再说命由天定，不再说山上没有病毒，乖乖地戴着口罩出门购物，戴着口罩上山摘菜。

不久，不幸的二舅被诊断为甲状腺肿瘤（是恶性程度较低的一种癌）。校长考虑到二舅术后需要终身服用药物，需要少说话，主动叫二舅不再担任班主任，让他带着孩子们玩，只教体育类的课程。谁知休养一学期后，二舅又闲不住了，主动向校长提出要当班主任，仍然教语文或数学。

如今，二舅如愿地回到讲台。像鱼儿回到水中，像鸟儿离开笼子，二舅整个人似乎显得比手术前更加精神。

哎，我那离不开讲台的二舅！

名师点评：这篇叙事文是一篇个性鲜明的佳作。首先，心思细腻，描写传神。作者结合自己的切身体会，向我们描述疫情背景下普通家里的普通人物的真实事件，其次，为什么能让人感受到此文脱颖而出呢？主要是渗透在字里行间的二舅朴实且热爱自己的事业打动了读者，好作文，无外乎叙真实事，抒真切情，写真正志。

指导老师：蔡娴

※ 范文六

我的"自画像"

武汉盘龙城名流学校　四（7）班　张焱星

我叫张焱星，10岁了，家住在盘龙城。我出生在一个寒冷的冬天，爸爸希望我像天上的星星一样闪闪发光，所以给我起名叫"焱星"。

我圆圆的小脸蛋，胖乎乎的，看起来憨厚可爱。一头乌黑发亮的短发，精神抖擞地竖立在我头顶。一对浓黑的眉毛，时而愉快地舒展，时而搞怪地抖动着。高高的鼻梁挺拔得像小山丘，一张能说会道的嘴巴像机枪一样"扫"个不停。

我的体格强健，是有名的"运动健将"，我最擅长跑步了。去年，在学校的田径运动会上，我参加了四百米赛跑。赛场上"高手如云"，据说这些"高手"中，有几个还打破了学校的四百米赛跑纪录呢！而这些"高手"最终还是被我"秒杀"了，最后，我获得了冠军。同学们都称我为"飞毛腿"。

我还是一个活泼，爱搞怪的小男孩。有一次玩捉迷藏，我不知道躲在哪里，倒计时冰冷地在我的耳边响起："3、2、1……"我要躲哪里？怎么办？情急之下，我一头扎进了旁边的草丛里，没想到，草丛里有一个泥坑，我瞬间变成了一个"大泥人"。这时，我灵机一动，想出了一个"鬼点子"。我镇定自若地从泥坑里爬起来，顺手用旁边的草编了一个草帽，戴在头上，假装自己是"怪兽"，吓得同学们拔腿就跑，四处逃窜，看着同学们惊慌失措的样子，我暗暗窃喜。

每个人都有缺点，我也不例外。我最大的缺点就是丢三落四。记得有一次，妈妈送我去上学，可我不是忘带笔袋，就是忘带课本，我跑来跑去，来来回回好几次，才把东西准备齐全，浪费了很多时间。结果嘛，当然毫无悬念地迟到了。

听了我的自我介绍，你们一定对我有所了解了吧！我就是这么一个活泼开朗，但又有些搞笑的小男孩。

名师点评：文章开头运用了概括介绍式开头，简单交代了"我"名字的由来。让读者对"我"产生了兴趣。第二段细致地刻画了"我"外貌特点。后文分别围绕"我"的爱好、性格特征以及缺点，通过典型事例向读者展示了一个与众不同的"我"，人物形象鲜明而丰满。行文详略得当，构思十分巧妙。

指导老师：危正波

※ 范文七

我的"淘气包"弟弟

湖南省临澧县新安镇洞坪小学三年级　王雨涵

我的弟弟，今年六岁了，是个十足的"淘气包"。

有一次，我在书房写作业。弟弟在一旁玩恐龙玩具。我口渴了去喝水，等我回来。竟然看到作业本上画了一只丑陋的恐龙。我火冒三丈，大声问弟弟："这个恐龙是不是你画的？"弟弟嬉皮笑脸地说："是老鼠画的。"我更生气了："老鼠不会画画，一定是你画的。"弟弟听了，怕我打她，就跑走了。我在后面拿着扫帚追他，他像个猴子一样，在客厅里上蹿下跳，我累得气喘吁吁，追不上他。只好回到书桌边，把作业本上的恐龙擦掉，继续写作业。我真的不想再理他了。

还有一次上午，妈妈给我和弟弟一人买了袋火腿面包，就去上班了。等我津津有味地看完一本《成语故事》，准备吃我的面包时，却发现不见了。我赶紧看弟弟，看见他躲在沙发后面。我气急败坏走过去，拉着他，看到他嘴巴鼓囊囊的，连忙咽下了什么东西。我想一定是他偷吃了我的面包，我让他赔我。他笑嘻嘻地说：

第一章　记叙文写人

"真的不是我吃的，是奶奶刚刚回来吃了。"我�’着嘴，气鼓鼓地说："奶奶买菜去了，家里就我们两个人，肯定是你吃的。"弟弟看我生气了，竟然从沙发后面拿出一袋面包，逗我说："这是谁的？哈哈，不给你吃。"我真是哭笑不得，我发誓再也不理他了。

　　唉，我的"淘气包"弟弟，我真拿他没办法呀！

　　名师点评：你有没有一个这样的"淘气包"弟弟，在"我"作业本上画恐龙，偷藏"我"的面包，气得"我"再也不理这个淘气弟弟了。小作者通过生活中的两件小事，活灵活现地刻画了一个调皮可爱的弟弟形象，让我们忍俊不禁。可以看出小作者是个观察仔细、感情细腻的人啊！

指导老师：张海新

※　范文八

我的"双面"老师

湖南省石门县澧斓学校六（2）班　于浩楠

　　在教过我的所有老师中，让我印象最深的是三年级时教数学的黄老师。

　　黄老师是一个二十多岁的年轻人，一头乌黑发亮的短发，戴着一副银丝边眼镜，看起来文质彬彬的。

　　你可千万不要被他的外表蒙蔽了双眼，其实他是一个很搞笑的老师。下午上课，容易犯困，我们一上课就没精打采，东倒西歪的。黄老师一上课先来讲个笑话，那天他讲了一个古代小故事《一叶障目》，一边讲一边表演，神情语气随意切换，动作夸张，逗得我们哈哈大笑。突然，黄老师表情严肃地说："笑够了吗？"我们绷住笑，连连点头，他一拍桌子，大声说："上课！"我们挺直腰板，坐得端端正正，认真听讲，再也没有一个打瞌睡了。我心里暗暗佩服黄老师。

　　黄老师平时很温和，但如果你犯错误，他有一百种让你心服口服的方法，不信，你看看吧。

　　有一次，张明趁老师不注意，把漫画书放在数学书前，假装认真地看书。当他正投入漫画书中时，黄老师不动声色地走到他背后，冷不丁来一句："漫画书好看吗？"张明察觉到不对劲，猛一回头，黄老师正用冰冷的眼神凝视着他，他吓得一哆嗦，差点把数学书和漫画书掉到地上。

下课后，黄老师把张明同学请到办公室喝茶。半天工夫，张明抱着一摞书回来了，脸比苦瓜还要难看。原来黄老师笑着对他说："你喜欢看书啊，好，这几本书，你一周看完，并且每本书写一篇600字读后感上交，这样既增长知识又提高写作水平，一举两得。"

我们听了张明痛不欲生的哭诉，再也不幸灾乐祸了，都老老实实回到座位学习去了，我心想：上数学课一定认真听讲，千万别栽到黄老师手里啊！

黄老师真是一个让我们又爱又怕的老师。可是，我们班的数学成绩一直稳拿全年级第一，又应该感谢谁呢？

名师点评：本文语言生动有趣，让人忍俊不禁。这样的黄老师真的让人又爱又怕。为了不让学生上课打瞌睡，先讲一个生动有趣的故事，这样的黄老师让人"爱"；对于上课看漫画书的学生，不仅赠送书，还让读完写读后感，这样的黄老师让人"怕"。小作者塑造的黄老师性格鲜明、教导有方，连我们都不仅"爱"上了。

指导老师：张海新

※ 范文九

我的美食家妈妈

武汉市吴家山四小　三（6）班　周语希

一说到"美食家"，我首先想到的是我的妈妈。她喜欢研究各种美食，也喜欢动手去做各种美食。

记得有一次，我们全家去木兰山旅游，当我们到达木兰山美食街的时候，琳琅满目的美食让妈妈欲罢不能。一颗颗雪白的鱼丸散发着鲜香，诱人的香味扑鼻而来。深棕色的肉丸，嚼劲十足，让人回味无穷。黏黏的糍粑撒上甜甜的白糖，软糯香甜。这些美食全都被妈妈叫上了餐桌。我和爸爸惊讶地看着妈妈，异口同声地说："点这么多菜我们能吃完吗？"妈妈兴奋地说："早就听说这里的美食非常美味，今天一定要把它们吃个遍，好好地偷师学艺。"

妈妈一边品尝美食，还不忘和旁边的服务员讨论这些食物的材料和做法，还拿起手机记下美食的详细做法。

妈妈不仅喜欢研究美食，而且做的食物也是色香味俱全。

有一次，妈妈看了电视上一档做寿司的美食节目，她立刻跑到超市买了一些做寿司的食材，在厨房忙碌了好大一会儿，一盘美味的寿司就端上了桌子。我迫不及待地尝了一口，真是太鲜美了！我和爸爸大快朵颐，"消灭"了最后一块寿司。

我爱我的美食家妈妈，我爱妈妈做的所有美食。

> 名师点评：小作者紧扣"美食家"三个字，选取了三个典型事例，将妈妈"爱吃美食""爱研究美食""爱做美食"的形象刻画得很出色，结尾部分直抒胸臆，连用两个"我爱"，直接表达了对美食家妈妈的喜爱之情，感情真挚动人。整篇文章语言流畅生动，叙事条理清晰，详略得当。
>
> 指导老师：危正波

※ 范文十

我的老师是个"机器人"

湖北省武汉市名流学校五（6）班　柳天鑫

也许你玩过百变机器人，见过扫地机器人，听过理疗机器人，但是你碰到过老师是个机器人吗？这不，我们班就有一个。走，跟着我一起去探秘这个"机器人"吧。

告诉你吧，这个"机器人"就是我们的英语老师蔡老师。她功能齐全、经久耐用、实用有效，为我们班作出了很大贡献，我们都喜欢她，甚至依赖她。只要蔡老师启动"开机键"，她就会进入疯狂的工作状态。

上课时，进入"极速运转"模式。在她的课堂上，正常的上课流程有条不紊，单词、语法一个也不会落。为了把知识讲透彻，又能激起课堂氛围，她经常是花样百出：给我们制作卡片，设置奖励，寓教于乐……总之，不把知识吃透，你无论如何也无法使用"下课"按钮。

下课后，启用"自动放大"模式。回到办公室继续工作，此时她的眼睛会自动放大，把英语作业当语文作文来批改。逐字逐句一个个细看，不放过一个字母，一个符号，还要在后面加上几句长长的评语。任何一个同学，在这种模式下，都别想蒙混过关，趁早乖乖就范。

放学了，开启"录制"模式。把学过的重点知识给我们录成视频发在群里，方便同学们随时复习。大家可以哪里不会点哪里，随时随地想学就学，非常实用。就算是寒暑假，她也丝毫没有懈怠，在"机器人"的眼中只有工作，没有假日，仿佛它从来都不需要休息。

我非常庆幸有一位这样的"机器人"老师，同时也想衷心地对她说一声："蔡老师，您辛苦了！"

名师点评：文章构思新颖，语言富有趣味性。为了表现老师的特点，作者列举了上课时、下课时、放学后等不同的时间段将一个认真负责的老师体现得淋漓尽致，言语中流露出对老师的无比喜爱。

指导老师：王华

五、写人阅读训练

※ 阅读训练一

"变脸"老师

文 / 陈伊桐

我遇到过很多奇特的老师，如果要说哪位老师最特别，一定是我们的"变脸"老师——班主任黄老师。

黄老师总喜欢把她长长的头发盘在头上，整个人看起来神采奕奕的。她高高的个子，一双明亮的丹凤眼，一枚尖尖的鹅蛋脸，显得年轻漂亮、温柔可亲。可是，这样美丽的黄老师，却被大家称为"变脸老师"。因为她的表情时时刻刻都在变，总是令我们捉摸不透。

有一回，她给我们朗读课文时，把"我着凉了"读成了"我凉了"。全班哄堂大笑。有的同学大笑着嚷："老师，您读错了！"有的同学更是笑得人仰马翻。黄老师也不自觉地笑了大喊："笑什么笑，竟敢嘲笑你们最亲爱的老师！"我们吓得头皮一阵发麻，心想：黄老师变脸竟比翻书还快！

在一次作文课上，黄老师正绘声绘色地讲课，同学们也都全神贯注地听着。突然，黄老师示意我们不要出声，然后蹑手蹑脚地向一位同学走去。我们感到很奇怪，顺着老师走去的方向望过去，原来张宇同学在课桌底下玩玩具。他玩得太入迷了，连黄老师站在身旁他还浑然不知。

张宇似乎感觉到背后凉飕飕的，猛地抬起头一看，只见黄老师怒气冲冲地看着他，吓得他瑟瑟发抖。只见黄老师从张宇的手中抢过了小玩具，满脸怒色地朝他喊："你竟敢在课堂上开小差！给我罚抄这篇范文30遍！"只见张宇吓得大气不敢出，无可奈何地低下了头。

忽然，一个温柔的声音传来："算了！这次放过你了，你到后面先站着吧。"下课后，黄老师把小玩具轻轻地放在张宇的桌子上，温和地对他说："你以后上课要认真听讲，才能考出好成绩。"张宇一脸羞愧，望着黄老师，像小鸡啄米似的点着头，眼睛里雾气朦胧。

这就是我们的"变脸老师"。她有时很严厉，有时又和蔼可亲，真的让我们难以捉摸，但我们全班同学都很喜欢她。怎么样？你们喜欢吗？

1. 文中"——"的作用是什么？

2. "变脸老师"中引号的作用是什么？它的来由是什么，试用原文中的语句阐述。

3. 心想：黄老师变脸竟比翻书还快！这是作者的（　　　　　）描写，结合当时情景分析我为什么这样想？

4. 找出文中ABAC式词语，并用其中一个造句。

5. 作者以诙谐幽默的对话，展示了一个什么样的老师？从哪里可以看出我对老师的喜欢？

参考答案：

1. 解释说明

2. 特指。这样美丽的黄老师，却被大家称为"变脸老师"。因为她的表情时时刻刻都在变，总是令我们捉摸不透。

3. 心理。当时老师读错字后大家哄堂大笑，老师上一秒还笑着，突然，她笑盈盈的脸猛地消失，故意摆出一张阴云密布的脸。面部表情变化太快。

4. 绘声绘色　蹑手蹑脚（略）

5. 和蔼可亲、管教严厉、方法多样。这就是我们的"变脸老师"。她有时很严厉，有时又和蔼可亲，真的让我们难以捉摸，但我们全班同学都很喜欢她。（可用原文也可总结阐述）

※　阅读训练二

我的爷爷

文 / 林之秋

我的爷爷高高的个子，戴着一副厚厚的眼镜。他平时都很严肃，只有给我讲故事的时候，才能看见他的笑容。空闲时，他最喜欢读书看报，他常常看起书来，吃饭都忘了。

有一次，奶奶要出门，提前把午饭准备好，放在餐桌上，出门前叮嘱爷爷中午别忘了吃饭，爷爷欣然答应。奶奶走后，他翻出前几天刚买的一本新书，坐在沙发上看了起来。到了晚上，奶奶回到家里，看到那顿午饭原封不动地还在桌子上，而爷爷正捧着书津津有味地看着呢！

这样的事情发生过好几次，奶奶已经习以为常了。她常说爷爷是我们家的"百科全书"，我很不服气，故意提一些问题刁难爷爷。

那天我搜肠刮肚找到一个问题，向爷爷提问："一朵二朵三四朵，五朵六朵七八朵，九朵十朵十一朵，落入草丛寻不见。这首诗的作者是谁？"我的话音刚落，爷爷就不紧不慢地说："这是清朝乾隆皇帝的诗，名叫《咏花》。"

啊？我好不容易找到的问题被爷爷这么简单就"攻破"了，我欲哭无泪！

"孙女，历史上还有位名人的诗和这首很相似，你知道这位名人是谁吗？"这下轮到爷爷考我了。可是，这个问题太难了，一下子把我考住了。

爷爷看我疑惑的样子，不禁把诗吟出："一片二片三四片，五片六片七八片。千片万片无数片，飞入芦花总不见。这首诗是郑板桥的《咏雪》。"

接着他又把诗中的意境讲给我听，我不由得钦佩起爷爷的知识渊博。

从此，我遇到问题都喜欢向爷爷请教，他已经成为我的专职老师，更重要的是在爷爷的身上我看到了学习的力量。于是暗下决心：我要以爷爷为榜样，活到老学到老，做一个知识渊博的人！

1. 仿写词语：

津津有味：

2. 联系上下文理解下列词语。

渊博：

搜肠刮肚：

3. 为什么说爷爷是"百科全书"他已经成为我的专职老师？

_____

4. 按要求在短文第 4、5 自然段中画句子。

（1）用"---"画出体现我考验爷爷的语句。

（2）用"==="画出爷爷考验我的语句。

5. 文中作者用（   ）描写、（   ）描写、（   ）描写刻画了一个知识渊博的爷爷的形象。

6. 根据短文内容填空。

（1）文章用（   ）和（   ）两首古诗写"我"和"爷爷"之间的对决，挑战失败后的感受是什么？爷爷细心讲解后我的感受又是什么？

（2）"我"心中爷爷是一个（   ）的人。

参考答案：

1. 泱泱大国　落落大方

2. 知识广且深，博学多才。这里指我费尽心思才想出来的办法。

3. 爷爷知识渊博，学识丰富。我遇到问题都喜欢向爷爷请教，他已经成为我的专职老师，更重要的是在爷爷的身上我看到了学习的力量

4. 略

5. 语言 神态 动作

6.（1）《咏花》《咏雪》，挑战失败后我好不容易找到的问题被爷爷这么简单就"攻破"了，我欲哭无泪！很有挫败感，也不服气。爷爷讲解后我不由得钦佩起爷爷的知识渊博，也觉得爷爷真是我们家的百科全书。

（2）知识渊博

※　阅读训练三

父亲

文／彭琼

小时候同学都羡慕我有一位睿智通达的父亲，羡慕我与父亲能像朋友一样自由交流，而我也一直以有这样的父亲为骄傲。

我的父亲已入花甲之年，他中等个头，身材健硕，棱角分明的脸上布满皱纹，黄褐色的皮肤与粗糙的手掌彰显着土地人独有的特征。浓眉大眼，深邃的眼神中透着威严与刚毅。小时候只要父亲一个眼神，淘气的我们便立刻乖顺了。

父亲是一个热爱生活的人。他喜欢体育，足球篮球赛事一场也不落下，体育频道是他的专享台，母亲甚至也跟着他成了一名不折不扣的球迷。父亲爱看书，戴着他的老花镜津津有味地品读我从图书馆给他借来的书；喜欢说评书似的在左邻右舍中侃侃而谈他的所见所闻，而每次总能吸引不少听众。他还喜欢到处走走，犹记得那年正月，他带着我们一群小屁孩去爬山，美其名曰带我们去探险，寻找抗战基地，实则是考验我们的意志。没有路了，披荆斩棘走出了一条路，走不动了，他便

给我们讲红军长征的故事。到如今我都会时时想起当年爬山时他激励我们的情景。

父亲也是一个顽强的人。如果说车祸只是让父亲的脸上、膝上留下了惊险的疤痕；如果说耕田机不小心切断了他的右脚脚后跟，只是让他的步履从此蹒跚；而被医院查出肝癌的诊断，无疑让父亲经历了半年从死到生的精神涅槃。那半年来，我一想起父亲患上绝症，就难过得泪流满面。而母亲陪着父亲从岳阳到长沙，几经辗转，每一次检查结果出来前，她便在一旁抹眼泪。可是父亲自己，却不断地安慰着我们。直到疑似肝癌的诊断改成良性血管瘤，我们一颗沉重而哀伤的心才轻松起来，父亲则始终坦然乐观地面对并接受着这一切。从医院出来，他带母亲去了一趟韶山，去瞻仰他生平最崇敬的伟人毛主席。我想，父亲的顽强与坚韧大约都受益于伟人的力量吧。

都说父爱是沉默的，无形的。三十多年来，父亲用他的言行教导我如何做人，如何做一个正直善良勇敢的人，做一个对生活满怀热情，对未来怀揣梦想的人。

1. 说说下列词语的近义词。

侃侃而谈：_____、_____ 披荆斩棘：_____、_____

2. 用"——"画出文中描写父亲外貌特征的语句。

3. 文章是通过两方面来说明父亲的品格特征的，第一个是（　　　　），第二个是（　　　　）。

4. 按照文章内容填写。

（　　　　）的皮肤　　　　　　　（　　　　）的眼神

（　　　　）地品读　　　　　　　（　　　　）地面对

5. 最后一个自然段与第一自然段的关系是什么？

6. 父亲是一个怎样的人？他的爱体现在哪里？请写出来。

参考答案：

1. 高谈阔论　乘风破浪 / 一往无前 / 劈波斩浪

2. 他中等个头，身材健硕，棱角分明的脸上布满皱纹，黄褐色的皮肤与粗糙的手掌彰显着土地人独有的特征。浓眉大眼，深邃的眼神中透着威严与刚毅。

3. 热爱生活　顽强

4. 深邃　黄褐色　津津有味　坦然乐观

5. 首尾呼应

6. 父亲是一个顽强、热爱生活的人。父亲用他的言行教导我如何做人，如何做一个正直善良勇敢的人，做一个对生活满怀热情，对未来怀揣梦想的人。

第二章

记叙文写事

一、记叙文写事的概念

记事文章，主要记述一件事情发生、发展、结果的全过程，表达某些观点看法，表达某种思想感情，让更多的人从中领悟生活的道理。主要通过叙述、描写的手法写人记事，有时结合抒情和议论来完成对事情的陈述。

二、记叙文写事的特点

1. 弄清记叙的"六要素"。

记事的文章，一般都具有时间、地点、人物、事件的起因、事件的经过、事件的结果这"六要素"。阅读时，要初步了解这件事发生的时间，发生的地点，有哪些人物，事情是怎样发生的，又是怎样发展的，结果怎样，弄清了这些就会很快的感知文章的大致内容，为更好地理解全文打好基础。

2. 厘清叙事的顺序。

一般来说，叙事的顺序包括三种：①顺叙，是按照事情的先后顺序来叙述。②倒叙，就是把事情的结局先写出来，然后再写事情的发生、经过等。③插叙，在叙述某一事件的过程中，要对所叙的事情进行必要的交代而插入的叙述。当插叙的内容结束后，原来的叙述继续进行。我们弄清了事情的发展顺序，阅读后，才能留下清晰的印象，从而有助于我们更透彻地理解文章。

3. 抓住叙事的重点部分，体会作者所要表达的感情。

叙事文章中起因、经过和结果是构成情节的主要环节，经过一般都有详有略，凡是能反映文章中心思想的地方，作者都要选取典型的事例进行详写，抓住这个部分，有助于我们理解整篇文章，从而更好地把握住文章所表现的中心思想。

三、记叙文写事思维导图

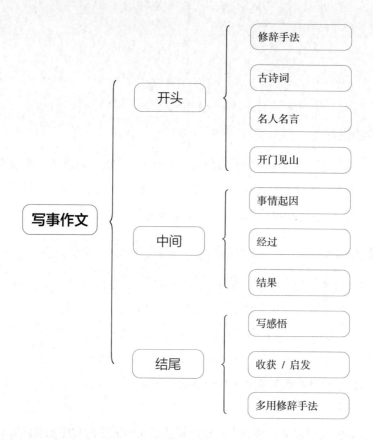

四、写事篇范文

※ 范文一

那一刻，我流泪了

文 / 许梓瑶

小时候我的记性不太好，时不时的就会忘记拿东西。

上小学的时候，我算是一个转校生吧，五年级的时候转到了别的学校。因为是寄宿学校，一周只回家一次，忘记东西必须要家长来送。

那天阴雨不断，大雾弥漫，整个城市就像泡在牛奶中一样。我拖着行李箱，和妈妈告别便上了爸爸的车去学校。我坐在车上的整个过程都在翻书包，生怕忘记拿东西。我的心脏不停地蹦着，马上就要跳出来了一样。好在作业书本都没有忘记拿，我的心顿时平静下来，长舒一口气，可吓死我了！我还以为作业忘拿了呢！

到了学校我回到教室，因为这天美术要考试，下午开考，中午老师提醒我们："大家水彩笔拿了吗？"嗯？水彩笔？好像在我柜子里吧，我记得上周放在柜子里了，结果我一翻柜子，天啊！我竟然上周拿回家忘带回来了，可是我觉得没有必要给妈妈打电话，妈妈太注重外貌了，从化妆到穿衣打扮几乎要一个小时！可是现在也来不及了，妈妈肯定会迟到的，怎么办呀，不管啦，赶快给妈妈打电话，边打边想：妈妈肯定会迟到的，穿衣服那么慢，再加上阴雨天不好打车。

过了差不多十分钟，老师告诉我妈妈在学校门口等我呢，我心想：不可能啊，这么快吗？于是急匆匆地跑到学校门口，果然妈妈到了。走近一看，妈妈头都没梳，雨伞都忘记打了，随便穿了一件外套，汗已经浸透了衣服，豆大的汗水从脸上流下来，大口喘着粗气。妈妈把水彩笔交给我，对我说："学习的事情不能耽误，以后别忘记拿了啊！"我看了看水彩笔，发现上面有一个小纸条，写着：妈妈爱你呦！要好好学习……。那一刻，我流泪了，妈妈为了我的学习连雨伞都没拿！这时，妈妈催促我："快进去吧！"妈妈说完，转身消失在雨中背影逐渐模糊……

"以后别再忘记拿东西了啊……"这几句话一直回荡在我的耳边，怎么也忘不掉，也不知为什么。

名师点评：这篇作文最难能可贵的是写出了真情实感。其中有两处给人印象最深刻：一处是，妈妈爱打扮，平常出门没有一个小时不行。二处是，妈妈没有梳头，忘了拿伞，却给自己送东西。前后形成了鲜明的对比，让作者感知到妈妈是如此爱自己，这些发自肺腑的语言，读来亲切感人。

指导老师：戚文华

第二章 记叙文写事

外婆的草鸡蛋

文 / 徐宏敏

我从小在外婆家生活。她家的鸡每天都会下一窝蛋，那是真正的草鸡蛋。因为鸡是吃五谷杂粮长大的，平时放养在菜园，吃虫子，吃青菜，又肥又壮。下的蛋即使白水煮着吃，味道也鲜美留香。

刚开始，外婆每天给我煮一个鸡蛋。她说蛋黄最有营养，可以让我长高个。但我只吃蛋清，不吃蛋黄，于是外婆变着法给我做蛋吃。韭菜鸡蛋包子、香椿炒蛋、蛋饺，她还拿鸡蛋去镇上加工成蛋糕。我最怀念的是韭菜鸡蛋包子和蛋饺。

外婆细心，做什么事都认真，就连做饭，都一丝不苟。她做的韭菜鸡蛋馅，除了在韭菜里放鸡蛋，还放粉丝，加猪肉、香干、小茴香，再加调料搅匀，闻着就很香。

我有时很急，想用筷子挑一点尝尝，她说有生猪肉不让吃，让我先到院子里玩会儿，等包子出锅喊我。

包子刚上笼蒸一会儿，就飘来肉香。我和玩伴直咽口水，跑到厨房等出锅。外婆看我们猴急的样子，为了转移注意力，转身去屋里拿几颗糖，让我们再出去玩会儿。

那时真馋，包子出锅后，我一口气能吃两三个。

包子吃够了，外婆就做蛋饺。做包子时，外婆揉面，外公擀皮。做蛋饺时，外公则烧灶，外婆来做。

只见她把蛋液倒进一把老式铁勺，摊开成形，把馅放进去，再快速合上，把边缘压紧、煎熟。

我最喜欢吃蛋饺，因为皮焦、馅多，吃着很香。吃不完的蛋饺，外婆会放在青菜里，和鱼丸、豆腐炖一锅大杂烩，吃的时候，蛋饺里灌了很多菜汁，让人食欲大增。

长大后吃火锅，有时也会有蛋饺，但在琳琅满目的菜品中间，味同嚼蜡。去菜场买菜，看到蛋饺论斤卖，买了几次，感觉不如童年的好吃。

童年的味道无法复制，之所以难忘，是因为不仅有原汁原味的草鸡蛋，还有外婆的爱，以及亲人团聚的时光。

※　范文三

一碗面里的爱

文 / 杨韵涵

　　今天的天空格外的蓝，大雁在高空中展翅高飞，像是在展现它那婀娜的姿态……

　　刚睡醒的我朦朦胧胧地闻到了一股淡淡的清香，原来是妈妈做了两碗菠菜鸡蛋面。

　　我洗漱好了，准备坐下吃饭，而这时妈妈正好在厨房里，不知在干着什么，我看了看桌子上的两碗面，倒没什么不一样，只是我的面不知道为什么凸起来了一块，我用筷子在碗里翻来翻去，这时妈妈说了一句："找什么呢？"我磕磕绊绊地说："没……没什么。"也就在这时，我找到了使我碗里的面凸起来的原因了，是因为面里面藏着一个鸡蛋，而我又看向妈妈的碗里，又开始翻，结果翻了好半天，什么也没翻出来。顿时，我的心里涌起了一股暖流，我的眼角湿润了，一滴滴晶莹的东西在眼睛里打转，我迅速擦了擦眼角的泪花，又把那两碗面恢复成了原样，并把两碗面换了一下位置，便"吸溜，吸溜"地吃了起来，等到我吃完了以后，妈妈才坐下来吃，当妈妈的筷子夹到那个鸡蛋的时候，却迟迟没有吃，她用筷子夹着，又停了片刻，看着那个鸡蛋微微地笑了，而我则躲在门后面看着……

　　就是在这一碗小小的面里，我感受到了妈妈对我的爱。

名师点评：作者围绕饭桌"一碗面"，以小见大，用充满情感的质朴语言，写出了家人互相关心，彼此的体贴。故事情节曲折，生动感人。叙述清晰完整，条理清楚，结构严谨。不失为一篇成功佳作。

指导老师：戚文华

※ 范文四

帮妈妈洗头

文 / 汪轩宇

星期六放假回家，我看到妈妈右手食指贴上了创可贴，她卷起袖子，站在洗脸台前，正准备洗头。

我连忙放下书包，走向妈妈，提出帮她洗头，妈妈开始有些诧异，很快非常惊喜地看着我，高兴地点了点头。

我挽起袖子，弯着腰，打开水龙头，调好水温，让妈妈微微低头。我先把妈妈头发打湿，然后拿起洗发水瓶子，挤洗发水，由于用力过猛，只听"扑哧"一声，一大堆洗发液流了出来，我连忙把洗发液抹在妈妈头发上，手忙脚乱地东搓搓，西揉揉，没多久，妈妈的头发全部浸在泡沫之中，她不时地叮嘱我："不要用指甲盖抓头皮，要用指肚去揉。"我依葫芦画瓢，照着妈妈说的做，渐渐得心应手。

不一会儿，妈妈告诉我头不痒了，可以冲水了。我连忙打开水龙头，等到舒适的热水出来后，妈妈又低着头，我仔细地一边挠头发，一边冲水，等冲完泡沫后，又抹上妈妈常用的护发素，小心翼翼地在她头发上反复揉着。妈妈的头发深深地刺痛了我的双眼，黑头发里夹藏着好几根白头发，原来青春靓丽的妈妈，无微不至地关心我，照顾我，付出了数不清的心血，岁月无情地在妈妈头上留下了痕迹。

几分钟后，我帮妈妈冲洗护发素。为了防止水流进妈妈耳朵，当水冲到耳边时，我就用另外一只手挡一下。过了好一会儿，头发终于洗干净了，我拿起毛巾给妈妈擦擦头发，用梳子理顺后，右手拿起吹风机，左手一缕一缕地撩起头发，吹风机在妈妈头发上不停转动，扑鼻而来的是淡淡的清香。

妈妈的短发柔柔的、滑滑的，我好奇地问道："妈妈，我给你洗头有什么感受？"妈妈笑眯眯地望着我，愉悦地说："心底暖暖的，感觉我们家里充满了春天的气息。"

"谁言寸草心，报得三春晖。"现在，每当我洗头时，我为妈妈洗头的情景，又不知不觉浮现在眼前。

※　范文五

好玩的木偶

文 / 范宇佳

有一次，我在姨妈家做客。爷爷变戏法似的拿出一个好玩的小木偶。

它活灵活现的，有人的脸蛋、胳膊和腿，看见它的脸就好笑。它两只手攀在两根并列的细线上，腿直直地垂着，仿佛一个人在玩单杠。两根线又系在一根弯曲的木条上。

爷爷神秘地拉着这个小玩意说："你能让它跳过去吗？"我试着捏了捏木条，它往上跳了跳，又停在半空中，但没翻过去。我好奇地问爷爷："您能吗？"爷爷故意说着河南话，口里念念有词："叫你跳你就跳……"他把木条轻轻一捏，木偶人就听话地翻过去翻过来，有趣极了！

我迫不及待地抢过来玩。我也学着爷爷的样子边念边做，结果它就是跳不过来，真扫兴！我垂头丧气地说："木偶不听我的，爷爷才是它的主人吧？"奶奶笑着说："木偶是在木条的振动下运动的，你注意力气的大小、角度，多练习，多琢磨，一定可以的。"

第二章　记叙文写事

我按照奶奶的指导，认真练习起来。我甩着手腕，可着劲儿让小人的脚跳啊跳，终于成功了一次。我乘胜追击，又开始新一轮的挑战。"跳，跳，跳！"我一边大声喊着，一边把两根撑杆甩来甩去。小木偶仿佛听懂了我的话，开始顺着我的节奏跳起来。我们配合越来越默契，小木偶的模样逗极了，后来我终于也成了它的小主人！

　　原来，什么事都是熟能生巧，只要多多练习，没有什么事是不可能的！

　　名师点评：小作者把木偶形象刻画得栩栩如生，语句亲切自然，通顺流畅而不乏文采，让人觉得温馨积极，富有鲜明时代的特色。而末段除了巧妙点题之外，还恰到好处地升华了主题，由点到面，是一篇很好的作品。

指导老师：蔡娴

※　范文六

课间十分钟

湖南省石门县第二完全小学 147 班　吴宥

　　"丁零零……"一阵悦耳的下课音乐响起，教堂里顿时沸腾起来，同学们像刚出笼的小鸟一样，飞奔向操场。

　　顿时，操场上热闹起来了。同学们有的打篮球，有的打羽毛球，还有的打乒乓球……操场成了欢乐的海洋。

　　我们一群人在操场上打篮球，三人为一组。游戏开始了！只见裁判把球往空中一抛，同学们连忙跑过去抢球。我以最快的速度冲过去，把球往下一拍，啊！我抢到球了！对方看见我抢到球都来追我。我灵机一动，急忙躲闪，他们一扑，却扑了个空，趁这个机会，我把球传给了队友，队友来了一个三分投篮，球投进了！我们队以 1：0 领先一球，上半场结束了。我们休息片刻，下半场开始了。这次对方再不敢掉以轻心，他们改变了战术。摆成一个三角形，我一下看穿他们的诡计，我们把他们围住，不断变换队形，他们万万没想到。等他们发现追上来，已经晚了，我一跳，球进了篮。2：0！我们队胜利了！

"丁零零……"上课铃响了。我们依依不舍地回到了教室，操场上又恢复了平静。

名师点评：开头运用比喻的修辞手法，写出来孩子们天真活泼。小作者详细描写了"我"和同学们打篮球的过程，其中"我"一系列的动作描写，生动传神写出了"我"身手敏捷，高超的球艺。课间十分钟多么精彩啊！

指导老师：张海新

※ 范文七

端午粽子香

湖南省临澧县新安镇洞坪小学三年级　王雨涵

我最喜欢的端午节到了，我又可以包粽子吃了。

这天一大早，奶奶就忙着准备材料，有白花花的糯米、红彤彤的大枣、黄灿灿的咸蛋黄，还有绿油油的大粽叶。

我和奶奶开始包粽子了。我看见奶奶先拿出两片粽叶折成个三角形的漏斗，再放入一些糯米，用手使劲压了压，然后放入红枣，接着再放入一些糯米，又使劲压了压。最后，把粽叶包裹好，用细长的绳子系好，这样一个圆鼓鼓的三角粽子就包好了。

我也跟着奶奶学。可是刚开始粽叶一点不听我的话，三下两下就被我弄破了，米全部漏了出来，奶奶就耐心地教我。最后，我终于包了一个四不像粽子，哈哈，丑就丑点吧。后来，我掌握了包粽子的方法，越包越好看，奶奶一个劲儿夸我呢，我心里乐开了花。

中午，奶奶把粽子放到蒸锅上蒸熟。打开锅，我闻到了粽子的香味，不由得咽了口水。我和弟弟赶紧拿上一个热气腾腾的粽子，解开绳子，打开粽叶，迫不及待地咬一口，真甜啊！奶奶笑着说："这都是你包的粽子。"我听了心里甜滋滋的，比粽子还甜呢！

我和弟弟吃了一个又一个粽子，还不忘给爷爷和爸爸留了几个。

端午节包粽子真开心啊！

名师点评：开篇点题，引起下文。本文从准备材料，到包粽子、吃粽子，把包粽子的过程描写得详细生动。全文结构严谨，行文流畅，层次分明。可见小作者具备扎实的写作功底。好的作文素材都来源于生活，希望你也成为那个观察生活的有心人。

指导老师：张海新

※ 范文八

溜冰记

湖北省武汉市盘龙城四小四（5）班　杨梓馨

孙悟空有筋斗云，哪吒有风火轮，要是我能脚踩滚动轮，也能成为"陆地女神"，该有多好啊。于是，学溜冰就成了我日思夜想的一件事。

也许是上天也想帮我完成心愿，在我和妈妈去逛超市的时候，正好看到了一双粉色溜冰鞋，包装盒上的女孩穿着它，身姿轻盈又飘逸，让我羡慕极了！之后，我的溜冰生涯正式开始了。

来到溜冰场，我那颗激动的心如同火焰般越烧越旺。我不管三七二十一，穿好鞋子就准备"起飞"，没想到才准备站起来就"砰"的一声摔了个四脚朝天。接下来，我努力调整姿势想站起来，可此时偏就如同魔鬼附体，动弹不得。我只好无奈地待在原地。

我失败了！没想到一个小小的起步动作就把我困住了，我低着头半天不说话。妈妈好像看出了我的心思，摸着我的头说："万事开头难，只有迈出第一步，才有成功的可能。"我咬咬牙，这次我要先观察别人的动作要领，再去认真模仿。

原来，首先要保持半蹲的姿势，身体向前倾，慢慢站起来。之后双腿要成外"八"字站稳，再将双腿一左一右，一前一后向两边轻轻擦出。而在这个过程中，身体的重心始终在前，不能向后仰。我认真地模仿了一次又一次，总算可以站起来滑行了，后来又不断练习，终于可以行走自如了……

我这才明白：世上无难事，只怕有心人！朝着目标前行，永不放弃，就可以拥

创意写作——记叙文篇

抱成功。

※ 范文九

拾荒记

湖南省临澧县新安镇中心小学　六（7）于明戚

那天，老师给我们放了一个关于环境污染的纪录片，呼吁我们从小要有环保意识。我感触颇深，也想为保护环境做贡献。

我家后面有个小公园，平时没人打扫，里面被人扔了不少垃圾、饮料瓶，不仅污染了环境，还影响周围居民的健康，我和弟弟决定去那里拾荒。

周六早上，天刚亮，我和弟弟就起床了。我们戴上口罩和手套，拿着火钳、垃圾袋，全副武装出发了。公园里有几个散步的人，刚开始，我们不好意思，怕路人看到笑话我们，把垃圾袋偷偷藏起来，等人走了，才开始捡白色垃圾、食品袋……把空瓶子专一放在一个袋子里。这时，一个阿姨走来，我立马转过去，装作看风景。弟弟不知情还在那里捡空瓶子，只听阿姨说："这孩子真懂事！"弟弟不好意思地笑了。弟弟看到我说："哥哥，我们在做好事，怕什么。"

我听后，连连点头，也大大方方捡起垃圾来。

公园里有一个小湖，里面有些白色垃圾。我们就找了长树枝，把它们钩出来。公园里人多了起来，他们用疑惑的眼光看着我们，开始议论纷纷，当弟弟自豪地说："我们在保护环境！"周围的人纷纷称赞，还有几个小学生也加入了我们的队伍。

人多力量大。到中午时，我们已经把公园每个角落都清理了一遍。火辣辣的太阳炙烤着大地，我们的衣服都湿透了。再看每个人脸上，这里黑一道，那里黑一道，我们都忍不住笑了。

第二章　记叙文写事

我们休息了一会儿，把垃圾送去了垃圾场，空瓶子还卖了十几块钱，正好一人买一个老冰棒，吃起来凉滋滋、甜津津的。

晚上，我和弟弟躺在床上，浑身酸痛，但是我们都觉得很开心，因为我们做了一件有意义的事情。保护环境，人人有责。

> 名师点评：保护环境，人人有责，为"我"和弟弟两个小朋友点赞。为了保护环境，为环保做贡献，竟然不怕苦、不怕累去拾荒，清理垃圾，让人佩服不已。作者小作者通过自己的亲身经历，呼吁大家都为环保尽一份力。另外本文心理描写很生动，值得我们好好学习。
>
> 指导老师：张海新

※ 范文十

我学会了做山药糕

武汉市育才实验寄宿学校 四（3）班 易靖淇

你有过学会做一道美食的经历吗？如果你有，那么你一定知道成功不仅可以给我们带来喜悦，更增长我们的自信心和自豪感。当然，我也有过学会做某件事的经历，那就是我学会了做山药糕。

去年的寒假，闲不住的妈妈在家里做起各种美食来。她特别擅长做山药糕。于是，我便缠着妈妈教我做这道美食。

首先，在妈妈的指导下，我准备了三根长长的山药，将它们去皮后，切成块状。没想到，状况出现了：我的双手顿时奇痒无比。妈妈告诉我，我的手可能对山药过敏。于是，妈妈让我戴上了一次性手套再继续操作。接着，我将山药块儿放进破壁机里，又放了几块冰糖进去，启动开关等待三十秒后，软乎乎的山药泥就出现在我的眼前。

然后，我小心翼翼地把山药泥盛进一个大碗中，倒入适量的水，再放入蒸锅里开始蒸。随着时间一分一秒地过去了，锅盖上出现一些晶莹剔透的水珠，这些水珠就像一个个调皮的小精灵一样，不停地在锅盖上滑动。

三分钟过去了，我迫不及待地打开了锅盖。啊，糟了！山药泥竟然没有一点儿变化，我原本欢喜的心情顿时跌入了谷底。我心想：到底哪个环节做错了呢？难道这次做山药糕就这么失败了吗？我着急地向妈妈请教，妈妈耐心地告诉我："山药泥至少要放入锅里蒸十分钟，你才蒸了三分钟，时间还不够。做任何事都要有耐心，不要着急！"

　　听了妈妈的话，我又将它重新放入锅中，继续蒸。我目不转睛地盯着时钟，生怕少了一秒钟。时间到了，我再次将山药泥从锅里取出，打开锅盖的一瞬间，一股山药的清香扑鼻而来，顿时，我欢欣鼓舞，我快要成功了！

　　万里长征还差最后一步了，到了最关键的一步，就是将冷却的山药泥放入冰箱中。我兴致勃勃地打开冰箱，将山药泥放了进去，胸有成竹地等待开启美味。一小时后，当我欣喜若狂地打开冰箱，拿出我的山药泥，眼前的一幕，让我目瞪口呆了，美味的山药泥竟然变成了一个"冰疙瘩"。妈妈和我哭笑不得，原来由于我的粗心，竟然将本该放入冷藏中的山药泥放了冷冻中。

　　我不得不等待"冰疙瘩"的融化。等待的时间虽然很煎熬，但是当软糯爽口的山药糕融化在我的口中时，这一切感觉都值了。我终于学会了做山药糕！

　　通过做山药糕这件事，我懂得了一个道理：做任何事情不仅要有耐心，还要细心，只要用心去做，才可以等到成功那一刻。

　　名师点评：小作者把学做山药糕的过程叙述得很完整。过程虽然一波三折，但也给了小作者一个启示：做任何事情不仅要有耐心，还要细心，只要用心，就一定可以成功。本文按照事情发展的顺序把学习做山药糕这件事有条理地表达给读者，习作行文流畅，内容安排详略得当，是一篇佳作。

　　　　　　　　　　　　　　　　　　　　　　　　　指导老师：危正波

第二章　记叙文写事

※ 阅读训练一

啄破硬壳

我们无数次地吃过鸡蛋，但很少有人亲眼看见过小鸡雏从蛋壳里钻出来的场面。那一年，我领着女儿到农村去，恰巧遇见了老乡家里的母鸡在孵小鸡。

那是一只芦花色的母鸡，趴在土炕（kāng kēng）一角草筐里的鸡蛋上倾注着自己全部的母爱。鸡蛋挺多的，我们能听到小鸡雏（chú chóu）在蛋壳里面用力地啄壳的声音，"嗒，嗒嗒"那声音虽弱小，却震撼着人心，这是小鸡雏在用自己的生命撞击着铜墙铁壁似的硬壳。过了好久，一个湿乎乎的小脑袋 才很艰难地从里面钻了出来。

女儿的目光集中在一个啄壳声响了好长一段时间的鸡蛋上了。那鸡蛋壳的上端已经露出米粒大小的 孔，从那个小孔里看见鸡雏用力啄壳的硬喙（huì zhuō）。

这时，站在一旁一直没有吱声的老大娘看出了女儿的心思，她一把拦住了女儿。

大娘说："孩子，别去碰它，这小鸡雏只有靠自己啄破硬壳才能活，你帮了它，也许就是害了它。"

"只有靠自己啄破硬壳才能活。"老母鸡是最护自己的孩子的，可是它却"冷酷"地让鸡雏自己钻出蛋壳。农村老大娘无意中说的这句话是那样平凡，而其中蕴藏的道理却让人思索。

1.划去括号中不正确的读音。

2.写出下列词语的反义词。

平凡（　　　　） 冷酷（　　　　　）

3.小鸡啄破蛋壳钻出来的过程是（　　　　　　　）。可最护自己孩子的老母鸡（　　　　　）。告诉我们（　　　　　）请用原文语句回答。

答：

4. "冷酷"为什么加引号？试说说自己的见解。

5. 大娘的话里蕴藏着什么道理？假如你在场，你想对大娘说点什么？

参考答案：

1. kēng chóu zhuō

2. 伟大　热情

3. 小鸡雏在用自己的生命撞击着铜墙铁壁似的硬壳。过了好久，一个湿乎乎的小脑袋 才很艰难地从里面钻了出来。

"冷酷"地让鸡雏自己钻出蛋壳

只有靠自己啄破硬壳才能活

4. 老母鸡不是真的冷酷，而是给予了孩子真正的爱。

5. 只有靠自己啄破硬壳才能活。（略）

※　阅读训练二

种辣椒

常识课上，老师对植物的讲解，把我带到植物世界里。听完课，我动了心，决心种点什么，仔细观察它的生长过程。

回到家，我找到了两个花盆，满心欢喜地种下了辣椒籽。下种后，我每天都要给它浇些水，盼望种子早些发芽。一天中午，弟弟告诉我花盆里出小苗了，我飞一样地跑到窗台前，只见一棵小嫩芽拱出土。又过了两天，好几棵小芽出来了。小芽越来越多，我给小辣椒间苗，把太密的小苗小心翼翼地拔掉了一些。

到了盛夏，每株辣椒已有半尺多高了，它们的茎上都缀满了欲放的花苞。几天后，一朵朵雪白的小花，先后开放了。大约又过了四五天，辣椒就开始结果了，出现了青绿的椭圆形的小辣椒，一个个缀在茎上，真惹人喜爱。

第二章　记叙文写事

秋风吹进窗来，带进一股香气，辣椒开始由青变红，看上去更让人喜爱。一个个两寸多长的小辣椒挂在枝头对我微笑，感谢我对它们的辛勤培育。收获的时节到了，我满怀欣喜地把成熟的辣椒一个一个摘下，竟收了小半筐。

我看着筐里的辣椒，心想：这多有意思呀！知识来源于实践，而实践又必须付出辛勤的劳动，这难道不是真理吗？

1. 仿写词语。

小心翼翼：＿＿＿＿＿＿＿＿＿、＿＿＿＿＿＿＿＿＿、＿＿＿＿＿＿＿＿＿

一朵朵：＿＿＿＿＿＿＿＿＿、＿＿＿＿＿＿＿＿＿、＿＿＿＿＿＿＿＿＿

2. 找出文章中点明中心的句子，在下面画横线。

3. 把文章分成三段，在段尾用"‖"表示，并写出段意。

4. 小作者讲述了自己种辣椒的整个过程，按照（　　　　　　　　　）的顺序叙述，分别是（　　　　　　　）、（　　　　　　　）、（　　　　　　　）。

5. 读下面句子，在括号里写出各运用了什么修辞手法。

①小辣椒挂在枝头对我微笑，感谢我对它们的辛勤培育。（　　　　　）

②我飞一样地跑到窗台前。（　　　　　）

6. 这难道不是真理吗？改成陈述句。这里包含怎样的真理，试着说一说自己的看法。

参考答案：

1. 神采奕奕　白发苍苍　人海茫茫　一束束　一只只　一件件

2. 知识来源于实践，而实践又必须付出辛勤的劳动，这难道不是真理吗？

3. 第一段：（1）写我决心种点植物观察它的生长过程。

第二段：（2-4）写我种植辣椒的过程。

第三段：（5）写我懂得了知识来源于实践，而实践又必须付出。

4. 辣椒生长的时间顺序来写。春天发芽　夏天开花　秋天收获

5. 拟人　夸张

6. 这就是真理。知识来源于实践，而实践又必须付出辛勤的劳动。

情谊

昨夜，一场无情的大火把我家的一切都烧成了灰烬。第二天一早，妈妈催我去上学。书没了，书包也没了，叫我怎么去上学呢？我带着悲伤和疲劳，慢慢地朝学校走去。

教室里，同学们都在读书，我低着头走进了教室。不知是谁小声说了声："玲玲来了。"同学们不约而同地放下课本，抬起头用同情的目光看着我，大家虽然都没有说话，但看得出大家又都想说些什么。教室里出奇的静，好像没有人一样。

这时，中队长方萍手拿一个大纸包走过来，对我说："别难过！这些都是同学们送给你的学习用品。我给你买了一条红领巾和一块中队委员的标志。来，我给你戴上。"

"玲玲，这是我爸爸给我买的精致的彩色笔，我把它送给你。"

"玲玲，这个多功能文具盒是我姑姑送给我的生日礼物，你拿去用吧！"

"玲玲……"

看着桌上的学习和生活用品，听着一声声感人的话语，我真想大哭一场。我用力咬着嘴唇，极力控制自己。可是，不知为什么，那大颗大颗的泪珠还是不停地滚下来……

1. 练习上下文说说下列词语的意思：

出奇——

不约而同——

2. 给文章分段，用"‖"在文中标出，并写出段意。

3. 选择短文的中心思想（在正确答案序号上打√）

①反映了"我"受灾后悲伤的心情。

②抒发了"我"非常感激同学们的思想感情。

③表达了同学们对"我"的纯洁真挚的友谊。

4. 短文是按什么顺序写的？（在正确答案序号上打√）

①时间的变化　②地点的转移　③总分结构

④事物几方面　⑤事情发展顺序

5. 将"一场无情的大火把我家的一切都烧成了灰烬。"

改成被字句：

将"那大颗大颗的泪珠还是不停地滚下来。"

缩成最简句子：

6. 短文最让你感动的是哪一部分，说说你的感受。

参考答案：

1. 特别，不寻常。   事先没有约定，彼此的言论或行动却完全一致。

2. 第一段：（1）写一场无情的大火把我家的一切都烧成了灰烬。

第二段：（2-6）写第二天，我一进教室方萍就将同学送给我的学习用品的一个纸包交给我。

第三段：（7）看着同学们送给我的学习用品，听着一声声感人的话语，大颗泪珠禁不住地滚下来。

3.3

4.5

5. 我家的一切被一场无情的大火烧成了灰烬。

泪珠滚下来。

6. （略）

第三章

记叙文状物

一、状物作文的概念

状物类的文章，就是用语言文字把事物科学、准确地描写出来。这类文章所描写的事物包含：动物、植物、物品。写动物，可以描写动物的生活习性、爱好。写植物可以写植物的外形、生活环境、用途。写物品，可以写物品的颜色、形状、材质、外观、用途等。

二、状物作文的特点

状物作文，顾名思义，是以描写一个具体的物体、景象或事物为主要内容的一种文学形式，其特点主要包括以下几个方面：

具体形象：状物作文以具体的事物、景象或物体为主题，通过对其外形、颜色、形态、质地等方面的描写，使读者产生真实感、鲜明感和形象感。

情感表达：状物作文通常通过对所描写物体的情感渲染，来表达作者的情感和思想感受，让读者通过读作品能够感受到作者对所描写事物的情感。

寓意深刻：状物作文常常蕴含着深刻的寓意，通过对具体事物的描写，传达出对社会现实、人生哲理、道德准则等方面的思考。

精练简洁：状物作文讲求精练简洁的写作风格，以简短、精练的语言表达出丰富的内涵，使作品具有较高的文学价值。

语言艺术性：状物作文在描写所描述物体时，讲究形象生动、语言生动的表达方式，通过运用比喻、拟人、排比、夸张等修辞手法，增强作品的语言艺术性。

总之，状物作文是一种以具体事物为主题，以描写和寓意表达为主要内容的文学形式，具有形象化、情感表达、寓意深刻、精练简洁、语言艺术性等特点，它是文学作品中一种独特的表现方式。

三、状物文思维导图

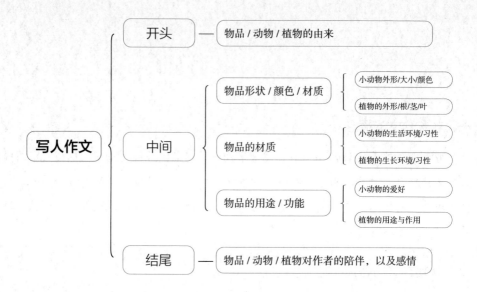

四、状物篇范文

※ 范文一

我最喜欢的植物——竹子

文 / 严辰昊

老家屋后有一片绿意葱茏的竹林，放假时，我常常去竹林里玩耍，它带给了我许多难忘的回忆。

春天，一场雨过后，竹笋争先恐后地从土壤里冒出来，去山上踏青、采野菜、挖竹笋的人络绎不绝。奶奶拿上竹筐，带我去挖竹笋，不一会儿就收获了满满一筐，晚餐来一盘腊肉炒竹笋，味道美极了。

夏天，烈日炎炎，炙烤着大地，一股热浪在田野上起伏，唯有竹林里依然很凉爽，连知了也喜欢趴在竹子上乘凉。竹子们紧挨在一起，密密麻麻的叶子像一把巨大的伞，为我们遮挡太阳。爷爷在距离合适的竹子之间，耐心地绑上网，制作一个个小秋千，小孩子们玩着"过家家"的游戏，一阵阵欢笑从竹林里传出很远。

秋天，是成熟的季节，竹子上的部分叶子也变黄了。爷爷去竹林砍一些又粗又直的竹子，编竹筐、做竹筏、加固篱墙。羡慕邻居哥哥手里的笛子，我也会缠着爷爷帮我做一个。

冬天，一阵北风吹过，部分棕黄色的竹叶纷纷落了下来，大雪覆盖在厚厚的竹叶上，穿着雪地靴踩在上面软绵绵的，发出"嘎吱嘎吱"的声响。枯萎的竹叶既可以净化空气，也可以肥沃土壤。

不管春夏秋冬，无论风吹雨打，竹子始终笔直挺立。我喜欢竹子刚正不阿、无私奉献的品质。

名师点评：小作者通过认细致地观察，把竹子一年四季的变化写得淋漓尽致，并以竹子为载体，升华了竹子刚正不阿、无私奉献的品质。本文语言质朴无华，结构完整。文章看似写竹，实则以竹喻人，作者把对竹子的喜爱之情渗透到细节描写中，不露痕迹地升华了文章主题，是一篇条理清晰的状物文佳作。

指导老师：林之秋

※　范文二

阳台上的君子兰

文 / 杨晓艳

我家阳台好像一个美丽的小花园，有绿油油的绿萝，妖娆的红掌，还有生机盎然的富贵竹，但我最喜欢的是那盆碧绿的君子兰，那是妈妈从花鸟市场挑回来的宝贝。

君子兰长着十二片绿色的长叶子，它们有序地排列在茎秆的两侧，每片叶子间隔均匀，像列队的士兵；它的叶子有三指宽，叶片又肥又厚，像翡翠一般碧绿，插在白色的大花盆里好像一把打开的扇子，在给人扇风；君子兰的叶子还很谦虚，总是从中间向左右两边侧垂着，好像在给人鞠躬。

君子兰像一幅画，深深吸引了我的目光，每天放学后，我都一溜烟似的跑到阳台上，蹲下来，伸着脖子，凑到君子兰旁边，仔细地观察它，心里十分高兴。

几个月后，我惊喜地发现君子兰开出了火红色的花朵，像一个个小喇叭，密密的花朵簇拥在一起，像一顶顶皇冠，花蕊颤颤，娇美动人。它的花瓣像害羞的小姑娘露出的笑脸，在叶子的映衬下，红绿交相辉映，秀丽夺目，连空气里都弥漫着淡淡的香味。

君子兰耐旱，它的生命力很顽强，根呈须状，像手指般紧紧地抓住泥土，输送和吸收水分与营养。有一年暑假，我们全家去了外地旅游，一周后，我们回家惊讶地看到别的植物无精打采，甚至长了许多黄色的叶子，只有君子兰依然生机勃勃，坚强地在阳光下生长。

君子兰四季常绿，它吸收大量二氧化碳，释放氧气，净化空气，许许多多地方都有它们的身影，是人们最喜爱的植物之一。

君子兰是花中的君子，它虽然没有文竹的清雅，牡丹的端庄，水仙的俊逸，月季的艳丽多姿，但是它无私奉献、坚韧不拔的精神，值得我们学习。

名师点评：小作者开门见山地点明自己对君子兰的喜爱之情。运用比喻和拟人等修辞手法形象写出君子兰的外形特征，又用细节描写，细腻刻画出君子兰花朵的特点，给读者一种身临其境之感。最后用对比的手法突出君子兰耐旱、顽强的品质。首尾呼应，结构清晰，读来令人印象深刻，情真意切。

指导老师：四水

※　范文三

仙人掌

文 / 杨晓艳

星期天，我和妈妈去花鸟市场买了一盆仙人掌。

我乐开了怀，兴高采烈地把仙人掌放到书桌上，仔细地观察它，只见仙人掌的叶子深绿色，胖嘟嘟的，一节一节，每一节都像一个小手掌，十分可爱，还长满了又短又尖的小刺。为了让它晒到太阳，我小心翼翼地把仙人掌放在窗台上。

仙人掌的味道很好闻，有种清香味。每天放学后，我都一溜烟似的跑进房间，伸着脖子，凑到仙人掌旁边，使劲地吸呀吸，心里十分高兴。

几天后，我惊喜地发现仙人掌长出了白色的小毛球，就像戴了一顶帽子，在阳光照射下闪闪发光，我伸手摸了摸，软软的，我好奇地跑去问妈妈，妈妈说仙人掌快要开花了。果然，又过了几天，仙人掌开出了白色的小花朵，非常漂亮。

仙人掌有惊人的耐旱力和顽强的生命力，它的茎肥大，一片连着一片，就好像它的小水库。过年时，我们全家去了外婆家，十几天后才回家。等我们回来时，发现绿萝、剑兰都蔫了，只有仙人掌还气昂昂地挺着胸，昂着头。

仙人掌全身都是个宝贝，它可以做成食物，也可以做成药，夏天，我的手背被蚊子叮了红彤彤的一个包，妈妈就割破一点仙人掌放进碗里捣碎，敷到我的手背上，没过多久，包就慢慢变小，也不痒了，真是太神奇了。

仙人掌还能美容。每次我跟妈妈去商场玩，看到那些琳琅满目的化妆品店门口都放了几盆绿绿的仙人掌，工作人员摘下一片片叶子，放进碗里用勺子仔细捣碎，敷在客人的脸上。

我喜欢仙人掌，它虽然不像玫瑰那样美丽，也不像月季那样娇艳，更不像水仙花一样动人，但是它具有坚强不屈、无私奉献的优秀品质。

名师点评：作者从仙人掌的外形、气味，花朵以及生长特性、作用方面进行了描述，让读者全面了解了仙人掌。结构紧凑，段落之间承接自然。尤其是文中"像小手掌、小水库"等比喻句的使用，让文章更加灵动。通过与绿萝、剑兰的对比，更加突出了仙人掌顽强的生命力。文末的排比句更是锦上添花，又一次加深了读者对仙人掌的印象。

指导老师：席小丽

※ 范文四

美丽的油菜花

文 / 杨晓艳

每个人都有自己喜爱的花朵，有人喜欢雍容华贵的牡丹，有人喜欢娇艳欲滴的玫瑰，还有人喜欢清新淡雅的月季，但是我却喜欢金灿灿的油菜花。

春天，油菜花随处可见，它们成片成片地绽放，就像金色的海浪。

油菜花细长细长的，它们整整齐齐地生长，叶子呈青绿色，小巧玲珑的金色花瓣，十分精致，细细的纹路就像能工巧匠雕刻出来的，在绿叶的映衬下显得淡雅清秀。

油菜花没有桃花那般令人瞩目，也没有玫瑰那样热情，但是它散发出与众不同的香味。油菜花能吸引成千上万的蜜蜂来采蜜，也能吸引许许多多蝴蝶翩翩起舞，流连忘返，更能吸引那些热爱春天的人们。她们三三两两，穿着靓丽春装，在油菜花旁边姿态万千，拍照留念，她们还会不由自主地走近油菜花，伸长脖子，闭上眼睛，深深地吸入一阵阵香气。

油菜花的生命力非常顽强，只要撒上一粒粒种子，几场春雨过后，它就默默地生根，发芽，开花，把生命的美丽绽放到极致。

油菜花浑身是宝，在它还是绿油油的嫩苗时，可以炒着吃，味道清爽可口；在它的果实成熟后，可以榨成菜籽油，用它炒菜、炸食品，都成了餐桌上的一道道美味佳肴。

油菜花没有桃花的分外妖娆，没有李花的洁白如雪，更没有玉兰的秀丽多姿，但是，它是春天永恒的主题，是春天浓重的色彩，不仅如此，它还为人类默默地奉献自己。

我爱美丽的油菜花。

名师点评：这篇状物作文语言优美，层次丰富。作者在文章开头运用排比，开门见山地写出了自己对油菜花的喜爱。通过对春天油菜花的香、生命力顽强、浑身是宝的细节描写，衬托出油菜花独有的美与韵味。全文恰到好处地运用了拟人、比喻等修辞手法。文章结尾运用对比，首尾呼应，再次点明主题。

指导老师：郝爽

院子里的黄皮果树

文 / 李银

我们家院子里种着一棵黄皮果树，我爱黄皮果树。

比起荔枝树和龙眼树，黄皮果树显得很娇小。比碗大一点粗的树干布满褐色的皱纹，长到半米来高时，傍斜的树枝便向四周伸出，枝叶茂盛。远看去就像一把巨大的伞。而四季轮回，这把"伞"却有着不同的韵味。

春天，当第一缕春风吹来，牛毛细雨纷纷扬扬洒过大地时，黄皮果树开始抽出新芽了，那嫩嫩的还没有张开的叶子，就像一只只对世界充满好奇的眼睛，半睡半昧地探着春的气息。过了十天八天，叶子慢慢长大，油亮油亮的，绿得生动可爱。再过几天，一点点星星似的小花在嫩叶之间探出脑袋，慢慢地一朵两朵渐渐多起来，一串串，一簇簇，挂满枝头，那白色小花，在春风吹拂下，还送来淡淡的清香。这时，黄皮果树就是一把白色的大伞。

到了农历二月份，树上开始结出小小的绿色的果子。那绿色的果子像一颗颗小小的爱心缀满枝头，远远看去就像一串串绿翡翠。

待到夏天端午节前后，正是黄皮果上市时节。一串串褐黄色的果子远远看去就像一大朵黄色的花，漂亮又诱人。这时黄皮果树就是一把褐黄色的伞。

我和小朋友们迫不及待地爬上树，伸手折一串黄皮果，坐在树杈上慢慢地吃。那酸比稍重的肉汁，酸甜酸甜的，让人越吃越想吃。但黄皮果吃多了，牙齿会发酸发软。爷爷和奶奶不太爱吃黄皮果，总觉得酸。而我非常喜欢看到他们吃着酸酸的黄皮果，那皱眉头滑稽的样子。

"哎哟，太酸啦，不行，我的牙要酸掉了。"奶奶刚放一个在嘴里咬开，就皱着眉头眯着眼，满脸痛苦地说，"不敢吃，不敢吃！"我和小朋友们坐在树杈上哈哈大笑。

秋天来了，黄皮果树上只剩下墨绿的叶子了，密密匝匝的。广东的天气到了秋天依然很炎热，爷爷奶奶从地里回来，放下农具就坐在黄皮果树下乘凉。这时，黄皮果树就是一把遮阳的大绿伞了。

冬天，黄皮果树依然不减它的风采。墨绿色的叶子依然茂盛，迎着寒风沙沙作响。它不像娇嫩的风景树，虽然它到了冬天就会枯败，但待到明年春风又绿江南岸，它便又开出小花结出果子，在寒冬里，我望着在寒风中飒飒作响的黄皮果树，便对它那金黄色的果子充满幻想而垂涎欲滴了。这时黄皮果树就是我幻想中的多姿多彩的伞，不惧风吹雨打、不畏严寒，在寒风中屹然挺立。

我喜欢黄皮果树，喜欢它一年四季不同的景致和风采。

> 名师点评：文章开头"开门见山"直接点明对黄皮果树的喜爱。用时间顺序描写果树在"春夏秋冬"的不同景致和色彩，善用修辞手法，比如把果树比喻成不同的"伞"，把抽芽的嫩叶拟人化等等。
>
> 结尾升华主题，再次表达作者对果树的喜爱之情。是一篇结构清晰，层次分明，语言优美，情感饱满的佳作。
>
> 指导老师：程沐恩

※ 范文六

生机盎然的绿萝

西安市未央区东元路小学 3 年级 5 班　代靖怡

我家的客厅里摆放着许多茂盛的绿萝，它们就像一个个绿色的小瀑布，流动着生命的光华，在闷热的日子里带给我们一室的清凉。

每当我放学回家，看见一盆盆生机盎然的绿萝自在地散发出绿意，我的心情就莫名地振奋起来。不由得想起了李白的两句诗："绿萝纷葳蕤，缭绕松柏枝。草木有所托，岁寒尚不移。"绿萝虽然不会开花，但它就像松柏一样，四季常青，没有凋谢的时候。就算是寒冷的冬天，它依然身披绿衣，努力生长，毫不懈怠。

绿萝不仅四季常青，它还有着非常坚韧的品质。有一次，我们离开家半个多月，回到家，我看到绿萝因为缺水而变得有些干枯发黄了，那些心形的叶子失去了往日的光泽，低垂着头，毫无生机。我正在黯然伤神，爸爸却跟我说："没关系，浇上水，绿萝就能活过来。"我半信半疑地浇了水就去午睡了。没想到一觉起来，绿萝果真活了过来！看到我来了，它们舒展开身子，精神抖擞地冲我点点头，仿佛在感谢我没有放弃它们。

爸爸告诉我："绿萝的生命力很顽强，它们的生长不需要过多的条件，在有水的条件下就可以健康生长。除此之外，绿萝的茎上布满了气根，这些气根能直接吸收水或空气中的氧气。因此，只要将绿萝的枝条剪下，插进装水的容器中，它就能长出新叶，在新的地方生根发芽。所以，绿萝又被称为'绿色之花''生命之花'。"

听了爸爸的话，我心里对绿萝的敬佩之情油然而生。我又翻开书，发现绿萝还有很多功效。它不仅可以吸收空气中的甲醇、苯等有害物质，释放出氧气，还能增加室内湿度，缓解人们的压力。在室内放上一盆绿萝，不仅可以美化环境，还可以净化空气、有益身心，真是一举多得啊。

我爱绿萝，我爱它的生机盎然、郁郁葱葱，也爱它的坚忍不拔、积极向上，更加爱它的乐于助人、默默奉献的精神！

名师点评：质朴中充满生机，一株普通的绿萝，在小作者眼里一点也不普通，字里行间洋溢着小作者对绿萝的喜爱、赞美之情。本文主题鲜明，结构合理，语言生动形象，多处运用比喻，拟人等修辞手法，使得文章更为生动有趣。诗词的引用，也使得文章更添文采。

指导老师：易英

※ 范文七

我的宠物小仓鼠

湖南省石门县澧斓学校 四（1）班 王依菲

8月8日 星期日 晴

今天，我们家来了一位新成员，一只可爱的小仓鼠，看他只有乒乓球那么大，我给它赐名：小不点。它穿着一件款式新颖的皮大衣，除了额头，耳朵和脊背是浅褐色的，其它部位都是雪白雪白的。尖尖的小耳朵，黑亮的小眼睛，像两颗小黑豆，粉红色的小鼻子两旁有长长的胡须。看到我，它就害羞地缩成一团，像一个毛茸茸的线球。

今天是它入住我家的第一天，我给它安排了一个豪华的"小别墅"，里面还有滑滑梯呢。它对自己的新家非常好奇，东望望西瞧瞧。我希望它能在新家里快乐地生活。

8月12日 星期四 晴

我今天发现小不点暴躁不安的。它似乎已经忍受不了待在这个小小的笼子里。它在里面团团转，到处爬、到处啃。它用尖利的牙齿，把笼子啃得"咔咔"作响。

可是笼子太坚硬，它无计可施。可这小家伙还不死心，仍旧坚持不懈地"工作"，好像一台不知疲倦的机器，真佩服它旺盛的精力啊。

8月16日 星期三 阴

小不点这两天安静不少，除了吃就是睡。它是一个十足的"好吃佬"。喜欢吃红萝卜、南瓜、苹果、西瓜等瓜果蔬菜。但它最喜欢吃花生、瓜子等坚果。我抓几个花生放在食盘里，它立马飞奔过去，直起身子，坐在那里，用两个小前爪子捧着花生，尖利的牙齿咬开花生壳，津津有味地啃起花生仁来。它吃东西的样子憨态可掬，让我着迷，百看不厌。

我爱我的宠物小仓鼠，有它相伴的日子，充满了快乐和趣味。

　　名师点评：本文最大的特点就是构思新颖，运用观察日记的形式，记录了"小不点"的外貌、生活习性等，生动有趣，让我们也不由自主喜欢这只可爱的小仓鼠。小作者感情真挚感人，字里行间都体现小作者对"小不点"的宠爱之情。

　　　　　　　　　　　　　　　　　　　　　　　　指导老师：张海新

我爱家乡的柑橘

湖南省石门县第二完全小学147班　吴宥

"黄灯笼，小皮球。剥开它，一朵花。闻一闻，像香水。尝一尝，心里甜。"猜猜它是什么？它就是石门的特产——柑橘。

柑橘的形状很奇特，圆圆的，像小灯笼，又像小皮球。等到柑橘成熟时，就变成金黄金黄的。它的外皮有密密麻麻的小水泡，这些小水泡是它的呼吸孔。摸一摸它的外皮，像婴儿的皮肤一样光滑。闻一闻，一股诱人的清香，沁人心脾，令人神清气爽。

我迫不及待想吃柑橘了，我用大拇指挖一个洞，顺着皮剥开。哇！是橙黄的果肉，果汁四溅，让人垂涎三尺。我一数，有十瓣，像十个兄弟紧紧抱在一起。我拿起一瓣，放进嘴里，甘甜的汁水充满口腔。

橘子不仅好看、好吃，还有很多药用价值呢。柑橘皮上的"白纱衣"，具有消炎、止咳化痰的功效。柑橘皮被制成中药"陈皮"，可以健脾开胃，促进消化，还可以美白养颜呢。

柑橘浑身都是宝，而且它还源源不断地远销国内外，给家乡人民带来更多的经济收入。我爱家乡的柑橘！

名师点评：本文结构严谨，层次分明。开头用儿歌开头，引出石门特产柑橘。接下来详细地描写了柑橘的样子、味道、药用价值。并运用了多种修辞手法，让描写更加生动，特别是吃橘子时，从视觉、嗅觉、味觉等角度来描述橘肉，让人不由口水直流。结尾直抒胸臆，表达了作者对家乡柑橘的喜爱和赞美之情！

指导老师：张海新

第三章　记叙文状物

国宝大熊猫

湖南省临澧县新安中心小学三年级　朱子涵

大熊猫是我眼中最可爱的动物了。它还有几个可爱的名字，猫熊、竹熊、花熊、花猫。

大熊猫长得憨厚可爱。它长得胖乎乎的，穿着一件毛茸茸的毛皮大衣。黑黑的圆耳朵，粗壮的四肢也是黑黑的。特别是它那一对黑眼圈，像戴了一副黑墨镜，别提多酷了！它走起路来，肥胖的身体，晃晃悠悠的，像一个圆肉球在滚动，非常惹人喜爱。

大熊猫主要生活在我国四川、陕西、甘肃等高山深林中，喜欢独来独往。

大熊猫最喜欢吃竹子和竹笋。可千万别小瞧它，它每天都可以吃大约 20 公斤的新鲜竹子，真贪吃！它喜欢爬树、嬉闹，但是最喜欢的还是睡大觉。在白天里，吃饱喝足后，它就会爬上大树，靠着树杈呼呼大睡，谁喊它都没有用。

大熊猫为什么被称为"国宝"呢？那是因为它们已经在地球上生存了至少 800 万年了，被誉为"活化石"和"中国国宝"，据调查，全世界野生大熊猫不足 1600 只，属于中国国家一级保护动物。

我喜欢可爱的国宝大熊猫。

名师点评：可爱的大熊猫，谁不喜欢呢？大熊猫长得憨厚可爱，走起路来，大摇大摆，就是"这条街最靓的仔"，大熊猫贪吃又贪睡，连睡觉的样子都惹人喜爱。它是我国的国宝，我们可一定要保护它们。你喜爱的动物是什么，和大家分享一下吧。

指导老师：张海新

迷迭香

威海环翠国际中学　张庭赫

偶然看见一丛迷迭香，在我家阳台上。

迷迭香长得很矮小，叶子的样子和排列方式都和松枝如出一辙，只是松针又尖又硬，而迷迭香叶又软又短，再加上其深绿的颜色，摆在角落实在很不起眼，以至于我几乎忽略了它。

初次注意到它，是在餐桌上。

周末在家，爸爸给我煎了牛排。在牛排旁，摆了一小簇很不起眼的植物。牛排第一口吃下去，觉得有种奇怪的味道。又吃了几口后，吃出了一丝清香，宛如花朵般在口中绽放。我问爸爸这是什么？爸爸说是迷迭香。我上网一搜，原来迷迭香是一种餐饮香料，作用和葱、姜、蒜差不多。

迷迭香一直养在我家阳台上，但我从未注意过它。起身走到阳台，果然有一股清香，扑面而来，被吸入鼻中。它与阳台上别的花比起来，实在是不起眼。它普通的外表，似乎在告诉人们，它就只应该被摆放在角落。

一次，由于妈妈工作太忙，竟然太久没有给花浇水了。阳台上，大部分花草，在烈日暴晒下已奄奄一息，而它却仅是有点枯枝败叶。但在浇水几天后，依旧如故，焕发勃勃生机，且又长出了新的墨绿色的枝叶。

再次见识到迷迭香顽强生命力，是在几个周后。

有一天放学回家，我发现阳台上多了两盆迷迭香。我问爸爸什么时候买的，爸爸说剪下一段枝，插到土里，悉心照料，便可以成活了。

我不禁在心中暗自感叹，这小家伙生命力实在是太顽强。一向不太喜欢花草的我，自此对迷迭香情有独钟。每天一放学，我都会去和迷迭香见一面之后，再去学习。

有天，我在阳台上坐着，美其名曰是在看书，但心思早就飘到迷迭香上了。看着角落中的迷迭香，心想：它不与百花争宠，也没有婆娑的花瓣和旁逸斜出的枝干。虽不起眼，但有极强的生命力。能在角落向阳生长，孤芳自赏，散发清香。实

第三章　记叙文状物

在是花草树木中，不可多得的君子啊！

　　名师点评：1.选材新颖：作者是个生活中的有心人，在这样的小事中，以敏锐的目光，从家中一簇小植物中，发现了它极强的生命力，选材很真实。2.立意独特：本文虽然写的是一件小事，但事小理不小，结尾处赞叹迷迭香是花中不可多得的君子，实则是在托物言志。

　　　　　　　　　　　　　　　　　　　　　　　　指导老师：戚文华

五、状物阅读训练

※　阅读训练一

竹子

　　竹，是极平凡的。然而，竹子和人们生活息息相关。

　　青青翠竹，全身是宝。竹竿既是建筑的材料，又是造纸的原料；竹皮可编织竹器；竹沥和竹茹可供药用；竹笋味道鲜美，助消化，防便秘。

　　翠竹真不愧是"绿色的宝矿"。然而，我更欣赏竹子那种顽强不屈的品格，自古至今，它和松、梅被人誉为"岁寒三友"，历年竞相为诗人所题咏，画家所描绘，艺人所雕刻，游人所向往。当春风还没有融尽残冬的余寒时，新竹就悄悄地在地下萌芽了。春风一过，它就像一把利剑，穿过顽石，刺破土，脱去层层笋衣，披上一身绿装，直插云天。

　　暑往冬来，迎风斗寒，经霜雪而凋，历四时而常茂，充分显示了竹子不畏困难，不惧压力的强大生命力，这是一种人们看不见而确实存在的品格。我想，竹子品格体现的不正是我们中华民族自强不息、不屈不挠的民族精神吗？作为我们每个人，需要的不也是这种精神吗？

　　1."息"字的解释有：①呼吸时进出；②停止；③消息；④利息。文中"息息相关"的"息"应取第_____种解释。"自强不息"的"息"应取第_____种解释。

2. 这段短文写了竹子的＿＿＿＿＿＿、＿＿＿＿＿＿两个方面，重点写了竹子的＿＿＿＿＿＿。

3. 作者分别从＿＿＿＿＿、＿＿＿＿＿＿、＿＿＿＿＿＿、＿＿＿＿＿＿＿写了竹子全身都是宝的用途。

4. "岁寒三友"指的是：＿＿＿＿＿＿、＿＿＿＿、＿＿＿＿＿。

5. 用"＿＿＿"划出表达竹子生命力强大的句子和作者由竹子引起的联想的句子。

参考答案：

1. ① ②

2. 用途　生命力　生命力

3. 竹竿做建筑材料　造纸原料　竹皮编织竹器　竹沥和竹茹供药用　竹笋可食

4. 松　竹　梅

5. 春风一过，它就像一把利剑，穿过顽石，刺破土，脱去层层笋衣，披上一身绿装，直插云天。

暑往冬来，迎风斗寒，经霜雪而凋，历四时而常茂，充分显示了竹子不畏困难，不惧压力的强大生命力，这是一种人们看不见而确实存在的品格。我想，竹子品格体现的不正是我们中华民族自强不息、不屈不挠的民族精神吗？我们每个人，需要的不也是这种精神吗？

※　阅读训练二

野竹

它那被月光照出的瘦影，至今还不时在我的梦乡里摇曳。

它那挽住晨雾，托起露水的鱼形叶片，至今仍留给我翠绿的记忆。

贫瘠、干旱、荒凉都不会使它感到凄苦；雨雪风霜无法改变绿色的性格，年年生长，年年被砍伐，年年被砍伐，年年又生长。

农家灶膛里的灰烬不就是它吗？盛菜装果的筐筐不就是它吗？池塘里拦鱼的帘子不就是它吗？禾场上长柄儿扫帚不就是它吗？孩子们的风筝架子不就是它吗？我手中的毛笔杆儿不就是它吗？

默默地出土，悄悄地冒尖，寂寞地生长。

不与大树比高低，不与浅草论长短，不与楠竹争宠爱。

人们虽然并未有意栽培它，但，它自个儿生长出来且毫不吝惜地献身给人们。

啊！我梦乡里的瘦影，我翠绿的记忆，让我用童年时常吹的"叫叫"——用它的管和叶做成的"叫叫"，来为它吹奏一支小曲吧！

1. 写出 4 个文中形容野竹的词语。

2. 仿照文章第 4 自然段，写一写野竹在人们生活中还发挥着怎样的作用？

3. 读文中画线的句子后回答。

不会使野竹感到的凄苦的是_____，无法改变野竹绿色的性格的是_____、_____、_____，四个"年年"说明了_____。

4. "不与大树比高低，不与浅草论长短，不与楠竹争宠爱。"这句中画线的字能不能全部换成"比"？为什么？这句话采用了什么修辞手法？突出了什么？

5. 文中有一句话十分精练地概括了作者对野竹的情感，起到提示全文中心的作用，请你用"＿"把这句话画出来。

参考答案：

1. 翠绿　默默　悄悄　寂寞　毫不吝惜

2. 答案不唯一

3. 贫瘠，干旱　荒凉　雨雪风霜　野竹坚韧的品格

4. 排比，拟人的手法突出了野竹默默生长、无私奉献的精神

5. 人们虽然并未有意栽培它，但，它自个儿生长出来且毫不吝惜地献身给人们。

牵牛花蔓

　　不管我的两间住室多么狭小，我还是喜欢在室内硬挤上几盆花木。只要我的眼睛接触到一点儿青葱碧绿的草木，精神就会为之一爽。不过，我养了多年山茶、白兰之类也算有名的花木，大多不成功，因为在我偶尔离家十天半月之后，回来时便多已枯萎不堪了。

　　无意中种上了牵牛花，当然不把它当作一回事。可是它却一蔓繁花，满窗浓绿，一株牵牛花一天可开花十几二十朵，一开就是几个月，天天如此，从不爽约。种养之法也简单不过，只要天天早晚不忘浇足两次清水就行了。它取之于人和自然的是这样少，而它报答人和自然的却是这样的多，这不禁使我对它产生了一种尊敬之情。

　　牵牛花的确没有特别娇艳的姿色，但它的花形花色，都开朗明净，朴素大方，竟是别有一番风致。尤其是那白色的牵牛花，它的外形与心地都同样是那么的纯洁无瑕。

　　牵牛花总是迎着黎明开放，而在黄昏前萎谢。生命诚然短矣，但它却与光明同在。它为迎接光明而生，为送走黑暗而死。

　　但是，我发现有不少牵牛花的枯蔓，以至主蔓，一经下垂，几天之后就一定枯萎而死，绝不例外。原来，它们都只能向阳、飞快地生长，万一它们因为没有附着之处而下垂时，几天后就一定自行枯萎。

　　我真的敬重起牵牛花来了，因为，它使我凛然地感到恐惧：啊，原来下垂就是倒退，倒退就是死亡呀！

　　1. 文中写"我"对牵牛花的感情变化过程为：_____。

　　2. 作者写本文的主要意图是_____。

　　3. 文章第三自然段末句中的"心地"指的是什么？（答案不超过 10 个字）

_____。

　　4. 下列对文章内容和艺术的分析鉴赏，不正确的两项是（　　　　　）。

　　A. 文章由山茶、兰花引出牵牛花，这是一种由远而近、衬托性的写法。

　　B. 文章第二自然段把牵牛花比喻为奉献多而索取少的人，引出对它的赞美。

C. 文章第三自然段着重写牵牛花的形色，以和下文写其品格相映衬。

D. 文章第六自然段中"真的敬重"和第二自然段中的"尊敬"相照应，且在抒情上又更进了一层。

E. 全文中心是借牵牛花"取于人和自然的少"而"报答人和自然的多"这一特点赞美社会上多奉献而少索取的人。

5. 牵牛花的生长告诉人们一个基本规律，这个规律是：

_____。

参考答案：

1. 不当回事　尊敬　敬重

2. 赞扬牵牛花纯洁无瑕、朴实大方的品质和无私奉献、追求光明的精神，鼓励人们奋发向上。

3. 牵牛花的精神品格

4. BE

5. 下垂就是倒退，倒退就是死亡

第四章
记叙文写景

一、写景文的概念

以描写自然风景、地理环境、山川风貌、四季风景为中心，给人以美的享受，这便是写景文。

二、写景文的特点

1. 厘清文章的写景顺序

在写景类文章中，作者通常都是按照一定的顺序来描写景物。一般来说，描写的对象是固定的，作者常常会采用几种顺序：一是按照观察的先后顺序，二是按照时间推移的顺序，三是按照景物的不同类别。在写作的时候，厘清写景顺序，有助于我们把握文章的层次。

2. 把握作者写景的特征

作者笔下的景物所呈现的特征，既是作者的观察所得，也往往寄托着作者的某种思想感情或想要阐述的道理。准确把握作者所写景物的特征，有助于我们领会作者的思想感情及写作意图。

3. 体会作者的思想感情

一切景语皆情语。在写景类文章中，通常作者不是为了写景而写，而是借景抒情。

三、写景思维导图

写景作文空间变化

- 开头
  - 总写引起下文（可以写景色历史渊源／地理位置）
  - 运用排比句／古诗词／名人名言
- 中间
  - 1.田野:麦子、稻子、玉米（加入诗词）
  - 2.果园:苹果、梨、桃子、西瓜（加入修辞）
  - 3.河流（颜色、石头、鸟儿）河水颜色、声音，周围环境
- 结尾
  - 用修辞或诗词，总写赞美

写景作文移步换景

- 开头
  - 整体描写
  - 动物园／公园／博物馆的样子
- 中间 从左到右 从高到低 从远到近 从整体到局部
  - 1.首先，来到了哪里，看到了什么，听到了什么（科普知识）
  - 2.接着，又来到了哪里，看到了什么，听到了什么
  - 3.最后，到了哪里，看到了什么，多用形容词、修辞、科普知识
- 结尾
  - 通过参观浏览、学习，收获了什么，得到什么启发

写景作文
时间顺序

开头
- 总写引出下文（可以写景色历史渊源/地理位置）
- 运用排比句/古诗词/名人名言

中间
（朝霞
/日出
/日落）
- 上午（景色描写，加入修辞）
- 下午（景色描写，加入修辞）
- 晚上（景色描写，加入修辞）

结尾 —— 用修辞或者诗词，总写赞美景色

四、写景篇范文

※　范文一

家乡的小河

山东省邹城市峄山小学四年级（9）班　文/何清泽

　　我的家乡有一条小河，它随着四季的变化多姿多彩。

　　春天来了，轻柔的春风吹化了河里的冰，几只野鸭在水里欢快地嬉戏玩耍，河边的杨柳也长出了细叶，嫩绿的叶子随风摆动，像个跳舞的精灵。河边的小草都争先恐后地探出了头，绿意盎然，不知名的小花在阳光里眨着眼睛，白的像雪，红的像火，粉的像天边的朝霞，美丽极了。

　　夏天到了，小河里开满了大大小小的荷花，白的、粉的、红的连成一片，像仙女织成的锦缎一样绚丽多彩。小鱼在荷叶下游来游去，开心地吐着泡泡。到了晚上，河边蛙声阵阵，几只调皮的青蛙在月光下跃起，扑通扑通跳进河里，激起一簇簇银色的水花，此时的小河像童话一样可爱。

　　到了秋天，小河变得更加清澈透明，像一块大大的镜子，照进了很多景物，蓝蓝的天空，白白的云彩，两岸金黄的稻田，还有飞往南方的雁群。夕阳西下时，漫天的霞光铺满了小河，河水缓缓流淌，静谧安详，人们自觉地放轻了脚步，以免惊扰了如画的小河。

随着冬天的脚步越来越近，小河里的潺潺流水结成一层厚厚的冰，晶莹剔透像银色的腰带蜿蜒到山脚。一场大雪后，小河四周白茫茫一片，两旁的树木落满了蓬松的雪花，一团团一簇簇像绽放的梨花洁白无瑕，一阵风吹来，雪花悠悠飘落，给小河添了几分神秘气息。

春去秋来，小河随着季节的更替变换着妆容，丰富多彩，美不胜收。

> 名师点评：小作者开篇抓住了景物的特点按照时间顺序四季变化写出了家乡小河的美以及带给家乡人们的快乐。全文语言流畅，字里行间表达了小作者对家乡眷恋的深情。和谐的结构、畅达的语言、深刻的文字功底，使文章虽通俗而显出深刻，虽朴实而别具韵味。
>
> 指导老师：蔡娴

※ 范文二

家乡的冬天

文 / 刘紫涵

家乡的冬天很美，我喜欢家乡的冬天。

冬天来了，下起了鹅毛大雪。雪花像一只只调皮的白蝴蝶，在空中翩翩起舞，不一会儿就落满了大地，远远看去，仿佛穿上了洁白的公主裙。

冬天的田野变成了一个宽阔的游乐场，小朋友们在这里游戏，有时把田野当成画板，用脚印印出自己喜欢的形状；有时把田野当沙滩，在上面铲"沙"、挖"宝藏"；有时把田野当手工坊，捏出各种各样的小物品。

大树卸了妆，褪去了葱葱郁郁的颜色，只剩下坚硬的枝干。小鸟搬了家，叶子也落进了泥土，这时的大树显得有些孤寂。可当北风刮来时，它们依然傲然挺立、不肯低头。雨雪之后，大树变得热闹起来，枝丫上挂满了银条，亮晶晶的格外好看。小孩们踮着脚尖，拿着竹篙敲打着银条，有趣极了。

清晨，湖边起了一层朦胧的雾，一艘小木船安歇在湖边，一动不动，等待温柔的阳光解开冰封，微风就可以吹着它自由地推开波浪。湖里的鱼虾只管安静地冬眠，等待春天的到来。

冬天，家乡的人们会做一种如雪一样洁白的美食，那就是糍粑。祖母选用上等的白糯米，在冰冷的清水里泡上一夜，沥了水，倒入饭甑，煮成香喷喷的糯米饭，打成白花花的糍粑。人们围坐在炉火旁，一起烤着美味的糍粑，讲着有趣的故事，温馨极了。

我爱家乡的冬天，爱家乡的美景和美食，更爱家乡可爱的人们。

名师点评：本文语言优美，韵味十足。"翩翩起舞""葱葱郁郁""傲人挺立"等词汇用得很出彩。小作者抓住了冬天的特点来写，从细节处着手，从雪花、田野、大树写到祖母做的糍粑，脉络分明，情真意切，字里行间洋溢着小作者对冬天的喜爱。

指导老师：李廷英

※ 范文三

春天在哪里

文 / 周一贝

春天的脚步渐渐近了，我却在梦境的回廊中才能嗅到她的清香，醒来我决定去外面的世界寻找春天的芳迹。

春天在绿色的草坪里。在草坪的周围，有着一束束千年矮，有的绿得发光，有的绿得耀眼，有的绿得发黑。千年矮里是一片绿草，瞧！小草悄悄钻出地面，东瞧瞧，西看看，噢，春天来了。春风吹过，小草对着春风连连点头，然后又翩翩起舞，就像一位专业的舞蹈演员。草坪又像一块绿色的大地毯，我心想：躺在草坪里，沐浴着阳光，呼吸着新鲜空气，是多么舒服啊！

春天在美丽的公园里。春天像一支看不见的彩笔，把一树树的桃花装扮得像小姑娘粉红的脸庞；把吹着小喇叭的迎春花涂抹得像弟弟的玩具小黄鸭；把数不清的梨花漂染得像雪花一样洁白；把一棵棵柳树描绘得像翠绿色的丝带；把整个公园点缀得这样绚烂，这样美丽，处处带着春的味道，春的气息。

春天在希望的田野里。田野里的油菜花泛起阵阵金色的海浪。在阳光的照耀下，一大片一大片油菜花，金光闪闪，格外耀眼，这时候如果你走进田野，一阵阵清香会随风飘来，整个田野都浸在香海中了，嗡嗡嗡，小蜜蜂飞来了，采走了香的粉，酿出了甜的蜜。小麦已经长穗了，长得有两支没削过的铅笔那么高。绿油油的小麦，一株接一株，一片接一片，一望无际，仿佛置身于一片翠绿的海洋。绿得似一块碧玉，绿得是那样鲜嫩，好像一个个生命从这里绽放，苍翠欲滴。油菜花的金黄与小麦的绿色相间交织成装饰田野的美丽图案。

春天在生机勃勃的校园里。校园里的大榕树，像一把绿色的大伞，一片片新绿的嫩叶，充满朝气与活力。高大的雪松上，如果你仔细观察，一定会发现在枝头上的新叶吧！多么调皮捣蛋的孩子呀，竟然爬到了雪松爸爸的头上。还有那不知名的小鸟站在枝头高声歌唱春天的美好！

春天在哪里？春天在绿色的草坪里，在美丽的公园里，在生机勃勃的校园里，在充满希望的田野里，在我善于观察的眼睛里。

名师点评：这是一篇描写春天的佳作。文风生动活泼，与朝气蓬勃的春天相得益彰。作者以拟人的修辞手法开启全文了，春天的美好气息扑面而来。作者通过草坪、公园、田野、校园的空间变化描述，让读者感受到了春天的无处不在。文章多处使用比喻、排比等修辞手法，让读者感受到了春天的绿意盎然、花团锦簇，也使得整篇文章非常生动有趣。文末最后一段不可或缺，总结了全文，也升华了主题，告诉读者春天在善于观察的眼睛里。

指导老师：席小丽

※ 范文四

家乡的河堤

文 / 余桉然

我的家乡在新墙河畔，那儿的河堤是一处风景优美的地方。

春天，这里绿草如茵。走上河堤，大片大片的草地从眼前延伸开来，远远望去像铺了一层青绿色的地毯。五颜六色的小花点缀其中，有茄子紫、梨黄、天空蓝……美丽极了！一群牛羊悠闲自在地在草地上吃草。河边的柳树跟随风儿摇摆着身姿，像一位初学舞蹈有些羞涩的小姑娘。河面上风平浪静，不时泛起层层波纹，在阳光的照射下，闪闪发光。我最喜欢在树荫下乘凉，坐在柔软的草地上，捧着一本书，靠着大石头，面朝河水，舒舒服服地看书。

夏天，这里落日如火。每年暑假我都会和妈妈回乡下住几天。每天我们都会来这里看夕阳西下。那时，西边的天空布满了瑰丽无比的晚霞，像打翻了调色盘，又好似会千变万化的魔术师。五彩缤纷的霞光映照在水面上，河面也成了一幅迷人的画卷。

秋天，这里变得生机勃勃。河堤两岸的田野里到处都是农民伯伯忙碌的身影。有的在采摘葡萄，有的架着收割机正收割稻谷，还有的开着三轮车来回奔波，一派繁忙的景象。

冬天，这里变得非常冷清。小草都枯萎了，树叶从树上落了下来，光秃秃的树枝在寒风中摇晃，万物失去了生机，整个河堤陷入了冬眠。这时候，只有下雪了，草地被厚厚的积雪覆盖住，我们才冒着寒冷来这里打雪仗、堆雪人，或者从高高的河堤上一路滑下来。清冷的河堤便又充满了欢笑。

家乡的河堤是世界上最美的地方！我爱我的家乡！

名师点评：小作者按时间顺序，详细地记录了家乡河堤一年四季优美如仙境般的风景，勾勒出一幅幅动人的图画。文中运用了大量的比喻、拟人等修辞手法，使得语言生动活泼，富于变化。结尾处小作者毫不掩饰地表达了自己对家乡的热爱，进一步升华了文章主题。

指导老师：蔡娴

※ 范文五

小河在我心中流过

文 / 范宇佳

"那春天里的蛙鸣，是否已经停歇；那斜阳中的欢笑，如今在那里停泊；长大的水牛，跨过清晨的薄雾；岸边的垂柳为什么像妈妈那样沉默？哎……"每当在广场上听到这首歌，我就想起了家乡的小河。虽然它没有江流的波澜壮阔，没有清潭的水平如镜，但它有自己独特的韵味。

清晨，河面上漂着一层若隐若现的雾气，仿佛为小河披上了一袭洁白的纱衣。周围的景物看上去一片朦胧，仿佛置身于虚无缥缈的仙境。一阵清风吹过，深深吸一口气，不由得神清气爽。在河的两岸，两排笔直高大的绿树静静地守卫着小河。鸟儿们欢快地歌唱，在密密的树枝间灵敏地穿梭，为小河平添了几分生机。

太阳出来了，这时，又是一番景象。阳光把小河和鱼儿都唤醒了。阳光在河中闪闪发光，就像洒下了一层金子。小鱼偶尔跃出水面，在平静的河水中激起一圈圈波纹，好像要欣赏一下美丽的风景。在河水的倒映下，天空显得特别蓝，云儿显得特别白，小河的水也是那么清。我忍不住把小脚丫伸进水里，扑扑打打，让那份冰凉、那份舒适、那份乐趣延伸。

傍晚，牛儿从河边回来了。红色的蜻蜓在河边的草叶间低飞，有时候停在河中央的枝丫上，惊人的美丽。夜幕降临，一切都变得寂静起来。鸟不叫了，鱼儿也默不作声，只有树影在风中摇曳，似乎在低低地诉说着故事。这时，我总会搬来一把小凳子，坐在河边默默地想心事。夜晚的小河让我的思绪深沉起来。

故乡的小河，清澈的小河，美丽的小河，寂静的小河，总是不知不觉中在我的心头流过。它在我心中，是最美的！

名师点评：按照时间去推进，"清晨""太阳出来""傍晚"，抒情层次初具递进，考场之上，实属不易，扎实的文字功底可使自己文章更上层楼；风景之"小河"点题也是由表及里、由浅入深，不错。写景记人散文的阅读可以在一定程度上增加这方面的描写能力，就中学生而言，可先后阅读毕淑敏、梁衡、余秋雨、林清玄、刘亮程、汪曾祺等作家名篇哦。

指导老师：蔡娴

游盘龙城遗址公园

武汉市盘龙城名流学校　四（7）班　卢芮言

周末，爸爸妈妈带我去盘龙城遗址公园游玩。

我来到公园大门口，乍一看，眼前的这个遗址公园和普通的公园没什么两样，当时我还有些失落，爸爸安慰我说："这里是武汉的发源之地，被称为'武汉城市之根'，有很高的文化价值，这里不仅有山有树，还有林间密道和博物馆，非常值得一看。"听了爸爸的话，我又精神大振，向公园里面走去。

进入公园之后，两条路出现在我们面前。左手边是一条笔直的大路，直接通向博物馆，右手边是一条弯弯曲曲的小路。我们先沿着大路到了博物馆，博物馆的造型独特，充满了艺术气息，吸引了很多游客来这里打卡拍照。当我们踏入博物馆时，一股冷气扑面而来，与室外夏日的热浪形成了鲜明的对比，让人一下子从酷暑中解放出来。馆内的展示柜里摆放着大量的陶器、陶罐、陶碗、陶武器……各种各样的陶制成的工具和武器展现在我眼前，真是琳琅满目，别具匠心。望着这些器具，认真阅览着上面的文字记载，我仿佛回到了商朝时期，看到了匠人们正在用心打磨这些陶器。

走出博物馆，映入眼帘的是一条石子铺成的林间小路，双脚走在上面非常舒服，就像给脚底做了个按摩，不管走多远的路，脚都不会觉得酸。路两边的鲜花竞相盛开，漫步其间，香气扑鼻，仿佛置身仙境。两边的石头被雨水冲洗后，布满了像碧玉一样的青苔。道路两旁绿树成荫，虽然现在是炙热的夏天，但感觉就像春天一样凉爽。

走到小路的尽头，我看到了一大片绿油油的三叶草，中间还夹杂着几朵蒲公英和一些小花，如果能在上面打滚或玩游戏的话，应该非常舒服吧！时不时还飞来几只蝴蝶和蜻蜓在草地上舞蹈，知了在旁边为它们伴奏，演绎了一场夏日的音乐剧。

穿过三叶草草地，一条清澈见底的小溪出现在我们眼前，这是从一片湖里面流淌过来的。小溪中不时有小鱼悠闲地游过，还有几只野鸭在湖里扑打着翅膀，真是一幅生机勃勃的好景象。

不知不觉，夕阳洒满了大地，也给博物馆披上了一件金色的外衣，在彩霞的映衬下，博物馆显得更加神秘而庄重。我们踏着夕阳的余晖，恋恋不舍地离开了遗址公园。

名师点评：小作者在开头开门见山地点明了要游览的地方，且在第二段还设置了一个悬念，与后文游览以后的情况，形成了一个鲜明的对比。全文运用了移步换景的游览顺序，对遗址公园的博物馆、林间小路、三叶草草地、小溪依次进行了描写，思路清晰，层次分明，有详有略，突出了重点景色。结尾环境描写式结尾也非常有意境。

指导老师：危正波

※ 范文七

枕一片云

湖南省石门县湘佳永兴学校 2102 班　杨一晨

我总觉得，人在年少时，就该爱上大自然的某种景物。或一花一木，或星辰大海，钟情于它们，寄托内心的情思时，内心清澈得如同六月的风。

于是，我不可救药地爱上云。

以前并不留意到它的美，上了初中后，为缓解眼睛疲劳，我从书堆里解脱，出门抬头望天，却意外遇见不一样的风景。

黎明的晨雾、午后的蓝天、夜晚的星辰都少不了云的陪衬，天空如果没有云，该是多么单调无趣啊。

去年暑假的一个午后，我去阳台上透气，仰望天空时，顿时被眼前的美景震慑了。一望无际的云海，在天空中翻滚着，像汹涌大海上的漩涡，一层叠着一层，一浪赴上一浪，让人想起钱塘江大潮，雄伟壮观的景象扑面而来。山雨欲来风满楼，暴风雨就要来了。

雨过天晴后，再仰望天空，纯白的云朵慢悠悠飘过，让我想起小时候吃的云片糕，轻盈而甜蜜。

古人将时间比作流水，我却认为还可以比作云。它们就这样平静地流逝，不快不慢，谁也拦不下。我多想纵身跃上去，和它一起去很远很远的地方流浪。

我喜欢在窗前伏案写字，一抬眼，便兜住一朵，抓住它，按在我的本子上，便可在我的书页上留住它的白。我也如此羡慕她，希望在这繁忙的时光里，能像它一样放慢节奏，又不停留脚步。我心里的私密话，只讲给她听。我说，我羡慕你啊，什么时候也能成为你，在短暂的生命旅程中，来一次肆无忌惮的追梦之旅。

我爱写作，就如爱云。不为名利，只为热爱。我愿将梦想折成一架纸飞机，让它飞上云朵，飞向远方。

每当我写作时，每当我的笔迹划过纸张时，我心里仿佛就生出一片云来，落在纸张上，开出朵朵洁白的花儿来。

爱上云吧，在夏日的落款上，我睁开眼就看见，书桌的纸上，枕着一片云。

名师点评：小作者用诗一般的语言，向我们描绘出一幅幅美妙的画卷。大自然中的万事万物都神奇很美好，值得我们用心去品味。比如一朵花，一片叶，一滴水，一朵云……枕着一片云，让人想想就美好，不是吗？

指导老师：陈婉

※ 范文八

爷爷的后花园

湖南省临澧县新安中心小学六（4）班　黄孙阳

在我老家后面，有一块空地，被爷爷开垦出一个美丽的后花园。

我一放暑假就直奔爷爷家。刚下车就看到爷爷正站在门口迎接我。我激动地扑入他的怀里，让他领我去后花园玩耍。

后花园被竹篱笆围成一个小院，上面爬满了丝瓜的藤蔓，一个个黄色的小花，正站在上面冲我笑呢。推开木制小门，仿佛进入了桃花源。中间有一条干净的红砖路。路的左边种了几棵果树，前面是两棵桃树，树上的桃子白里透红，水灵灵的。墙角是一棵枇杷树，金灿灿的枇杷果挂满枝头。后面是橘子树、橙子树，果子还是青色的，有乒乓球大小，爷爷说："秋天的时候就成熟了，到时可要早点

第四章　记叙文写景

081

来啊！"

小路的尽头，有一个压水井，旁边不远处竟然有一个小池塘，里面有几片碧绿的荷叶，还有几朵白色的荷花，飘来缕缕清香。

小路的右面，种着一排排蔬菜，架子上有长长的青豆角，弯弯的嫩黄瓜。墙角还种了西瓜，地上正躺着几个圆滚滚的花皮西瓜。爷爷看我嘴馋了，就给我摘了一个大西瓜，切开一看，红色汁水直流下来，我迫不及待吃上一口，直甜到心里去了。

晚上的时候，后花园里成了昆虫的乐园，它们在那里唱得欢。爷爷给我捉了一只绿色的蝈蝈，装在笼子里，给我玩，我逗了它半天，喂了它南瓜花，它就叫个不停。

夜深了，爷爷搬来竹床放在后花园里说："今晚我们睡在这里。"我和爷爷躺在床上，听着虫儿在唱歌，看到天上的星星，像眼睛眨啊眨。听爷爷给我讲牛郎织女的故事，不一会儿就进入了梦乡。

爷爷的后花园，是我心中的乐园。

名师点评：爷爷的后花园，像一个童话世界，有瓜果蔬菜，还有可爱的绿蝈蝈可以玩耍，让我不由想起萧红的《祖父的后花园》。值得借鉴的是，本文详略得当，语言优美活泼，让人不禁跟着小作者一起度过一段快乐时光。

指导老师：张海新

※ 范文九

日出即景

湖南省石门县澧澜学校六（2）班　于浩楠

凌晨五点，我来到楼顶，此时四周黑漆漆一片，万籁俱寂。墨蓝的天空中，只有几颗残星闪烁着微光，给世界带来一丝光亮。

不一会儿，东方天空开始慢慢泛白，飘着几缕紫红紫红的云霞。渐渐地，天空越来越亮了，东边的房子，树木，田野全都染上一层玫瑰色，瑰丽夺目。我按捺不住内心的激动：太阳要出来了！

看，那是什么？那是太阳的额头、眉梢、眼眸，它撩开面纱，害羞地向我们张望呢。原来太阳是长了腿的，它使劲儿往上爬，露出了它的腰，渐渐地，它爬高了。如同一个蓄势待发的跳高运动员，攒足了劲儿，矫健的身姿一跃，跳出地平线，最终把圆滚滚的身躯全露了出来。瞧，它正披着万道霞光笑眯眯地俯瞰大地呢。一时间，霞光万道，世界万物全都沐浴在金色的海洋里，鸟儿迎着霞光自由飞翔，洒下一路欢歌。

新生的太阳，又大又圆，如同一个涂着橙红彩釉的圆盘，又宛如古代仕女的梳妆铜镜，惹人喜爱。它散发着无穷无尽的光亮，滋养万物、普度众生。

天空中的红晕慢慢消散，润染成了浅蓝色，碧蓝如洗的天幕上飘散着几朵白云，天空成了一幅镶嵌在玻璃框里的画。

我忍不住遐想：太阳，你是一位神奇的魔法师吗？为什么能把这世界幻化得这般壮丽，让我如此陶醉啊！

我恋恋不舍地离开楼顶，但日出时壮观的景象，却深深烙印在我记忆的相册里。

名师点评：小作者按时间顺序，写了日出前、日出时、日出后的美景，同时运用多种修辞手法，让文章更加生动传神，如身临其境。大自然是神奇的，美妙的，让我们像小作者一样，细心观察生活，写出动人佳作吧！

指导老师：张海新

※　范文十

夏天的雨

山东省邹城市峄山路小学四年级（9）班　何清泽

一个夏日的午后，太阳炙烤着大地，仿佛要将整个世界点燃。我每次呼吸时都感觉像是把火吸进了胸腔，不由得想：要是能痛痛快快地下一场雨该多好啊！

盼着盼着，远处的天边就涌起大朵大朵的乌云。在阳光的映照下，乌云的边缘泛起一圈神秘的光晕，像是黑暗与光明的连接处。乌云越聚越厚，渐渐遮住了太阳，明亮的世界一下子变得昏暗。

忽然间狂风四起，电闪雷鸣。雨紧跟着来了。最先是小雨打在地上，很快，雨越来越大，越来越密，大滴大滴的雨珠从天空一跃而下，溅起朵朵水花。短短几分钟，雨就在天地间织成了幕帘。

一场激情澎湃的"雨之歌舞"就开始了。有的雨滴在屋檐上跳跃，"啪啪啪"，干脆利落；有的雨滴在树叶上打鼓，"咚咚咚"，激昂高亢；有的雨滴在池塘里弹钢琴，"叮咚叮咚"，活泼明快……

渐渐地，雨停了，乌云也散去了，天空架起了一道色彩缤纷的彩虹桥，从这端到那端，无比壮观。天和地被雨水洗涤得无比清透，炎热也被雨水驱散，我忍不住深深地呼吸着清新的空气，好不惬意！

名师点评：这篇文章，小作者通过比喻和拟人的修辞手法，生动地描写了夏雨的特点，使读者感受到夏雨的独特魅力，同时也展现了大自然的美丽和神奇。文章语言流畅，意境深远，令人陶醉其中。

指导老师：司德珍

五、写景阅读训练

※ 阅读训练一

我爱夏日长

文 / 邱宝瑜

一年四季中，春天生机勃勃，秋天硕果累累，冬天白雪茫茫，而夏天则多才多艺。

夏天是个技艺高超的小画家，用它神奇的画笔，描绘橙黄似金的向日葵、洁白如玉的茉莉、娇艳似火的石榴、粉若桃腮的荷花、绿荫如盖的树木……

这一幕幕，像调皮的小孩不小心打翻了调色盘，颜色天然纯粹。我想，夏天的心肯定如孩童般纯真美好，才能勾勒出"新雨过，绿连空。蝶飞慵。闲过绿荫深院、小花浓"的夏日美景。

夏天是赫赫有名的音乐家，亲自导演了一场音乐盛会，蝉是最热烈的歌者。"徂夏暑未晏，蝉鸣景已曛。一听知何处，高树但侵云"。茂密的树叶是蝉的舞台，但我永远找不到它藏在哪片叶子后面。

更多昆虫跟着大展歌喉：脆亮的蛙叫、婉转的鸟鸣、低浅的蚊吟、嗡嗡的蜂队……一首首夏的赞歌此起彼伏，好不热闹，它们不是李白的，也不是王维的，正是夏的绝句。

夏天是率性洒脱的舞蹈家。在风雷声音乐，和闪电灯光的配合互动下，大雨迈着豪迈奔放的舞步粉墨登场了，它从高高的天际急涌而来，在半空中突然变换舞步，时而向左时而往右，飘忽不定。雨落到地上时，"啪嗒"一声，瞬间溅起一大朵透明的水花。很快水花又聚在一起，紧贴着地面顺流而下，终于以优雅的舞姿结束一场完美的演出。

夏天还是厨艺精湛的美食家。宋代诗人范成大写得妙："梅子金黄杏子肥，麦花雪白菜花稀。"不仅如此，还有甜蜜诱人的西瓜，清凉解暑的绿豆汤，当然少不了美味可口的冰激凌……在夏天里，我每天都可以享受着它精心烹制的舌尖盛宴，真是大饱口福呢。

多彩多姿有声有色的夏天最让我留恋，诗人李昂正好道出了我的心声："人皆苦炎热，我爱夏日长。"

1. 选择加点字正确的读音。

硕果累累（léi léi lěi lěi）　　白雪茫茫（máng máng méng méng）

2. 填上合适的词语

（　　　　　　　　）的蛙叫　　（　　　　　　　　）的鸟鸣

（　　　　　　　　）地吟唱　　（　　　　　　　　）地演出

3. 夏天是多才多艺的，作者采用（　　　　　　）的结构，分别把夏天比拟成（　　　　　　）、（　　　　　　）、（　　　　　　）、（　　　　　　），表达了作者（　　　　　　）的情感。

4. 文中描写夏天的美景时，多处用了修辞手法，画出一处比喻和拟人句。

5. 积累诗句：找一找有关于四季的诗句摘抄下来！

参考答案：
1. léi léi　　máng máng
2. 脆亮的蛙叫　　婉转的鸟鸣
3. 总分　画家　音乐家　舞蹈家　美食家　对夏日的喜爱
4. 答案不唯一
5. 答案不唯一

※　阅读训练二

叠词里的秋天

文 / 待月明

提到秋天，每个人都有说不完的形容词。而在我看来，秋天的美全藏在叠词里。

你看，时光的齿轮轻转，田野早已褪去碧绿裙纱，返身裹上金灿灿的薄衫。那些或细碎或隆重的金黄，成了田野里最惹眼的光。秋阳杲杲，山野明亮。森林与溪水仿佛一对恋人，他们含情脉脉，秋波盈盈。每一片落叶入水，都泛起思念的涟漪。而凉风习习，山谷寂寂，只有潺潺的流水，将心意回传大地。秋天，总是情意绵绵的。

你听，秋风呼啦啦将神州大地换了人间。而秋雨淅淅沥沥，催促人赶紧添衣。当呼啸的风声拂过树林，穿过屋顶，在耳边留下一道萧瑟的回响时，此刻最温暖人心的不过是家人围坐，灯火可亲。一桌热气腾腾的饭菜，一场其乐融融的交谈，几声笑语，几句关怀，心中便顿时升起融融暖意。尽管秋风带霜，秋雨寒凉，但此刻的温暖足以抵御整个季节的风雨。所以，无论走到哪里，过着一个怎样的秋天，回忆起这个画面，仍会让人觉得：秋天，总是一个爱意满满的季节。

你闻，院子里星星点点的桂花正簌簌飘香，那一粒粒小米似的花朵像是秋天的诗行，书写着生活的甜蜜。偶有风来，落英缤纷，院子里便弥漫出丝丝香甜。那味道就像天空中忽明忽暗的群星，闪闪烁烁，隐隐约约，让人回味不尽。更有那大朵大朵的菊花，它们在秋日的阳光里肆意地绽放，被风吹动时，便摇曳生姿，将淡淡清香推送入鼻。她们用多彩的颜色和丰盈的身姿将秋天装扮得神采奕奕。秋天，总是一个花香微微的季节。

你品，那些瓜果也早已按捺不住内心的甘甜，笑得咧开了嘴，像是呼喊着人们前去采摘。它们有的在枝头窃窃私语，似乎在与树和叶来一场告别；有的在藤蔓高处悠悠荡荡，似乎要览尽秋天所有的风景；还有的在泥土深处天天向上，似乎马上就能和秋天的风撞个满怀。它们是沉甸甸的丰收，是殷切的期望，是勤勤恳恳的回报，也是真真切切的答案。有它们在，秋天，总是一个甜甜蜜蜜的季节。

叠词里的秋天真是诗情画意的季节！

1. 作者分别从（　　　　）、（　　　　）、（　　　　）、（　　　　）来写秋天，秋天是一个

（　　　　　）、（　　　　　）、（　　　　　）、（　　　　　）的季节。

2. 仿写词语

AABB：

ABCC：

3. 第 5 自然段作者主要运用了（　　　　　　　　　　）的手法来展现秋天的特点，生动形象地描述了秋天的（　　　　　　　　　　）。

4. 作者笔下的秋天，哪一部分让你感受特别深，试着写一写你所感受到的这一景致。

5. 请用诗句来描述秋天的丰收景象！

参考答案：

1. 看　听　闻　品　　情意绵绵　爱意满满　花香微微　甜甜蜜蜜

2. 答案略

3. 答案不唯一

4. 拟人　甜甜蜜蜜

5. 答案不唯一（说出自己的感受）

6. 答案不唯一

创意写作——记叙文篇

大画家秋姑娘

文 / 程雪瓶

　　秋姑娘来了，她乘着夏弟弟的影子，带上五颜六色的颜料来了。她把森林、大地、田野、村庄当作画布，描绘出一幅幅动人的油画，不信你看……

　　秋姑娘来到森林，让所有的树木都换上了衣裳。她一挥手，将天边的晚霞缝制成火红的裙摆，披在枫树上；她眨眨眼，将温暖的太阳裁剪成金黄的外衣，披在银杏树上；她点点头，将夏天的绿意洒向苍柏，使他们越来越苍劲有力；她轻声呼唤，秋风习习，枫叶、梧桐叶、银杏叶，和着秋风尽情飞舞。

　　秋姑娘踏入大地，挥洒颜料，青绿、墨绿，草地渐渐被染成黄绿混合的地毯，小草探出半个脑袋，溪水叮咚作响，秋阳下，整个大地都映出暖暖的秋意。

　　属于秋的花朵，在秋姑娘的魔法下，都尽情地绽放属于她们的芬芳。淡粉色的月季，扭动着妩媚的身姿；一旁淡黄的桂花，调皮地从枝叶中露出头来，为人们送来一树的芳香。

　　秋姑娘漫步田野里，硕果累累挂满枝头。农田里，稻谷低着头，饱满而谦虚地等待交付沉甸甸的收获；高粱顶着红妆，炫耀自己的果实丰满；芝麻节咧开嘴笑着，露出油亮的黑牙齿。果园里，红彤彤的柿子像灯笼一样高高挂起；黄澄澄的梨子散发出诱人的香甜，让人忍不住想快点咬一口。他们都换上了靓装，呼唤着农民伯伯的采摘。

　　秋姑娘走进村庄，瞧，孩子们趴在稻谷场上，双手托腮，围着蛐蛐逗个不停，叽叽喳喳，好不热闹。还有的一边啃着秋梨，一边背诵刘禹锡的："自古逢秋悲寂寥，我言秋日胜春朝……"老人坐在门口看着孩子们愉快地成长，乐呵呵地吧嗒着他的烟斗。

　　好一幅江山如画岁月静好呀！秋姑娘用她的"神笔"刻画了五彩斑斓的落叶图，和秋实硕果的丰收图，还有岁月静好的人物图，怎么让人不喜欢她呢？

　　1. 仿写词语

　　凉风习习：

红彤彤：

2.试着写出描写颜色的词语

绿：嫩绿

蓝：浅蓝

3.试着分析文章的结构层次。

文章采用了（　　　　　　　　　）的结构，分别描绘了（　　　　　　　　　）、

（　　　　　　　　　）、（　　　　　　　　　）、（　　　　　　　　　）的秋景，表达

了作者（　　　　　　　　　　　　　　　　　　　　　　　　　　　　　　）。

4."自古逢秋悲寂寥，我言秋日胜春"结合文章，简要说说你印象中的秋景，用上排比的修辞手法。

5.好一幅江山如画岁月静好呀！秋姑娘用她的"神笔"刻画了五彩斑斓的落叶图，秋实硕果的丰收图，还有岁月静好的人物图，很难让人不喜欢她。与原句比较，表达效果有何不同？

参考答案：

1.答案不唯一

2.嫩绿　浅蓝（答案不唯一）

3.总分总　森林　大地　田野　村庄 对秋天的喜爱和赞美

4.答案不唯一

5.原句为反问句，强调突出了秋天的美及对秋天的喜爱，改写之后语气不够强烈。

第五章

想象力作文

一、想象力作文的概念

想象力作文是一种文学创作形式，它通过作者的想象力和创造力，构建出一个虚构的世界和故事情节。这种作文通常没有现实世界的限制和约束，可以自由地创造人物、事件、场景、情感等各个方面，甚至可以创造出完全不同于现实的幻想世界。

二、想象力作文的特点

想象力作文的特点主要有以下几个方面：

虚构性：想象力作文所描绘的世界、人物、情节等都是虚构的，不受现实的限制和约束。这种虚构性使得想象力作文可以自由地表达作者的想象力和创造力，构建出一个与现实完全不同的世界。

多样性：想象力作文的形式和内容都非常多样化。它可以是小说、散文、诗歌等不同的文学体裁，也可以是描绘奇幻、科幻、悬疑等不同类型的故事情节。这种多样性使得想象力作文可以满足读者不同的审美和阅读需求。

创新性：想象力作文需要作者具备较强的创造力和想象力，通过创新的表现形式和故事情节来吸引读者的注意力。这种创新性可以为读者带来新鲜感和惊喜感，同时也是作者展示个人才华的重要方式。

意义性：想象力作文不仅仅是为了表达作者的个人想象和创造力，也需要具备一定的意义性和深度。想象力作文中的情节、人物、主题等都可以反映出作者对现实世界的思考和观察，带有一定的哲学性和启示性。

总之，想象力作文是一种独特的文学创作形式，它通过作者的想象力和创造力，构建出一个虚构的世界和故事情节，以满足读者的想象力和好奇心，同时也具有一定的意义性和深度。

三、想象力作文思维导图

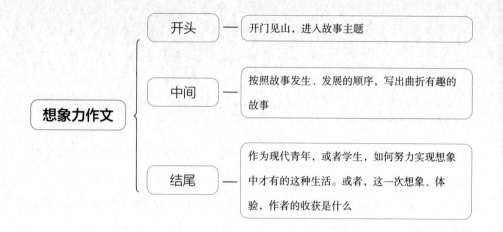

想象力作文
- 开头 —— 开门见山，进入故事主题
- 中间 —— 按照故事发生、发展的顺序，写出曲折有趣的故事
- 结尾 —— 作为现代青年，或者学生，如何努力实现想象中才有的这种生活。或者，这一次想象、体验，作者的收获是什么

四、想象力范文

※ 范文一

未来的海底世界

昨天晚上，爸爸下班回家，带了一本科幻小说给我看，我看着，看着，不知不觉地睡着了……突然之间，我和伙伴们站在一个隧道里，我抬头一望，隧道上面刻着四个大字"时空隧道"，我们都惊讶地睁大双眼。

我们不由自主地走了过去，眨眼间就到了二十二世纪。地球上的人太多了，他们选择去月球、太空中生活。我挑选了去海底生活，我们全家和小伙伴们都要去海底了。大家坐上我的飞行器，潜入到了深海。

海底的房子是用巨大的贝壳做的，不知怎么回事，从天上掉下了一个巨大的圆圈玻璃，把我们罩住。海底有一个大厅，里面有各种各样的鱼，有热带鱼、枪鱼、飞鱼、鳐鱼、烛光鱼、带鱼……真是应有尽有，让人眼花缭乱。它们摇动着形态各异的尾巴，快活地游来游去，还不时向我们问好呢！我和小伙伴们也兴奋地向它们点头问好。

我们走着走着，来到了一个大超市，超市真大呀，一眼望不到头，各类商品琳琅满目，还有很多好吃的、好玩的，应有尽有。我们边走边吃美食，真是惬意极了。

再往前走，看到千奇百怪的河马、鸵鸟、孔雀等各类陆地动物，它们在悠闲地散步呢！我们同它们互动，喂东西吃，相处和谐又快乐。

在这里生活真是太幸福了！

突然，我被推了一把，我猛一惊，睁开眼睛，妈妈正喊我起床呢，原来只是一个梦，这个梦太神奇了。但我想：在这个科技发展日新月异的年代，我的梦想一定会成为现实的。

> 名师点评：小作者通过丰富的想象，把我们带到了未来的海底世界，通过"我"的所见、所闻、所感，向我们展示了一个丰富多彩的海底生活，形形色色的鱼类、好吃的、好玩的……让人目不暇接。希望这个梦能够早一天成真！
>
> 指导老师：张海新

※ 范文二

泥土下的故事

在温暖而潮湿的泥土里住着两只鼹鼠。

一天，两只鼹鼠无聊极了，一只鼹鼠突发奇想说："我们去寻宝吧。"另一只说："好啊。"于是，它们开始了寻宝的旅途。

第二天早上，它们先来到了花盆的泥土里，它们问小花："小花，小花，你知道宝藏在哪里吗？"小花说："对不起，我不知道宝藏在哪里，不过你们可以去山上的泥土里找找。"鼹鼠们说："谢谢你，小花。"

他们准备离开时，一不小心，碰到了花盆。噼里啪啦一声响，花盆摔在了地上，打碎了。鼹鼠们吓了一跳，不知所措。

花盆的主人听到声音，赶紧跑到阳台上，他看到有两只鼹鼠打翻了花盆，生气极了。他马上拿起扫帚，就往鼹鼠身上打。鼹鼠们吓坏了，赶紧逃跑了。

它们又到了许多有泥土的地方都没有找到宝藏。最后，它们来到河边，想去河里找宝藏，可是它们不会游泳。这时，小鱼游过来问："你们要帮忙吗？"鼹鼠们说："我们在寻宝，要到河里的泥土里找宝藏，可是我们不会游泳，你能帮忙吗？""可以啊。"小鱼说着跳到了河里。

过了一会儿，小鱼伸出头来说："我在河里看到一块石头，很重，我搬不动。"鼹鼠们想了想说："那你多去找一些小鱼，合力把那石头搬过来吧。"小鱼又沉到了河里找了好多小鱼。它们一起把一块石头搬上了岸。

鼹鼠们跟小鱼们道谢后，仔细去研究了那块搬上来的石头——哇，那竟然是一块恐龙化石！

功夫不负有心人，两只小鼹鼠终于寻到宝藏了。

名师点评：两只可爱的小鼹鼠竟然想要寻宝藏？有梦想就要行动，他们经历了重重惊险，竟然真的寻到了宝藏。真是功夫不负有心人啊！

充满想象的故事总是能够让人眼前一亮，同学们不妨发挥自己的想象力，写出一篇让人耳目一新的想象作文吧。

指导老师：张海新

※　范文三

未来的设计师

每个人都有自己美好的理想，或许是生活中再平凡不过的职业。但是每个理想都有非凡的意义，我的理想是成为一名服装设计师。

从小我就对服装感兴趣。放假时，我照着服装杂志的样式，把家里的旧衣服改成不同式样的服装。我还趁爸爸妈妈不在家时，把我改造好的服装给小伙伴们试穿，看他们学着电视里模特的样子走台步，我骄傲极了。

我想：通过我的不懈努力，十几年以后，我从法国巴黎进修回来，设计出了一套套独特而富有创意的服装，深受世界的女性们青睐。

不久，我就打造了一个属于自己的品牌，在各地都有实体店，不同的风格开设不同的专柜，每一款衣服都深深地抓住顾客的眼球，令人赞叹不已。

特别是，我设计的一条"天使降临"婚纱长裙，更是成了当时婚礼上的焦点，震惊了全世界。好多新娘纷纷慕名而来。到我的品牌店里来选购，准备在自己的婚礼上大放异彩。

一时间，我所有的婚纱全部卖断货，顾客需要提前预订，订单都排到了第三年了。我也成了世界上炙手可热的著名设计师。

这虽然只是我对自己未来的憧憬。但是，理想是人生航道上的一座明亮的灯塔，它会照亮、指引我这只小船在风浪中不断前行。

心中有了理想就有了方向。我相信在不久的将来，我一定会成为一位优秀的设计师，获得更多的殊荣，创造更辉煌的成就。

名师点评：理想就如同一颗小小的种子，一旦在心里种下，便会生根、发芽，长成参天大树。小作者的梦想是成为一个优秀的设计师，并想象自己梦想成真时的成就和辉煌。

结尾升华主题，首尾呼应。并用比喻的修辞手法点明理想在我们人生道路上的重要性。有梦想就去行动，相信通过不懈努力，你也一定可以美梦成真的。

指导老师：张海新

※ 范文四

我是一只蝌蚪

我是一只小小的蝌蚪，黑黝黝的大脑袋，长长的尾巴。和我的小伙伴们生活在池塘里。

每天，我们成群结队游到岸边，出神地望着蔚蓝的天空，鱼鳞般的白云，幻想着自己快快长大，跳出池塘，去一睹大地的风采。我等着，盼望着。

可是，好景不长，我们的家——池塘正在一天天减少，水草也将我们的领地占据，我们的活动空间也在一天天减少。幼小的我们还不知道发生了什么事，整天只知道玩耍、嬉戏，水还在不停地下降，下降……终于，那可怕的一天还是降临了。

正午，炙热的阳光烘烤着我们，我难受得快要窒息。我们多想回到冰凉的水里去啊。可是，现在的我们正在承受着无比的痛苦，我努力地向那已经浑浊不堪的浅水里游去。可是黏糊糊的稀泥让我举步维艰。时间一秒一秒地过去了，阳光也越来越毒烈。我暗暗告诉自己：一定不能放弃！绝对不可以！

我还没有真正地看到这个美丽的世界，还没有一睹大地的风采，我不能在没有变成青蛙之前就死去啊！我的背部炙烤着，感觉像被火烤着，火辣辣的疼。我努力着，拼搏着，与时间赛跑……

不知过了多久，我爬到了浅水沟边，我用尽全身力气跳跃，尽管这里的水很少，但是我终于成功了。我欢呼着，尽管没有谁会听见我的声音，也没有谁会分享我的成功。

不久，幸运又来了，傍晚时分，天突然下起了暴雨。我尽情享受着雨带来的舒爽，享受着那份属于自己的快乐。

现在，水又满了，我和小伙伴们又一次自由自在地在水中游来游去，又一次在石缝间、水草下、螺洞里嬉戏。

我是一只蝌蚪，一只快乐而又幸福的蝌蚪。

名师点评："我"虽是一只小小的蝌蚪，可是面对生活中的厄运，"我"不屈服，不放弃，最终获得了成功和自由。小作者以第一视角，通过所见、所感、所想向我们描述了丰富的内心感情世界。特别是心理活动描写，笔触细腻，情感真挚动人，让读者不由得为之动容。是难得的佳作！

指导老师：张海新

※ 范文五

爱生气的小刺猬

文 / 易英

小刺猬有一身的刺，森林里的小动物都很怕她，因为她动不动就会竖起全身的尖刺，随时准备攻击别人。

有一天，小松鼠不小心把小刺猬准备晒日光浴的草地给弄脏了。小刺猬非常生气，肚皮鼓得圆圆的，像一只大皮球。小松鼠道歉的话还没来得及说，小刺猬就像一只愤怒的小鸟一样冲过去，用身上的刺把小松鼠扎得大哭了一场。

还有一次，兔子兄弟正在搬新家。不小心撞坏了小刺猬刚做的沙子城堡，小刺猬气坏了，竖着尖刺把兔子兄弟追了几里地。

时间久了，大家都知道小刺猬经常扎人，都不跟她玩了。小刺猬一个朋友也没有，常常形单影只的。

这天，小刺猬一个人在树底下发呆。突然，一颗毛栗子砸在了她的背上，又滑了下去。小刺猬愤怒极了，一脚踩上去，想把这个欺负她的坏东西踩扁。"哎哟！"小刺猬疼得倒吸一口凉气，她的脚被毛栗子的尖刺狠狠地扎了，一下子就红肿了起来。原来被尖刺扎到这么疼呀！小刺猬想起了那些被她扎过的小动物，他们当时也一定很痛很痛吧！小刺猬难过地流下了眼泪，为那些她曾扎过的小动物，也为自己脚上的伤口。

这时候妈妈走过来，对暗自垂泪的小刺猬说："宝贝，你总是生气，动不动就攻击别人，现在你知道被你扎到有多疼了吧？以后我们要少生气，多帮助别人，才能得到大家的喜欢。"小刺猬对妈妈说："我知道错了，可我浑身的刺只能扎人，又怎么帮助别人呢？"妈妈说："一定可以的，只要你多动脑子，一定可以想到办法的。"

后来有一次，小刺猬路过一棵桃子树，小猴子们正在树上摘桃子。叮咚一声，一颗大桃子砸在了小刺猬身上，直接扎进了小刺猬长长的刺里。小猴子吓得捂住了嘴巴，睁着惊恐的大眼睛看着小刺猬，一声都不敢吭。没想到小刺猬却笑了，她对小猴子说："看，我的刺接住了你的桃子，我帮你装到篮子里吧。"

还有一次，蚂蚁将军指挥着他的士兵们搬运一个大苹果正在上坡。突然，一个士兵脚下一滑，大苹果眼看就下滚下来。说时迟，那时快。小刺猬一个闪身冲了上去，用她的尖刺顶住了苹果。士兵们得救了，小刺猬获得了响亮的掌声。

小刺猬终于找到了她的刺的用处，她发现在帮助别人时她会获得很多很多的快乐，那是扎别人时完全没有的。从此，森林里经常会看到小刺猬帮助大家的身影，大家也都渐渐地喜欢上了这个浑身带刺的小家伙。

名师点评：这是一个美丽而感人的童话故事。小刺猬曾经用刺伤害过小伙伴们。但是，当她被刺痛时，她感同身受，想到自己的种种行为，懊悔不已，开启了助人之旅。

小作者其实在用一个美丽的故事，来告诉我们：把我们的短处有时可以转换成长处，去帮助更多的人。而在帮助别人时，会获得很多很多的快乐。

指导老师：张海新

※ 范文六

我的科学梦

武汉市育才怡康小学 三（17）班 万曜嘉

梦想，是一个伟大的词汇。它让人充满斗志，带着我们一直前进。

爸爸常说："少年梦，科学梦！"作为一名新时代的少年，应该热爱科学，敬畏科学，常怀一颗探索科学奥秘之心。

这个五一假期，爸爸带着我去了武汉科技馆，让我近距离地感受到了人类和大自然科学的伟大。当我走进二楼宇宙展厅的时候，我被人类探索科学奥妙的精神给深深地震撼到了！再也抑制不住自己的思绪……

我梦想，自己能发明一种轻便小巧、可折叠式的房屋，去到任何地方都可以随时伸展开来供我们使用，就像在家里一样，里面有各种各样的生活用品，可以满足日常生活所需。这样我就可以带着全家人去环游世界。

我梦想，长大后自己发明一种可以遨游太空的机器，这样我就可以带着我的妹妹一起去水星上寻找外星人，和他们交朋友，学习他们的语言和技术。学成归来后，就可以更好地服务我们的地球，让我们的生活变得更美好。

我梦想……

但是要实现我的科学梦，首先要努力学习，掌握各种基础知识。所以从现在开始，我要勤奋刻苦地学习，为实现自己的科学梦而努力。

在回家的路上，我跟爸爸说："我要做个科学家，实现自己的科学梦！"爸爸笑着鼓励我说："孩子，加油，我相信你一定可以实现！"

梦想是石，擦出星星之火；梦想是火，点燃希望的灯；梦想是灯，照亮前行的路。有了梦想的支撑，生命就可以变得更加坚强。我的科学梦，我来了！我相信通过自己的努力，一定会实现我的科学梦！加油，少年！

> 名师点评：小作者通过参观科技馆引出自己的科学梦，并展开想象的翅膀，大胆地设想了未来的房屋和未来遨游天空的机器，三个"我梦想"构成了排比段，行文有节奏感，读起来朗朗上口。尤其是第三个"我梦想"后面使用了省略号，让读者有意犹未尽之感，非常巧妙！结尾部分运用了排比的手法，对文章进行了升华，表明自己为梦想而努力的决心。
>
> 指导老师：危正波

※ 范文七

变形记

一天早晨，我从梦中醒来，我发现周围很陌生，而我变成了一个水杯。

我和各式各样的同伴被装上车子，运走，到了一个装修豪华的商店里。我们被摆放在透明的玻璃柜子里，我被贴上了标签：水晶保温杯，32元。

不知过了多久，我无聊极了，沉沉睡去。

清晨，我被一阵喧闹声吵醒了，我一看，来了好多人，两个人用手指着我们，评头论足。紧接着，我旁边的一个水杯被拿走了。我也被一个中年男人拿走了，他到饮水机上接满了水放到桌子上。我看了一眼旁边，放着的一个白色精致的瓷瓶，上边写着两个醒目的字：茅台。我一看，这不是酒吗？

之后，主人把我里面的水，小心翼翼地倒进瓷瓶里，包装好，装进了一个华丽的袋子里。我不明白，主人到底在做什么，水和酒，虽然都是无色透明的，可是，气味、品质却完全不同啊！

不久，主人升了职，换了更高档的水杯，而我，也被丢弃在库房的角落，落满了灰尘。而我的周围，每天都有各种各样的高档礼品包围，挤得我无立足之地。

我多怀念以前无忧无虑的美好日子啊！

> 名师点评：小作者以一个普通水杯的视角，讲述了自己奇特的经历。从而以小见大折射出社会现象，令人深思，给人警示。文章虽然篇幅不长，但视角独特，想象丰富，立意新颖，值得我们好好学习。
>
> 指导老师：张海新

※ 范文八

我是一盏路灯

湖南省石门县新铺中心小学六年级　朱骁杰

我是一盏普普通通的路灯，穿一身橙色的外衣，如一枚熟透的橘子，高高挂在电线杆的顶端，每天默默地注视着人间的万事万物。

凌晨三四点，我就看到环卫工人在大街上忙碌起来。特别是冬天，地上铺了一层厚厚的雪，他们挥舞着长长的扫帚，努力地清扫积雪。直到天蒙蒙亮，才完工，车辆顺利通行了。我看到他们摘下帽子，头上冒着白气，和嘴里呼出的热气交织在一起，在空中飘散。而他们疲惫的脸上，露出愉快的笑容。

夏天，炎炎烈日炙烤着大地。大街上车水马龙，交通繁忙。我看到交警在路边指挥交通，他们站得笔直，身上的衣服湿了又干，干了又湿。但是，没有一个人退缩，顶着火辣辣的太阳，一丝不苟地坚守在工作岗位上。我心里暗暗佩服不已。

黄昏时分，我正式上岗了。我和兄弟们一起发出明亮的光，点亮了城市。有一只小鸟飞来，在我头顶栖息，感受我的光明。这时来了一个小女孩，她背着一个背包，坐在我的脚下，打开一本书，全神贯注地看了起来。我怕她看不清字，尽自己最大的努力，变得更加明亮。过了好久，她的妈妈来了唤她回家。妈妈满脸疲惫，很抱歉地说："宝贝，对不起啊！妈妈今天下班晚了，你等着急了吧？"小女孩笑着，举着手里的书说："妈妈，没关系，我正好看了几十页书呢。"这时，小姑娘对着我鞠了个躬说："谢谢你，路灯！给我照明看书，还给我们照亮回家的路。"母女俩有说有笑地回家了。这时，我的心里比蜜糖还要甜。

虽然，我只是一个普普通通的路灯，但是，我也可以像环卫工人、交通警察一样为城市和人民做贡献。我感到骄傲和自豪。

名师点评：本文构思巧妙，想象独特。一盏普普通通的路灯，见证了冰天雪地里环卫工人、炎炎烈日下交通警察的辛劳。同时，写出了路灯默默无闻、无私奉献的精神。最后揭示了"我也可以像环卫工人、交通警察一样为城市和人民做贡献。"的主题。通过路灯的第三视角，歌颂了千千万万个为人民和城市建设做贡献的人。

指导老师：张海新

※ 范文九

蚂蚁王国的雕刻大赛

湖南省石门县新铺中心小学四年级　侯甜

一天，一只小蚂蚁发现了一大块西瓜皮，就和兄弟们费尽九牛二虎之力，把这个"庞然大物"搬回了家。

自从把西瓜皮搬回来之后，蚂蚁们犯愁了：怎么能让这个西瓜皮发挥作用呢？他们苦思冥想了很久。突然，一个小蚂蚁说："我们就用这个西瓜皮，进行一场雕刻大赛吧。"小蚂蚁们都认为这是一个好主意。

领头的蚂蚁先讲了比赛规则：谁先雕刻出规定的物品，谁就赢得比赛。获胜者获得丰厚的奖励；失败者要受惩罚，给大家表演节目。

蚂蚁们一听，都积极报了名。分别是小红、小黑、小兰、小黄和小绿。第一场是雕刻苹果。这个很简单，小红轻而易举就赢了。第二场是雕刻一个大萝卜，这对小绿来说是小菜一碟，不一会儿工夫，他就顺利赢得了比赛。比赛是一场比一场难啊，第三场是雕刻啄木鸟。一听到天敌的名字，蚂蚁们害怕起来。小黑硬着头皮，终于雕刻出一只啄木鸟，由于太逼真，蚂蚁们一看，顿时慌了阵脚，都争先恐后往外跑，慌乱中，几只蚂蚁还被踩伤了。其他几只参赛蚂蚁就放弃了比赛。最后小黑赢

第五章　想象力作文

103

得了比赛,获得了丰厚的奖励:放假一个月,什么也不用干。蚂蚁们都羡慕不已。

这真是一场惊险而精彩的雕刻比赛啊!

名师点评:本文通过蚂蚁王国的雕刻比赛,向我们展现了一个惊险而精彩的童话故事。小作者拥有独特而丰富的想象力,让我们的心情也不由随着一波三折的故事而跌宕起伏。

指导老师:张海新

※ 范文十

一本神奇的魔法书

广东省韶关市乐昌乐城第一小学三(10)班 张灵钰

夜深人静,我终于写完了作业,拖着疲惫的身体,躺在床上很快就进入了梦乡。

突然,一道亮光闪过,我的书桌出现了一本陌生的书。我轻轻地打开,只见书页上写着闪闪发光的字,我觉得很好奇,就在书上写下“蛋糕”两个字,一道亮光闪过,书桌上竟然出现一个美味诱人的蛋糕。此时,我感到惊喜又兴奋。

接着,我又立即在书上写了“游乐场”三个字,转眼间,我居然出现在一个梦幻的游乐场里面,我迫不及待地爬上了一个过山车,过山车启动了!它载着我一会儿急速上升,一会儿又猛地下降,一会儿又来几个360°大转弯,我大声地尖叫,真是又刺激又过瘾!

这时,我突发奇想,在那本书上面写下“恐龙时代”四个字,又是那一道亮光把我带到了一片原始森林里,我抬头一看,哇!到处都是恐龙,巨大的吼声不绝于耳,我惊恐地环顾四周,有正在捕食的霸王龙,有吃草的三角龙,有在天上飞的翼龙……

忽然,我身后的草丛传来了“沙沙”的声音,我转过身去一看,一头凶猛的霸王龙正张开着血口大盆向我走来,我拼命地逃跑却已经来不及了,我瘫倒在地,闭上了双眼……

这时，耳边响起了一个熟悉的声音："快起床了，要迟到了！"

原来是一场梦啊！

名师点评：读了这篇作文，你是不是也想拥有一本神奇的魔法书呢。文章通过蛋糕、游乐场、恐龙世界三个场景，描写了魔法书的神奇之处。小作者不仅想象力丰富，而且文笔生动，把我们带到一个个神奇的魔幻世界，如同身临其境一般惊险而刺激。

指导老师：谭茗芳

五、想象力作文阅读训练

※　阅读训练一

未来的海底城市

未来的城市建在海底。

在未来，海底被开发，有一座城市就建造在海底，它有八部通向地面的电梯。四上四下，用水压做动力，比太空梭还快。整个城市被一个巨大的玻璃罩遮住，面积达 1000 平方千米。里面有上亿个模拟太阳，发光但不发热。这座城市全靠水力发电，氧气也是从水里提取的。这座城市所有的设施包括房子、电器等，全是用有弹性的物质做成的，就连车子、飞机也不例外。这座城市有四个机场，一个奥体中心，游泳馆、学校数不胜数。

城市里有 1000 平方千米的田地，用来供给食物。这里 汽车全是电车，材质不同，所以不用担心会发生车祸。在未来城市的家里，每时每刻都可以看到海底的生物。

人们的生活井然有序，舒适安定。

1.填空。

"物质"中的"质"字，在字典中的解释有：

　A 本性；　　B 朴素、单纯；　　C 文明、辨别；　　D 抵押或者抵押品。

在"材质"这个词语中它的解释是（　　　　　）。

2. 短文中想象的未来海底城市与地面是怎样连接的？

3. 未来海底城市的所有设施都是有什么做的？想象一下使用这种材质的好处。

4. 有人认为，从科学的角度来看，建设海底城市是不现实的。谈谈你的想法。

答案：

1.A

2. 未来海底世界与城市有八部通向地面的电梯。

3. 未来海底城市都是用弹性物质组成的，这样做的好处是柔软。不怕撞击，非常安全。

4. 示例：同意这种观点。海底的压力很大，再加上要建造城市，即使是宇航员也无法承受这样强的压力。海底的自然灾害频发，即使是一些极小的地震、火山喷发，也会给海底世界带来灾难。 不同意以上观点，建造海底城市可以将建筑学、海洋学、工程学等各领域的专家组成设计团队，不远的将来一定能建成海底城市。

※　阅读训练二

蚂蚁和玻璃杯

非常不幸，两只蚂蚁误入玻璃杯中。开始，他俩从容不迫地在杯底四处触探，想寻一个缝隙爬出去，不一会儿，他们便发觉这根本不能够。于是，他们开始沿着杯壁向上攀爬，看来，这是通向自由的唯一的路。然而，玻璃的表面实在是太滑了，他们刚爬了两步，便重重地跌了下来。

揉揉摔疼了的身体，爬起来，再次向上攀爬，很快，他们又重重地跌到杯底。三次，四次，五次……有一次眼看就快到杯口了，惋惜最后几步却失败了。而且这一次比哪一次都跌得重，比哪一次都跌得疼。

好半天，一只蚂蚁气喘吁吁地对另外一只说，"咱们……不能再冒险了，否则，会跌得粉身碎骨的。"另外一只说。

"刚才，咱们离胜利就只差一步了。"说罢，他又开始重新攀爬，一次又一次跌倒，又一次次爬起来，他终于摸到了杯口的边缘，用尽最后一点力量，翻过了这玻璃的围墙。

隔着透明的墙壁，杯里的蚂蚁羡慕地问："快告诉我，你取得成功的法门是什么。"杯子外的蚂蚁答复："谁在最艰苦的时候，不丧失信心，谁便能够赢得成功。"

1．按照例子写成语。

从容不迫：

气喘吁吁：

2. 文中两处省略号分别起什么作用？

①

②

3. 分别用一句话来写一写这两只蚂蚁的性格特点。

①留在杯里的蚂蚁：

②爬出杯子的蚂蚁：

4. 请找出本文的中心句，抄写在下面的横线上。

_____

5. 读文后，你一定有许多感受吧，请写下来：

答案：

1. 符合 AABB 式和 ABCC 式便可。

2. ①对数字的省略；②表示说话断断续续

3. 留在杯子里的蚂蚁：不能保持，没有不怕艰难的精力，没有战胜艰苦的信心。不相信自己的实力，对自己没有悲观的态度！

爬出杯子的蚂蚁：遇到艰苦不怕艰苦，迎难而上。有悲观的心态，强烈的信心，相信自己的才能。

4. 谁在最艰苦的时候，不丧失信心，谁便能够赢得成功。

5. 围绕本文中心来写即可。

创意写作——记叙文篇

未来的学校

在未来，科技飞速发展，学校也焕然一新，宛如仙境。

当你来到学校，见到的是几幢又白又高大的塑料教学楼，你不用担心，这些塑料比钢铁还硬，学生可以随便在里面玩耍。这所学校还有一个奇特的功能——如果这地方不安静，只要老师把这几幢楼的底面的一个绿色盖子拿掉，咪的一声，房子变小了，又小又轻，老师背着这些塑料带着学生到另一个安静的地方。到了那里，老师们连忙把塑料一放，把盖子一盖，啊，楼房就又在新地方建起了。

如果你来到教室一看，就会发现全是五颜六色的墙壁，这种墙壁对学生的学习很有帮助，晚上学习，为了不让同学们的视力下降，这墙壁就变成白色，黑板也变成白色，然而粉笔却变成黑色，白黑板上写黑字不是很清晰吗？

……

1. 短文是围绕哪句话来写的，用"＿＿＿＿＿"画出来。

2. 根据短文内容，完成填空。

未来的学校功能和作用分别是：

塑料教学楼（　　　　　　　　　　　　），学生能安静地学习。

五颜六色的墙壁（　　　　　　　　　　　），（　　　　　　　　　　　　）。

3. 短文中这些奇特的想象，你最喜欢的是（　　　　　　　　　　　　　），因为（　　　　　　　　　　　　　　　　　　　　　　　）。

4. 未来的学校还会是什么样的呢？展开想象，写一写。

答案：

1. 在未来，科技飞速发展，学校也焕然一新，宛如仙境。

2. 可以随时移动　对学生的学习很有帮助　可以变色保护学生视力

3.4. 自主发挥。

第六章

读后感

一、什么是读后感?

　　读后感是指读者在阅读一本书、一篇文章、一部电影等作品之后所产生的感想、感受、体会和思考。它是读者对所阅读的作品的主观评价和个人反应,可以包括对作品的赞美、批评、感动、思考等。

　　读后感是读者与作品之间的一种互动,它反映了读者对作品的理解和感受。不同的读者会产生不同的读后感,因为每个人的生活背景、文化水平、价值观念和阅读经验都不同,所以对同一作品的理解和感受也不同。

　　读后感一般包含以下几个方面:

　　作品的主题:读者对作品所表达的主题和思想的理解和感受,如感悟、启示、感动等。

　　作品的情节和人物:读者对作品中情节和人物的认识和感受,如情节的起伏、人物的塑造、角色的命运等。

　　作品的文学特点:读者对作品的文学特点和风格的理解和感受,如语言的优美、形式的独特、描写的生动等。

　　作品的社会意义:读者对作品所涉及的社会问题和现实意义的认识和感受,如作品所反映的社会现象、价值观念等。

　　总之,读后感是读者在阅读作品后对作品的主观反应和评价,它反映了读者的文学素养、思维深度和情感体验,是一种个性化的阅读体验。

二、读后感的特点是什么?

　　读后感的特点主要有以下几个方面:

　　主观性:读后感是读者对所阅读的作品的主观评价和反应,它受到读者个人经验、文化背景、价值观念等因素的影响,因此具有很强的主观性。

　　多样性:不同的读者会对同一作品产生不同的读后感,因为每个人的阅读经验、思维方式、感受能力等都不同。因此,读后感具有很强的多样性。

　　独立性:读后感是读者个人的反应和评价,它不受他人的干扰和影响,具有独立性。

　　文学性：读后感通常涉及作品的文学特点，如语言、风格、结构、人物等方面，因此具有一定的文学性和文化内涵。

　　超越性：好的读后感通常能够超越作品本身，从中得到一些深层次的启示和思考，从而扩展读者的视野和思维深度。

　　总之，读后感是读者对所阅读的作品的个人感受和评价，具有主观性、多样性、独立性、文学性和超越性等特点。通过撰写读后感，读者可以更好地理解作品，深化对作品的认识和体验，同时也可以提高自己的文学素养和阅读能力。

三、读后感的思维导图

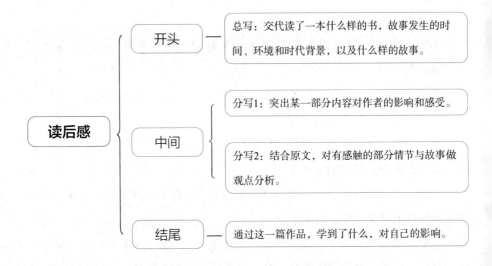

四、读后感范文

※　范文一

《西游记》读后感

　　《西游记》是我国古代四大名著之一，昨天我刚刚读完，给了我很大的感触。

　　我最喜欢的人物是孙悟空。因为他本领高强，会七十二般变化，因"大闹天宫"

被压在五行山下五百年，被唐僧解救。西天取经途中尽心尽力保护唐僧，最终修成正果。

而我却觉得猪八戒这个形象性格更加鲜明，充满了喜剧色彩。他长相很滑稽，有趣。而且，心胸有点狭窄。孙悟空第一次被唐僧赶回花果山，就是因为他从中挑拨。他意志不坚定，有自己的私心。他在耳朵里藏自己的私房钱，还时不时想念在高老庄的妻子，当师傅和孙悟空都被妖怪捉去，他便嚷嚷着要散伙。他还忠奸不分，总会在悟空给他们设下保护去化斋时，让师傅赶路，导致师傅总是被妖精抓住。

但是猪八戒也有他的闪光点。在《八戒大战流沙河，木叉奉法收悟净》这一篇章里，八戒就立了大功劳。

再说说核心人物唐僧。他没有孙悟空的火眼金睛，没有猪八戒的憨厚，没有沙和尚的勤快。一路上屡次被妖精捉去，有的妖精变化一下，轻松地就能蒙骗唐僧。而他肉眼凡胎，常常错怪悟空，责怪他无故伤人性命。但是，他拥有不畏惧艰难困苦、坚韧不拔的意志，带领徒弟历经"九九八十一难"，最终取得真经，修成正果。

唐僧师徒四人经历了八十一难取经的经历，让我联想到了他们的执着、不畏艰难、锲而不舍的精神。能把一件事情从头做到尾而从不放弃，不管结果如何，只要尽力去做了，这也是一种成功啊！

名师点评：小作者分析了《西游记》师徒四人的人物形象，尤其是对猪八戒的性格优缺点分析得比较详细。又由唐僧师徒四人历经万难取得真经，联想到他们"执着、不畏艰险、锲而不舍的精神"，从而升华主题。"书读百遍其义自见"，多读书，勤思考，才能悟出真理！

指导老师：张海新

※ 范文二

《三国演义》读后感

《三国演义》我读了好几遍，每一次都有不一样的人生感悟。

这部书主要故事情节是：东汉末年，朝政腐败，引发了黄巾军起义，各地诸侯在镇压黄巾军的过程中乘势而起，形成了许多割据势力，在群雄纷争的局面中，魏、蜀、吴成了三足鼎立之势。

这部书给我印象最深的是刻画了许许多多栩栩如生的人物形象，其中影响我最深的是诸葛亮和周瑜。

诸葛亮，字孔明，号卧龙，是三国时期蜀国的政治家、军事家。他是智慧的化身，我佩服他的聪明才智。刘备三顾茅庐，诸葛亮被其诚心所感动，方才出山助其成就大业。诸葛亮凭借超人的智慧，帮助刘备立足于蜀汉，结好东吴，共抗曹操。

周瑜，字公瑾，身为东吴的大都督，他英俊潇洒、聪明过人。在诸葛亮的帮助下火烧赤壁，为东吴求得安宁。但周瑜心胸狭窄，对比自己高明的诸葛亮，心怀嫉妒之心，后被诸葛亮用计策气绝身亡。他临死前直呼："既生瑜，何生亮！"从这句话中，我体会到：或许是他心胸狭窄和嫉妒心强害了自己。但周瑜也是不可多得的军事奇才。他足智多谋、才智过人、精于军略，并且是一个忠君仁义的真英雄，值得我们尊重和学习。

读《三国演义》时，我深深地体会到人民对于和平的向往。由此，再看看我们如今的祖国。没有动乱、没有战争，祖国繁荣昌盛，人民安居乐业，值得我们好好珍惜啊！

名师点评：小作者通过分析《三国演义》中诸葛亮、周瑜的人物形象，提出了自己的观点和看法。尤其是最后，由书中的战乱纷争体会到了"人民对于和平的向往"，同时对我们现在国泰民安生活的赞颂。值得我们学习！

指导老师：张海新

※ 范文三

《火鞋与风鞋》读后感

最近读了《火鞋与风鞋》，我觉得这本书很精彩。

书中的小主人公叫迪姆，他认为自己是个最不幸的孩子——全班数他最胖，全校数他最矮。爸爸是个鞋匠，家里很穷。可就在他满七岁的时候，爸爸妈妈送给了他一份特殊的生日礼物：穿上火红的新鞋，背上行囊，跟着爸爸走进了大山……几个月的流浪经历，让迪姆找到了自己，找到了自信，一下子长大了。

其中令我印象最深的是星星兔这章，当迪姆感到害怕的时候，爸爸会鼓励他，讲故事教育他，不断地激励孩子。他的爸爸真的是世界上最好爸爸。

其实，我也有一个这样的好爸爸。记得小时候，我跟爸爸一起去医院，当我在医院里看见一个小朋友手里拿着一个游戏机在玩，我一下子被吸引了，不由自主走过去，目不转睛地看得入了迷。等我回神的时候，我突然发现身旁爸爸不见了，我害怕极了，号啕大哭起来。这时护士阿姨看到了，就过来安慰我，带我去找爸爸。找到爸爸的时候，我看到他急得满头大汗，一个劲儿地对我说对不起，然后紧紧地抱着我，我也高兴得哭了，在爸爸怀里的那一刻，我感到非常安心。回家之后，爸爸又给我讲了好多安全、急救常识。让我学会勇敢面对生活中遇到的困难。我感觉我一下子长大了。

从书中我明白了遇到困难时，光是哇哇大哭是没有用的。要冷静下来，想办法来解决。

本书的最后，当迪姆回家时，已经找到了那个有头无尾的故事的结尾了，他幸福地躺在床上，对父母说："从现在起，不该要的，我再也不去要了。我是你们的迪姆，我就心满意足了。"

是啊，做爸爸妈妈的好孩子，就心满意足了。

名师点评：《火鞋与风鞋》很精彩，这篇读后感也很精彩。迪姆就如同生活中的你我一样，可能自卑、敏感而胆小。可是因为和爸爸的一次特殊的流浪经历，找到了自我，找到了自信。我想成长就是一段旅程，希望我们每一个人在人生旅途中都有收获。小作者通过书中好爸爸的形象，又联想到自己的爸爸，通过具体的生活事例，明白一个简单的人生道理。最后发出了"是啊，做爸爸妈妈的好孩子，就心满意足了"的感慨，完美收尾。

指导老师：张海新

第六章 读后感

《稻草人》读后感

前几天，我读了叶圣陶爷爷写的《稻草人》，这是一本童话集。读完后，让我感受最深的是《稻草人》这则故事。

这个故事主要讲述了稻草人一天之内经历了三件让它伤心不已的事，分别是悲惨的农妇、可怜的渔妇和伤心的自杀者，面对这些人世间的悲剧，稻草人无能为力，什么都做不了，什么也改变不了，他心急如焚，最后在无助与内疚之中，倒在田地中间。

稻草人是农民用稻草扎成的，插在庄稼地里，驱赶吃稻子的麻雀和飞鸟的。它无惧烈日暴晒，不怕狂风暴雨，总是挺立在那里，无怨无悔，尽心尽责，让人钦佩。面对亲眼所见的伤心事，它很想帮助有困难的人，无奈它不能行走，只能伤感和落寞。但稻草人的精神值得我们学习。在生活和学习中，我们也要做个"稻草人"，怀有一颗善良的心，多为别人着想，乐于助人。

记得上个星期天去迪士尼乐园，到了下午，雷鸣山漂流项目排起了长龙，在我后面的一个小弟弟，因天气炎热，长时间站立，不停地哭闹，看着他满头大汗，一定是很累，我把手上的小风扇借给了他，他很快停止了哭闹，不停地冲着我微笑。

今天在学校，进行课堂小测试，我同桌写错了字，可是没带橡皮，看着他焦急的眼神，我毫不犹豫地把我珍藏好久的新橡皮递给了他。如果我们每个人都尽自己的努力，为别人多想一点，多奉献一点，多做一些有意义的事，那世界该是多么美好啊！

名师点评：我们读书后，要有所思，有所悟，更要有所用。小作者读了《稻草人》后，不仅从书中悟出了向稻草人学习，做一个"怀有一颗善良的心，多为别人着想，乐于助人"的人。同时，联想到生活中的两件小事。最后点明中心，升华主题。

正所谓："只要人人都献出一点爱，世界将变成美好的人间。"

指导老师：张海新

读《夏洛的网》有感

文 / 易英

　　暑假时，我读了《夏洛的网》，这是一本精彩而感人的童话书。

　　书中讲述了蜘蛛夏洛在朱克曼家的谷仓里和众多动物们一起生活。有一天，一只叫威尔伯的小猪也来到了这里，天真开朗的威尔伯很快就获得了夏洛的喜欢，成了夏洛最要好的朋友。当威尔伯得知自己最后的归宿是熏肉火腿时，悲痛欲绝。夏洛为了救好朋友的性命，不知疲倦的在蛛网上织出了"王牌猪""了不起""光彩照人"等被人类视为奇迹的大字，成功的救下了小猪的性命。而她自己却因为劳累过度而走到了生命的尽头。小猪威尔伯得知夏洛为救自己而死后，将夏洛的卵囊带回了家，悉心守候直到夏洛的孩子们出生。后来夏洛的三个孩子也主动留下来陪伴着威尔伯。

　　读完这本书，我被夏洛和威尔伯之间的友谊深深感动了。尤其是夏洛，一个普通而渺小的蜘蛛，为了朋友的性命拼尽全力编织了一张美丽的、温暖的、爱的大网。最终用爱的力量赢得了这场战役，助威尔伯成了"网红猪"，使威尔伯得以安享晚年。

　　我尤其记得夏洛死前对小猪威尔伯说的那句话："他们不会再伤害你了。因为帮助你，让我短暂的生命更有价值和意义。"友谊的伟大之处就在于此，真诚的付出，不求回报，不计得失。因为我们在付出爱的同时，也为生命赋予了不同寻常的意义，摆渡别人的同时，也救赎了自己。

　　而蜘蛛夏洛的勇敢善良、舍己救人的精神也将永远活在我的心里。我想我们对待朋友也应该像夏洛一样，真诚相待、无私奉献。一旦付出，便是全力以赴、信守承诺、从无抱怨。如果我们做到了；又怎么能够得不到伟大而又真挚的友谊呢？

名师点评：我们总是在探讨一个问题：什么才是真正的友谊？这篇读后感给了我们答案。真正的友谊就是"真诚相待、无私奉献。一旦付出，便是全力以赴，信守承诺，从无抱怨"。本文构思巧妙，语言生动，给人以启迪，是读后感中的佳作。

我想：没有读过《夏洛的网》的人，读了这篇读后感也一定有去读一读的冲动吧。

指导点评：张海新

※ 范文六

《老人与海》读后感

湖南省临澧县晟德学校六年级　黄亦晨

上周，我终于拜读了《老人与海》这部经典名著。

故事的情节并不复杂：一个孤独的老人在连续八十四天没有捕到鱼的情况下，终于在第八十五出海时，遇到了一条大马林鱼。经过两天两夜的艰苦较量，老人如愿捕到了大鱼。但是，老人在返航途中遭遇了鲨鱼的袭击，最后只带着一条大马林的残骸返回了港口。故事如此简单，但我不知不觉陷入了书所构想的世界。

尽管老人最终只带回了鱼头、鱼尾和一条像白线一样的脊骨，但是，他不是一个失败者，他是一个"打不垮的硬汉"。

"人不是为了失败而生的！"这句话久久在我耳边回响。我开始反思自己，想起我是不是被学习打败过多次？每次考试失利时，我就觉得自己不是学习的料，就想放弃。这学期入学考试，我考得很糟糕，下降了几十名，我的心情跌入了低谷，上课时也无精打采的。

周一下课后，班主任老师把我叫到办公室，他让我坐在对面，我等待着接受"暴风雨"的洗礼。可老师没有批评我，递给我一本书说："你先读一下《老人与海》这本书，看完后找我。"

周五放学后，老师又把我叫过去说："喜欢这本书吗？我也喜欢，你喜欢哪个章节……"我一听来了精神，开始和老师滔滔不绝地讨论起来。最后，老师说："人并不是生来要被打败的，你尽可以把他消灭掉，可就是打不败他。你以后还会遇到很多次失败，难道每一次就轻易放弃吗？"

我突然想到坚强的老渔夫，和他比，我觉得汗颜不已。最后，老师拍了拍我肩膀说："勇敢一点，你就可以成为一个不屈的勇者。"

自那天起，我重拾起自信，带着满满的勇气去面对生活学习中的一次又一次挫折，我也成了不轻易放弃的勇者。

名师点评：一本好书可以受益终身，《老人与海》中渔夫"人并不是生来要被打败的，你尽可以把他消灭掉，可就是打不败他。"的面对失败不屈服的精神，深深影响了无数青少年。小作者因为一次考试失利而放弃自我，经过老师的点醒，他也从书中找回，重拾自信，最终成为一个不轻易放弃的勇者。

本文有"读"，有"感"，有"思"，让人不禁深思和寻味。

指导老师：张海新

※ 范文七

《女娲补天》读后感

文 / 林嘉智

今天，我又一次读了经典神话故事《女娲补天》，对女娲的精神有了更加深刻的认知。

故事内容简单：女娲造人之后，人们一直在大地上过着幸福的生活。但有一天，大地突然裂开无数道深渊，天空也发生了坍塌，世界变成巨大的黑洞。人们因此过着水深火热的生活。女娲很伤心，于是决定用五彩石补天。她不怕困难，不怕危险，炼化五色石，补上了天空的窟窿，又抓了一只巨大的海龟，砍下它的脚，用来支撑大地四极，就这样万灵又重新得到了安居生活。

读完了这个故事，我深深地被女娲的精神感动了。

想想以前，我在学习的时候，总是抱怨"题目太难了，知识点太多了，为什么总学也学不会……"；在爬山的时候，我也觉得山太高了，爬不上去；在劳动的时候，我又觉得太累了……

现在，当我在生活中遇到种种困难的时候，我就会想起女娲补天的故事，顿时全身上下就充满了力量，这真的是很神奇啊！

作为一个小学生，无论在学习还是生活中，我们都要学习女娲不怕困难，勇于坚持的精神。

我喜欢女娲补天的故事，因为这个故事告诉我更多做人的道理，还让我立志：做个勇敢无畏、坚持不懈，对社会有用的人。

名师点评：《女娲补天》是一个古老的神话故事。我们知道女娲为了造福人类，历尽了艰辛万苦去补天。小作者不仅把女娲不怕困难，勇于坚持的精神运用到学习生活中，还立志长大了，做一个像女娲一样勇敢无畏，造福人类的人。真的很值得我们学习。

指导老师：张海新

※ 范文八

人心齐，泰山移

——读《西游记》有感

广东省韶关市乐昌乐城第一小学 五（8）班 邓智匀

最近，妈妈送我一本《西游记》，我一翻开书就被里面的故事情节深深地吸引了。

作者吴承恩以唐朝的高僧玄奘东渡印度求取真经为原型，向我们讲述了唐僧率领三个徒弟去西天取经，一路斩妖除魔，历经了九九八十一难，最后取得真经、修成正果的曲折故事。

作者塑造的师徒四人性格鲜明。唐僧一心向佛，慈悲为怀，意志坚定；孙悟空神通广大，智勇双全；猪八戒好吃懒做，却有一颗善良的心；沙僧吃苦耐劳，忠厚老实。在取经路上，师徒四人团结一心，遇到困难时，不退缩，不放弃，坚持到最后。

　　书中的故事曲折生动。当唐僧被妖怪抓走时，我为他捏一把汗，当孙悟空打败妖精时，我为他欢呼鼓掌；当孙悟空被师傅误会时，我为鸣不平；当悟空不计前嫌，与师傅言归于好时，我为他竖起大拇指……这本书让我哭，让我笑，让我悲伤难过，也让心情愉悦。它如一块磁石深深吸引着我，紧紧地牵动我的每一缕思绪。

　　尤其值得学习的是师徒四人齐心协力、团结一致的精神，这些在我们的生活中也有体现。记得上次拔河比赛，我们班的同学们个个摩拳擦掌、跃跃欲试，都想为班级争光，班主任鼓励我们："只要我们心往一处想，劲往一处使，就一定能取得成功。"比赛中，全体成员团结一心、坚持不懈，最终，勇夺桂冠。

　　"人心齐，泰山移"，面对生活和学习中的困难，我们应该向《西游记》中的师徒学习：树立目标，勇往直前，团结一致，方能取得最终的成功。

　　名师点评：《西游记》作为中国古典的四大名著之一，真是常读常新。每次都有不一样的感受和体验。小作者从"人心齐，泰山移"的角度，来感受书中师徒四人齐心协力、团结一致的精神，并把这种精神体现在生活实践中，描写了"我"班同学团结一心取得拔河比赛胜利的事例。结尾又总结全文，升华了主题。值得我们学习和借鉴。

指导老师：谭茗芳

※　范文九

生死相依"父女"情

——读《义虎金叶子》有感

文／杨一晨

　　"人间处处有真情"，父母情、师生情、同学情……都曾经感动过我。但今天，我读了沈石溪的《义虎金叶子》，一遍，一遍，一遍遍……我的心灵被一对特殊的"父女"真情深深震撼，内心久久不能平静，情不自禁流下感动的眼泪。

　　"动物小说大王"沈石溪用生动的笔触，向我们讲述了发生在人与动物间的感人肺腑的故事……

　　一个命运坎坷的男人——六指头，为了活命，出生时便和母亲逃入深山中，母亲去世后，他独自一人在葫芦洞里生活。一次外出打猎，他捡到了一只刚出生的小老虎，取名金叶子，收她为"女儿"，将它细心养护。这对特殊的"父女"相依为命，生活充满了生机和乐趣。后来金叶子"出嫁"，父女俩难舍难分。不幸的是六指头被抓走了，在将要被当作"琵琶鬼"烧死时，金叶子舍弃刚出生的两个孩子，冒死救下了六指头，可自己却被子弹射中，永远离开了挚爱的"父亲"，六指头抱起两只失去母亲的"外孙"，发誓要将他们培养成呼啸山林的猛虎！

　　书中特殊的"父女"情，深深地打动了我。首先是六指头的父爱。他是个苦命的男人，因为那根多余的指头，他一出生就被世人唾弃，差点丧命火海，母亲带他逃命深山，可母亲也早早过世，他独自一人在葫芦洞和过着暗无天日，无聊至极的生活，是金叶子让他感受到了人间真情，感受到怜爱和温暖。所以对于这个"女儿"，他视若珍宝，他把全部的心血都倾注在她身上，连命都可以不要。为了"女儿"，他万死不辞，为了金叶子的生命安全，六指头爬上峭壁，与金雕殊死搏斗，身受重伤；为了救出囚禁的金叶子，六指头深入危险重重的土匪窝，差点丧命。因为放心不下"出嫁女儿"，六指头深入羚羊谷探望……。伟大的父亲六指头把最深的爱都给了虎女金叶子。多么无私无畏的父爱啊！

　　而身为老虎的女儿金叶子，对"父亲"更是孝心感天动地。六指头收留了她，她舔吻他的第六个指头，让六指头感受到了从未有的亲情和温暖。当六指头被象群追赶，生命危在旦夕时，金叶子机智勇敢救父；要"出嫁了"，离开家那天，金叶子知道"父亲"最爱鹿茸，她独自捕捉一只马鹿做回报；当六指头被火烧，生命垂危时，金叶子不顾生死，火中救父，自己却中弹牺牲。义虎金叶子"用最后一点生命……为他争取时间，让他能活着回葫芦洞。"金叶子，你的爱感天动地啊！

　　这对"父女"的深情让我羞愧难当。父母为了让我更好的生活，每天辛苦忙碌，而我却懒散，家务不愿做，还嫌他们唠叨，甚至对爸爸大呼小叫。昨天还因为小事惹妈妈生气……多么不应该！我已经十岁了，难道连个小虎仔都不如吗？我要马上给妈妈道歉，晚上一定帮妈妈拖地、洗碗……

　　读《义虎金叶子》吧，它不仅会让你明白什么才是"真情"，什么才是"孝道"，又该如何"感恩"，还会教你如何做一个义勇双全的人！

※　范文十

不畏西游艰难，求取人间真经

湖南省石门县湘佳永兴学校　2102班　杨一晨

莎士比亚曾说："书籍是全世界的营养品"，此言不虚，对我来说最具营养价值的书籍非《西游记》莫属了。《西游记》以玄奘法师西行取经为主线，讲述了一个唐三藏心诚志坚，带领团队一路跋山涉水，攻坚克难，降妖除魔，历经九九八十一难终取真经修正果的故事。

《西游记》中，我最喜欢的人物是唐僧。唐僧心中有信仰，虔诚而执着，有不达目的不罢休的百折不挠的精神。在取经的过程中虽然困难重重，但他从不懈怠动摇。唐僧有为理想而献身的精神。他严明佛法，把西天取经作为自己的事业，把传经布道作为自己的责任，竭尽心力为弘扬佛法而不辞万苦。"有志者，事竟成"。最后，师徒四人终于得偿所愿，见到佛祖，完成九九八十一难。我为这种执着、不畏艰险、锲而不舍的精神而感动。

说到坚持和目标，不禁想到那段参加经典诗词过级比赛的时光。在和诗词较劲的日子里，每天我都会挤出琐碎的时间默默背记，我的读书声在同学们嬉笑打闹声中掠过；我的错题本在同学们的漫画书中飘过；我的刷题卷在同学们的美梦中堆积……到最后，日积月累做的卷子竟都有了分量。当班主任将明艳的能使周围黯然失色的奖状发在我手上时，我紧紧握住奖状，是啊！黑暗永远吞噬不了我心中盛放的梦之花！

《西游记》中的"真经"就是每个人理想与追求，师徒四人就是追求梦想的你和我。我们在通往梦想的道路上，经历的困难会比八十一难还要多，但是，只要我们有坚定的信念，百折不挠的精神，不抛弃不放弃，我们必将一路生花，取得属于我们自己的"真经"。

名师点评：小作者的文学逻辑性太强了！文章构思巧妙，每个环节都缺一不可。愿能将"真经"紧握在手，那人生之路必将繁花似锦。

指导老师：陈婉

五、读后感阅读训练

※ 阅读训练一

《鲁滨逊漂流记》读后感

《鲁滨逊漂流记》是作家笛福的代表作之一，初读时我就被其中惊险刺激的情节深深吸引住了，并且还把自己带入到了鲁滨逊的身份里，随着故事的发展，经历了各种冒险和挑战，有趣极了。

在我眼中的鲁滨逊就像是一个叛逆的小孩儿，他出生在一个中产阶级的家庭里，从小喜欢冒险和航海，长大后不听从家里人的意见和安排，踏上了航海的旅程。但是鲁滨逊的运气实在不算好，甚至说他的运气差极了！先是被俘虏后当成了奴隶，虽然成功逃跑了，但是又在后来的一次出海中遇到了暴风雨，鲁滨逊乘坐的船支离破碎，船上的人除了鲁滨逊全部遇难，只有鲁滨逊侥幸逃生被冲到了岸上而捡回了一条命。流落到荒岛后由于没有船只，鲁滨逊没有办法回到英国，刚开始他还寄希望于有过往的船只经过可以发现他，后来在一次次的失望中鲁滨逊开始放弃了这种被动的等待，而是开始利用自己能找到的东西开始改变环境，他先是种植了小麦和水稻，解决了吃的问题，后来又利用了身边所有能利用的东西改变环境，一点点的生活得越来越好。

鲁滨逊在孤岛上生活了 28 年的时间，他从荒岛中建立起自己的"帝国"，然后终于在 28 年后重返英国，在这期间他经历了许许多多的考验和挑战，其中更是差点落到食人族的部落中，真的十分危险和不容易。

《鲁滨逊漂流记》这本书带给我很多的启发，让我学会面对困难绝对不能妥协的精神，只要勇往直前就能迎接希望。

1. 补充词组。

（　　　　　　　）的情节　　　（　　　　　　　）的船

被动（　　　　　　　）　　　改变（　　　　　　　）

2.《鲁滨逊漂流记》的作者是（　　　　　　　），（　　　　　　　）国人，他的著作还有（　　　　　　　）、（　　　　　　　）。

3. 此篇读后感主要通过讲述（　　　　　　　），结合自己的感悟，给到的启示是（　　　　　　　）。

4. 你喜欢鲁滨逊吗？他的哪些地方吸引了你？结合文章内容说一说。

5. 向你的家人朋友介绍《鲁滨逊漂流记》的故事梗概。

答案：

1. 惊险刺激　　支离破碎　等待环境

2. 丹尼尔·笛福，英国人《辛格顿船长》《摩尔·佛兰德斯》

3.《鲁滨逊漂流记》讲述了主人公鲁滨逊·克鲁索一次在去非洲航海的途中遇到风暴，只身漂流到一个无人的荒岛上，开始了一段与世隔绝的生活，经过 28 年 2 个月零 19 天后得以返回故乡的故事。让我学会面对困难绝对不能妥协的精神，只要勇往直前就能迎接希望。（答案不固定）。

4.5. 自主发挥。

创意写作——记叙文篇

读《狼种》有感

　　我听朋友说沈石溪写的动物小说很精彩，而且我也喜欢动物，就让爸爸给我找一篇看看。爸爸当天就给我买了一本《狼种》给我，我爱不释手，捧着它，一口气就看完了。

　　《狼种》讲的是一只长得像狼的狼狗大灰的故事。在警犬学校学习了一年半，虽然以全校第一名的成绩毕业，但是因为毛色难看，连给人看门都没人要，最后被阳光马戏团的高导演相中，进了马戏团，当了一名演大灰狼特型演员。在马戏团里，由驯兽师川妮训练大灰，川妮不怎么喜欢大灰，倒是更喜欢十二只哈巴狗。每次训练时，对哈巴狗温柔得像母羊对小羊，对大灰就成了凶暴的女老师。即使是哈巴狗犯错，大灰也要被打一顿。简直是哈巴狗在天堂，大灰在地狱。一直到野外遭遇云豹，哈巴狗不堪一击，还是大灰用生命保护川妮时，她才知道谁是真正的朋友。

　　我从中学会了：做人不要以貌取动物，不要像川妮那样，等大灰献出了生命，才明白这个道理。要知道平等地对待那些长相丑陋的动物，现在的人们总是拿狗来出气，但也不想一想狗也有生命，不能随便拿那只动物出气，出气时为什么不想一想狗为你做过的事，我希望全世界的人们都能平等地对待那些长相丑陋的动物，这样世界就会更加美好。

　　1.结合课文说说词语的意思。

　　爱不释手：

　　不堪一击：

　　2.《狼种》的作者是（沈石溪），他笔下大量的作品都是写关于（　　　　　　），他的著作还有（　　　　　　　　　）。

　　3.根据作者的描述，说一说《狼种》的故事内容。

　　4.结合作者的感悟，说说让你印象最深的启示。

5. 找到沈石溪的相关作品读一读，写一写读后感。

答案：

1. 喜欢得舍不得放下。文中指我拿到《狼种》后，内容太吸引人，不舍得放下。经不起一击，形容力量十分薄弱。文中指哈巴狗力量弱，经不起云豹的攻击。

2. 沈石溪　动物　《第七条猎狗》《刀疤豺母》《狼世界》

3. 一条是狼非狼的警犬逆袭的故事（自由发挥）

4. 人不可貌相　忠诚　做一个有用的人

5. 略。

※　阅读训练三

《失去的岁月》读后感

艾青是一位伟大的诗人，他的诗被我们这些后辈永远地歌颂，因为艾青的诗中富有人生的哲理。

《失去的岁月》其中有一句写得很有道理："失去的岁月甚至不知道丢失在什么地方——有的零零星星的消失了，有的丢失了十年二十年，有的丢失在喧闹的城市，有的丢失在遥远的荒原。"

是啊，过去的岁月都不知道丢失在了哪里，我的时间都丢失在了发呆中，本可以好好地学习，我却在那里发呆，别人的时间安排很充实，还觉得时间不够，而我却在那里浪费时间。

鲁迅有一句名言：浪费时间是在浪费生命。我却浪费了多少时间，本来今天的事情可以做，而我要推到明天甚至后天才去做这件事。

"有的是人潮汹涌的车站，有的是冷冷清清的小油灯下面；丢失了的不像是纸片，可以捡起来，倒更像是一碗水泼到地面被晒干了，看不到一点影子；时间是流动的液体——用筛子，用网，都打捞不起；时间不可能是固体，即使过了几万年也

第六章　读后感

127

能在岩层中找见。时间也像是气体，像急疾驰的列车头上冒出的烟！"

时间是一种看不见、摸不着的一种东西，一瞬间就擦肩而过，流逝的时间不能像一块固体一样，即便过了几万年或几千万年，你都可以在地下找到它，时间犹如陌生人，擦肩而过，你可能见过它，却想不起来到底在哪里见过，有可能是某一个城市，也有可能在梦中。

时间过去了，就不能再回来了，所以我要好好地珍惜时间，让每一天都过得充实，今天的事情就是要今天来做。

1. 仿写词语

零零星星、_____、_____、_____

七上八下、_____、_____、_____

2. 作者在引用原文句子时，"失去的岁月甚至不知道丢失在什么地方——有的零零星星的消失了，有的丢失了十年二十年，有的丢失在喧闹的城市，有的丢失在遥远的荒原。"中的破折号的作用是（　　　　　　　），有的……有的……是（　　　　　　　）句式。

3. "浪费时间是在浪费生命"说说你对这句话的理解，结合平时的学习说一说。

4. 写出两句关于珍惜时间的名言警句。

5. 作者读了《失去的岁月》最大的感悟是什么？对你有什么启示？

答案：

1. 冷冷清清　纷纷扬扬　冰冰凉凉

三言两语　五颜六色　五光十色

2. 解释说明　排比

3. 珍惜时间（自主发挥）

4. 明日复明日，明日何其多。

少壮不努力，老大徒伤悲。

6. 时间过去了，就不能再回来了，所以我要好好地珍惜时间，让每一天都过得充实，今天的事情就是要今天来做。（自主发挥）

第七章

优秀作文鉴赏

从此，我不再任性

威海环翠中学　于子涵

从那时起，我不再任性。

幼时，我是家中的"小皇帝"，我没有什么不同常人的才能，也没有什么超人的天赋。但爸爸、妈妈、姥姥、姥爷，每天都围着我团团转，他们宁可减少加班的时间，也不愿减少陪伴我的时间。我变得越来越不知足，越来越随心所欲。每天，饭来张口，衣来伸手。

时间一点点过去，我的傲气也在慢慢增长。

十岁那年，一个如晴天霹雳的消息传来，妈妈下岗了。

年少的我尚不知下岗意味着什么，依旧每天快乐地玩，任性地闹。家人们的脸上，挂着凝重的神情，我却毫不在意。

为了生活，为了减轻家中的经济状况，妈妈决定出门摆地摊。

从批发市场买来一大堆玩具，精心包装后，再拿到广场上卖。我不知道此事，每天依旧过着"小皇帝"的生活。只是隐约中，我感到母亲没有了往昔的自信、开朗，眼中流露出一丝不被人察觉的忧愁。

尽管母亲受尽了路人的冷眼，受够了那些讨价还价的路人，但每天依旧回到家，脸上挂着笑，照顾我的生活。

转眼到了夏日，太阳将大地烤得火辣辣，好像要将地上的人烘熟。我受不了这"油锅"，到广场的小店买了根冰棍。在广场中间，我看见了一个熟悉的背影，是母亲！拼命地叫卖，用心地介绍，但买的顾客甚少。突然，母亲看见了我，慌忙从兜里掏出一瓶饮料，递给我，并说是我最喜欢的饮料，提前买好，准备回家给我。

两串水珠从母亲的两颊边流了下来，那不是普通的水，而是豆大的汗珠。长时间在阳光下，母亲的脸被晒得黢黑，头发被风吹得也有些凌乱。望着母亲，我哽咽了，一句话也说不出来，心隐隐作痛。母亲看见我，亲切地笑着，说天太热，让我赶紧回家休息。我没有走，而是将饮料塞回母亲怀中，走到地摊旁，蹲下来和她一起叫卖，卖到无人时，才与母亲一同回家。

夏夜的风，轻轻拂轻着我的脸颊，像母亲的手，舒服而温柔。月亮皎洁，星星眨眨眼，向我投来了赞许的目光。

此后，家里不仅没有了耍脾气、不讲理、不劳而获的我。反而是一次次转化为对家人关心和爱的我。

现在的我，不再任性。

名师点评：成长需要一个过程，小作者运用了对比的手法，把自己从"衣来伸手，饭来张口"的"小皇帝"到"对家人仁爱"的好孩子的转变过程，写得细腻而感人，无形中歌颂了伟大的母爱。从而让我们明白，父母的言传身教对孩子的成长至关重要。文章层次分明，首尾呼应，点明题目和中心。

指导老师：戚文华

※ 优秀作文二

日出即景

威海高区一中 姜璨

清晨的太阳，像一个温柔的小姑娘。

凌晨四五点左右，渐渐的，东边儿亮了。一缕明亮的金光放射出来，越来越亮。远处朦胧的山渐渐变得清晰了。

天上有几团黑云，很厚。在"金光"的照射下，黑云仿佛镶了一道发光的金边，微微亮光透过黑云团洒下来，照亮了大地，仿佛给大地披上一层薄薄的轻纱。小河被点亮，波光粼粼的河面，看上去真梦幻啊！宛如一幅美丽的油画。

随后，太阳的光逐渐变强，甚至，把那乌黑的云团都染成了金色。这时，发亮的不仅仅是太阳，云团、河水、树木、花草，连我自己也明亮了。

片刻之后，太阳逐渐升高了，那耀眼的光芒把小草染成金黄色，把树叶染成金黄色，把世间的万物都变成了金黄色……这情景着实迷人，令人沉醉。

美丽的威海，在阳光的映射下显得更加可爱，动人。

七点，朝阳终于突出重围，喷薄而出！高高地挂在蓝天上，这自然的美景，看着真是一种享受！

我爱日出！

名师点评：文章按照时间顺序，详细而生动地描写了日出的壮丽美景。小作者运用了大量的修辞手法，比如，把"清晨的太阳"比喻成"温柔的小姑娘"；用拟人的修辞手法，写出了"美丽的威海，在阳光的映射下显得更加可爱，动人。"让大自然的美景，更加鲜活生动！

指导老师：戚文华

※　优秀作文三

那一次，我真后悔

威海环翠中学　陈秦琲儿

时光如梭，记忆中，总会有一些事，让我们铭记，让我们记忆犹新。有美好的、甜蜜的。当然也会有一些苦涩、痛苦的，甚至是后悔的。

有一件事，我后悔得就很彻底。

那一天是我的生日，我高兴地梳妆一番后，便约着朋友准备出去玩。此时，妈妈也整装待发。平时不怎么打扮的她，甚至还涂了口红，穿上了高跟鞋。端详妈妈，优雅大方且美丽。妈妈这是要干什么去？我心里嘀咕着。

只见妈妈笑容可掬地走过来，给我整了整衣领，说道："今天过生日，一会儿你和同学一起好好玩，我在后面跟着，不用管我。"

"什么？您要跟着我们？"我有些不高兴了。

"妈妈，我们好几个人呢，您不用担心。逛您的就好，我们不会有事的。"

妈妈又为自己整了整衣服："那怎么能行，你们还小，妈妈不放心，就在后面远远地跟着就好，不会影响你们的……"妈妈的语气有些弱弱的。

我的声调突然高了几分："妈妈，真的没事！我都多大了，再说，我也要有自己的空间啊。同学们看到您跟着，心里会怎么想我啊？以后在同学们面前，会很没有威信的。"

一瞬间，妈妈嘴角的弧度消失了。她张了张嘴，半天没说出话来，转身回了卧室。我并没有意识到什么，只是以为妈妈默许了，便兴高采烈地出了门。

妈妈果然没有跟着，那天我玩得可真尽兴，更重要的是，觉得赚足了面子。

高兴之余，回想起母亲转身时的背影，为什么显得一点儿也不开心呢？被喜悦包围的我没有深思太多。

过了几天，邻居阿姨敲响了我家的门。平常总是笑眯眯的她，今天却皱起了眉头。"我家孩子和同学一起过生日呢，不要妈了，我只好来你家坐坐。"说完，她一脸苦涩地冲妈妈笑了笑，显得有些落寞。

那一刻，我的心仿佛被狠狠地击打了一下，内心的湖面泛起阵阵涟漪，再无法平静。

妈妈连忙笑着，抚慰似的拍了拍阿姨的肩膀说："正好今天饭做得多，快来尝尝我的手艺。孩子大了，不都这样……"

我的眼眶悄然湿润了。

我真后悔，后悔因自己一时的虚荣心，拒绝妈妈陪伴；后悔在无意间，伤了妈妈的心；后悔自己的生日，没有和妈妈一起过。我的生日，其实是母亲的苦难日。可世间从来不卖后悔药，如果时间能倒转，我一定让妈妈陪着，一直一直陪着……

名师点评：文章用细腻的笔触描写"我"的感情变化，"我"生日时妈妈跟着我，让"我"很反感；妈妈离开后，"我"兴高采烈地尽情玩耍；邻居阿姨的事让我深受触动，最后因为自己的一时虚荣而后悔不已。让读者也陷入深深的思考。小作者对生活的观察力和感悟力值得我们好好学习！

指导老师：戚文华

那一刻，我长大了

广东省韶关市乐昌乐城第一小学　五（14）班　刘镇昊

那一刻，好像一把钥匙，帮我打开成长的大门；那一刻，又好似一座从幼稚走向成熟的桥，让我明白——我长大了。

那是一个风和日丽、万里无云的早晨。我在杨老师的陪伴下，来到了室内体育馆参加演讲比赛。只见参赛选手个个精神饱满，势在必得的样子。接着，我们用抽签来决定先后顺序，便开始了漫长的等待。

"怎么办？怎么办？"我的心暗自嘀咕着，我紧握双拳，手心里全是汗，双腿不停地颤抖，怀里像揣着一只超活泼的小兔子，跳得厉害，我不知所措地东张西望。看着其他参赛选手淡定的样子，我更加紧张了，脑子里一片空白。

轮到我了，我强装镇定，微笑着走向舞台。深呼吸，心里给自己不停打气：我准备得很充分，要相信自己，有什么可怕的？顿时，我放松了很多。在台上我看到了评委老师慈祥的微笑，怀里的小兔子终于安静了下来，仿佛睡着了。我轻轻地在裤腿两侧抹掉手心的汗，开始了我的演讲。伴着悠扬的音乐，我全身心投入演讲中，时而慷慨激昂，时而低沉凝重。全场鸦雀无声，所有人都目不转睛地看着我。此刻，我成了全场的焦点，内心里自豪而骄傲。

演讲结束后，台下响起了热烈的掌声，那一刻，我突然觉得自己长大了，变得更加自信和从容了。

名师点评：本文最大的亮点在于小作者运用了大量的动作、心理描写，细腻地刻画了"我"参加演讲比赛中的心理变化。让读者不禁沉浸其中，仿佛亲临比赛现场，为他鼓掌加油。

指导老师：谭茗芳

快乐的一天

武汉市盘龙城第四小学 三（8）班 刘凌依

快乐是一支笔，描绘出美妙的图画；快乐是一幅画，开满了艳丽的鲜花；快乐是一束花，散发着沁人的芳香。你们觉得哪一天是最快乐的呢？我认为农历正月初一这一天最快乐。

正月初一是春节，是新年的第一天，每到这个时候，一串串鞭炮噼里啪啦地响个不停；一副副对联写下美好的心愿和祝福；一盘盘热腾腾的饺子象征着喜气和吉祥……

俗话说："新年到，穿新衣、戴新帽，包饺子、蒸年糕，打灯笼、放鞭炮。"一大早，家家户户都忙着贴春联、挂灯笼，到处一片欢乐祥和的景象。爸爸妈妈带着我给街坊邻居们拜年，见到长辈总要道一声："祝您身体健康，恭喜发财！"这时，我新衣服的口袋里就会装满各种各样的小饼干和糖果。

傍晚时分，天色暗下来以后，我们几个小朋友迫不及待地来到家门口放烟花。只见邻居家的小军哥哥弯下身子，伸长手臂，小心翼翼地点上火，烟花"嗖"的一声蹿上天空，又是"砰"的一声在空中绽放。五彩斑斓的烟花像一朵朵盛开的花朵，漂亮极了。我用手紧紧捂住耳朵，静静欣赏着美丽的烟花，在心中许下今年的愿望。

晚上，全家人一起围坐在桌子旁吃年夜饭。一道道美食让我垂涎欲滴，有鱼、排骨、红烧肉、虾……闻一闻，香味扑鼻而来，我迫不及待地夹了一块肥而不腻的红烧肉放入口中，真是入口即化呀！一家人边吃边聊，有说有笑。我举起酒杯祝愿爷爷奶奶身体健康、万事如意。爷爷奶奶给了我一个大红包，祝愿我学习进步、开开心心。

辞旧迎新，我们在一片欢声笑语中度过了快乐的一天。

※　优秀作文六

温暖的寒冬

湖南省石门县第四完全小学　杨一晨

奶奶，我放学回来了，又来看您了！看您笑得那么灿烂，是不是见到我很开心呀！奶奶，我陪您说说话吧！以前的事我记得可清了，特别是那年冬天……

我上一年级的那年冬天，下了一天一夜的雪，雪铺了厚厚的一层，都快埋到我的膝盖了。放学时，您在校门口接我，我们祖孙俩像两只臃肿的熊蹒跚地在雪中挪动，寒风呼呼地吹过，脸上刀割一样痛，您紧紧地搂着我的肩膀，生怕我摔倒。您自己反倒是一不小心就摔了个四脚朝天，而每次我都在您怀里，一点都没摔到。奶奶，您说怎么这么巧？

我们祖孙俩连滚带爬地，终于回了家。我的手冻成了红萝卜，牙齿不停地"打架"，全身不停地发抖。"奶奶，好冷啊！"您连忙拉我到火炉旁，给我打盆热水泡脚，又摘下我的手套，看着我红通通的手，满眼的心疼，用您粗糙的大手紧紧捂住我的"红萝卜"，放在嘴边不停呵气，呵几口气，搓一搓，再呵几口气，又搓一搓……直到我的手暖和起来，您才欣慰地笑了，帮我穿戴好厚的鞋袜。"你坐在火炉这里，千万别乱跑。"直到我点头，您才温柔地摸了摸我的头，满意地做饭去了。

吃过饭，您收拾妥当，早早上床睡觉。"咦，奶奶，才7点多，今天怎么睡这么早？电视也不看了？"您夸张地打了个哈欠："今天奶奶太累了，想早点睡。你写完作业也赶紧睡啊。"八点半，我准时上床，一进被窝，哇，奶奶被窝里好暖和啊，我连忙钻进您的怀抱里，您笑骂："冰坨子一样，冰死我了！"我嘻嘻哈哈:"奶奶,千万别把我融化了,哈哈哈……"您一听,笑得合不拢嘴:"就把你化了!"说完,把我冰一样的小脚丫揣进怀里,放在您的肚子上,顿时一股暖流涌了上来,充满了我的全身,"奶奶的肚子是个大大的热水袋。"哈哈哈,祖孙俩笑得多开心呀!我听到外面北风呼呼,吹打着玻璃窗,而我躺在奶奶温暖的怀抱里,幸福极了!奶奶,您知道我当时想什么吗?我想:要是天不会亮就好了!孙女是不是很傻?

奶奶,我记性是不是很好?您走了整整 60 天了,今年冬天肯定很冷,谁当我的热水袋呀?奶奶,世界上最温暖的地方就是您的怀抱,您柔软的肚子。奶奶,别担心我。我一想您,一想到您的爱,再怎么寒冷的冬天都是温暖的。奶奶,我又想您了!

("一米阅读•作文征集"活动中荣获 3-4 年级组一等奖)

> 名师点评:本文题目新颖别致,激发读者阅读兴趣。冬天是寒冷的,可是奶奶的爱是温暖的,让"我"成了世界上最幸福的孩子。小作者用第二人称的写法,一声声"奶奶",诉说着对奶奶深深的爱和怀念,让我们感同身受,不禁潸然泪下!真的是一篇感情真挚的动人佳作!
>
> 指导老师:朱玲玉

※ 优秀作文七

爱此青绿

湖南省石门县湘佳永兴学校　2101 班　雷语瑶

常记祖国秀丽山河,世界灿烂盛大,仅一瞥这青绿,便沉醉其中。

和谐安宁的苗寨,旭日东升,染就江山万里红。在幽深的山谷间,无数枝嫩芽从岩缝中探出头来,贪婪地享受太阳的温暖。风带着微笑,唤醒沉睡的生物,在某个黑夜里,爆开了无数的蓓蕾。它们怒放自己的生命,馈人间以芬芳。

偶尔午时,天边乌云密布,狂风横穿四方,树木都在呼啸声中重重地弯下腰,那云雨也在狂风之中盘旋翻涌。眨眼间,周遭暗了下来,层云碰撞间,雪亮的闪电犹如倒栽的巨树，带着万钧之力，直劈而下，雷声紧跟着在天地之间炸裂开来。千层云雨拢聚在一起，像一个巨大的漩涡，奔腾而来。那架势，说是要天崩地裂也不为过。阴雨连绵，别有一番寂寞凄清之感，即使愁云惨雾，它也难掩光芒。

落日黄昏，傍晚轻抚着微风，暮光四溢。楼台的底层在渐暗的暮色里消失了，树顶像是墨水般模糊的斑点似的。

此时，一群婀娜多姿的少女静站着，身着蓝皎交织的盛装，头戴敬奉神明的银冠。突然间，芦笙起，铜鼓响。少女们随即飞舞起来，她们的舞变幻多端。时而风流飘逸，时而威严神秘，时而刚烈雄壮，时而轻柔含蓄。

好一个苗族舞蹈！

正值花朝，舞动的蓝羽暗香浮袖；正值月景，柔情的脸蛋如窥皓月；正值霏雪，灵动的舞步如飞鸿踏雪。每一个舞姿都充满了江南风情，每一个舞姿都是光和影的匆匆变幻，每一个舞姿都使人战栗在浓烈的艺术享受中，使人叹为观止。

她们光芒万丈，风光无限，如惊雷般灿烂，如美神在人间。

使人想起，翩若惊鸿，婉若游龙。

使人想起，舞势随风散复收，歌声似磬韵还幽。

使人想起，翩翩舞广袖，似鸟海东来。

戛然而止时，世界出奇得寂静，都沦陷其中，不能自拔。对我来说，无论春夏秋冬，这里都是最好的人间。

名师点评：文如其人，你的文章和你一样清丽又温柔。文章感情真挚而又细腻，极富个人风格，打动了我！

指导老师：陈婉

※　优秀作文八

他害怕了

武汉市盘龙城第一小学　五（1）班　胡浩宇

父爱，像守护神，当你害怕时，它会抱住你，让你有安全感；父爱，像一把熊熊燃烧的火焰，照亮儿女的心灵；父爱，像一艘大大的船，把儿女载向胜利的彼岸。

时间轴拉到去年的暑假，那一次，我深深感到了父爱的力量……

爸爸带我去游乐场玩，我一蹦三尺高，大声叫道："太好了！"

我一进游乐 场就直奔我最爱的项目——惊险刺激的过山车。我兴高采烈，在旁边手舞足蹈，可爸爸却有一些手足无措，他努力想把我拉开，并说："人太多了，还要排队，有这会儿排队的工夫，我们还不如去玩其他项目呢！"

"没事没事，一会儿就轮到我们了。"我满怀期待地说道。

"你如果想玩，你自己玩吧！我在旁边等你，帮你照看东西。"爸爸又推脱说。

"没事，我们又没带什么贵重的东西，可以放在旁边。爸爸，你是不是恐高啊？所以才找这么多理由来搪塞我。"我疑惑地看着爸爸。

没想到爸爸支支吾吾地说："没有，没有，我才不怕呢！走，和你一起去玩。"虽然爸爸嘴上这么说，但我却瞧见了爸爸额头上已经冒出了几颗汗珠。

好不容易排到我们了，爸爸就急忙坐到位置上绑好安全带，把带子两边使劲儿地拉了又拉，生怕带子不结实，还一个劲儿地嘱咐我，一定要绑好带子。

"叮零零"，过山车开动了，车子刚开始慢慢地往上爬，速度像蜗牛一样慢，此时爸爸比较淡定，脸上露出淡淡的微笑，好像在告诉我："怎么样，我不怕吧？"

随着过山车速度越来越快，耳边传过来呼呼的风声，我张开双臂，紧闭双眼，享受着速度带来的刺激。突然想到爸爸有点害怕，我用余光瞥了一眼爸爸，他神色紧张，紧紧地闭着双眼，嘴巴还张得很大，双手把栏杆握得很紧，感觉手上的青筋都暴露出来了……我用手捏了捏爸爸的手，希望爸爸能稍微放松点。

经过几次轮回，过山车速度终于慢下来了，也快到终点了。爸爸长长地舒了一口气，慢慢睁开了眼睛，擦了擦额头的汗水。我用手给爸爸舒缓了几下胸口，给他一个大大的拥抱，并跟爸爸说道："爸爸，谢谢您，谢谢您的陪伴，虽然您有点害怕，但您还是陪着我。"

"没事，你喜欢做的事情，只要在爸爸力所能及的范围内，我都会陪着你。"听到爸爸这么说，我想：这就是父爱的伟大力量吧！

※ 优秀范文九

难忘的生日会

武汉市沈阳路小学 三（10）班 薛又玮

"哈哈！""太好玩了！"教室里传来了一阵阵议论声。他们在干什么呢？原来他们在讨论过生日的事情。李芳说："我上个星期过九岁生日，妈妈给我买了一个大大的生日蛋糕！""我也刚刚过完九岁生日，是我们全家人一起过的！"张华兴致勃勃地说。

大家就这样你一言我一语地聊着，只有李晓明在一边沉默不语，他心想："我也快过九岁生日了，可是爸爸妈妈在外地工作，不能陪我过生日了"。李芳和张华看到李晓明难过的样子，知道他爸爸妈妈不在家，大家商量以后，决定给李晓明秘密地举办一个生日会。

李晓明生日那天，大家早早地来到李晓明家里。趁李晓明还没有睡醒，大家就悄悄在客厅布置起来。有的同学拉彩带，有的同学吹气球，还有的同学在气球上写了几个大字：祝李晓明生日快乐。大家忙得不亦乐乎。

当李晓明睡醒了，迷迷糊糊起床的时候，同学们一起大声喊道："李晓明，祝你生日快乐！"李晓明惊喜而又感动的泪水夺眶而出。此时的他已经哽咽得说不出话来。

接着，文文拿来了一个大蛋糕，并插上了九根蜡烛，同学们聚在一起唱起了动听的生日歌。李晓明的家里顿时变成了一片欢乐的海洋。

这次生日会，让李晓明感受到了集体的温暖，这是他最开心，也是最难忘的一

第七章 优秀作文鉴赏

141

次生日聚会。

名师点评：小作者开篇运用了场景描写式开头，写出了同学们谈论过生日的情景时兴奋的神态，与李晓明形成了鲜明的对比。后文根据书上的内容加入了合理的想象，描写出同学们为李晓明庆祝生日的场景，并加入了语言描写、动作描写、神态描写，细致刻画了同学们分工合作的和谐场面，使整个画面丰富起来。整篇文章虽语言朴实，但感情却十分真挚、自然。

指导老师：危正波

※　优秀作文十

不经风雨，怎见彩虹

威海皇冠中学　丛睿江

困难，挫折是每个人的必修课。可有人不敢面对，稍有些困难便会落荒而逃。可是，没有被困难洗礼过的人，就像没有经历风雨的天空，怎能看见人生的彩虹呢？

几年前，一个仲夏的夜晚，我躺在床上辗转反侧，无法入眠。因为那糟糕的成绩，与老师期待的目光，让我很是沮丧。升入中学后，天天写不完的作业，背不完的知识。繁重的学业压力，让我不知该如何面对明天，我久久无法入眠。

外面传来了，哗啦啦的雨声。

夏天的雨来得很急、也很大，没有一点的征兆。似乎只在一瞬间，滚滚乌云在天上汇聚，将月亮遮住。一道闪电划破长空，紧接着，雷声传遍了四方，好似敲响了战鼓，随即雨点纷纷落下。

我起身独自站在窗边，静静地望向窗外。

窗外虽有很多路灯，却只能看到很少的地方。小区一丛丛月季，它们挺立着高傲的枝头，不屈的花朵努力朝向天宇。我有点惋惜，心想：这么美的花，今夜都将会臣服于乌云，还有豆大的雨点。

第二天，清晨的阳光与柔和风唤醒了我，拉开窗帘，打开窗。寻找着昨日的那些不屈的月季，是否正如我想的一般，被滚滚的乌云和雨水打趴下。果然，那些月季已经被雨打掉了叶，被风吹断了枝，正无力地躺在沉重、乌黑的泥土地中。

我收回目光，心中隐隐作痛，为那被蹂躏的小生命。

一整天上课我都有些心神不宁，脑海中始终浮现出那一簇簇倒下的月季。下午放学，我吃了饭，便匆匆跑去，看看它们会怎样了？不承想，我惊讶了，那倒下的月季，又一个个昂首直立，面带微笑。尤其是倒下的红色月季，开得更加热烈、更加鲜艳。在月光下，那样自信，安静！

我震惊了，一个让我面对风雨，面对挫折、困难的画面，永驻心房。

一株花，都有藐视命运的勇气，可我呢？因为学业，就想要放弃。不经历风雨的摧残，怎么能看见光彩夺目的彩虹呢？命运只会青睐强者。

我快速跑回去，坐在书桌前，打开课本 ……

月季给予了我勇气与信念，在今后的人生道路上，我定会坚定地走下去。

名师点评：1. 以物喻理：小作者因自己学业的压力，看到了雨中月季的坚强不屈，感受到了经历风雨，才能见彩虹。能遇见彩虹。抒发了作者对月季的赞美之情。 2. 多种角度，多种方式叙写：作者用文字从多方面把月季植入我们每个人的心中，使月季的形象更加具体鲜明，令人回味无穷。

指导老师：戚文华

※　优秀作文十一

奋力拼搏，笑对人生

威海环翠中学　孔令丞

人生，失败很常见，不要因此惧怕而放弃。去奋力拼搏，永不言败，方能笑对人生。

——题记

一声声"再见"中，我怀着忐忑与激动的心情，在教练的带领下，一行 12 个人，前往日照参加中学生跆拳道比赛。父母不在身边，自己就要面对遇到的一切困难。心中多少还是有些不安和忐忑。

为了赛前准备，我们提前一日到了赛地。天气晴朗，朵朵白云自由自在地游走着。看上去那么恬静、闲适，心情也被感染到了。

第二天上午，我们早早来到了场馆。场馆面积有二十多个篮球场那么大，五六层楼高。虽然教练说让我们早点，但场馆里早已人头攒动，宛如一片"海洋"。

看到这样的场面，我胆怯了。我还能打赢吗？我可以吗？我反复问自己。心里萌发出一个念头：退赛。

但冷静一想，我坚持练跆拳道已经六年了，从我练它的那一刻起，就爱上了它。现在就退赛，当逃兵吗？不，绝不！

第一场开始了，我望向观众席，黑压压一片。我还有些恍惚，竟未察觉到对手已经向我冲来，一连挨了两个横踢。我瞬间被踢清醒，开始进入状态。不断调动对手，寻找机会，比分立刻追平，我渐入佳境。一连踢了好几腿。毫无疑问，我赢了！

我缓缓走到场边坐下，仔细回想刚刚比赛的过程，暗自窃喜，这可真是开了一个好头啊。

可惜我高兴过了头，却浑然不知，接下来的一场竟是恶战。

我刚一上场看到对手吓了一跳，只见对方腰间别着一条黑带，而我只是蓝红，我俩之间差了3个段位，我根本就不是他的对手。他身材高大威猛，在他面前，我犹如一个孩童。

在惊吓中，我还未缓过神来，比赛开始。

他嗖的一下冲到我面前，抬腿狠狠朝我头上砸去，我被撂倒在地，头晕目眩。他还不肯罢休，一连朝我头上踢了三次，我好像不行了，眼前一片漆黑。幸运的是，中场休息时间到了，我瘫倒在座椅上。闭上眼，脑海里不断浮现被打倒的情景，心中又闪现一个念头：弃权。可是我不能！这六年，我不畏风霜，风雨无阻，付出了比平常人更多的努力，才换来了今天上场比赛的机会，如果弃权，怎能对得起自己，教练和父母的心血？

下半场开始了。我缓步走到场上，眼神无比坚定。对手又朝我冲来，我屏息凝神，默默在心里读秒，3……2……1，就是现在，我迅速后转，对着对方头部，踢到了。对手好像被激怒了，双脚挪开，准备用鞭腿一击制胜。谁料，他刚一出腿，就被我的手死死擎住，险些摔倒。我瞅准时机，一个后摆从侧边踢中他的头，抢回4分。对手还想将比分拉大，他冲过来想踢我的头，我快速旋转，瞬间向后右一侧，趁着对手还未反应过来的时候，我的腿迅速前插，踢到他的脑后，紧接着我一个滑步到他面前，借助惯性，朝着他的胸口一击。

"叮"铃声响起，比赛结束，18：19，我领先了1分，赢了……

泪水伴着汗水流过我的脸颊，多年的付出、努力，这一刻值得。

※ 优秀作文十二

球迷爸爸

威海环翠第十中学　毕皓文

"太棒了！"只见一个中年男子，从我家的沙发上蹦了起来，举着一只手，像个孩子般笑了起来。

这就是我的球迷爸爸。

爸爸酷爱足球，只要是赛球，爸爸就会忘记所有……

记得有一天中午，妈妈做着饭，"万事俱备，只差油"了。于是妈妈"命令"爸爸去超市买油。爸爸盯着电视上的足球比赛，完全不理会一脸着急的妈妈。看爸爸不动，妈妈走过去，举起遥控器关上了电视，又命令爸爸去买油。

爸爸低着头，声音沙哑地说："比赛就要结束了，看完就去不可以吗。"妈妈不依不饶，立刻把爸爸"驱逐"出家门，并吼道："快去！别说话，快去买油，要不孩子下午上课来不及了。"

爸爸只好垂着头，去买油了。

可等了好长时间，也没等到爸爸回来。

——10分钟。

——15 分钟。

——30 分钟。

跺着脚说："这是去了哪个超市？"我也很奇怪，我们家到超市也就十分钟，这都快 1 个小时了，爸爸怎么还不回来？

妈妈让我去找爸爸。我走到楼下，只听旁边的球场上人声鼎沸。不知是谁搬了一台电视，小区很多人都在看。我走过去，在人群最前边的人是那么熟悉，穿着白衬衣、黑裤子，鼻子上架着一副黑边眼镜。头发被风吹得有些凌乱，他也全然不顾。爸爸是一名儿科医生，日常对自己的形象很是注重的。我细细再一次确认了一下，这人正是下楼去买油的爸爸。

只见爸爸拿着油瓶当荧光棒，陶醉在球赛中。我拍了拍爸爸，但爸爸完全沉浸在球赛中，全然不知我在他身后。我急急地跩了一下他的衣角，他回头看到了我，一愣。

我问："爸爸，油呢？""哎呀！忘了，好孩子，快帮我去买吧，比赛到加时赛了。"并一脸赔笑着对我说。

多年来，我脑海中始终留存着这样一幅画面：一个球迷在球场上手拿油瓶挥舞着、呐喊着，这位忠实球迷就是我的爸爸。

> 名师点评：1.结构清晰：为了突出中心，小作者生动有趣地写出了爸爸酷爱足球的这一小事，向我们展示出了爸爸的可爱。2.选材典型：一般孩子在选材时，为了表达对爸爸爱，会写爸爸辅导我学习，而作者通过爸爸爱足球，从侧面写出对爸爸的爱。
>
> 指导老师：戚文华

※ 优秀作文十三

相视无言，会心一笑

威海实验中学 佟承翰

笑，是人情常态。有多种形式，有开心时的哄堂大笑、有转危为安的破涕而笑，还有默默无语时相视一笑……

"随风潜入夜，润物细无声。"春雨终是柔和的，路上的行人个个面带笑容。

伴着点点雨声，新周一开始了。第二节数学课上，老师出了一道题让我们做。我眉头紧锁，读了一遍又一遍的题目，拿着笔一会儿在纸上写几个数字，接着马上又划掉了。脑袋里没有一点思路，额头上已经冒出细密的汗珠，眼睛死死地盯着题目。

老师突然说了一句："做完题的请举手。"一个、两个、三个……我周围的同学都依次举起了手，显得我格格不入，我忐忑地也举起了手，但心里默念，不要点到我呀！不要点到我呀！我不会！我没有做出来。就在这时老师附加了一个条件，我忽然脑中灵光一闪，紧锁的眉头也舒展开来，自信地高高举起手来。老师也领会到一样，让我来回答。

我流利地答完题目后，老师向我投来了赞许的目光，并且问其他同学还有不明白的吗？我环顾四周，还有一大半的同学并不理解这道题。老师让我上去画图讲解，我犹豫片刻，望向了我的好友，他也望向了我，我俩相视一笑。我提出让他帮我来画图，我解答。

老师点了点头，同意了我的建议。

我俩好像都知道对方心思一样，明明是相视无言，却知道彼此在想什么。上了讲台，他拿起了粉笔，三两下地画起来，我在一边指导。画到中途出了问题，他有点不知所措，看向了我，我思考了一会儿，用眼神扫视了一下问题，他立刻笑了笑，似乎明白了我的意思，成功地完成了题目。教室里响起了雷鸣般的掌声，我俩望向了彼此，会心一笑。

雨后的校园，鸟语花香，令人心旷神怡。天上的白云连绵成朵朵棉花糖，处处洋溢着欢声笑语。

明明是相视一笑，却知道对方的想法，愿我们的友谊天长地久！

名师点评：1.感情真挚：作者通过普通的小事生动地写出了，和朋友之间的友情。尤其是心理描写很形象具体，抓住了读者的心，让人跟着跌宕起伏。2.语言质朴：整篇文章没有过多华丽的辞藻，用最朴实无华的语言，将自己与朋友的默契用真实情感倾诉出来。尤其是结尾部分的借景抒情，增添了文章的色彩。

指导老师：戚文华

在挫折中成长

威海环翠中学　王泓超

　　在人生的坎坷路上，每个人都在奋力向前迈步。那些年、那些人、那些事都成为我们成长路上的珍贵财富。时光荏苒，岁月如梭，成长的脚印深深刻在我的心海里，唤起万般回忆。

　　儿时的我，是一个小精灵，人长得俊，嘴也甜。享受着家人的呵护和爱，从不知什么是苦。

　　7岁那年，爸爸送给我一辆崭新的儿童限定自行车，看着军绿色的迷彩车，我兴奋不已。周末，穿戴整齐的装备，和爸爸妈妈来到了爷爷奶奶农村的老家，这儿是学车最佳地。

　　"冲啊，爸爸！快点！再快点！"我大声吆喝着。爸爸一手扶着车，另一只手扶着车上的我。我东倒西歪，不时会从自行车上掉下来。在逐渐掌握了一些技巧之后，我独自尝试着自己站起来，但还是重重地摔在了地上。我哭着喊着望向爸爸，用期待的眼神希望他能将我扶起。但爸爸用坚定的目光看了我一眼，仿佛在跟我说"你能行"。

　　一次又一次，跌倒，爬起，护膝也摔得面目全非，终于，功夫不负有心人，我成功了。

　　苦化作了甜。也让我明白了一个简单的道理，困难不可怕，只要你不放弃。

　　上了中学，学业的压力大。有一段时间较贪玩，一次月考，没有考好。放学后，沮丧地往家走。

　　天灰蒙蒙的，还下着小雨，路上想着爸爸妈妈会怎样骂我，怎么数落我。想着爸爸那犀利的眼神，不禁打了一个寒战。到了单元门口，我来回徘徊着，不想上去。第一次感受到了"煎熬"这个词的滋味。就在这时，不远处我看到一个熟悉的身影，缓缓向我走来，是爸爸。爸爸在楼下一直等着我，看到爸爸的一瞬间，不听话的眼泪掉了下来。爸爸轻轻拍了拍我的肩膀，看了我一眼。仿佛在告诉我："爸爸相信你。"

"长风破浪会有时，直挂云帆济沧海。"成长是人生的必修课。那些经历过的痛苦，磨难终将成为指引我们前进的明灯，让我们褪去幼稚，蜕变成一个更加努力、坚韧的自己。

名师点评：1.本文语言质朴，纯真，情感丰富真实。尤其是爸爸的两次眼神，给了小作者极大的心理安慰和力量，让作者在挫折中不断成长，成熟。

2.脉络分明，层次感强。结尾处引用了一首古诗来表达内心的变化，含蓄深沉。

指导老师：戚文华

※ 优秀作文十五

难忘，那张冷峻的脸

烟台实验中学　陈麓伊

窗外，月光皎洁，湖面平静，雪白的大地上，寒风呼呼地吹着。再过几天，我们又要动身，回去和家人一起过节，我辗转反侧思绪万千，不禁想起了几年前的那个冬天。

临近春节，我们一家从烟台，回到了内蒙古的奶奶家，当时奶奶家并不大，但在客厅有一个较大的吊柜，奶奶一直没想好要放什么东西，里面还空着。

三十晚上，大家有的打麻将，有的包饺子，还有的在看电视，唯独我和哥哥无事可做。当时我还小，对许多人和事，总是只看外表，不关注内在，所以我很害怕大爷。

大爷戴着一副褐色边眼镜，塌塌的鼻梁，眼睛小得如绿豆粒。瘦弱的体格，自带老师的威严。盛气凌人的气势，更让我不敢靠近。

看我和哥哥无事可做，大爷朝我们俩走过来，说要和我们一起玩捉迷藏。我立刻跑开，不想玩。哥哥反复劝说我，我极不情愿地同意了，但心里一直忐忑着。

第一轮，哥哥藏，我和大爷去找。数完10个数后，我和大爷来到客厅，这里只有包饺子的人。我们又走到卧室，发现这里根本无藏身之地。就在我转身要走时，大爷却拉住了我。一脸坏笑，像个小孩似的悄悄告诉我："这里看似普通，其实暗藏玄机。"说着，大爷指指那团被子，我们近距离仔细观察了一下，发现那团被子像个蚕蛹一样在慢慢蠕动。这时大爷从后面笑眯眯地走过去，对着那高高耸起的地方打了几下，突然被子里传来了一阵阵哀号声。

哥哥从被子里钻出来，骂大爷太不地道了，打人不能打屁股的。大爷嘿嘿地笑着，冷峻的外表下显出孩童般的笑容。

第二轮，大爷藏，我和哥哥去找。大爷告诉我们说，他要藏到很深的地方，定让我们找不到他。数完 10 声后开始找，果然我们找了 10 分钟，还是不见大爷人影。我们开始在各个房间地毯式"搜索"，甚至发动了奶奶和我们一起找，可找了好几圈依然不见踪迹。

哥哥顿时眼眶红了，眼泪就要出来了，他跑着去找妈妈："我在地上找不到爸爸了，他不会蒸发了吧。"周围人听后都笑了起来，告诉他说："你爸爸不在地上，就在天上。"哥哥听完后越发着急了。

这时，大爷突然从面前的吊柜中，爬了下来。看着哭得不成样子的哥哥，抱歉地，嘴里不停地安慰着……

那一瞬间，我的心被融化了。拉着大爷的手，捶打着他。没想到，一张外表冷峻的脸，实则有一颗温柔的心。大爷幽默风趣的性格，带给我童年的欢乐和温暖令我难忘。

期盼着，期盼着，早日再能见到大爷。再和他玩捉迷藏，再听他讲一讲"之，乎，者，也"……

名师点评：1.内容具体，感情真挚：文章围绕一件儿时玩儿捉迷藏的小事，写出了对大爷从害怕到喜爱的情感路程，值得同学们借鉴。2.语言质朴：文章用朴实，自然的语言，真实表达出自己对大爷最初的看法。叙事真切，思路清晰，充分显示出中学生在成长过程中可爱的一面。

指导老师：戚文华

足球赛

文 / 曹添文

上周六，阳光明媚，微风拂面，我们班和三班在操场上进行了一场激动人心的足球赛。

比赛开始前，我们班的队员们充满斗志，神情专注。队长小明带领大家进行了热身运动，大家都积极参与，气氛热烈。裁判员吹响了哨子，比赛正式开始。

比赛过程中，双方队员你来我往，奋力拼抢。我们班的队员们配合默契，进攻防守两端都不落下风。尤其是小王，他速度快，技巧娴熟，几次漂亮的过人和传球让我们欢呼雀跃。

然而，三班的队员们也不甘示弱，他们传球精准，射门犀利，让我们的守门员小孟也感受到了压力。

在比赛的最后阶段，三班终于抓住机会，一脚漂亮的射门，将球送入了我们的球门。我们班的队员们有些失落，但还是鼓起勇气，继续奋战。可惜，时间已经不多，我们最终以 1：0 的比分输给了三班。

比赛结束后，我们班的队员们虽然有些沮丧，但并没有气馁。大家互相鼓励，表示下次一定要赢回来。我们知道，失败是成功之母，只有经历过失败，才能更加珍惜成功。这次比赛，虽然我们输了，但我们收获了友谊，锻炼了身体，也更加坚定了我们对足球的热爱。

这次足球赛，让我们深刻体会到了团队合作的重要性。我们相信，只要我们齐心协力，下次的比赛，我们一定能够取得更好的成绩！

名师点评：这篇作文写得很生动，能够让读者感受到比赛的紧张和激情。建议可以进一步丰富作文内容：

描述比赛的细节：可以详细描述球场上的气氛、队员们的动作和技巧，以及比赛中出现的关键时刻。

表达个人观点和感受：可以分享你在比赛中的角色和体验，以及输球后的心情反应。这样可以使作文更加真实和具有个性化。

引用他人观点或名言：可以引用一些与团队合作或体育精神相关的名言或观点，加深作文的内涵和哲理。

总结和展望：可以在结尾总结这次比赛的收获和反思，以及对下一场比赛的期望和目标。

指导老师：朱林莉

※ 优秀作文十七

爷爷的橙子园

湖南省石门县澧斓学校　五（1）班　李雅雯

在老家后山，爷爷有一个大大的园子，里面种满了橙子树。

春姑娘披着朝露步入爷爷的橙子园，她用灵巧的双手把这里装扮一新。橙子树抽出鹅黄色的新芽，在碧绿老叶的衬托下，更加娇嫩。

四月，满园的橙花开了。橙花很好看，雪白雪白的，五片椭圆形的小花瓣，中间是黄色的花蕊，像少女的白纱裙。橙花香味扑鼻，空气里弥漫着橙花的清香，沁人心脾。

花落后，露出米粒大小的果子。夏天雨水充足，在阳光雨露滋润下，小果子一个劲儿生长。

金秋十月，爷爷园子里的橙子由青色变成青黄色，最后成了金灿灿的圆球，橙子成熟了！

我们去摘橙子，走进果园。只见树上挂满了黄澄澄的橙子，它们你挤我挨，探出小脑袋，好像在说："快看，我在这儿！"爷爷摘了一个橙子，在手心里揉了好几下，用小刀切去顶端，把大拇指扣进去，用力掰开，露出橙黄色的果肉。我不顾形象，捧着啃了一口，甜甜的果汁充满了口腔。不一会儿工夫，我就吃得只剩下橙子皮了。爷爷看着我贪吃的样子，笑得合不拢嘴。

爷爷说："多吃点橙子对你身体有好处，可以补充维生素，提高免疫力，让你少生病。"

爸爸连忙说："吃橙子可不能忘记种橙子的人啊，爷爷一年到头守在这里，给果树浇水、施肥、修枝，可辛苦了。"听了爸爸的话，爷爷憨厚地笑了。

我明白了，只有用辛勤汗水浇灌出来的果子才是最香甜的。

名师点评：吃水不忘挖井人。橙子从春到秋，从开花到结果，都是爷爷辛勤汗水浇灌出来的。本文最大的特点在于，通过写橙子，来写爷爷，因为"只有用辛勤汗水浇灌的果子才是最香甜的"。结尾感悟，点明中心，升华主题！

指导老师：张海新

※ 优秀作文十八

成长需要挫折

湖南省临澧县新安中心小学六（5）班　朱露璐

"宝剑锋从磨砺出，梅花香自苦寒来。"梅花因饱经风霜而幽香四溢，宝剑因千磨百炼而锋芒万丈。在我们的成长路上，更需要经历挫折，才能日益成长。

我已经上小学三年级了，还不会骑自行车，也不敢骑，生怕没骑稳就摔下来。但是爸爸说："什么事都要尝试一下，正因为你害怕，才更要克服恐惧。不怕，还有我呢！"我被爸爸说服了，决定尝试一下。

我骑上自行车，爸爸在后面紧紧抓住后座，我慢慢蹬，我害怕极了，心都快提到嗓子眼了，大声嚷嚷着："爸爸，你千万别松手啊！我害怕。"爸爸笑着说："行，不松手，你大胆骑。"在爸爸的鼓励下，我越骑越顺畅，忘记了害怕。突然，车把一扭，车子失去平衡，我摔倒了。我扭头一看，爸爸早就松手了。

我膝盖摔破了，大哭起来，爸爸连忙跑过去扶我、安慰我，这次的摔跤给我造成了心理阴影，我坐在地上赌气说："爸爸，我不想学了！"爸爸立即笑了："这么快就认输了，不经历几次摔跤，怎么可能学会呢，爸爸小时候骑自行车，摔了不知多少次，才学会，你看现在骑得多么好！"我一听，不哭了，忙问："真的吗？我真的能学会吗？"爸爸肯定地点点头："是啊，只要你不怕失败，不放弃。"

我想了想：我不可以放弃，要坚持下去，不要忘记了学自行车的初心啊！于是，我从地上爬起来，又重新坐上了自行车。

以后，每天天不亮，我就起来练习骑自行车，虽然摔了一次又一次，身上也青一块紫一块，但是跌倒了，我又爬起来，继续练习。

"功夫不负有心人"。第五天的时候，我竟然学会了自行车！我在广场上转了一圈又一圈，那种自由飞翔的感觉竟如此美妙！内心里充满了一种说不出来的自豪感、成就感。

自那次学会自行车以后，我又去学游泳、学轮滑……虽然经历过很多挫折，但我不再害怕，我都最终获得了成功。

在我们成长的路上，需要挫折，因为只有经历暴风骤雨的洗礼，小苗才能长成参天大树。

名师点评：本文通过"我"在学骑自行车过程中经历的种种失败、挫折，而"我"从未放弃，跌倒了又爬起来，终于成功学会自行车，以此来感悟到一个道理：成长路上需要挫折。小作者心理描写细腻生动，心理变化自然真实，一定是一个善于观察生活的细心人。

指导老师：张海新

※　优秀作文十九

朋友不能缺席

湖南省临澧县晟德学校八年级六班　张欣怡

在我成长的每一个阶段，都不能没有朋友。友情如春风雨露滋养着我的心灵。

小学时，我有一个很要好的朋友馨，她是我生命中最重要的人。我刚转来这个学校的时候，没有朋友，很孤单，下课也孤零零的一个人。馨是个活泼开朗的女孩，下课后她总找我说话，问我要不要和她一起玩。我都摇头拒绝了。对于我的冷漠，她从不在意，还是一如既往来找我。慢慢地，我开始接纳她。

有一个初夏的周末，她邀请我去她家里玩。她家在乡里，村子前有一条小河，河边有个果园，我们一起去摘枇杷吃。我第一次摘枇杷，心里很激动。她提着篮子，让我摘，我看到满树挂满了金灿灿的枇杷，就伸手摘低处的，高处却摘不到。她个子高，而我又瘦又小，她就抱着我的腰，让我在上面摘枇杷，我第一次有这样的体验，兴奋不已。当我要下来时，一不小心，两人都跌坐在一起，抱成一团，笑得前俯后仰。

之后，我们坐在小河边吃又酸又甜的枇杷。吃完了，又去摘，牙齿都酸倒了，才罢休。

她又教我用石子打水漂。她用小石子，斜着身子，把石子抛向远方，水面上泛起一连串浪花，真是有趣极了。我笨拙地把石子扔在近处，打不起一个水漂来。她不但没嘲笑我，还手把手教我。后来我也学会了打水漂，我们的笑声在河畔荡漾。

太阳快落山了，我们才恋恋不舍地回家，在回去的路上，她说："不要不开心，生活中本来就有很多不如意，为什么不开开心心过好每一天呢。"我说出我的烦恼她帮我解答，最后，她说："如果下次不开心，我还带你到这里玩，保证你快乐加倍！"我忍俊不禁，所有的不快都烟消云散了。

自那天起，我们成了形影不离的密友，这份友情伴我度过了漫长的小学生涯。

虽然到了初中，我们不在一个学校，但是一到假期，我们就相约一起玩。我们的友谊历久弥坚。

怀念我们在一起的快乐时光。我知道：在我成长的道路上，朋友不可缺席。

名师点评：谁不想拥有馨这样的朋友，不仅活泼开朗，对朋友真诚相待。犹如一道光，照亮了"我"的生活。我们在羡慕的同时，被友谊的美好深深感动。

本文笔触细腻，感情真挚感人，通过生活中的典型事例，写出了友情的可贵，值得我们好好借鉴。

指导老师：张海新

创意写作——记叙文篇

追寻学习之乐

湖南省石门县湘佳永兴学校 2102　杨一晨

　　夏夜，月色如水，静静地洒落窗前，留下斑驳的树影婆娑。我独坐窗前，一盏台灯，两摞书，独然的身影叠加在窗棂之上。

　　我紧盯着作业本上的数学题，大脑一片空白。那些黑字与黑白图形，在我眼前变幻莫测，忽大忽小，时远时近，后来越来越模糊……

　　"请问一下，学习使你快乐吗？"一个陌生的声音传来，我一愣，马上脱口而出："不！绝对不可能！"同时，一幕幕熟悉的画面出现在我眼前：期中考试前，我伏案奋笔疾书，刷题、复习到深夜……考试放在面前，分数惨不忍睹，老师不满地叹息，母亲怨恨的眼神，写满了"恨铁不成钢"；整夜为各科练习题绞尽脑汁，我头痛啊，马上又期末了……我一脸无奈："看，学习怎么可能使我快乐？"

　　"真的吗？"那声音笑了笑，"再看一下吧。"又出现一幅幅熟悉的画面：一年级，我端坐教室，双眼如炬，如饥似渴地吸取新知识，期末考了双百分，班级第一名，站在领奖台上，笑靥如花；二年级，代表学校参加"经典诵读"比赛，教室、操场上、放学路上……到处都是我捧书诵读的身影，功夫不负有心人，终于过关斩将，成功晋级决赛，在如雷般的掌声中，我眼中满含喜悦的泪花；入三年级后，我坚持每晚抽半小时阅读名著经典，一本又一本，认真摘抄好词好句，一页又一页。知识如甘露滋润我的心田，文学的种子便生根发芽……我在一次次全国、全省的作文比赛中，屡屡获奖，在老师的赞许的眼光、同学们的羡慕声中，我骄傲地抬起头，笑了……此时，内心快乐的波涛，一浪接一浪涌上心头，我呆住了！我原来这么热爱学习，这么快乐！

　　我沉思：学习使我快乐吗？以前的我，喜欢沉浸在题海里，认为学习比童话更有趣，比探险小说更神奇，战胜一个个难题，内心如同爬上山之巅开阔，又如凯旋的将军般骄傲。拥有知识，就如同拥有整个宇宙，成就感满满。可是，如今，我开始厌倦学习，一遇到难题就想放弃，成绩直线下滑，老师的劝说，父母的教导，都无济于事。

我醒悟：那些在阳光下咀嚼知识、开怀大笑的时光；那些与同学们探讨知识、激动而兴奋的日子；那些在夜晚钻研难题、努力突破自我的光阴……却一下被我厌倦并抛弃了。

我回想：学习的过程是多么快乐而充实，多么令人难忘啊！语文如同百花争艳的大花园，千姿百态、姹紫嫣红，每朵花都需要你用心去欣赏、并每每嗅迷人芬芳、沁人心脾；数学如同深邃而丰富的海洋，时而风平浪静，时而巨浪翻滚，激发你一次次去战胜、去搏击，到达彼岸，便可收获黎明的曙光；英语如同一座座高山，只要你坚持每天攀登，不放弃，你就会体会到"一览众山小"的喜悦！

那么，学习使我快乐吗？我回过神，望窗外月如钩，星如棋，会心一笑，精神百倍地写起来……

（湖南省第十六届中小学生文学大赛 二等奖）

名师点评：本文构思新颖，用独特而细腻的笔触，写出了学习过程中遇到的种种心理体验。最终在回忆学习的过程中体会到了学习的充实和快乐。让人不禁跟着"我"一起莞尔一笑。显示了小作者深厚的文字功底。

指导老师：王剑霞

※ 优秀范文二十一

盼望

湖南省临澧县新安中心小学六（5）班 朱露璐

生活如同一个多姿多彩的万花筒，只要你用心感受，生活总会带给我们丰富的情感体验。有焦急万分的期盼，也有欣喜若狂的惊喜。

在我五岁那年，爸爸要出差一个星期，他走时，我紧紧抱着他不撒手，哭喊着要他带我去。

爸爸温柔地许诺我："等我出差回来，给你带礼物。但前提是你得听妈妈的话。"我一听，激动极了，脆生生应道："好！一定听话！我要芭比娃娃套装。"我和爸爸又"拉钩上吊一百年不许变"，才放爸爸离开。

爸爸走后的第一天，我坐立不安，小脑瓜里一直想：爸爸买的礼物是什么样子，是金色的头发还是棕色的头发？能换装吗？有几套衣服？我盼望着那个礼物快点出现在我的面前。

我一天到晚追着妈妈问："一个星期有多久啊？"妈妈说："没多久，一晃就到了。"我说："哦，是明天吗？是不是我晚上睡一觉醒来，爸爸就回来了？"妈妈不知道怎么回答，无奈地笑笑说："我给爸爸打电话，让他快点回来啊！"

盼啊盼啊，才过了三天，"妈妈，爸爸什么时候回来啊？"我大声地嚷嚷着。妈妈宽慰我："别着急，要有耐心，爸爸已经在路上了。"我等不及了，偷偷给爸爸打电话，爸爸一接到电话就说："我快回来了，礼物已经买好了，不要着急啊！"

第五天的时候，爸爸突然就出现在家门口，我兴奋地跑过去问："爸爸，我的芭比娃娃呢？买的什么样呀？你怎么回来得这么早？"爸爸笑着说："女儿啊！你问这么多，我该怎么回呀！"我不好意思地笑了。

爸爸把一个大礼盒放在桌子上，我迫不及待地打开。"哇！好漂亮！"盒子里躺着六个芭比娃娃，比我想象的还要漂亮。

现在我明白了，盼望的过程是漫长的，得到意外之喜是兴奋异常的。有期盼就会有希望，生活也是如此。

名师点评：本文感情细腻真挚，通过一系列微妙的心理描写，一个急不可耐盼望爸爸，盼望礼物的小可爱形象跃然纸上。"盼望的过程是漫长的，得到意外之喜是兴奋异常的。有期盼就会有希望，生活也是如此。"这句不仅首尾照应，而且点明中心、升华主题。你有过这样的体验吗？快点写出来吧！

指导老师：张海新

※ 优秀范文二十二

我曾经是个"游戏迷"

湖南省石门县澧斓学校六（2）班 童博辉

去年暑假，白天妈妈出门上班，我在家里写作业。不知不觉我迷上了游戏，沉溺其中不能自拔。

　　妈妈要去上班，为了方便联系，把手机给我，我被手机上的小游戏吸引了。每天妈妈走之后，我往沙发上一躺，就开始玩游戏，我沉浸游戏的世界里，一玩就是几个小时，除了上厕所，眼睛没有离开过手机屏幕等妈妈回来后看到我作业一字没动，她大发雷霆，还把我手机收了。

　　没了手机，我一天都无精打采的，作业也不想写，一会儿坐沙发，一会儿去阳台，心神不宁地过了一天。晚上，我睡不着觉，怎样才能拿到手机玩游戏？

　　第二天，我对妈妈说，我要用手机读英语，完成作业。母亲半信半疑，打开手机看了一下班级群，果然有作业，就把手机给我。我飞快地完成作业，又不由自主地玩起手机游戏来。妈妈喊我吃饭，我嘴上答应着，却一动不动。直到妈妈来房间叫我，我才忙不迭地关了手机，去吃饭，但满桌子丰盛的饭菜吃起来，却寡淡无味。

　　一个暑假，我感觉自己病了一样，做任何事情都无精打采的。

　　开学那天，老师通知我们下午四点半到校，我一看还有两个小时，就又沉迷游戏之中。等我玩了几局后，才发现，来不及了。等我气喘吁吁来到学校，已经超过五点。老师问我为什么迟到，我却支支吾吾说不出来。

　　学校进行入学测试，可以想象我考得多么差。那天，老师、妈妈和我进行了一次深入的谈话，老师语重心长地说：“你知道玩物丧志吗？孩子，你还小，不能把时间白白浪费在玩乐上，那样太可惜了……”我羞愧地低下了头，感到无地自容。

　　跟着妈妈回家的路上，妈妈什么也没有说，回到家给我做了一碗我爱吃的肉丝面，还放了一个金黄的煎蛋。我望着妈妈头顶的白发，一边吃一边落泪。

　　自此以后，我戒掉了“手机瘾”，养成了读书的好习惯，大家开始叫我“小书迷”。

　　名师点评：本文最大的特点在于心理描写非常细腻。“我”迷上游戏的种种心理表现；我的学习成绩一落千丈，被老师约谈后内心的愧疚；母亲做面条给我吃的感动，每一处感情都体现得淋漓尽致，让我不由得赞叹小作者对生活深深的感悟，同时提醒各位小朋友们，千万不要“玩物丧志”，白白浪费时间，追悔莫及。

　　　　　　　　　　　　　　　　　　　　　　　　　指导老师：张海新

创意写作——记叙文篇

我的"小金库"

湖南省临澧县新安镇洞坪小学六年级　苏正聪

我有个精致的存钱盒，它是我的"小金库"。

我的存钱罐其实就是一个圆圆的铁盒子，盒子是金黄色的，上面还有美丽的图案。原本是装巧克力的礼盒，还有一个精致的小锁。等巧克力吃完后，妈妈就把空盒子送给我，我开始有点嫌弃，妈妈说："你可以把我们给的零花钱都放进去，时间长了，就成了你的小金库了。"我一听，有道理，就高兴地收下来，还慎重地把它放在柜子里保管好。

第二天，妈妈给我二十元钱吃早餐，我把剩下的钱放进存钱盒。我心里暗喜：我有余钱了。自此以后，手里一有钱我就放进去，我过生日姑姑给我的钱，奶奶给我买菜剩下的钱，过年长辈给的压岁钱……我都存进去。

有一次，我逛超市，看到一个特别喜欢的玩具，我想买下来，可是想想：如果买了，存的钱都没有了。我就打消了这个念头。感谢这个存钱盒，让我改掉了乱花钱的毛病。

每天晚上我就像一个小财迷一样，把钱捋好，数了一遍又一遍，才安然入睡。做的也都是发财梦，有两次还被笑醒了呢。

有时妈妈逗我，要找我要钱花，我紧紧抱着说不给。妈妈说等存够一万，就给我去银行办一个银行卡，把钱存进去。我听了激动万分。

上个月，妈妈得了重感冒，我陪着她去医院检查。医生说，需要住院，要交住院费。爸爸在外地工作，不能马上回来。我听了，立刻跑回家，把存钱盒全部的钱都拿出来，有一千多，帮妈妈交了住院费。妈妈开玩笑说："那你的小金库就空了。"我满不在乎地说："还可以再存，现在你看病最重要。"妈妈感动得哭了。

感谢我的"小金库"，虽然它只是一个普通的盒子，却教会了如何节约，如何把钱花在有意义的事情上。

名师点评：哈哈，"我"是个十足的"小财迷"，感谢这个普通的存钱盒，让"我"养成了节约的好习惯。可是最后结尾部分却出乎意料，狠狠赚足了我感动的泪水，虽然，"我"是一个"小财迷"，可是妈妈生病时，却毫不吝啬地拿出来给妈妈看病，真是孝顺懂事的"男子汉"，点赞！

指导老师：张海新

※ 优秀作文二十四

我学会了包饺子

湖南省石门县澧斓学校　四（1）班　王依菲

除夕那天下午，外婆喊妈妈帮她包饺子，我跑过来，兴奋地说："我也学包饺子。"外婆笑着说："好，好，我们一起包！"

妈妈开始教我包饺子了。她一边包，一边给我讲步骤："先把饺子皮摊在左手上，再挖饺子馅……"我一听太简单了，"没吃过猪肉，还没见过猪走吗？"还没有等妈妈说完，就开始迫不及待地包起来。我先把皮儿放在左手掌上，用勺子挖了一大勺肉馅，放在皮儿上，坏了！肉馅放多了，根本捏不住，肉馅不听话地往外跑。我最后只好把肉馅全部倒入盆里，皮儿也被我折磨得湿淋淋、软塌塌的，唉，浪费了一个皮儿。

我不甘心，又开始包第二个，这次我吸取了教训。用勺子挖了一点点肉馅，这次又太少了，虽然饺子包好了，可是软塌塌的，像个泄气的小皮球，真难看！包饺子怎么这么难啊！

妈妈在旁边看着我"表演"完了，笑盈盈地说："没关系，多试几遍就会了，要有耐心，不能着急忙慌的。"我听了妈妈的忠告，虚心向妈妈求教，经过多次努力，终于包出了一个个漂亮的饺子，它们像一个个白白胖胖的企鹅士兵，排着整齐的队伍，等待着接受我的检阅。

晚上，吃饺子的时候，奶奶特意给我多盛了几个，还一个劲儿夸我："今天你们吃的饺子，都是菲菲包的啊！"全家人都表扬我，我笑成了一朵花。碗里的饺子

第七章　优秀作文鉴赏

也格外香，那是我用劳动换来的。

> 名师点评："学会"包饺子，要一个过程，心急吃不了热豆腐，从刚开始的手忙脚乱，到后来不断进步，最终成功，获得家人的赞扬。小作者是个善于观察生活，感受生活，书写生活的人。特别是比喻等修辞手法的运用，使文章更加生动有趣。结尾不仅点明题目，更点明中心，深化主旨。
>
> 指导老师：张海新

 优秀作文二十五

我的"草莓"老师

遵义市新蒲新区第一小学六（9）班　黄熠琢

我的班主任、语文老师是黄朝梅老师。在我们的心里，她有另一个更亲切的名字——"草莓"老师，因为"朝梅"与"草莓"谐音，更是因为她给了我们草莓一样淡淡甜甜而很有魅力的馨香。

第一个到校的人

寒风呼啸，似乎要割下我们的耳朵，脚下薄薄的冰面上回响着"沙沙沙"有节奏的脆响，天空灰蒙蒙的，我和同学们走在上学的路上。冬日的凌晨太冷了！距离教室还有几米远，我看见教室门外的地面上印着的一个瘦长的影子。我知道，这必定是"草莓"老师站在教室门口迎接我们。因为，无论严寒酷暑，她日日如此。走进教室，彼此的问候和老师送来的微笑使我的心顿时暖和起来。寒冬的严寒立即被抛向九霄云外，新一天的学习此刻就真正开始。

"草莓"的魅力

每天下午最后一节课后，我都会把这一天里各科老师布置的家庭作业内容书写在黑板上，在最后落款的地方，我都会写上特别特别大的四个大字——草莓老师。有时同学总是嫌弃我写的"草莓"二字不够大，要求我擦了重写。因为，在我

们的心里，"草莓"有无限大的魅力：课堂上她耐心地听我们发言，不断地寻找我们的优点并鼓励我们；课后，她与我们一起玩耍，一起谈心，如同老朋友一般，畅谈她童年时的滑稽好笑、勤奋励志的故事；生活中，她帮助我们解决各种的烦恼。她爱我们，就像童话里最好的国王一样，我们也爱她，就像爱戴国王的子民一样。在我们心里，她是世界上最公平、最公正、最有爱、最无私的老师。就是这种魅力，赋予了我们班每一个同学按时、高质量地完成作业的力量。

惊人的秘密

课间的时候，同学们最爱做的事情就是在"草莓"老师离开教室后，偷偷翻看她放在讲台上的备课本和教学书。在她的教学书原本空白的地方，写得密密麻麻的小字里寻找自己的名字。

那是在一个阳光明媚的春日早晨，班长和我无意间翻开老师的教学书时，发现她的语文教学书上密密麻麻地写满了小字。第一次看见密密麻麻的，像小蚂蚁一样小字，有一点点"密集恐怖症"的我顿时被吓得丢下书，赶紧逃跑了。我不明白一个教学了十几年语文的好老师，在字里行间密密麻麻地写那么多生字组词和词语解释等内容干什么。秘密很快在班上传开，这也成了班上最热门的讨论话题。

在班上"超级侦探"们的努力工作后，除开生字词语，那些密密麻麻的小字里隐藏的谜题答案渐渐显现了——小字里隐藏着一个又一个同学的名字和老师在学习上给他们提出的不同要求，还有同学们在学习和生活中的每一点进步。知道谜题的答案以后，我不再怕小蚂蚁一样的文字了，而且还喜欢上了它，喜欢偷偷在她的教学书上找自己的名字——"1黄"（"1黄"是我，"2黄"是黄雅娴，"3黄"是黄子豪）和看老师对我提出的要求和进步的记录。

一次班会课上，老师和我们"谈心"时。有同学问："老师，您为什么在书上密密麻麻地写那么多字？是不是喜欢'密集'？"老师回答说："像这样写满整本的书，我已经写了很多本了。我不是喜欢'小蚂蚁'，而是，在几年后，你们长大了，翅膀结实了，飞走了后。我再翻看这些书的时候，能回忆起和你们在一起的美好生活。那时，回想起和你们在一起时点点滴滴的进步，是一件很幸福的事。"我们都沉默了，想到离开，我们是多么的不情愿呀！

丰富多彩的生活课堂

在"草莓"老师的带领下,我们又举行了"热爱生活"的实践活动。骄阳如火的夏日早晨,我们齐聚嘉华广场。大家用火一般的热情清理了每一个角落和河边的垃圾。在最后的团队总结时,老师说:"生活本应该热爱,环境也如生活。我们要走出课本,走进生活,热爱生活从我做起,从身边小事做起。有一片纸,我们捡起;有一堆垃圾,我们清扫;一滴水,我们节约;一朵花,我们珍惜;一棵草,我们爱护。我们要让美丽激发我们对学习的热爱,对生命的珍惜。"我牢牢地记住了她的话。

这就是我们的"草莓"老师,我们又敬又爱的好老师。

后记

我爱我的好老师!我也爱我的学校——遵义市新蒲新区第一小学,因为在我的学校里还有很多很多好老师,他们爱岗敬业,无私奉献,以校为家,爱生如子。他们把他们的美好青春,大好年华全部奉献给他所挚爱的教育事业。数十年如一日,默默地奋斗在教学岗位上。甘为蜡烛,燃烧自己,照亮别人;甘为人梯,让孩子站到自己肩膀上,攀登科学的高峰;用自己的生命培养出一批批学生的健康成长与成才。

我爱你们,我的好老师们!

> 名师点评:小作者从老师名字的由来、敬业工作、开展实践活动等方面生动形象地刻画出了一位爱岗敬业、爱生如子的好老师,同时通过赞扬草莓老师上升到歌颂学校所有的老师。文章语句朴实,情感真挚,小作者对老师浓浓的爱跃然于纸上,令人感动。
>
> 指导老师:黄朝梅

妈妈的味道

湖南省石门县第四完全小学　杨一晨

如果你问我：妈妈的味道是什么味道？请让我闭上眼睛，我闻到了一种熟悉而又香甜的味道。瞬间，我的内心充满了幸福与快乐，这就是妈妈的味道——母爱的味道。

妈妈的味道，是我衣物上清雅的肥皂味。我的皮肤是易过敏性皮肤，放在洗衣机洗的衣服穿在身上，我就会浑身长红疹，奇痒无比，妈妈看在眼里急在心里。为了不再让我难受，她每次都把我衣服单独放一边，然后用绿色透明皂搓洗，再一遍遍清洗。即使在寒冷的冬天，妈妈双手长满冻疮，她还是用手给我搓洗棉衣。看着妈妈双手通红如红萝卜一样，手背上青一块紫一块，我的泪忍不住落下。"妈妈，你不疼吗？"妈妈却一边在太阳下晾衣，一边冲我粲然一笑："一点也不疼！"每次把头埋在晒干的衣服里，我都会用力一吸，我闻到干燥的、温暖的太阳的味道，哦，不，妈妈的味道。

妈妈的味道，是妈妈手工小馄饨的鲜香味。从小，我的超级最爱美食就是小馄饨。妈妈一有空，就去超市大采购：香菇，胡萝卜，鲜肉……清洗、切、剁、拌、包……叮叮当当，乒乒乓乓，妈妈一点不怕麻烦，一忙就是一上午，一个个元宝一样的小馄饨排着队，躺在冰箱里，等着我去品尝呢。早晨，一大碗冒着热气的小馄饨放在我面前，还浮着香油，小葱呢，一闻，好香！鲜美的香味吸进鼻子里，这是母爱的味道。

妈妈的味道，母爱的味道，时时刻刻都陪伴着我，让我感到幸福与甜蜜！

（第二届全国"一米阅读.作文大赛"二等奖）

名师点评：妈妈的味道是什么味道？是"我"衣物上清雅的肥皂味，是妈妈手工小馄饨的鲜香味。妈妈的味道是爱的味道，是幸福甜蜜的味道。小作者用细腻真挚的笔触，通过两件生活中的小事，来表现了"润物细无声"的伟大母爱，让人感动！结尾画龙点睛，中心突出，是一篇精彩的佳作！

指导老师：朱玲玉

※　优秀作文二十七

美丽新生活

重庆市万州区电报路小学教育集团钟鼓楼小学二年级（2）班　陈志豪

盼望着，盼望着，新学期终于到来了！

我背着书包，迈着轻快的步伐，满怀着激动和期待，踏进了校门。

清风徐徐而来，温润的气息拥抱住我，像是欢迎我的到来。我站在操场上，举目环顾着崭新的校园，宛如一幅美丽的画卷，每个角落都充满了生机和活力。

校园的花坛里各式各样的花朵簇拥在一起，像是一群美丽的仙女在聚会，展示着各自的绚丽。我不禁凑近花坛，沉醉于花香之中。再抬头看，绿草茵茵的教学楼旁，一排高大的树木，枝繁叶茂，仿佛一把把巨大的伞，为我们遮风挡雨。微风拂过，树叶沙沙作响，轻轻地为我们送来清凉。

我忍不住驻足轻叹："我的学校，可真美啊！"

穿过操场，就是教学楼。

井然有序的教室里，不时传来高低错落的朗读声。站在楼下，我仿佛都能听见铅笔在纸上留下清晰的轨迹声；老师们耐心温和的讲解声，如同一阵阵美妙沁心的音乐，让我不知不觉陶醉其中……

上课铃声突然响起，被惊醒的我急忙跑进自己的教室。

教室里的每个角落都充满了知识的气息。书架上摆满了各种各样的书籍，像是一扇扇知识的大门，等待着我去开启。黑板上的字迹工整隽秀。在老师们的谆谆教导下，我仿佛变成了一只勤劳的小蜜蜂，不停地采集着知识的花蜜，心灵也变得更加丰富充实。

学习之外，我与同学们相互帮助，互相辉映，他们就像是一只只五彩斑斓的蝴蝶，拥有着与众不同的美丽，让我感受到了纯粹的友谊和快乐，也让整个校园充满了温馨和欢笑。

还有学校组织的各种各样的活动。我觉得，我的校园就像是一本丰富多彩的图书，每一页都有新的故事等待探索。

我相信，在这个美丽的校园中，我将开启一段精彩的小学生活。在老师的引导和同学的帮助下，我未来的学习生活也会更加美好！

名师点评：文字优美自然，带给人沁人心脾的清新和美好，引人入胜。看着文字就好像看见了那美丽的校园，看见了那温馨又充实的校园生活。另外，小作者运用了不同的比喻来描写校园的美景和自己的真实感受，具体而生动！

指导老师：向国英

※ 优秀作文二十八

精彩的"六一"汇演

湖南省常德市石门县新铺中心小学六年级　朱骁杰

盼望着，盼望着，六一儿童节快到了。我们班要举办一场精彩的文艺汇演。

"六一"的前几天，我们就紧锣密鼓地准备起来，小品、相声、唱歌、舞蹈……同学们"八仙过海各显神通"。我和其他三个同学正在紧张地排练舞蹈。

"六一"终于来了！我们一大早就忙着把教室打扮得漂漂亮亮。下午两点，文艺汇演正式开始。第一个节目是小品《学校是我家》。七个同学共同表演了一个搞笑又感人的校园故事，他们动作夸张，表情丰富，语言幽默搞笑。逗得我们捧腹大笑，都忘记给他们送去掌声了。

轮到我们的舞蹈节目了。我们四个走上台，我望着台下黑压压的人头攒动，心里像揣了一只小兔子，扑通通乱跳。我不敢看台下，手和腿都在发抖，大脑一片空白。这是熟悉的音乐《勇敢大爆发》响了起来，我紧张的内心得到了平复。我们小声地说声："加油！"随着音乐的节拍跳了起来，我们忘记了自己，越跳越投入，连台下的老师同学也跟着我们一起跳了起来，全场顿时被热烈的气氛包围起来。我们的舞蹈赢得了全场雷鸣般的掌声。

最后一个节目是全部同学一起表演的《杯子舞》。我们穿着统一的服装，整整齐齐端坐在座位上。音乐响起，我们不约而同地拍手、击打桌子、拿杯子、放杯子……一整套动作，整齐划一，如行云流水一般。老师们争着录像、拍照，记录下这精彩的画面。

这次"六一"文艺汇演将永远留在我的记忆中。

> 名师点评：这篇小作文记叙了"六一"文艺汇演中精彩的一幕幕。文章详略得当，详细描写了第一个节目、"我们"的舞蹈节目和杯子舞。每一个镜头都很精彩，令"我"难忘。特别是在"我们"表演舞蹈时，通过动作、心理描写写出了自己上台时内心紧张的真实感受，让人读起来感觉真实而亲切，感同身受。
>
> 指导老师：张海新

※ 优秀作文二十九

夸夸我的妈妈

湖南省石门县第四完小二年级 73 班　邢怡萱

我有一个非常优秀的妈妈，有多优秀呢？她的优点真是说都说不完，接下来就听我慢慢道来吧！

妈妈有一头乌黑的齐耳短发，干净利索。白皙发光的皮肤，秀气的瓜子脸上，长着一对修长的弯眉，一双炯炯有神的大眼睛，如同两颗成熟的黑葡萄，挺直的鼻梁下长着一张能说会道的巧嘴巴。妈妈特别爱笑，一笑就露出整齐而洁白的牙齿，眼睛也笑成了弯月亮，真好看！

妈妈是家里的"大厨"，做的饭菜色香味俱佳。每次吃饭，我品尝一口，她就会急切地问："好吃吗？"我故意皱眉，然后才眉开眼笑说道："好吃！太好吃了！必须打五星好评！"妈妈的脸笑成了一朵花。特别是她做的土豆炖排骨，那才叫一绝呢！土豆软糯，排骨酥香，两者结合在一起，就是一道美味佳肴。每顿饭，我总是会把每一道菜，吃得干干净净。她呀，也总是夸我是"光盘小能手"。

妈妈虽然长得美，却不爱打扮自己。她的穿着很朴素，有的衣服都穿了几年，洗得发白都舍不得丢掉。可是，每次给我和姐姐买衣服时，总是大包小包往家里搬。我渐渐长大了才明白，她不是不爱打扮，而是省吃俭用，为了把更多的钱花在我们身上。在我眼里，不打扮的妈妈也很好看。

妈妈对我的学习要求非常严格。每天放学后回家，妈妈总是放下手中的家务活，第一时间陪我学习。我写作业时，她就坐在一旁看书。平时也不忘语重心长地叮嘱我："有付出才有回报，只有勤奋努力，才能掌握更多的知识！长大了做一个有用的人。"

妈妈眼中的世界很大，却只装得下我和姐姐，我多想真诚地对妈妈说："妈妈，辛苦了！我爱您！"

名师点评：母爱是世界上最伟大的爱，无私而深沉。小作者眼里的妈妈都是优点，"她的优点真是说都说不完"。通过对妈妈美丽的外表、擅长厨艺、勤俭节约、学习上要求严格等几个方面赞美了伟大的母爱。结尾处的点睛之笔"妈妈眼中的世界很大，却只装得下我和姐姐"直接升华了主题。并直抒胸臆，表达对妈妈深深的爱。

指导老师：张海新

第七章　优秀作文鉴赏

创意写作——记叙文篇

我被蜜蜂蜇了

湖南省临澧县晟德学校六年级　虞文轩

今年暑假的一天，我闲着无聊就到我家后院去玩。

爷爷种的几棵向日葵开了，一个个金黄的大花盘就如同一张张灿烂的笑脸，我不禁走过去欣赏。这时我看到一只又肥又大的小蜜蜂正一头扎进花丛里忙碌，只露出肥嘟嘟的肚子。我一时间来了兴致，蹑手蹑脚地走过去观察蜜蜂采蜜。

蜜蜂采蜜太专注了，竟然，没有发现我。我第一次这么近地观察一只蜜蜂，我可以看到它腿上的绒毛，它薄薄的翅膀在抖动。在好奇心的强烈驱动下，我轻轻摸了摸它的翅膀。"哎哟！"我顿时感到手指被针扎一样刺痛。我疼得大叫起来。我看到我的手指上有一根微小的刺，不一会儿我的手指肿得像根胡萝卜。

爷爷闻声赶来，我坐在地上大哭起来。知道我被蜜蜂蜇了，爷爷连忙小心翼翼地帮我刮刺，还涂上肥皂水。我疼得嗷嗷大叫，对蜜蜂恨之入骨。我对爷爷说："我恨蜜蜂！"爷爷哑然失笑，说："傻孩子，它蜇了你后，也会立即死去。"

我不相信爷爷的话，连忙跑过去，在那朵硕大的葵花盘上，发现蜜蜂正躺在那里，一动不动，真的已经死了。

爷爷走过来摸摸我的头说："蜜蜂不会故意蜇人的，你惹了它，它才蜇你，它是在保护自己。蜇了你，他自己也会死的。"我突然心里难过起来，轻轻地把它放在手心，看了好久。我不再恨它了，相反，心里有了愧疚感。

从那天以后，对于我看到的小生灵，哪怕是一花一草，我都会格外爱护，我好像一下子长大了。

名师点评：全文有两条线索，一是事件线索："我"遇到蜜蜂——摸蜜蜂翅膀——被蜜蜂蜇——蜜蜂死的真相。而是情感线索：兴趣盎然——好奇——生气、痛恨——内疚、悔悟。小作者通过在后院遭遇蜜蜂一系列的事情，揭示了，关爱大自然，保护小生灵的主题，引起读者深思。

指导老师：张海新

"多变"的哥哥

湖南省石门县新铺中心小学四年级　侯甜

我的哥哥，今年上小学六年级了。他个子高，身体健壮，留着小平头，头发根根竖起。他有着白皙的皮肤，单眼皮，高高的鼻梁，薄薄的嘴唇，一笑就露出洁白的牙齿。一看就是一个活泼开朗的大男孩。

哥哥在家里很霸道，平时总是欺负我。妈妈买回来好吃的好玩的，他都要和我抢，即使是一模一样的，他也要先抢去，占为己有。我争不过他，只有干生气。

哥哥在外面也很霸道。有一次，放学路上，我们班有个男生抢我的书包，把它扔到地上，我哭了起来。正好哥哥看到，他跑上去，一把抓住那个男生的衣领，把他拎过来。让他把我书包捡起来，还要他向我道歉。那个男生，一看到高大威猛的哥哥，吓坏了。走的时候，我哥哥霸气地说："以后不准再欺负我妹妹，不然，我要你好看！"男生吓得逃之夭夭，我也破涕为笑。

我给哥哥取一个绰号叫"浪漫女孩"。因为他爱做手账。他买了很多做手账的东西，还专门买了一个收纳盒。周末，别的男孩子都去打球或出去疯玩。哥哥哪也不去，就安安静静地做手账，连吃饭的时间都忘记了。放学回家，第一件事就是做手账，才去写作业。他做了一套又一套，花样繁多，我有空就去欣赏，爱不释手。

我的哥哥真是性格多变啊。我想对哥哥说："你马上是初中生了，希望你在家里不要太霸道，让着我点儿。还有，不要玩物丧志，因为痴迷做手账而影响了学习啊。"

名师点评：这是一篇优秀的写人作文，不是在它华丽的辞藻，而是在于小作者的真情实感。哥哥在家里霸道"欺负我"，但是在外面又霸道地保护我。还有哥哥是个男生，却像女生一样喜欢制作手账。这样一个多变的哥哥，谁能不喜爱呢？结尾对哥哥说的话，既总结了全文，又表达了感情，真实而感人。

指导老师：张海新

创意写作——记叙文篇

小小"动物园"

湖南省临澧县新安中心小学四（6）班 李君沂

我有一个幸福的家庭，这里是一个小小的"动物园"，到处充满欢声笑语，热闹非凡。

威武强壮的"大老虎"

我的爸爸是一只大老虎，他不仅外表高大威猛，而且力气非常大。每次去超市买东西，爸爸总是拎着小包，抢着小包。妈妈则在后面空着手，悠闲地跟着。每次店铺里来了货物，他卸货、搬货，一大箱货物他都能轻而易举地搬起来，搬完货物，气都不带喘的。妈妈总是说："你爸爸就是一家之主，扛起了我们全家的重担。"

爱打扮的"孔雀"

我的妈妈是一只爱打扮的孔雀。每次出门玩，她都要把衣柜里的衣服全拿出来，换了一件又一件，在镜子前照来照去，还一个劲儿问我："这件好不好看。"我被问的不耐烦了，都说："好看，很好看。"她才满意。然后，她又去化妆，又是大半天，爸爸开车都在楼下等好久了，催个不停。妈妈这才打扮得漂漂亮亮地出了门。

活泼可爱的"小猴子"

我是一只活泼可爱的"小猴子"。我特别爱动，每天蹦蹦跳跳的，好像没有烦心事一样。我从小就喜欢跳舞，一年四季，风雨无阻地去舞蹈班练习舞蹈。即使放假，我也会每天练基本功一两个小时。虽然，跳舞有时有点苦和无聊。但是在我不懈努力下，我在舞蹈比赛中获得了金牌。爸爸妈妈都为我感到骄傲。

这就是我家的小小的"动物园"，一个幸福而充满爱的地方。

名师点评："我"有一个幸福的家庭，爸爸是威武强壮的"大老虎"，妈妈是爱打扮的"孔雀"，而"我"是只活泼可爱的"小猴子"。在小作者的笔下每个人都性格鲜明，构成了幸福有爱的小家庭。尤其是小标题的运用，使文章结构分明、条理清晰，值得我们好好学习。

指导老师：张海新

精彩的一天

湖南省临澧县新安中心小学三年级 吴妍兮

9月24日 星期日 阴

早上，我在阳台上玩。我家的小猫咪咪来了。它一直对我喵喵叫个不停，我走过去，摸摸它软绵绵的头，它叫的声音更大了，边叫边用舌头舔我的手。我明白：它一定是饿了。我在奶奶的早餐店，在盘子里装了包子和一个鸡翅，端到阳台上喂它。这时，咪咪正在姐姐怀里叫呢。一闻见香味，它立马从姐姐怀里跳下来，箭一般冲到我面前，津津有味地吃了起来，最后把盘子都舔干净了。真是只小馋猫！

看咪咪吃饱喝足之后，我就想给小猫建一个温暖的小家。我找来一个空的纸盒子，把我不穿的棉衣铺在里面，再铺上干净的小毯子。我还在里面放了一个发光的玩具呢。咪咪的"小家"做好了。我把它抱过来，放在温暖的小窝里，咪咪喵喵叫个不停，还对着发光的玩具东看看西瞧瞧。

等晚上咪咪睡着了，我就悄悄把发光玩具关上电源。它在小窝里正打着呼噜呢，睡得真香啊！

今天真是快乐又精彩的一天。

名师点评：小作者通过"喂猫""给猫建小家"两件生活小事，来记录自己精彩的一天。"我"是一个多么有爱心的小姑娘啊！字里行间都透露着对小猫咪咪的关爱。只要用心观察生活、感受生活，我们每个人的生活都很精彩。

指导老师：张海新

第七章 优秀作文鉴赏

我家的竹林

湖南省石门县第四完全小学四年级　邢梦菲

在我家的后院，有一片竹林，这里四季风景如画，是我们的乐园。

春天，一声春雷惊醒了万物。下了一场雨后，竹笋从泥土里探出头来，他们伸着胖乎乎的脑袋，好奇地打量这个世界。爸爸带着我和弟弟挖竹笋，竹笋又粗又壮，我和弟弟抱也抱不动。没有来得及挖的竹笋，就长成了小竹子，在春风里摇摆。我会摘一片竹叶，吹起来，呜里哇啦响，很是有趣。

夏天，竹子碧绿碧绿的。高大的竹子遮住了火辣辣的太阳。我们全家都到竹林里乘凉。爸爸把吊床系在两棵大竹子上。我和弟弟争着躺在吊床上，荡来荡去，我们的笑声响彻了竹林。有时，我看着书，就不知不觉在吊床上睡着了，这里真是舒服啊！

秋天，竹子的一些叶子变黄了。风一吹，黄叶就在空中飞舞。地上如同铺了一层金色的地毯，踩上去沙沙作响。我和弟弟就抓起黄叶，使劲往天空中撒，就像下了一场黄金雨。

冬天，下了一场大雪。翠绿的枝叶上落满了白雪，如同开了一簇簇白花。阳光一照，发出耀眼的光芒。我和弟弟在雪地上堆雪人、打雪仗，雪球在竹林里飞来飞去，我的嬉笑声把枝叶上的雪都震落了。

我爱我家的竹林，它总能给我们带来无穷无尽的快乐。

名师点评：小作者按照时间顺序，分明描写了"我"家的竹林四季不同的美景。春挖竹笋、夏乘凉、秋赏黄叶、冬玩雪。四季各有各的乐趣，也各有各的独特魅力。结构上，首尾呼应，照应题目，点明中心，升华主题。

指导老师：张海新

我学会了骑自行车

广东省韶关市乐昌小学四（6）班　梁羽

在生日那天，爸爸妈妈送了我一辆粉红色的自行车，作为生日礼物，我想象着自己可以像小鸟一样，自由自在地穿梭在大街小巷，心里就格外兴奋。

当天下午，我迫不及待地请求爸爸带我去家附近的小广场上学骑自行车。一开始，我信心满满，踏上自行车就想骑，可是，自行车却像一个喝醉了酒的人，走得歪歪扭扭，我努力地扶正车把，可是它却一会儿往左，一会儿往右，还偏偏向路上的小石头上骑，好像故意在跟我作对。只听"咣当"一声，我被自行车重重地摔在了地上，我轻轻地抚摸着被摔痛的膝盖，眼泪"啪嗒啪嗒"地往下掉，爸爸连忙跑过安慰道："宝贝，疼吗？"我紧皱眉头，点了点头。在爸爸的帮助下，我又试了第二遍、第三遍……最后，我不耐烦地推倒了自行车，大声喊："我不学了！"爸爸无奈地叹了一口气。

我气冲冲地来到花坛边坐下，微风吹拂着我的脸颊，我的心逐渐平静了下来。这时，我的脑海中回荡起老师的教诲，做任何事都不能半途而废，只有迎难而上，才能取得成功。

于是，想到这里，我重新跨上自行车，一只脚踩踏板，另一只脚用力一蹬，双手扶正车把，两眼直视前方，聚精会神地向前方骑去。这一次我成功了，我按捺不住内心的激动，兴奋地朝着不远处的爸爸大喊："我会骑自行车了，我终于学会了！"

通过这一次学骑自行车，我体会到了：无论做任何事，都要有耐心，不能半途而废，只有坚持不懈，才能取得成功。

名师点评：本文最大的亮点在于，运用了大量的动作、心理、语言描写来描述我学会自行车的过程。特别是心理描写细腻生动，有学自行车前的"迫不及待"，有学自行车中的"自信满满"到"气冲冲"，还有学会自行车时的"激动"。让我们的心情也不禁随着"我"的心情而跌宕起伏。可以看出小作者是

第七章　优秀作文鉴赏

一个善于观察生活、热爱生活的人。

指导老师：谭茗芳

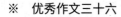 ※ 优秀作文三十六

汲诗词养分，舞美丽人生

 湖南省石门县湘佳永兴学校　2102班　覃煦雯

古今多少文人苦心孤诣，执着持笔，用心去换回梦的真实。从小热衷于古诗词的我，永远感叹于文人墨客的乐观豁达。

"回首向来萧瑟处，归去，也无风雨也无晴。"苏轼一生跌宕起伏，对各种打击已习以为常，有"一蓑烟雨"，何不"任平生"？"人生如逆旅，我亦是行人"，他会展颜大笑，会酣睡日中，会拉弓射天狼，会安然处边疆。乌台狱中冷，独自流转中原的夜里，可感到过片刻悲凉？也许有，但转瞬即逝，一句"此身安处是吾乡"，足慰此生。苏轼面对挫折时的这份勇气与豁达也鼓舞了我。

那段时间，我患病后便一蹶不振，休学在家，卧病在床，整天躺在床上玩手机。有天，妈妈从学校回来，递给我一个文件夹，我翻开后愣住了，里面装着我往年经典诗词考试过级的证书，八张证书，八个级别篇目，还差一个级别的证书，这本该是这个学期获得的。鼻头一酸，暖流涌上心头，回想我这无所事事，精神颓废的半年，忍不住扇了自己两巴掌，我这点病痛算什么！辛弃疾一生壮志难酬，但依然"众里寻他千百度"；刘禹锡一生被贬多次，可依然"我言秋日胜春朝"；李太白一生跌宕起伏，却依然"直挂云帆济沧海"。我又有什么资格放弃？我要盛满大唐明月，收拢宋朝烟雨，最终，我定会拿下九级诗词篇目的证书。

汲诗词养分，舞美丽人生。是的，即使人生有千疮百孔，但我还有诗词陪我寻遍千山万水，给予我精神滋养。我会跌进经典诗词的豁达之海中，汲得勇气，习得坚韧，直面人生的伤痛与挫折！

※ 优秀作文三十七

别了，小学

浙江省台州市白云中学八 15 班　许珈源

光阴如白驹过隙，六年级时，我们毕业离别老师的一幕幕，仍历历在目。如今回想起来，总忍不住哽咽。

那天是我们在学校上课的最后一天。也不知道为何，这节语文课我也听得格外认真，书上的一圈一画，每一个标点符号，每一个文字都写得工整漂亮，一些非常重要的地方，我也用平时舍不得用的荧光笔圈画，平时不太举手的我这次也争着举手发言。

时间不知不觉地流逝，从我们的指尖、笔尖溜走了；从我们的问答声中溜走了；从翻动书页的声音中溜走了。铃声不知趣地不合时宜地响起——老师讲课声停了下来，同学们不约而同抬起了头，无声地看着，看着……

王老师给我们上的最后一堂课，就这样毫无征兆的结束了。许多同学虽然只是注视着王老师，但眼眶已经微微泛红，眼角的泪水如同珍珠般无声滑过脸颊。我平静的外表下，内心早已涌动着一股说不出来的苦。颤抖的手也缓缓放下笔，合上书本，脑海中回荡着刚才的那段下课铃声，要是下课铃再晚点响……

"同学们！"王老师放下教材，清了清嗓子说，"世上没有不散的筵席。当你重新踏上旅途之后，一定要记得旅途本身的意义。"

"朝饮白露，夕眠苍霞，我隔川唱一宿天涯，长了守候，消了年华，一杯月光盈牵挂，故里天青，月笼人家。我听春风吹醒桃花，拂了枯荣于剑下………"每一周必唱的歌声仿佛还在耳畔回荡。它声声入耳，唱尽了六年的同学情，更唱尽了我们青葱年少的美好年华。

别了，小学！别了，敬爱的老师们，亲爱的同学们！新的征程，我们扬帆远航！

> 名师点评：小学六年，记录了我们多少美好的时光，留下了多少难忘的记忆啊！小作者以"别了，小学"为题，直抒胸臆。结尾点题，升华了主题，表达了自己的"怀念过去，展望未来"的真挚情感。特别是最后一堂课，通过一系列的动作、语言、心理描写。无不表达出老师和同学们深深的眷恋之情，而一首唱了无数次的歌曲，把感情渲染到了高潮，让人不禁感动落泪。
>
> 指导老师：张海新

※ 优秀作文三十八

黄山

广东省韶关市乐昌乐城第一小学　五（14）班　刘镇昊

一棵棵郁郁葱葱的奇松，一块块千姿百态的巨石，一片片浩如烟海的云……黄山美景真是令人称奇啊！

黄山位于安徽省南部的黄山市境内。它是道教圣地，李白、李清照、苏轼等诗人曾为它留下了许多壮美的诗篇。黄山因奇松、怪石、云海和温泉"四绝"而名扬天下。被誉为"天下第一奇山"。

黄山松姿态各异，生命力顽强。它们有的像一把撑开的巨伞；有的像站得笔直的哨兵；还有的伸出双臂，仿佛在迎接远道而来的客人……黄山松生长在没有泥土的岩石缝里，没有一株草，没有一朵花的陪伴，哪怕经历狂风暴雨，也坚强地挺立着。

黄山的怪石之所以怪，是因为它们形态各异，十分有趣。落在山顶石盘上的"仙桃石"，好像从天上飞下来的一个桃子；在一座陡峭的山峰上，一只"猴子"蹲在山头欣赏着壮观的云海，这便是有趣的"猴子观海"。黄山的怪石还有很多，"天狗望月""仙女弹琴""金鸡叫天都"……形象逼真，意趣无穷。

黄山的云海很美。有的像云雾缭绕，时而如风平浪静的湖面，时而似波涛起

178

伏的大海，变幻莫测，让人叹为观止。黄山的温泉也是一绝，热气腾腾，来此处游玩，要是来温泉泡泡澡，你会通体舒畅，精神倍爽。

黄山的美景如同一幅蕴藏文化底蕴的水墨画，美丽又神奇，就让我们一起来保护我国世界文化遗产吧！

名师点评：小作者按照总－分－总的结构，分别描绘了黄山的奇松、怪石、云海。用生动细腻的笔触向我们展现了黄山一幅幅美丽的画卷。开篇总领全文，首尾呼应，点明中心，升华主题。表达了对大自然和祖国的热爱之情。

指导老师：谭茗芳

※　优秀作文三十九

我学会了炒鸡蛋

北京市崇文小学五年级　张嘉桐

星期天中午，妈妈在厨房做午餐，我跟着妈妈学炒鸡蛋。

妈妈说："炒鸡蛋很简单，我先做一遍，你要认真看哦。"说完，她就给我示范起来。只见妈妈先把鸡蛋壳敲破，把蛋清和蛋黄全倒入碗里，再撒上一点盐，用筷子朝一个方向用力搅拌均匀，直到蛋液打出了细密的泡泡出来。然后，妈妈开始点火热锅，倒入花生油，过一会儿，油冒热气了，妈妈又把搅好的蛋液倒进了锅里。等蛋液遇热油开始凝固时，妈妈用锅铲不停翻炒。最后，妈妈把金灿灿的鸡蛋盛入盘子里。

轮到我了！我心想："炒鸡蛋也不过如此简单，没什么难的嘛！"我学着妈妈的样子，先把鸡蛋敲破，把蛋液倒进碗里，撒盐、搅拌、烧锅、倒油……这几步我做的都没问题。正当我得意之际，下一步却出问题了。在铲鸡蛋的时候铲子沉甸甸的，像抓了一条小泥鳅一样，滑溜溜的，抓不稳。最后，炒鸡蛋变成了一张饼了。我不甘心，再来一次。第二次炒的时候，火候没把握好，鸡蛋煳了。妈妈一直在一旁鼓励我："不要放弃，会越来越好的。"又经过几次尝试，我终于做出一盘像样的炒鸡蛋。我迫不及待地尝了一口。虽然味道有点咸，但是自己做的，吃起来格外香呢！

我终于学会了炒鸡蛋！看着自己的劳动成果，我内心充满了成就感。真是："世上无难事，只怕有心人"啊！

名师点评：本文详细地介绍了自己学习和炒鸡蛋的过程，尤其是心理活动描写非常细腻。最后，通过自己的亲身体验，最后悟出来"世上无难事，只怕有心人"的道理。可以看出小作者是一个善于观察生活、热爱生活的孩子。

指导老师：张海新

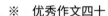 优秀作文四十

奇特的房子

广东省韶关市乐昌小学四（6）班　梁羽

在未来，我想成为一个发明家，专门研究发明奇特的房子。

这些奇特的房子外形都各不相同。有美轮美奂的城堡形，有简约大方的水滴形，有可爱大方的蘑菇形，还有连绵起伏的高山形。你喜欢哪一种房子就可以去住，任君随意选择。

走进房子，宽敞明亮，南北通透，就连空气也格外清新，各种家具应有尽有，地板被机器人打扫得一尘不染。

这些房子不仅造型美观，而且功能齐全。

这些房子有防盗模式，当小贼来偷盗时，它会自动响起警报，让小偷手足无措，只好乖乖束手就擒；房子也有飞行模式，当地震来临时，房子会自动飞起来，并找到安全的地方降落；还有水上模式，山洪暴发时，房子会自动漂浮到水面，保证主人的安全；它的灭火模式也很神奇，当发生火灾时，它的灭火装置自动启动进行灭火，即使你在睡梦中，也不会担心安全。

除此以外，这些奇特的房子还有很多贴心的功能。比如：调节心情的功能。当你情绪低落时，它会感应到并主动和你聊天，安慰你，让你不再那么难过；当你愤怒时，它会自动播放音乐，让你转怒为喜。

这些房子用特殊材料建造，还有随季节调节温度的功能。夏日炎炎时，室内凉

爽舒适，根本不需要开空调、冷气降温；冬天天寒地冻时，室内却温暖如春。

知识改变生活。现在，我要努力学习科学文化知识，早日实现我的美好愿望。不久的将来，发明出这些奇特的房子，给人们的生活带来更多的方便。

名师点评：本文结构简洁明了，通过外形多样、功能齐全两大方面，详细介绍了"我"发明的未来房子的各种神奇之处。结尾不仅总结全文，同时表达了对未来生活的期待和对美好愿望的执着追求的情感。

指导老师：谭茗芳

※ 优秀作文四十一

老师，我想对您说

文/曹添文

亲爱的王老师：

我想对您说，您就像一杯清凉的柠檬茶，口感中带着一丝微酸，却又透着丝丝甜蜜。您时而严厉，时而如慈父般的关怀，让我感受到了爱的温度。

有人说，人并不是活一辈子，而是活在几个瞬间里。步入中学治愈我的也许就是这些与您相处的温暖动人的小时光吧，有很多都让我记忆深刻。

记得那次我淘气违反了班级纪律，您让我在走廊反思。您一边批改作业，一边和我一起复盘。可结果批改作业的油笔不知何时瞄准了你，一下子全身都变成了油画！您竟然没察觉，满手都是油笔的油，连衣服、裤子都被弄脏了。而我当时竟偷偷笑出声，惹得您也差点忍不住笑出声来。现在回想起来，这种温暖的场景历历在目。

更搞笑的是，为了让我改正不良站姿，您竟然不顾老师的威严，毫不在意地模仿了我的样子。您的表情和动作简直惟妙惟肖，完美地演绎了我站姿不良的可笑模样，简直出神入化！当时的情景真是让人哭笑不得，不过这个瞬间确实深深地定格在我的记忆里。

初二的学习生活虽然没有了您的陪伴，但我更懂得珍惜与老师之间的师生情。内心渴望着您能再次回来唠叨我几句。

亲爱的王老师，感谢您一直以来的关照和悉心教诲。有了您的陪伴，我的中学生活变得更加丰富多彩，充满了欢声笑语。虽然我们偶尔会有一些小矛盾，但我深知那是因为您真心关心我，希望我能不断成长和进步。您的教导让我明白了许多道理，也激发了我对知识的渴望和对未来生活的热爱。

您是我心中超级棒的班主任，也是我永远的偶像。希望您知道，在我的成长路上，您扮演着重要的角色，您的付出和关怀让我感受到了爱与温暖。

最后，我亲爱的王老师，再次对您表达我的感激之情。祝您一切顺利，愿我们的师生情缘一直延续下去！

您的学生 曹添文

2023 年 8 月 28 日

名师点评：这篇作文表达了学生对班主任的深深感激之情，同时也展示了学生与班主任之间温暖而特殊的师生关系。

作文中具体描述了学生与班主任的一些趣事和互动场景，使文章更加生动有趣。除此之外，学生还表达了对班主任的信任和对未来的美好祝愿。

整篇作文情感真挚，写得非常好。从中可以看出学生对班主任的喜爱和对学校生活的享受，同时也反映了班主任在学生心中的影响力。

指导老师：朱林莉

※ 优秀作文四十二

"小气"的爸爸

广东省韶关市乐昌乐城第一小学三（10）班　张灵钰

我的爸爸身材高大匀称，头发黑亮黑亮的，眼睛大而有神，鼻梁高高的。他很爱笑，给人一种文质彬彬、玉树临风的感觉。可他却是一个很"小气"的人。

爸爸对我"吝啬"有加。有一次，学校开运动会时，我想多买几包湿纸巾来擦汗，而爸爸却给我买了一条手帕，他一边将手帕系在我的手腕上，一边说："湿纸巾既浪费，又破坏大自然，而手帕可循环使用，经济又环保。"

运动会结束后，爸爸接我放学，我口渴难耐，想让爸爸给我买一瓶冰冰凉凉的饮料。可他却给我买了一瓶矿泉水，还理直气壮地说："喝水要比喝饮料健康。"

爸爸还是个节水能手。家里厨房总会摆放两个水桶，淘米和洗菜的水通通倒进水桶里，被爸爸用来浇花、冲厕所。他还总是教育我们，说："地球上的淡水资源有限，节约用水应该从小事做起。"

其实，爸爸也有不"小气"的时候。一次，我在一客厅茶几的抽屉里，发现了一摞捐款凭证，汶川大地震的、新冠疫情的，大大小小的，足足有数十次捐款。看到这些凭证，爸爸在我心里"小气"的形象瞬间消失得无影无踪。对待公益事业，爸爸从来没小气过。

这就是我"小气"的爸爸。其实，他并不是真小气，而是一位勤俭节约的好爸爸，我为有这样的"小气"爸爸而感到骄傲！

名师点评：本文构思独特，运用欲扬先抑的写法，先向我们列举了爸爸"小气"的种种表现：买手帕代替湿纸巾，买矿泉水代替冰饮料，收集废水浇花、冲厕所。接着话锋一转，写了爸爸其实不是真的"小气"，在捐款、献爱心尤其大方。结尾照应题目，点明中心，表达了对爸爸的赞美之情。感情真挚动人，是难得的佳作！

指导老师：谭茗芳

※　优秀作文四十三

我家的果园

湖南省临澧县新安中心小学四年级　唐佳琦

在奶奶家的后山，有一个很大的果园。那是我们经常玩耍的地方。

春天，果园里的花儿争奇斗艳，我们去果园里赏花。粉红粉红的桃花，如同姐姐脸上涂上了腮红一样美丽动人。雪白雪白的梨花，像穿了一件新娘的结婚礼服。还有火红火红的石榴花，远远看去，像一团团燃烧的火焰，还有洁白的橘子花、橙子花……果园里到处都是花香，让人都陶醉了。

夏天，桃子成熟了，又大又红的桃子挂满枝头。我和妹妹一人摘上几个，在水里一洗，就大口大口吃起来。桃子又脆又甜，好吃得停不下来。这时，橘树上的果子还只有乒乓球大小，油绿色。和其他果树上的果子，正吸足了雨水，拼命生长呢。

秋天，果园里瓜果飘香。金灿灿的大鸭梨压弯了树枝，在阳光下随风飘摇。黄绿相间的橘子，像胖娃娃一样，挨挨挤挤的，小灯笼一般挂满了枝干。石榴都咧开了嘴，露出粉红的牙齿……我们在果园里摘果子，到处都是欢声笑语。

冬天，冰天雪地。果园里大多数的果树，叶子都落了，只有橘子树还穿着绿军装，如同一个个战士，在风雪中挺立着。下雪的时候，果园里被白雪覆盖，如同童话世界。我和小伙伴们在雪地上堆雪人、打雪仗，快乐地玩耍。

我爱我家的果园，它是我的乐园。

名师点评：小作者按照时间的顺序，分别写了我家的果园四季的美景。并运用了比喻、拟人等修辞手法，让果园里的一草一木都显得那么生动形象。结尾点题，首尾呼应，升华主题。

指导老师：张海新

※　优秀作文四十四

月华赞

湖南省石门县湘佳永兴学校　2101班　孙紫菱

古往今来，那镶嵌于碧空之上的明月，寄托着千千万万人的心绪。是"月下飞天镜，云生结海楼"的美景；是"明月几时有，把酒问青天"的豪情，是"今夜月明人尽望，不知秋思落谁家"的思念。

月华开尽百城花，暮色忘可挡芳华。当月亮刚刚从云被中醒来，一束束月华倾洒百城，如同翩翩起舞的蝴蝶在花瓣上萦绕。每一片花瓣都在月华下闪闪发亮，它不似白日那样刺眼、冷漠、难以靠近，而是尽显柔和、温暖。月华像极了一位母亲，让花宝宝们在无尽黑暗中沐浴新生，展现风采。可好似从未有人知道，月华为

创意写作——记叙文篇

人间增添了如此一幅百城花色展芳华的图景。

月华尽染云霞醉，万千变化月为贵。万籁俱寂，只留下乡间小路上的几盏灯火。此时月亮才害羞地从黑幕中蹿出来，也许是害羞了的缘故，把周围万里云霞都染上了颜色，层层叠叠的云彩在月亮旁飘浮着，好像醉了酒般。月华照在每一朵云上，就似让它们提着琉璃盏，颇有几分万家灯火通明之意。那月亮在云霞的簇拥之下，亦弯亦圆，风婆婆用糖逗引着云彩，互相追赶，好不有趣。

月华千载载乡情，天涯游子意难平。月华就似一条纽带，不仅寄托着相隔万里的愁心，也传递了好久不见的真情。古往今来，文人墨客也好，村野乡夫也罢，谁人不是望月思乡，谁人不是对月吟赋！月华这一束光，不仅照亮了这世界，更照亮了每个游子心中的角落。月华让每个人都有了那一份柔情！

月华的美是百花开尽，月华的美是云霞变幻，月华的美是承载真情！今日，我便赞它个华丽秀美，赞它个变化无穷，赞它个不言于表！月华，你值得被世间万物称赞！

> 名师点评：本文构思独特，运用排比段式，使文章脉络分明、抒情酣畅，增强了语言的感染力。作者文字如潺潺溪水，清丽淡雅。愿小作者可以保持这样的文风，用纯净的语言，表达更丰富的内涵。
>
> 指导老师：陈婉

※ **优秀作文四十五**

我的朋友"小五"

北京市崇文小学五年级 张嘉桐

我朋友家有一只可爱的柴犬，叫小五。它长得很可爱。一身橙黄色的毛，摸起来软绵绵的。圆圆的小脑袋，胖嘟嘟的脸蛋，一双黑溜溜的眼睛，像两颗亮晶晶的玻璃珠，一条毛茸茸的尾巴，总是摇来摇去。

小五活泼好动。特别喜欢咬它的狗咬胶，每次都像宝贝一样，抱着不放。它还喜欢跑跑跳跳，一刻也不停歇。它擅长跳高，一下就跳到我大腿那么高，真厉害！

我很喜欢小五，它会陪我玩，是我的好伙伴。我经常和它一起赛跑，它跑得很快，像一道黄色闪电一样。结果可想而知，没有一次我跑得过它。我还经常和它玩飞盘。有时候，我扔出去，它身手敏捷，迅速跳起来接住。有时候，我扔出去太远了，它就会"汪汪汪"叫着跑过去捡回来。

小五生气时也很可爱。当它和其它的狗吵架的时候，叫声很大。这时，我就会和朋友一起把它叫回来。如果我们惹它生气了，它会朝我们"汪汪"大叫几声。然后，一声不吭地转身离开。一会儿，它就忘了，又跑过来找我们玩了。

我喜欢小五，虽然它没有漂亮的外表，名贵的血统。但在我眼里，它不是普通的小狗，而是我一个不会说话的朋友。我虽然不是它的主人，但是我更加珍惜和期待和它在一起的快乐时光。

名师点评：小作者从外形、性格、喜怒哀乐等方面，生动地写出了"我"的动物朋友小狗的惹人喜爱。文章贵在"真"，本文虽没有华丽的辞藻，却在字里行间流露出对小五的喜爱之情！

指导老师：张海新

※ 优秀作文四十六

脚踏实地，才能走得远

浙江省湄潭县浙大小学　刘思贤

脚踏实地，才能走得远；抬头看天，才能把握好方向。农耕研学的过程，也成了我立志的过程。

在农耕研学过程中，我拿起农具和农民们一起下地耕作。在一棵棵的玉米丛中除草，在一株株的稻谷丛里除虫。热汗直流之余，我在劳动中对人生有了一些思考。看着农民们日复一日地劳作，我不禁也对"脚踏实地"多了一份领悟。

双脚即便是穿着鞋子依然感觉脚下滚烫，"脚踏实地"的感觉第一次如此真切。在弥漫着泥土味的田间弯腰劳作好一会，抬头一看自己竟然才耕作了一小片土地，不禁怀疑眼前这一大片土地是怎样完成耕作的。我把自己的疑问告诉了农民伯伯，农民伯伯听着听着笑了："别管你还有多少地没耕，把精力放在眼前的一块地上，这就是耕作的秘诀。"我低头品味农民伯伯的话语，恍然大悟：脚踏实地的精神是农民们最重要的精神财富。

我们每个新时代少年，都应该传承脚踏实地的精神。如今我们面对着书山题海，每天不畏困难、刻苦学习，为的就是在祖国需要我们的时候能够实现一个好少年的价值。零下的严寒，冻不住我们那一腔好学的热情；暂时的困难，也无法抑制我们报国的雄心。"百年中华魂，放飞中国梦"绝不仅仅是一句苍白的口号，更是十三亿中国人奋发向上的精神动力。习近平总书记提出我们要有自己的梦想，脚踏实地是实现梦想的最好途径。我们要树立自己的目标、确定自己的理想，用努力拼搏、艰苦奋斗来向世界展示自己的价值。展望未来，我们每个中华儿女的奋斗都在为中国精神注入新的时代特点。抓住时代机遇在时代的潮流中更好地建设祖国，离不开脚踏实地的精神。

研学的时间虽短，但在田间地头的广阔天地里我收获了之前不曾有过的感悟。做新时代的好少年，是我在此次研学过程中所立下的志向，也是我在此次研学过程中的最大收获。

名师点评：本篇作文的题目立得很好，构思巧妙内容也真实具体。作者能以整个研学活动为线索，从朴实的劳动中感受到劳动人民的美，领悟生活中的意义。特别是在最后能结合自身出发，联想到国家，联想到脚踏实地的精神。不仅是农民身上需要，在各行各业都需要这样的精神，这一点睛之笔既是本文的亮点，也体现出了本文的中心。文章具有真情实感，文笔流畅，能抓住平凡的点来突出中心，使得文章锦上添花。

指导老师：刘军

猜猜她是谁

湖南省石门县第四完小二年级73班　邢怡萱

今天，我来介绍一下我的好朋友，你们来猜猜她是谁。

她又高又瘦，一双细长的眼睛，笑起来眯成了一条线。她的发型很有趣，短短的头发，蓬起来，头顶像是顶了一个大蘑菇，让人忍不住发笑。

她非常喜欢踢足球，而且球技了得。无论严寒酷暑，她都在绿茵场上坚持训练。每天放学我总能在足球场上看见奔跑的身影，脸颊上流淌着豆大的汗珠，踢得可起劲了。

我真是叫都叫不动她，我叫她的时候，她就对我说："我再踢一会儿，你先回去吧。"真是个"足球迷"，最后还是门卫大爷发现了，她才让妈妈把她接回家。

"一分耕耘，一分收获"，前不久的一次足球比赛中，她还为我们班赢得了冠军的奖杯，我真为她感到骄傲！

她还是个"热心肠"。有一次我没有带练习本，她二话没说，就把自己的练习本借给我。她还总是把自己的文具借给急需的同学呢。

这就是我的好朋友，你们猜得出她是谁吗？

> 名师点评：本文是三年级小学生的作品，虽然篇幅不长，却妙笔生花。小作者通过外貌特点、性格、爱好几个方面，把一个活泼、执着、乐于助人的小女孩形象，刻画得活灵活现。
>
> 指导老师：张海新

掰玉米

山东省邹城市峄山路小学四年级（9）班　何清泽

秋天，是乡下最为繁忙的时节。农民伯伯们在这个季节里，开始了秋季的农活之一 ——掰玉米。

这不，周末一放假，妈妈就把我送到了乡下的老家，让我跟着爷爷一起掰玉米。

刚到玉米地，我就被眼前的景象震撼了。一排排的玉米植株，在飒飒秋风里傲然挺立，金黄的玉米穗荡漾着丰收的喜悦，仿佛在召唤着人们赶紧劳作。刹那间，我内心充满了期待，迫不及待地跳进玉米地里，让爷爷教我掰玉米。

爷爷先给我做了个示范，他一只手扶着玉米株，另一只手握住玉米棒子，轻轻用力，顺着玉米株往下扭，玉米棒子就轻轻松松地脱落了下来。我看着爷爷的动作，心想这好像挺简单的。我赶紧试着掰了一下，结果玉米棒子却纹丝不动。看着旁边轻松掰下玉米的爷爷，我心里既着急，又沮丧。

爷爷看着我这副模样，笑了笑，语重心长地说："孩子，掰玉米要用巧劲，而不是蛮劲。平时做事情也是一样，多用脑子想办法，而不是一味的急躁。"说着，爷爷又再次给我做起了示范。我点了点头，又试了一次。这次，我先把控好方向，再稍微一用力，玉米棒子就顺利地脱落了下来了。

就这样，我按照爷爷的指导，慢慢地掌握了掰玉米的技巧。不一会儿，就掰完了一排。我看着地上一堆堆金黄的玉米棒子，心里感到一种莫名的幸福和喜悦。因为，这次掰玉米，不仅让我学到了农活的技巧，也让我收获了更多的体验和智慧。

这次掰玉米的经历，将会一直留在我的记忆中，成为我成长路上的宝贵财富。

名师点评：这篇文章，生动地描述了作者和爷爷一起掰玉米的经历，充满了温馨和教育性。通过跟着爷爷学习掰玉米这件事，体现了在生活中遇到事情，要冷静思考的道理。本文结构清晰，内容完整，小作者善用过渡句和连接词的使用使文章更加流畅，读起来自然而有节奏感。

指导老师：司德珍

我喜欢冬天

湖南省临澧县新安中心小学三年级 朱子涵

春有百花秋有菊，夏有凉风冬有雪，一年四季各有各的美丽。但我最喜欢冬天。因为冬天不仅有美景，还可以玩雪堆雪人，打雪仗，很开心。

在我的家乡，冬天会下很大的雪。雪花飘飘洒洒落下来，像白色的蝴蝶在空中飞舞，我和弟弟在雪中跑来跑去。我和姐姐伸出双手去接，雪花落在我手心里，一下子就化了，成了一滴小水珠。雪下得真大，不一会儿，到处白茫茫的一片，像童话世界一样美丽。

雪停了，爸爸带着我和姐姐一起堆雪人。爸爸先滚了个大雪球，再滚了个小雪球。大雪球是雪人的身体，再把小雪球放在上面，就是雪人的头。我拿来黑色玻璃球，当雪人的眼睛和扣子。姐姐拿来一根胡萝卜当雪人的鼻子，还拿来妈妈的口红给雪人涂上红嘴唇，又捡来树枝当雪人的手。最后爸爸把红水桶扣在雪人的头上，雪人的帽子也有了。一个漂亮的雪人就堆好了。

我和爸爸、姐姐手拉手，围着雪人跳起了舞，唱起歌来，欢乐的笑声飞上了天。

我喜欢美丽的冬天，它总是能给我带来无穷的快乐。

名师点评：本文开头写了四季各有各的美丽，接着递进，写出对冬天的喜爱之情，总领全篇，引起下文。中间部分描写了下雪时的美丽，堆雪人的全过程。快乐的气氛贯穿全文。最后收尾回应，直抒胸臆，表达自己对冬天的由衷喜爱之情。你喜欢哪个季节，快点来写吧！

指导老师：张海新

我的南京之旅

武汉市盘龙城五小四年级　邓熙宸

国庆节期间，爸爸妈妈带着我去游览了南京。这是大名鼎鼎的红色旅游胜地。

南京是一个令人向往的古老城市。在中国五千年的历史文化长河中，它曾作为"六朝古都、十朝都会"，而散发着耀眼的光芒。也在中国近代革命道路中有着非常重要的地位。

我们的旅行一共四天。

第一天，我们去了夫子庙，这里曾经是孔夫子讲学的地方。还没进入大门，一座石牌坊就映入眼帘。进入院中，正对面就是大成殿，大成殿门前矗立着一尊孔夫子的巨大雕像。从大门往大成殿去的道路两旁竖着孔子弟子们的雕像，一个个栩栩如生，就如同在聆听孔夫子讲学和教诲。进了大殿里面，就看见眼前一整面墙上挂了一幅古朴的画，画的就是圣贤孔子，供人祭拜。顺着大殿走，就看见旁边墙上用绘画和文字记载着孔子的生平。整个夫子庙充满着书香之气，来祭拜的人络绎不绝，人山人海。我想：他们可能跟我一样想学习孔子和弟子们的精神，在学习上取得更好成绩吧。当然，这只是一种美好愿望，好成绩主要还是要靠自己努力。

第二天，我们去了玄武湖风景区，它被誉为"金陵明珠"。我们坐在观光车上，一路听着导游的介绍，欣赏着玄武湖独特的秋日风光。只见湖畔的道路两旁，杨柳依依随风舞动，再欣赏一下湖里的圆润的荷叶，亭亭玉立的荷花，一阵风吹来，它们竟跳起了舞，就像是在欢迎我们的到来。观光车穿过湖中道路后，就沿着高大的城墙行驶。这时，一座古城门出现在我们面前，上面写着"玄武门"三个大字，历史上有名的"玄武门之变"就发生在这里。城门上面有两个瞭望亭，下面有三个半圆石门，显得气势壮观，听说这座城门有一百多年的历史呢。

第三天，我们去了侵华日军南京大屠杀遇难同胞纪念馆和雨花台。纪念馆让我们时时刻刻都要铭记历史，勿忘国耻。雨花台是革命烈士纪念场馆，这里埋葬着为了新中国牺牲的革命先烈们。在雨花台留下姓名的烈士就有 1519 名，还有许许多多无名烈士，在雨花台园区正中央矗立着一块革命烈士英雄纪念碑，纪念碑前还

191

用花草摆了"信仰"两个大字，我伫立很久，心中升起无限的敬仰之情。它时刻警醒我们：要像革命烈士一样记住心中的信仰，热爱我们的祖国，珍惜今天幸福的生活。

第四天，我们到了中山陵，这是革命先驱孙中山先生的陵园。穿过长长的梧桐大道就到了中山陵的脚下，先是看到一座牌坊，上面写着"博爱"两个字，据说是孙中山先生所写。穿过博爱牌坊，经过陵门，再往上走就是碑亭，里面有一块无字碑。出了碑亭，往上走392步台阶就来到孙中山先生的祭堂，听说这392步台阶还有它特殊的含义呢，暗喻孙先生逝世时中国的三亿九千两百万同胞。虽然我现在还不太懂其中的道理，但我通过参观孙中山先生的纪念馆，学习了孙中山先生的革命事迹之后，我能感受到他心系民众的博大胸怀和追求真理、百折不挠的精神。

这次的南京之旅虽然短暂，却让人记忆深刻。这座历经风霜的城市让我学到了很多知识，更让我懂得了它厚重的历史、文化和在新中国成立中无可替代的地位。

这真是一次有意义的旅行啊！

名师点评：小作者全文按照时间顺序写了南京之旅的几个景点：夫子庙、玄武湖风景区、侵华日军南京大屠杀遇难同胞纪念馆、雨花台、中山陵。每一个景点又按照空间的顺序，详细描述了不同景点的特色。尤其值得称赞的是，从中不仅学到了知识，还接受了一次爱国主义的洗礼。真的是一次有意义的旅行！"读万卷书，行万里路。"希望家长也能带孩子们多出去走走，领略祖国大好河山的同时，领悟更多的人生道理。

指导老师：常海霞

※ 优秀作文五十一

小小"动物园"

西安市浐灞二十六小四年级（2）班　黄河源

同学们一定去过很多动物园，这些动物园里肯定有许许多多不同种类的动物。但有一个动物园肯定没去过，那就是我家这个小小"动物园"。

我家这个"动物园"里的"动物"不是很多，只有四种，但每一种"动物"都是独一无二的，跟着我一起来看看吧！

首先看到的是这个"动物园"的守护者——"战狼"。我的"战狼爸爸"是一个顶天立地的男子汉，大英雄，他不但保护着这个小小"动物园"，还保护着我们国家这个大"动物园"。你们猜到了吗？对了，我的爸爸是一名中国人民解放军战士。他一年回来两三次，每次见到他的时候，我都会冲上去和他深深地拥抱一下。在他休假这些时间，他会和我一起玩，一起学习，还教会我怎么成为一个男子汉。他还是一名体育健将，跑步、仰卧起坐、俯卧撑等方面都是他的强项。"战狼爸爸"在武术方面也是数一数二的，他就是用武术来保护我们这个"动物园"的。我特别崇拜我的爸爸，希望我长大以后，也能像他一样成为一个保家卫国的英雄。

接下来看见的，可是有两种形态的动物，它们是会变身的"绵羊妈妈"和披着老虎皮的"猪弟弟"。"绵羊妈妈"有着长长的卷发，连睫毛也是又弯又密，是名副其实的"美羊羊"。她平时特别温柔，对我非常好，"动物园"里被她收拾得既干净又漂亮。她还有一手好厨艺，会给我做香甜可口的饭菜，节假日还会带我去各种游乐场玩个痛快。但当我不认真学习，不听话的时候，我的"绵羊妈妈"就会变身成为一只凶猛的狮子。她的"狮吼功"可是炉火纯青，闻名遐迩，每次对我发动攻击，我都只有两股战战，抱头鼠窜的份儿。

"猪弟弟"今年一岁多，平时特别可爱，憨憨的像小猪猪一样，我总是喜欢摸他那光滑的小脸蛋。他特别贪吃，嘴巴一刻都停不下来，不管什么时候，只要看见周围有人吃东西，他就会凑过去嚷嚷着要吃，十足一头贪吃的小猪。但这些都是表象，万一有事不顺他的心，他就会张牙舞爪大哭大闹，活脱脱一只凶悍的小老虎，这个时候也只有"绵羊妈妈"才能让他变身成"乖小猪"。

对了，还有一头"小猪"呢，这头"小猪"不光贪吃，还特别爱看书。这头爱看书的"小猪"有一屋子的"闲书"，都是"战狼爸爸"给他买回来的。没错，这只"小猪"就是我。"战狼爸爸"说："只有学好了知识，才能保家卫国。"我现在就努力地做一只博学多识的"聪明小猪"吧，有爸爸做偶像，我相信我变身成"战狼"的日子一定不会很遥远。

我们这个"动物园"是一个幸福美满的"动物园"，"战狼爸爸"陪伴着"绵羊妈妈"，共同保护着两头可爱的"小猪"。

名师点评：文章首尾呼应，为大家呈现了一个有趣的小小"动物园"。小作者用心体会人物性格特点，把人物的特点和动物的特点相结合，将人物写得惟妙惟肖，栩栩如生！语言生动幽默，富有儿童情趣，把"家庭动物园"的日常生活写得妙趣横生。段与段之间衔接紧凑，转承自然巧妙。

指导老师：易英

※　优秀作文五十二

神秘的布达拉宫

西安市浐灞二十六小四年级（2）班　闫雅文

布达拉宫是个神秘而又古朴的佛法圣地。据说这里是当年松赞干布为了迎娶文成公主而修建的。但这个说法有一个疑点，那就是布达拉宫建于公元631年，可是听说那时候文成公主才六岁，松赞干布又是如何知道自己十年后要迎娶文成公主呢？这真是一个好玩的问题，它让我对神秘的布达拉宫更加感兴趣了。我央求妈妈来一场说走就走的旅行，去拜访我心中的旅游胜地。

坐了整整两天的火车，我们终于到了美丽的拉萨！远远望去，巍峨的布达拉宫坐落于蜿蜒的山丘之巅，走近了，更觉雄壮威武！在它的面前，我觉得自己比蚂蚁还要小呢！布达拉宫属于一个大型的宫殿群，它的主体建筑分为白宫和红宫。白宫似牛奶，红宫如宝石，在阳光下发出耀眼的光芒，格外引人注目。导游说布达拉宫是由很特别的材料——牛奶、白马草、石灰等建成，也许这就是它多年屹立不倒的原因吧！这些材料可真不错，不仅好看耐用，而且还十分环保！

随后，我们跟随导游叔叔的脚步走进白宫的花园中。导游叔叔说白宫的墙上有一股牛奶的香味，我看到一旁的小朋友竟然趁大人不注意悄悄地舔了一下墙面。我也学着他的样子把鼻子凑到墙面上，想闻一闻牛奶味，没想到，竟然沾了一鼻子的石灰！看上去像一只偷吃了奶油的小猫，惹得大家都哈哈大笑起来，我也不好意思地笑了。

随着人群的缓慢移动，我们穿过长廊，透过富有设计感的布幔，抬头仰望着宫殿内栩栩如生的佛祖雕像。它们高大雄伟，千姿百态，神采各异，与此同时，五彩斑斓的奇珍异宝也在追逐着我的眼睛。我看什么都觉得稀奇，就像刘姥姥进了大观园一样。

爬上最后一个台阶，我们一行人终于来到了布达拉宫的顶层。当我们气喘吁吁地站定，望着眼前的景色，我们被震撼得几乎忘了呼吸。啊，布达拉宫的整个顶都是由金子做的！在阳光的照射下，金碧辉煌，金光四射，怪不得它被称为"金屋群"。布达拉宫果真富丽堂皇，处处都充满了财富的味道！但我又想到了一个问题 —— 把那么多金子放在屋顶上，难道不怕被小偷偷走吗？不过那位善解人意的导游好像是知道我心里的想法，随即绘声绘色地讲解起来："西藏是一个人美物美的地方，这里的人淳朴，善良，有信仰。没有人会偷东西，我们可以早上把牛羊放出去，夜晚吹声口哨，牛羊就会一只不少的跑回来……"

从顶层下来，导游又带领着我们参观了布达拉宫里展示的神态各异的佛像、美丽奇幻的唐卡、五光十色的宝石……真是令人惊艳，没想到在看似古朴的布达拉宫里，有如此之多的珍奇异宝。那些珍藏的黄金、白银、碧玉、玛瑙数不胜数，让人应接不暇，我们仿佛置身幻境之中……听导游叔叔说，布达拉宫内部还保存了大量的文物和艺术珍品，包括佛像，壁画，经书等，这真的是一个建筑艺术和佛教艺术相互融合的巨大博物馆啊！

布达拉宫是西藏历史文化的重要遗产，也是中国文化的瑰宝。游走在布达拉宫里，眼前仿佛徐徐展开着一幅幅珍贵的历史画卷，令人惊叹，令人流连忘返！

名师点评：作者按照游览的顺序向我们介绍了布达拉宫的宫墙，宫顶，宫殿里的佛像、唐卡、奇珍异宝等，内容丰富，条理清晰。夸张，比喻，拟人等修辞手法的运用，展现出布达拉宫独特的艺术美。文章用词优美，语言如行云流水，读后令人身临其境。结尾升华主题，指出布达拉宫的重要地位，流露出对布达拉宫无尽的喜爱与赞美！

指导老师：易英

第七章 优秀作文鉴赏

夏天的雨

山东省东营市胜利第一小学一年级三班 李炫津

我喜欢夏天的雨，在炎热的夏天下一场雨是一件让人开心的事情。

下雨前天气很闷热，全世界就像被放进了一个巨大无比的蒸笼里。这时候，燕子低空飞，鱼儿跳出水，蚂蚁也在急急忙忙地搬家。天空中乌云密布，预示着一场大雨就要来临。如果是雷阵雨的话，还时不时会有轰隆隆的雷声，闪电也随之而来，照亮了半边天空。

哗啦……哗啦……大雨下了起来。看外面，大雨落下的样子就像一条条雨珠做的帘幕从天上垂下来。雨落到地上溅起来的水花像一颗颗透明的珠子四处散落。这时候，蝉也不叫了，蜻蜓也不飞舞了，连小燕子也飞回了巢里。过了一会儿，雨慢慢变小了。这时候雨又细又密，像牛毛，像花针，天地间披上了一层薄雾。

不久后，雨停了。天气虽然依旧炎热，但是空气变得清新了很多。蝉又叫起来了，小燕子也出去觅食了，小青蛙也跳出水面跟小伙伴们一起玩了起来。天地之间又变得热闹起来。

虽然下雨时不能出去玩耍，但是雨过天晴后我可以穿着最喜欢的恐龙雨靴出去踩水。那确实是一件令人开心的事。

我很喜欢这夏天的雨啊！

名师点评：小作者按照时间的顺序，描写了雨前、雨中、雨后的夏日美景。作者笔下的万事万物都生动有趣，让读者也不由得爱上夏天的雨。结尾首尾呼应，表达了小作者对夏天的雨的喜爱和赞美之情。

指导老师：沉香红

我眼中的夏天

山东省东营市胜利第一小学一年级三班 李炫津

夏天，在我眼中是一个很炎热的季节。

每到夏天，我们家里非常闷热，只有开空调才能凉快一些。这样的炎热让我很烦躁。夏天还有一种独特的东西，让我很讨厌，那就是蚊子。它们每晚都在我耳旁嗡嗡地叫着，甚至来叮我，给我留下一个又痛又痒的大包。

夏天也有让我喜欢的东西。比如说好吃的食物，有西瓜、冰激凌，还有我最爱吃的知了猴。说起知了猴，那可太有意思了。每到夏夜，大人们都会去树林里抓知了猴。他们拿着又大又亮的手电筒，穿梭在树林里，在每一棵树上认真地寻找着知了猴的踪迹，运气好的时候一晚上可以抓好多只。我们把它们装进盐水瓶里冷冻起来。奶奶有时会拿出一部分，清理干净，放入锅里油炸，炸得焦脆酥香，简直太美味了。

除了美味还有我喜欢的荷花。在姨姥姥家附近的池塘里有很多荷花。那些荷花，有的已经开放了，有的还含苞待放。有粉色的、洁白的，实在漂亮极了。还有那些荷叶，又圆又大，看上去像是一个个碧绿的玉盘浮在水面上。我觉得这是夏天最美的景色。

夏天真是一个让我又讨厌又喜欢的季节。

名师点评：这篇小作文构思巧妙，别具一格。"我"讨厌夏天，因为它炎热，还有讨厌的蚊子；"我"喜欢夏天，因为它不仅有美味的食物，还有美丽的荷花。"讨厌"和"喜欢"似乎是矛盾的，但是却是真实的。这才是丰富多彩而令人难忘的夏天啊！

指导老师：沉香红

第七章 优秀作文鉴赏

过一场"雪瘾"

宁波市第七中学 2509 班　孙艺薄

前不久，妈妈告诉我，要带我和表哥去绍兴学滑雪，痛痛快快地过一场"雪瘾"。我听了欣喜若狂，似乎全身的每一根汗毛都活泼地跳了起来。

到了滑雪场，我费劲地穿上厚重的滑雪服和滑雪鞋。刚一上滑雪板，"哎哟！"我身子向后一仰，差点儿摔倒在雪地上，幸好另一只脚上已经装上了很大的板子，否则真要"四脚朝天"了。可我的右脚却扭了。唉！第一次学滑雪以扭脚告终，只能看着妈妈、爸爸和表哥在雪地上滑来滑去。我突然开始讨厌滑雪板。

第二次来滑雪场，我无精打采地穿上滑雪服，套上滑雪板。表哥白了我一眼："再不学，我就比你先学会了！"我猛地抬起了头：我可不想就这么输了，哼，走着瞧！

我吃力地向前走了几步，竟没摔倒！我顿时有了几分信心。我一步一步走上练习区的小雪坡，照着别人的样子微微蹲下，脚成内八字，身体向前倾——"哗！"我竟从小雪坡上滑了下去，而且顺利地滑到雪坡下了！无师自通？我又惊又喜地大喊："我成功了！"喜悦飞上了我的眉梢，两只眼睛也变成了小月牙儿。

又练习了几次后，我和表哥决定来一场比赛，从最高的雪坡上滑下来。我们坐电梯来到雪坡上，只见雪坡下密密麻麻的都是人。我不由得哆嗦了一下，恐惧占据了大半个心。"呵，胆小鬼！"表哥又白了我一眼，"有本事你滑呀！""哼！"我有些胆怯地哼了一声。这时妈妈走过来，轻抚着我的背说："去吧！没关系，雪很厚，就算你摔倒了，也不会很痛的……"对呀，我要打败表哥！不去试试永远都不会成功。我鼓起勇气，摆好姿势，深吸一口气，身体前倾——我滑下去了！我眼睛一会儿眯起来，一会儿瞪得大大的。可不承想半路杀出了个程咬金，有个人突然出现在眼前。我忙向旁边滑，还好躲开了那个人，虚惊一场！我调整好心态和姿势，又加快了速度……终于滑到平地了，看到身后的表哥，我开心地跳了起来，我成功了！

我心里乐得快要盛不下蜜糖般的喜悦了。我满脸红光地走到表哥前，傲气十足地说："服不服？"

"服服服！"

※ 优秀作文五十六

那件事，让我成长

宁波市第七中学 2509 班　孙艺藩

时间的长河流淌不息，人生当中发生的一件件事情就像被揉碎的金子撒进浪间，细碎的光影指引着我们不断前行。而这件事情，却在微光粼粼中格外耀眼闪烁。

那时，我还年幼。阳光穿过绿叶的间隙洒下一片光斑，我郁闷地坐在树下，看着巷子里较大的孩子们骑着自行车来来往往，心中十分艳羡。正好，听奶奶说表哥曾经用的那辆小自行车不需要了，我便扯着爸爸妈妈想要学骑自行车。爸妈欣然同意了，那辆暗红色的、带两个辅助轮的自行车也到了我的手中。

也许，我本来就有点儿天赋，抑或是我平衡能力比较好，自从我骑上那辆小自行车后就从来没有摔倒过。没过几天，后面的两个辅助轮就在我的强烈要求下拆掉了，这让其他同龄的孩子们都很羡慕。

暑假的一日下午，我和朋友约好了在家附近的公园里骑车。后来，我们决定来一场比赛。我怀着满满的自信跨上自行车，待那声稚嫩而又响亮的"比赛开始"响起，便首当其冲地向前骑去。一路上都是我遥遥领先，没拐几个弯就看不见其他朋友了。再绕过那棵梧桐树就到终点了，我得意地哼起了歌，放开了紧握把手的双手，得意扬扬地高喊着："你们人呢！来追我呀……"但这时，我没有注意到那棵苍翠的梧桐树下的那片青苔，它狡黠地躲在阴影灰暗处，让人防不胜防。轮子轧在湿滑的苔藓上，旋即不受控制地向旁一扭，我重重地斜摔在地上，吃痛得轻呼一声。

其他同伴也陆续赶到了，他们围在身边安慰我。我把头深深地埋在臂弯间，耳尖酡红，如同八月的骄阳般火辣辣的，眼眶酸涩，滚烫的眼泪随即不争气地滴落下来，因为羞赧又因为膝盖上钻心的疼。霖跪在我身侧不住地轻拍我的肩："没事吧？你抬头吧，没什么不好意思的。""我输了，我是不是很失败呀……"我终于抬起头，�’唇吸了吸鼻子。

"当然不是呢，你才第一次失误，我们都摔了好几次才学会的。你已经很厉害啦，不用太好面子的。"霖笑意盈盈地递过来一颗水果糖，认真地看着我，"我妈妈说过了，一次小的失误并不代表失败的，那只是人生中的必经之路。"

眼前的余晖闪烁着耀眼的光芒，犹如烟花，却已成为记忆中不可磨灭的那一刻。梧桐树下的青苔青翠丛生，即使不被人所关注，却也仍然颤颤生出新芽。正像霖曾经说的那样，一次小的失误并不代表失败，只有不断练习才能成长。

名师点评：本文通过记录"我"儿时在和小伙伴自行车比赛中，因为骄傲而受到挫折的经历。通过亲身体会，领悟到了成长的意义：在成长路上，难免会遇到这样那样的挫折和失败，但是，我们应该感谢它们，因为正是这些小失误小意外才教会我们不断成长。文章语言朴实，情感真挚动人，是难得的佳作！

指导老师：张海新

※　优秀作文五十七

象山的海

宁波市第七中学 2509 班　孙艺藩

这一次去象山，是冲着那里的海去的。

都说象山的海是十分壮美，我们一直惦记着，终于能够得偿所愿了。

第一天到象山看海的时候是傍晚。刚吃过晚饭，我和堂弟就兴奋地跑到沙滩上，找了一处人少、沙子少的地方脱了鞋，欢快地奔跑起来。傍晚的天已经暗了不少，太阳在此时变得火红，光芒没有白天刺眼，小半个已经没入了海里。云也被太阳渲染成了红色，还别致地镶上了一层金边。时而一群海鸥从山的这头，飞向山的另一头。晚风不大，是轻柔的，吹过海面带起一股浓浓的海盐味。海水深蓝得近似黑色，只能看清浪花泛着白。

我走在沙滩上，尽管沙子硌脚，但是心中却还是感觉很舒服。晚上已经看不见太阳了，也看不清水的颜色，好像天和水融为一体，分不清哪里是海，哪里是天。站在离海水近的地方，海浪一波接着一波地朝岸边涌过来，有时候海浪大，会冲得人站不稳。海水是冰凉的，把脚上的泥沙都冲走了。人们则在岸边搭起了帐篷，泼着水玩闹。

第二天接近正午的时候，我们又来到了这片海边。与上次不同的是，我和堂弟都穿上了泳衣，做好了游泳的准备。太阳正处于天空的正上方，照得海面波光粼粼，让人不敢直视。海水的最远处是深蓝色的，接着近一点是碧绿色的，离我们最近的浪花是白中带黄的，色彩之间晕染开来，过渡得完美无瑕。沙子滚烫得像刚烧好的一盘菜，海水却是温暖的，不热也不凉。远处一艘艘船、一艘艘摩托艇行驶着，汽笛声和人们的欢呼声回响在头顶。

海边的水很浅，比我和弟弟的个子还低了很多，我一游，肚子就蹭着沙子，很不舒服。于是我们就蹲在海水中，表面上看起来像是安安静静地坐着，其实手在水下不停地摸索着沙子中藏着的贝壳和海螺。一阵阵海浪涌过来，冲倒了原本在前面好好地蹲着的我们，还没有反应过来，我们就被海水冲回了沙滩上。有些小孩在沙滩上奔跑，拿着桶和铲子抓蟹；有些大人坐着船，在深海边缘游泳，或者骑着摩托艇，等上岸了以后就在礁石旁边野餐……

在象山的海边，一切都是自由的，轻松的，快乐的。在我看来，拥有了面朝大海的夏天才是最完美的。

名师点评：本文按照时间顺序，写了傍晚和正午时分象山的海的不同的美，小作者对自己所见、所闻、所思、所想无不生动传神，让人对那片海心驰神往。结尾呼应开头，点明中心，深化主题。

指导老师：张海新

童年记忆中的爷爷

宁波市第七中学 2509 班　孙艺藩

风敛起了时光的衣角，吹起了琐碎的流年，爷爷的身影浮现在心头。如今，我的爷爷已经到了古稀之年。岁月沧桑的痕迹变成一道道皱纹刻入皮肤，如同纵横的沟壑。

小时候，夏天的傍晚，吃过晚饭，爷爷坐着老藤椅，手中摇曳蒲扇。藤椅不堪重负发出的"吱呀"声，扇子来回摇摆间，我坐在鱼池前的一个木板凳上。爷爷咳嗽了一声，那些娓娓道来的故事随着凉意的晚风，一一跑进耳朵里。我专注地听着，时不时提出一些现在想来觉得幼稚可笑的问题，爷爷耐心地给我解答。这些长短不一的故事，编织成了我憧憬的童年。

爷爷还会捏橡皮泥人、自制玩具木枪等。我在家里空闲时玩橡皮泥，爷爷也会凑过来。没过一会儿，一个个生动形象的橡皮泥人，就赫然出现在泡沫板上。挥着金箍棒的孙悟空、念经的唐僧、挑着扁担的沙僧、吃西瓜的猪八戒……无一不被爷爷捏得栩栩如生，他们仿佛就站在我面前，演绎着一出让人拍手叫绝的好戏。

记得那年夏天，弟弟来我家住几天。爷爷给我们俩各做了一把玩具木枪。只要在玩具木枪里塞上类似于球状的纸团，一发射，准能射中目标。这些有趣稀奇的小玩意儿，是我儿时最喜欢的玩具。

长大后，我渐渐远离了曾经那个依偎的爷爷，我和爷爷见面的机会越来越少，但时间永远抹不去爷爷带给我这些快乐的童趣。

名师点评：作者开头用诗一般的语言，为我们拉开了时光的帷幕。接着又翻开记忆的相册，向我们展示出一张张泛黄而温馨的老照片：爷爷在夏夜星空下讲故事，爷爷用粗糙而灵巧的大手捏橡皮泥人、制作手枪等，字里行间无不流露出对童年美好时光的怀念，对爷爷深深的思念之情。

指导老师：张海新

那些独处的时光

宁波市第七中学 2509 班　孙艺藩

"偷得浮生半日闲，人间至味是清欢。"一本书，一杯茶，一个人，一片属于自己的小小天地。让城市的喧嚣无法打扰到自己，只是独处，等待与幻想中主人公邂逅和对谈。

我爱放松下身体上一切的劳累困倦，独自一人沉溺于大自然间，同他们无声攀谈。

走进刚下过雨的林中，淋湿的树干散发着缕缕清淡且湿润酸涩的木香。是夜幕中的一湾静湖，有月光穿透弥散开来的浓雾，在湖面映出一片朦胧柔和的银色光辉。我向湖倾诉内心忧闷。一枚石子被投入开阔的湖面，泛起圈圈涟漪后很快恢复平静，倒映着的月影也同样完好如初。这是湖给我的答复，这是大自然给予的慰抚。

我同样痴迷于江南迷蒙如织的烟雨，秀色青山被笼罩在乳白似纱的雾气间。"后来烟笼柳暗，湖心水动影无双。"似真似幻、倩影幽幽的女子反手弹阮，如歌如诉的乐曲流泻开来。我同她对话，她将我拉回风骨瘦削、诗酒猖狂的那段时期，追望厚重史书上悄然而逝的尘埃。她缥缈而又神秘，随后如雾般散去且不留痕迹，只剩下乐章仍在心中回响绕梁。

乡下田园的景致，和煦的风翩跹，一簇簇繁花满树，蝶忙蜂碌。一切仿佛一支春日赞歌，曲调悠扬轻快，又显优雅从容，追寻有关自由与生命真谛。我喜欢独坐树下，尝试着烹煮一壶花茶，任凭花香四溢，随风飘逸于不冷不热的空气间。

摊开的书页上是主角与芸芸众生起舞、交谈。是王莺莺听到刘十三的"王莺莺长命百岁"，和程霜靠在刘十三的背上，"那么热的夏天，少年的后背被女孩的悲伤烫出一个洞，一直贯穿到心脏"。是小王子看了四十四次日落，对他的玫瑰道"也许世界上也有五千多和你一模一样的花，但只有你是我独一无二的玫瑰"。我听见斯嘉丽在经历人生起伏跌宕之后对我言"明天又是新的一天"；是海伦·凯勒第一次感受到水的清凉，带着坚强的意志和信念勇敢地活下去；是《公主日记》中的米娅从一个班内演讲都会紧张到呕吐的平凡少女，到成为一个真正的公主，她学习着她祖母拉丽莎·雷纳尔蒂女王的自信，告诉我"没经过你的许可，没人能让你自卑"……是"无丝竹之乱耳，无案牍之劳形"的清净闲适，也是居里夫人在极其简陋的实验室中度过无数个不被打扰的日夜。

我爱陶醉在内心富裕的精神世界和纯粹的灵魂之中，我爱在清香弥漫间享受独处的怡然自得。

一直很喜欢周国平老师的语段："独处不是与世隔绝，而是为自己保留一个开阔的空间，一种内在的从容，在可支配的时间里，不断靠近理想中的自我。"

我希望我的人生会经历大风大浪，在时光的罅隙间停下一小段前行的步伐，也能沐浴独处与自由。这一切，是我永远选择清澈并热爱，坚定不移走下去的理由。

名师点评：小作者通过全新的视角，细腻的笔触，向我们展示了独处时的所思所想。"我"从书中获得了灵魂的升华，获得了灵魂的富足与自由。结尾处更是引用周国平的语段，升华了主题。读书是与许多伟大的灵魂对话，你有体会吗？写出你心灵的感受吧！

指导老师：张海新

※　优秀作文六十

可爱的"金枝玉叶"

文 / 刘轩程

有人喜欢苍翠欲滴的竹子，有人喜欢千姿百态的菊花，有人喜欢四季常青的松树，而我却对可爱的"金枝玉叶"情有独钟。

"金枝玉叶"是多肉的一个品种，远看像一片片美丽的花瓣，近看时才知它是多肉。

"金枝玉叶"大部分为粉色与绿色，花朵大部分为椭圆形，粉的如霞，绿如翡翠，仔细看，如片片小荷叶围成一圈，很可爱。

"金枝玉叶"叶片扁平肥厚，摸起来滑滑的、硬硬的，闻起来有淡淡的清香。据科学记载，"金枝玉叶"除了可观赏之外，它还有净化空气的作用，药用价值也很多。

从外表看，"金枝玉叶"是娇羞的小公主，可它的生命力却十分顽强。

在炎热的夏天，"金枝玉叶"可以一整个月不喝水，却依然保持活力。除此之外，如果你想养更多，只需要轻轻掰下一个叶子放在土里，用不了多久，它会再次生根发芽，慢慢长成一株新的多肉。

正如古诗所写："金枝玉叶映朝霞，风华绝代况艳华。"我喜欢多肉植物"金枝玉叶"，不仅因为它外形好看，功用很多，更重要的是，它顽强的生命力让我很是感动。

名师点评：小作者开头运用对比，引出自己喜欢的多肉植物"金枝玉叶"，并通过外形、颜色、功用、生命力顽强几个方面表达了对"金枝玉叶"的喜爱之情。结尾总结全文，升华主题。不难看出，小作者是一个热爱生活，善于观察生活的有心人。

指导老师：沉香红

※ 优秀作文六十一

爱写毛笔字的爸爸

文 / 常富强

我的爸爸是一名普通的人民教师，他不仅外表英俊而且勤劳能干，也很爱我和妈妈。最让我佩服的是他写得一手漂亮的毛笔字。

"冰冻三尺，非一日之寒。"爸爸练字很刻苦。每天早晨，我还没起床，爸爸已经洗漱好，早早来到小书房里练毛笔字。不仅如此，他每天在学校里工作，只要没有他的课或者是课间休息，他都会来到办公室，见缝插针地练习毛笔字，不放过一分一秒的宝贵时间。你再看看他长期练习的成果吧。由于他经常写毛笔字，积少成多，现在他的办公桌旁边已经装满了几大箱子他的书法作品呢。

爸爸爱写毛笔字已经到了如痴如醉的地步。他平时很节俭，舍不得买贵一点的衣服，但是，一说到买练习书法的专用纸、毛笔和墨水时，他就毫不吝啬，毫不犹豫地买一大堆。

功夫不负有心人。由于长期不断地练习，爸爸已经能够写得一手漂亮的毛笔字了。他一会儿临摹赵构的瘦金体，一会儿临摹王羲之的行书，一会儿临摹田英章的楷书，最后他还独创一体。他把自己创作的毛笔字发到网上，每天都有很多人为他点赞，要拜他为师呢。

我爱写毛笔字的爸爸，我更要学习他刻苦努力、坚持不懈的精神。

名师点评：小作者通过几个方面：刻苦练字、痴爱书法、独创一体，塑造了一个痴爱练习毛笔字的爸爸形象，语言朴实，感情真挚。最后结尾总结全文，升华主题。

指导老师：沉香红

※　优秀作文六十二

热闹的春节

文 / 农津宁

每年的春节，我和爸爸妈妈都会一起回老家过年。老家的春节可热闹啦！

除夕晚上，我和妈妈正准备吃年夜饭，突然听见屋外烟花的响声。妈妈对我说："我们去看烟花吧！""好呀，好呀。"我连连点头。我们走出家门，看到爸爸正在放烟花。一个小火弹像小火箭一样发射到天上。烟花的颜色各种各样，有红的、黄的、粉的……让人眼花缭乱。

看完烟花，我们一起回到家里吃年夜饭。年夜饭的菜品可丰富了，有白切鸡、柠檬鸭、梅菜扣肉等等，看得我直流口水，我迫不及待地享受起美食来。

吃完年夜饭，爸爸妈妈给我们发压岁钱，他们说压岁钱可以保佑平安。发完压岁钱，春节联欢晚会就开始了，我们一家人热热闹闹地围在电视机前欣赏晚会的节目，其乐融融。

我喜欢热闹的春节，它给我们带来了太多欢乐。

名师点评：这一篇小短文故事生动有趣，结构完整。作者写出了春节一家人在一起"其乐融融"过节日的美氛围。内容丰富，生动形象。

指导老师：沉香红

创意写作
通关秘籍

扫码获取

01 创意写作课

学作文技巧
写高分作文

02 名家创作谈

看创作心得
得名家真传

03 佳作朗诵赛

听在线音频
享文字魅力

04 作文点评站

拍照上传
在线点评作文

沉香红 孙艺藩 郭斌 主编

CREATIVE WRITING

散文篇

创意写作

沉香红

作家

资深写作导师

中国作家协会会员

中央电视台CCTV4

新闻采访人物

CREATIVE

WRITING

- PROSE PIECE

意写作：零基础学报刊文

人都能成为写作高手

文学爱好者到畅销书作家的通关秘籍

副 主 编：张海新 郑利侠 张道金 秋心念
李 莎 善 文 尹 瑞 黄 莹
谭 倩 蔡圆治 毛 燕
执行主编：蒋海军 张炎琴 潘铜娟 丁桂兴

西安出版社

图书在版编目（CIP）数据

创意写作 . 2, 散文篇 / 沉香红 , 孙艺藩 , 郭斌主编 .
西安 : 西安出版社 , 2024. 8. -- ISBN 978-7-5541
-7380-0

Ⅰ . H15

中国国家版本馆 CIP 数据核字第 2024FK2433 号

创意写作 . 2, 散文篇
CHUANGYI XIEZUO SANWENPIAN

作　　者：沉香红、孙艺藩、郭斌

责任编辑：徐妹

出版发行：西安出版社

社　　址：西安市曲江新区雁南五路 1868 号影视演艺大厦 11 层

电　　话：（029）85253740

邮政编码：710061

印　　刷：三河市中晟雅豪印务有限公司

开　　本：787 毫米 × 1092 毫米　1/16

印　　张：31.875

字　　数：551 千字

版　　次：2024 年 8 月第 1 版

印　　次：2024 年 8 月第 1 次印刷

书　　号：ISBN 978-7-5541-7380-0

定　　价：160.00 元（全二册）

△ 本书如有缺页、误装，请寄回另换

《创意写作》编辑团队名单

陈海燕　　吴瑗利　　木　西　　李新月

林之秋　　邓文芬　　苏甜甜　　秦　至

孙立红　　王玉娟　　易　英　　胡子如

张婧瑜　　郝　爽　　邬玲玲　　姜　燕

※　特别鸣谢：

感谢香红写作研习社优秀学员们提供自己发表在全国报刊的作品，作为《创意写作》教材的范文，供大家学习。

感谢助教老师姜燕、张海新、司德珍共同参与整理此书。

香红写作研习社

目　录

第三章　报刊作品赏析　/　103

——香红写作研习社优秀学员作品赏析

香红写作研习社简介

许多文学爱好者都有一个想要在全国报纸发表文章、赚稿费，文章被广泛传播的梦想。那么到底什么是报纸副刊文呢？如何写才能实现作品在全国报纸发表的目标呢？

目前香红写作研习社成立10年，全国优秀学员发表作品超过500万字。

作品发表报纸包括：《中国青年作家报》《中国电视报》《中国劳动保障报》《精神文明报》《作家文摘》《劳动午报》《四川政协报》《北京日报》《教育导报》《陕西科技报》《四川教育报》《甘肃农民报》《中国水运报》《齐鲁晚报》《山西晚报》《神华能源报》《科教新报》《中国老年报》《民族时报》《河南日报》《四川民族教育报》《甘肃工人报》《山东工人报》《现代家庭报》《石家庄日报》《民主协商报》《山西青年报》《湖北日报》《北京社区报》《天津日报》《楚天都市报》《劳动者报》《现代快报》《齐鲁日报》《工人日报》《现代快报》《老年周报》《辽宁日报》《广西政协报》《新民晚报》等2000多家。

作品发表杂志包括：《思维与智慧》《读者》《国学文摘》《意林》《青年文摘》《知音》《现代阅读》《辽宁青年》《时代青年哲思》《博爱》《家庭百事通》《时代青年》《知识窗》《老年·感悟》《五月风》《当代青年》《哲语》《演讲与口才》《现代妇女》《妇女生活》《开心老年》《老年世界》《老友·感悟》《东方青年·美文》《发明与创新》《南方·人生感悟》《长江文艺》《人世间》《谈心》《天津老干部》《青年文学家》《鲁艺·散文》《华夏女工》《家长》《家长·学生·社会》《老年博览》《三角洲》《时代风采》《乡音·真语人生》《新少年》《派河》《帕米尔杂志》《北江杂志》《巴蜀文学》《老同志生活》《坝美杂志》《恭城文艺》《颍州文学》《金山》《安徽应急管理》《乡镇论坛》《小读者》《放学后》《山西老年》《农民文摘》《快乐阅读》《情感读本》《今日文摘》《生活潮》《求学》等500多家。

全国至少2000家报纸中，每天都会有香红写作研习社学员的作品刊登。

第一章

理论

一、何为报纸副刊文？

报纸副刊，要求文章字数控制在 800~1500 字，因为报纸的副刊版面小，且很多都要发表 2~3 篇文章，所以考虑到版面的丰富性，一般会对每一篇的文章字数进行限制。

二、报纸副刊文特点

1. **与时俱进**：多写当下政策鼓励与宣传的内容。

2. **正能量**：内容一定要积极向上，语言轻松。不涉及政治谈资与宗教内容。

3. **题材创新**：报纸许多年来每天都会出现在千家万户的饭桌，成为许多人茶余饭后阅读的一种习惯。编辑每天也都会收到上百封的邮件。为了成为编辑眼中万里挑一的"好文章"，报刊故事不能只在记录与回忆往事，而是要对当下每天看到、听到以及经历的事情进行"创新性"加工与情节设计。

4. **标题独特**：报刊投稿一般作者都要先发到编辑的邮箱，而编辑首先看到的并不是作者的正文，而是标题。如果作者标题吸引人，那么编辑会更愿意打开阅读。如果标题很大众、普通，可能在编辑想要节约时间，筛选用稿的时候，没有被打开之前就淘汰掉了。

5. **时效性强**：在报刊文里，有一些栏目主要发表节日、季节，还有二十四节气的稿件。那么这类栏目对于稿件的时间要求比较强。比如夏天的时候不会发表冬天的景色，春天的时候，也不会去发夏天的景色的稿件。

6. **去"地域标志"化**：如果作者不是给旅游栏目投稿，不是给杂志投稿，而是某一个城市的报纸，那一定要考虑在创作正文时尽量不要出现地方具体的名字。因为很多报纸一般只是宣传推广本地城市，省会的人文故事。如果在文章里特别强调了某一个地方的景点或者具体的文化习俗，这类稿件尽可能有针对性地去给本地的报刊投稿。外省一般很难发表。

那么，报刊文写作应该围绕哪些题材创作，更容易发表呢？

许多人在正式学习写作之前会随心所欲，天马行空地写。他们认为只要是自己的亲身经历，自己的所思所想写出来就可以。如果文章没有发表，大家也会觉得问题一定是结构，或者语言不太好。

第二章

报纸副刊分类

报纸副刊文，按照类型可以分为：节日、节气、季节、寓教于乐、植物、美食、读书笔记等。不同的类型，也有不一样的写作方式。

一、节日稿

（一）传统节日都有哪些？

中国传统的节日按照时间来划分，一般分为：

春节（农历新年）：春节是中国最重要的传统节日，也是农历新年的开始。通常在1月21日至2月20日期间庆祝，日期因农历而异。庆祝活动包括家庭聚会、赏花灯、燃放烟花爆竹、吃团圆饭等。

元宵节：春节之后的第15天庆祝元宵节，也叫作灯节。人们通常在这一天赏花灯、吃元宵（一种由糯米制成的甜点）。

清明节：清明节通常在4月4日至4月6日期间庆祝，是祭扫祖先墓地、悼念逝去亲人的日子。人们会打扫墓地，祭扫祖先，表达对已故亲人的思念之情。

端午节：端午节通常在农历五月初五，是为了纪念屈原，也是赛龙舟和吃粽子的日子。

中秋节：中秋节通常在农历八月十五，是为了庆祝丰收和阖家团聚。人们会赏月、吃月饼，象征着团圆和幸福。

重阳节：重阳节通常在农历九月初九，是为了庆祝老人家的节日。在这一天，人们会登高远足，赏秋景，也有一些食品和活动与长寿相关。

腊八节：腊八节通常在农历腊月初八，是为了迎接新年的到来。人们会吃腊八粥，燃放烟火，祈求平安和健康。

（二）节日稿写作特点

选择一个有着深厚文化底蕴的传统节日，比如春节、中秋节、清明节等。确保你对所选节日的传统习俗和文化内涵有一定的了解。

确定故事主题：在所选节日的背景下，确定你想要表达的故事内容。可以是家庭团聚、传统习俗的传承、亲子教育等方面。

选定主人公：选择一个或多个主人公，让他们成为故事的中心。可以是一个完整的家庭，也可以是两位亲人之间的故事。

描绘传统氛围：利用生动的语言描绘所选节日的传统氛围。通过描述家家户户的张灯结彩、人们的欢声笑语，让读者感受到浓厚的节日氛围。

制造情节冲突和高潮：在故事中引入一些冲突元素，使情节更加紧凑。可以是家庭成员之间的误会、困境，或是一些令人意外的变化、阻碍，通过这些冲突推进故事的高潮。

展现亲情场景：在故事的发展过程中，通过人物的言行、环境描写、神态描写、心理描写等推进故事的内容，展开故事的起承转合。可以是家人团聚、传统活动的参与，或是对于家庭成员的关爱。

细节描写：通过细致入微的描写，让读者能够感受到亲情的真挚。可以是家人之间的眼神交流、微笑、轻轻地拥抱，或是一些小小的细节，都能够让故事更加生动感人。

情感表达：在故事的适当时刻，通过主人公的内心独白或者对话，表达对于亲情的理解和感悟。这样可以使故事更具有深度和情感共鸣。

文学修辞的运用：使用一些文学修辞手法，比如比喻、拟人、排比等，使文章更富有艺术感。但要注意不要过于矫情，保持真实感。

主题升华：在文章的结尾处，以一种温馨感人的方式总结整个故事。通过表达节日的氛围，写出一家人其乐融融的氛围。可以是一段深情的对白，一次家人团聚的庆祝，或者是对于未来的美好期许。

节日稿与节气、季节不太相似。主要是通过不同的节日故事来写作。我国传统的节日大部分都以家人团聚为主题，许多节日人们会尽量回到家中与亲人共同欢度。在传统的节日，家人团聚的意义尤为重要，这有助于增进亲情，传承家族文化。

传统节日承载着丰富的文化内涵，通过庆祝和活动等形式，人们传承和弘扬文化传统。每个节日都有独特的风俗和习惯，如元宵节的赏灯、中秋节的赏月、春节的贴春联、端午节的赛龙舟等。这些风俗习惯通过代代相传，成为民间文化的重要组成部分。

所以，我们在写这类文章的时候，也要围绕他们不同的文化习俗来创作。

（三）节日稿写作结构

第一部分： 总写作者怀着什么样的心情来迎接这个节日。可以用古诗词，修辞手法开头。表达作者对节日的期待。

第二部分： 可以用"现在＋回忆＋现在"的方法来写。先写当下场景，以及眼前的某一个事情触发了作者对过去的回忆，用插叙表达。最后再回到当下的生活。

第三部分： 立意主题的升华，通过节日写出一家人的情感，节日文化的传承精神。过去与现在的对比，童年与成年的对比。青涩与成熟的对比。生命的感慨，感悟等。

（四）节日稿标题示例

《瑞雪迎春团圆舞》

《欢歌笑语迎春至》

《舞龙闹春庆团圆》

《灯火辉煌春意浓》

《岁月流转福满堂》

《花开富贵春意闹》

《福照门楣团圆来》

《红红火火喜庆年》

《亲情团聚喜临门》

《金猪贺岁舞春风》

《喜庆团圆人欢笑》

《春色如梦福满堂》

《灯笼高挂辉春节》

《喜气洋洋迎新春》

《团圆年味满家乡》

《舞狮闹春鸿运至》

《福禄寿喜迎春归》

《瑞雪团年乐欢畅》

有关元宵节的文章标题：

《花灯闪耀舞元宵》

《汤圆团聚圆明夜》

《灯火辉煌喜团圆》

《红红火火闹元宵》

《星光璀璨洒元宵》

《汤圆团聚幸福夜》

《花灯飞舞笑元宵》

《团团圆圆舞元夜》

《灯笼高挂辉元宵》

《甜甜蜜蜜过元夜》

有关端午节的文章标题：

《艾香扑鼻舞端午》

《雄黄挂角端午夜》

《粽香飘逸韵端阳》

《龙舟激荡歌端午》

《箭扣长空韵端午》

《雄风翻浪闹端阳》

《香团鲜粽笑端午》

《屈原思归梦端午》

《艾叶弥香舞端午》

《龙舟竞渡翔端阳》

有关情人节的文章标题：

《银汉横空牵七夕》

《爱意千里雁迁七夕》

《牛郎织女共天涯》

《星桥相会梦七夕》

《缱绻情丝舞七夕》

《鹊桥翩翩舞七夕》

《甜蜜相随赏七夕》

《牛郎织女遇七夕》

《星河浪漫度七夕》

《相思柔情宴七夕》

（五）节日稿优秀范文

※　范文一

难忘元旦的夜晚

文 / 郝爽

蓦然回首，又是一年，岁月不声不响，以相同的方式经过每个人。翻开精美的日历，我细数着日子，又值元旦。

晚饭后，在院子里散步。节气之夜，家家灯火通明，欢声笑语透露着和谐与温馨。抬头仰望，深邃的夜空如蓝宝石般透亮清澈，无数的星星若隐若现，一轮明月镶嵌之中，洒下皎洁的月光。今日的月光，尤其明亮、柔和，一切都是那么贴切、那么美好。恍惚间看到记忆深处那明亮的月光。我不禁陷入了沉思，一下子回到了小时候。

乡村冬天的夜晚，月光朦胧的，像隔着一层薄雾，撒落一地清冷。元旦那天，晚饭后我们一家人会在空旷的老院子里烤火，聊家常，话团圆，诉说着生活中的趣事。驱散严寒，身心温暖。"人间烟火气，最抚凡人心。"城市外繁华喧嚣，不如老家烟火一盏。柴火燃烧时发出噼里啪啦的声音，让人听得心生眷恋。

我们总是会缠着爷爷给我们讲他年轻时的故事和所见所闻，听得两眼闪闪发光，思绪也跟着飞到了故事之中。这时的奶奶总是最忙活的，为我们准备好瓜子、花生、糖果。我们听得津津有味，吃得满口香甜。

我最爱的还是奶奶制作的糖葫芦，小时候的愿望就是天天可以吃到奶奶做的糖葫芦。那时过元旦带来的快乐就是一串糖葫芦那么简单。一个个山楂圆滚滚红彤彤，映照着新一年的斑斓色彩，外面裹了一层透亮的糖衣，咬上一口，酸甜软糯，从嘴里甜到心里。我品尝到了家的味道，纯朴的味道，踏实的味道。新的一年吃糖葫芦，新的一年红红火火，奶奶想让我们每一个人都能享受到这份祝福，所以会不厌其烦——地分发到我们的手中，并监督我们每个人都要吃完，她才肯罢休。儿时的欢乐时光，如一串糖葫芦，那诱人的酸与甜将永远留在心里品味不完。

不知何时，天空中飘起了雪花。民间有句谚语："元日雪，百谷丰。"元旦雪花飘落，各种庄稼都能丰收，有"瑞雪兆丰年"之意。雪还是一种很美好的存在，它象征着纯洁无瑕，往往给我们带来好运。期盼瑞雪之后，病毒驱散。新年烟火也会如约而至。冰雪消融之日，战胜病毒之时，让我们相约在不久的将来看皓月清凉，山高水长。待山河无恙人间皆安时，看那人声鼎沸，樱花怒放，笑声遍布山川河流。

夜，渐渐深了，只有星星点点的灯光还亮着。冬意悄然，岁月轻慢，带着一身寒霜，去寻找烟火里的爱。

刊发于《甘孜日报》

※ 范文二

一纸窗花年味浓

文 / 司德珍

春节将近，朋友送我一套精美的宣纸窗花。传统的大红色，鲜明的民俗韵味，红红火火，吉祥喜庆，每一张都浸透着浓浓的年味，甚是应景。

对于窗花的记忆，如刀削斧刻般深刻。在我的老家，从进入腊月起，人们便开始张罗年事了。祭祖、掸尘、蒸馒头、写春联、剪窗花，一个村庄都是喜气盈盈的，而最让人期待的就是剪窗花了。

那时，剪窗花是很重要的一件事。村里的婆婆们会剪，新娶的媳妇会剪，待嫁的姑娘也会剪。我的外婆是剪窗花的高手，她曾手把手地教过好多人，有我的母亲，也有街坊姑娘们。

每年过完腊八节，村里的姑娘们总爱往我家跑。她们围在外婆身边，目不转睛地看着外婆剪窗花。只见外婆把一张普通的红纸，折折叠叠，

然后拿起剪刀，一路蜿蜒曲折，前面剪几下，后面剪几下，再撑开，一朵漂亮

的窗花就成型了。红梅报春，喜鹊缠枝，鱼儿闹莲……一朵朵窗花在外婆的手中绽放，枝枝叶叶，饱满丰盈；花鸟鱼虫，栩栩如生。

一旁的人赞叹不已，这个请教技巧，那个追问秘诀。外婆边做示范边说："剪窗花一是不能心急，要耐着性子，静下心去剪，才能做到千剪不断；二是剪的时候，心中要有爱，把对生活的期盼和念想，凝聚在裁剪上，剪出来的窗花才会玲珑剔透。"大家安静下来，按照外婆的示范折纸、裁剪，神情专注。她们手握剪刀，轻转红纸，时而蹙眉，时而微笑。剪刀在纸上游走，发出沙沙的响声，像一首古老的曲调，吟唱着岁月的安宁。

到了腊月底，年货备好了，窗花也剪好了。大家挑个晴好的天，把窗户上泛黄的窗纸揭下来，用抹布擦干净窗棂上的尘土，重新糊上一张雪白的新窗纸，抵御寒气。新糊的窗纸太白了，白得令人心慌。这时，拿出红彤彤的窗花贴在上面，一团团、一簇簇，如娇艳的花朵盛开在阳光里，生机勃勃。苍白的窗纸瞬间红光闪耀，整个院子都鲜活光亮起来。龙凤呈祥，年年有余，五谷丰登，丰衣足食……每一朵窗花都饱含着大家对来年沉甸甸的希冀，承载着大家对美好生活的寄托，也烘托着新年的气氛，渲染着新年的喜悦。

外婆说，窗花是新年的红唇，像一个新娘子，穿了红裙，挽了发髻，打了腮红，却独独没有画上鲜艳的红唇，怎么看都少了几分芳华。新娘子要画红唇才娇艳，过新年要贴窗花才讨喜，才更有年味。

多少年过去了，我老家的房子从石头房，换成了瓦房，又变成了楼房，而窗户也从木头格子，变成了明亮的大玻璃窗。但每年过春节贴窗花的习惯却一直保留着，年年如此。不过，我没有学会剪窗花，每年腊月底的时候，只能去集上买一些，贴在阳台玻璃上，迎接新年到来。

刊发于《江川都市报》《北京日报》

红手绳系满七夕情

文 / 于刘燕

"天上佳期称七夕，人间好景是秋光"，又是一年乞巧节，金风玉露相逢的时刻，也是属于我和先生的恋爱纪念日。

商场里旗帜招展，各色字体书写着"东方情人节"的浪漫。先生已经陪我走了好几条街，他一手挎着包，一手拉着我，不厌其烦地走进一家家珠宝饰品店，帮我试戴挑选红手指。

关于红手绳的故事，是我们心照不宣的秘密。

小时候过七夕，女孩们流行在腕间戴一串红手绳。鲜艳的红色线绳闪着柔和的光泽，它们被来回交织编成一股，或同心结，或锁结，或金刚结，其间点缀几颗金色银色的珠子，当中的一颗最大最显眼，有的还可以搭配上属相或姓名。红手绳躺在精品店橱窗里，女孩们趋之若鹜，一时间，"皓腕红绳"成了小镇七夕节的一道风景线。传说七夕这夜，戴上红手绳就会得到仙女祝福，一年里顺遂如意、心灵手巧。

我当然也听闻了传说。但商场里一串红手绳要二十元钱，几乎是我半个星期的伙食费，而父亲那时又在病中，我自然是不敢奢望赶这种潮流。将红手绳摸了又摸，我终于恋恋不舍回了家。

一进家门，便听到母亲叫我，我循声望去，母亲手中正穿针引线，旁边一团红色毛线球随着她的牵引，逐渐消瘦下去。我好奇地凑上去，"妈，冬天还远，这就开始织毛衣了吗？"母亲笑着撑开织线，一条红手绳赫然出现，与商场里的红手绳不同的是，这是一条用钩针织出来的毛线手绳。长长的织带上有三个花朵形状，花蕊是用白色的扣子缝制的，母亲整理着针脚，缝上最后一个来回，用牙齿"噔"的一声咬断线头，然后将红绳系在了我的手腕，刚好合适。

"那你们小时候是怎么过七夕呢？"我摸着漂亮的红手绳仰头问母亲。"我们那时候没有红手绳，小姑娘们时兴七夕节用凤仙花染指甲……"我静静地坐在母亲身边，听她讲述着属于她的七夕记忆。

"要染纤纤红指甲，金盆夜捣凤仙花"，母亲的七夕混着花草香气。她说她的母亲，也就是我的外婆，会在七月七这一天采摘下院子里墙角边的凤仙花花瓣，用石槌捣碎成泥，敷在小时候的母亲的指尖，然后以树叶包好。只消一夜睡醒起来，汁液变干，指甲上就会留下深深浅浅的红色。女孩们聚在一起，比较着谁的指甲染得更红、更均匀、更好看。母亲、外婆，她们原本和我一样，也是一个爱美的小女孩……

先生听说红豆绳的故事，是在相识后的第一个七夕节。三年相知，五年相伴，从白手到小康，如今，是我们一起走过的第七个七夕节，他说，要给我买一串红手绳，弥补一下儿时的遗憾。

走过了多少商店，我已经记不清楚了。终于在一家专卖店的柜台上，看到了自己想要的款式，戴上一试，果然满意，先生欢喜地跑去结了账。看着他聚精会神地帮我戴手绳的认真模样，一瞬间，我仿佛穿越回去，又变成了那个在橱窗前踟蹰徘徊的小女孩，而这次，无须仙女的祝愿，我终于明白，不管有没有红手绳，自己其实早已经是在举世无双的爱里恣意生长了一年又一年，哪里会有什么遗憾。

手挽手走在回家的路上，新得来的红手绳在阳光下闪闪发光，而那条毛线编织成的独一无二的红手绳，早已随着时光的远去渐渐褪色，被我珍藏在了童年的"百宝箱"中，在每个不经意回忆过往的瞬间，它依旧闪烁着耀眼的红色。

刊发于《天水晚报》

※ 范文四

古诗词里感师恩

文 / 林新发

春播桃李三千圃，秋来硕果满神州。丹桂飘香的秋日里，我们又将迎来一年一度的教师节。徜徉于古诗词中，感念师恩，无比诗意。

"春蚕到死丝方尽，蜡炬成灰泪始干。"这句诗出自李商隐的《无题》，是最为人所知的赞美老师的诗句。它本是两情相悦的情侣诉说相思的情诗，后来引申为歌颂老师的伟大，赞美老师犹如春蚕在吐丝，引领着一个个孩子从幼稚走向成熟，又犹如燃烧的红烛，照耀着每一个孩子从无知走向文明。世界著名作家、教育家、社会活动家海伦·凯勒幼时因为一场疾病失去了听觉和视觉，生活陷入一片混沌，是她的恩师莎莉文为她带来了"光明的火种"，陪伴了她整整50年。试想，如果没有莎莉文这位守望者的献身，海伦·凯勒怎能改变自己的命运？

"随风潜入夜，润物细无声。"此句出自杜甫的《春夜喜雨》。这本是赞美春雨的诗篇，后人赋予了它新的寓意，用来形容教师如春风化雨，以自己高尚的品格和渊博的学识，影响着学生。贾平凹在回忆自己的老师陈寅恪时说道："读他的文章，听他的课，简直是一种享受，无法比拟的享受。寅恪师这种学风，影响了我的一生。"由此可见，一位好的老师会让学生终身受益。

"采得百花成蜜后，为谁辛苦为谁甜？"罗隐的《蜂》写蜜蜂采集百花，酿成蜂蜜，为人辛苦，给人甜蜜。细思之下，老师与蜜蜂何其相似，送走一批又一批学生，又迎来一批又一批的孩子，就像蜜蜂整日穿梭于百花丛中，一生专注于为他人酿造甜蜜，无怨无悔。这种精神，令人敬仰。著名教育家孔子一生历经坎坷，然而他毅然决然地把大部分时间投入教育工作中，不仅培养了众多优秀学生，还创造了卓有成效的教育教学方法，形成了比较完整的教学内容体系，提出了一系列有深远影响的教育思想，遂被后世尊称为"万世先师"。

"新竹高于旧竹枝，全凭老干来扶持。明年再有新生者，十丈龙孙绕凤池。"郑板桥的《新竹》，写出了新长出来的竹子，要比旧竹子高，因为在成长过程中，有老枝干为它遮风挡雨，寓意新生力量的成长需要得到老一辈的积极扶持与关爱。在我心里，那老的枝干便是老师的化身。没有老竹的支持、鼓励、关怀和引导，就没有新竹的成长、进步、发展与壮大。著名数学家华罗庚深感青年时代王维克先生的知遇之恩，所以对后辈人才的培养格外重视，他发现和培养青年数学家陈景润的故事，更是成为数学界的一段佳话。

"落红不是无情物，化作春泥更护花。"龚自珍的《己亥杂诗·浩荡离愁白日斜》写自己辞官归乡，有如从枝头上掉下来的落花，但它却不是无情之物，化成了春天的泥土，还能起着培育下一代的作用。我们老师不也是如此吗？是老师，教会我们闯荡世界的本事；是老师，教育我们坦荡做人的道理。哪怕离开学校再久，无论身处何处，老师那悠悠的牵挂，那谆谆的教诲，都能为我们指点迷津，排除前路荆棘。

"饮其流者怀其源，学其成时念吾师"。于教师节来临之际，流连于藏在古诗词里的师恩，更加感念师恩情深。

刊发于《泉州晚报》《临泉报》

※ 范文五

粽有所念

文 / 黄小秋

"玉粽袭香千舸竞，艾叶黄酒可驱邪。"又至端午，满街粽香宜人。

不善包粽的我，每年都收到亲友不少粽子：蜜饯馅的甜糯，八宝馅的营养丰富，腊肉栗子馅的香浓可口……剥开散发着清香的箬竹叶，咬一口尖尖的粽角，软糯糯的香甜，携着亲友们的关怀和惦念，沁入肺腑。

只是，这些沿着时光的轨迹，带着爱意如约而至的粽子里，再也不会有父亲味的了。

儿时的端午节，我和姐都会赶大早上山采粽叶。那沾着露水的箬竹叶青翠欲滴，我和姐姐挑着三四指宽的大粽叶摘，很快便满载而归。

父亲把浸泡了一整晚的糯米提到厨房，摆把木椅，将一大片蒲扇似的粽叶，从正中间插在椅背上，就开始用他的"木椅坠粽法"包粽。他先抽出两片粽叶重叠，旋成漏斗形，将胀得要裂开的糯米、花生、绿豆等舀进去，然后塞进蜜枣或腊肉，填满后捏住多余的粽叶两端，覆盖住绿色的漏斗，再扯出椅背上一条细长的小棕叶快速扎紧，一个四角分明的粽子便大功告成。以整片大棕叶的多条细长小棕叶代替细线，捆粽又快又紧，小棕叶不会纠缠打结，直接捆好绿粽坠下就行，简单又快捷。那木椅吊着的绿粽越来越多，比起"五色新丝缠角粽"，别有一番情趣。

我们四兄妹看得兴起，跃跃欲试，也要包粽子。父亲倒是很耐心地教，不过我们总捏不好那尖尖的四个角，捆不紧，只会笨拙地将粽子"五花大绑"，最后包了个要圆不尖的"丑粽"，还到处漏米，忍不住互相打趣，咯咯欢笑。这时，一家子其乐融融，胜似大年夜。

我们的淘气，丝毫没影响父亲的速度。他的手那么灵巧，不但包得最快，还能包出几种形状，用来区分不同的馅。一铁锅里最俊俏的粽，毫无疑问是父亲包的，味道也最香浓。甜糯的粽子咬在口里，父亲躬身包粽的慈爱，也淌进了心：严中有爱、粗中有细的父亲，干重活和干家务，都那么一丝不苟、精益求精，是我们读书人的榜样——包粽子可以差一点，学习断不能差。

后来，我们四兄妹相继考学，各自成家，父亲依旧惦记我们太忙碌，每年端午节都包了各色粽子送来。他仍是家里最会包粽子的人，而被父爱宠溺着的我们，竟没一个善包粽子。

"别来三剥粽"，父亲离开我们四年了，每一年的粽香，都让我回到了与父亲一块包粽子的美好时光。如果思念有形，端午时刻一定是那青碧粽子的模样，记录着父亲一粒粒难以数清的牵念，飘散着岁月的幽香，沉淀在儿女的梦魂深处……

刊发于《科教兴报》《广西工人报》《夔门报》

二、节气稿

（一）中国传统二十四节气有哪些?

是中国传统农历体系中用来划分一年的时令的一种方法，它反映了地球公转和太阳辐射变化的规律。这二十四个节气分别是：

立春：阳历 2 月 3 日或 4 日

雨水：阳历 2 月 18 日或 19 日

惊蛰：阳历 3 月 4 日或 5 日

春分：阳历 3 月 20 日或 21 日

清明：阳历 4 月 4 日或 5 日

谷雨：阳历 4 月 19 日或 20 日

立夏：阳历 5 月 4 日或 5 日

小满：阳历 5 月 20 日或 21 日

芒种：阳历 6 月 5 日或 6 日

夏至：阳历 6 月 21 日或 22 日

小暑：阳历 7 月 6 日或 7 日

大暑：阳历 7 月 22 日或 23 日

立秋：阳历 8 月 6 日或 7 日

处暑：阳历 8 月 22 日或 23 日

白露：阳历 9 月 6 日或 7 日

秋分：阳历 9 月 21 日或 22 日

寒露：阳历 10 月 7 日或 8 日

霜降：阳历 10 月 22 日或 23 日

立冬：阳历 11 月 6 日或 7 日

小雪：阳历 11 月 21 日或 22 日

大雪：阳历 12 月 6 日或 7 日

冬至：阳历 12 月 21 日或 22 日

小寒：阳历 1 月 5 日或 6 日

大寒：阳历 1 月 20 日或 21 日

许多人并不知道报纸写作关于二十四节气的文章也很容易发表。可是具体要如何来写呢？

（二）节气稿的两种写法

第一种：直接写某一个节气的自然景色，可以用时间顺序写早上、中午、晚上的景色。

第二种：用空间顺序写这个节气的田野、果园、山谷的景色。无论选择哪一种都一定要结合古诗词来表达。

那么，写景同时可以写美食吗？当然，第一部分重点在写这个节气的自然景色，后面就可以分写美食。

（三）节气稿空间写作结构

第一部分：如何用节气的古诗词做开头，主要写节气的由来、典故，或者解释说明这个节气。

【开篇】古诗词写节气解释

气候渐暖，春风拂面，正值某个"立夏"时节。曹操的那句"万物长养，皆有阴阳，草木之蕃，寒暑之变"仿佛在耳畔回荡。这个节气，承载着古老的哲理，有着丰富的典故和传说，仿佛是大自然在人间演奏的一首美妙的交响曲。《诗经》中有云："寒随穷律变，春逐鸟声开。"立夏，正是寒去暑来之时，万物生机勃发，而我在这节令的交汇之际，欣然踏入这充满诗意的季节。

第二部分：分写这个节气人们的生活状态，或者开始写这个节气的自然景色。

分写1：田野里的景色

春风吹拂，田野间泛起一片翠绿的海洋。恍若一幅巨大的画卷，小麦在微风中摇曳，仿佛在回应着古人"春风吹又生"的诗意。农夫们在金黄的麦浪中忙碌着，手中的犁铧深深插入泥土，为新一季的丰收埋下期望。

分写2：果园里的景色

走进果园，映入眼帘的是樱桃、杏子、梨子竞相开放的美景。这时，勤劳的农民正在认真地修剪、翻耕，为果树们创造一个良好的成长环境。在这悠然而生动的景象中，果香四溢，仿佛一幅果实盈满枝头的画卷。

分写3：山谷的景色

山谷间，群山层叠，青翠的树木郁郁葱葱。阳光透过树梢洒落在溪水上，泛起层层涟漪。山谷里的鸟儿欢快地歌唱，仿佛在述说着大地回春的故事。远处的山川如诗如画，为这个季节增添了一份宁静和祥和。

分写4：这个节气的蔬菜

菜地里，嫩绿的蔬苗争相生长。嫩嫩的小黄瓜、新鲜的西红柿，透着春天的清新。农人们在这个季节劳作，将滋养的土地转化为一片片翠绿的田园。大地的馈赠，成就了餐桌上的美味佳肴，每一道都是大自然的馈赠

第三部分：可以用古诗词，修辞手法做收尾。

写自然景色的文章，多一些古诗词的加入，就会更加优美，有诗意和意境。

时至立夏，春光明媚，山河如画。正如古人所言："夏日池塘水，荷花深处香。"透过时光的隧道，我们感受到大自然的赋予，也品味到人间美好的生活。让我们借助古诗词的羽翼，踏入这个节气，与大自然共舞，与岁月同行。

（四）节气稿美食写作结构

通过写这个节气有关的美食来侧面写出这个节气。可以用作者亲身经历过的，感受过的这个节气的美食童谣，也可以写这个节气的地方文化习俗里如何制作美食，如何进行庆祝。

具体写作结构如下：

第一部分：用古诗词引出这个节气有关的某一类美食。

第二部分：

分写1：美食的由来，或者生长环境，以及成长过程。

分写2：如何寻找这类美食或者如何制作这类美食？

分写3：将当地风俗文化与美食做结合，表达人们对节气的喜欢。

第三部分：可以用诗词，也可以用修辞再一次表达人们对这个节气的美好祝愿。

比如：《春笋炒蛋香》

第一部分：古诗词引出与节气相关的美食

阳春三月，桃花嫣然，正是某个"谷雨"时节。唐代杜牧的诗句"风吹梨花雨满川，江水桃花扬客船"仿佛在耳畔回荡。而在这个春意盎然的季节，一道美味的春笋炒蛋闪现在人们的餐桌上。

第二部分：

分写1：美食的由来与生长环境

春笋，乃是春天的绿色恩赐，寓意着新生与希望。每年春季，阳光透过林间的嫩绿竹丛，春笋悄然生长。在湿润的土地里，春雨润泽，春笋的嫩尖如同初生婴儿的嫩肤一般，摘取时分外鲜嫩。

分写2：如何寻找和制作春笋炒蛋

寻找春笋的过程是一场春天的旅行。徜徉在青青翠竹间，摘取嫩翠的春笋，感受大自然的慷慨赐予。回到家中，用刀切成薄片，与嫩滑的鸡蛋搭配烹制。在锅中翻炒的瞬间，飘散出清新的竹香，春天的气息便弥漫在整个厨房。

分写3：当地风俗文化与春笋炒蛋的结合

在一些地方，春笋炒蛋不仅仅是一道美食，更是春季的传统佳肴。在春分的时候，一些地方还会举办春笋采摘节，邀请游客一同体验采摘春笋的乐趣。而在节日期间，人们欢聚一堂，共同品味春笋的鲜美，寓意着生活的新开始。

第三部分：诗词与美好祝愿

春风十里，春笋炒蛋香。回味着古人的诗词，仿佛置身在一幅春天的画卷中。蛋黄与春笋交融，如同诗人笔下的江水与桃花，共同舞动出一曲生命的乐章。愿这美好的季节，如同春笋一般蓬勃生长，带来丰收和幸福。让我们共同迎接这美好的春天，愿生活如同春笋一样充满勃勃生机。

（五）古诗词在文章中的作用

提升文学审美：古诗词常常富有音韵美和意境，加入适当的古诗词可以使文章更具文学气息，提升整体的品质。这对于追求文学深度和情感表达的抒情文来说，是一种有效的手段。

传达文化内涵：二十四节气源于中国传统文化，古诗词往往承载着深厚的文化内涵。通过引用古诗词，可以传达对传统文化的尊重和热爱，为抒情文增色不少。

情感共鸣：古诗词中常常包含着对自然、季节和人生的深刻感悟，引用适当的古诗词可以加强与读者之间的情感共鸣。读者通过古诗词更容易产生共鸣，因为古诗词通常是经过时间考验的精华。

增加雅致氛围：古诗词的语言优美、精练，可以为抒情文增添一份雅致的氛围。在描绘节气景色或表达情感时，适当引入古诗词，可以使文章更具诗意和艺术感。

文学的联想：古诗词中的意象和表达方式常常激发读者的联想，可以通过巧妙地引用古诗词，激发读者对节气的更多联想，增加文章的层次感。

（六）节气稿优秀范文

※ 范文一

立春

文 / 李沁蔓

盼着盼着，春，终于来了。岁月荏苒，冬去春来，四季轮回。冬已老，春始建。春，带着新的希望，新的使命来到。小草从泥土里探出头来；枯树萌发了新芽；河流解冻；鸟儿归林；沉寂的大山冒出了绿意。

立春，明代《群芳谱》解释为："立，始建也。春气始而建立也。"《立春》诗云："东风带雨逐西风，大地阳和暖气生。"《月令七十二候集解》："立春，正月节；立，建始也；五行之气往者过来者续于此；而春木之气始至，故谓之立也；立夏、秋、冬同。"

今冬复发的新冠疫情，我们从容应对。少了去岁突发时的惊慌，坚守岗位与家园，在国家的有序领导下，紧紧扼住病毒的咽喉，不给它喘息的机会。人人响应祖国的号召，就地过年，控制病毒传播链，促进生产。病毒凛冬肆虐，我们坚守着，静待春归。

虽然岁月有殇，否极泰来．我们终究走过严冬，迎来春归。迎面而来的风，不再刺骨，而是有了丝丝暖意；晴日暖阳多过风霜雨雪；笨重厚实的棉袄，换成了轻便洒脱的风衣；街边的店铺里，撤去冬装，色彩艳丽的春装铺展开来。人们戴着蓝色的口罩，有序地工作、生活，开开心心采购年货，准备迎接新年。

我们如蜡梅，在风霜雨雪的欺凌下，变得更加精神抖擞，铁骨铮铮，越是艰难困苦，越是热烈饱满，其香也更加浓烈。我们经历过磨难，经历过风雨，激发体内潜在的力量，坚强的意志，活得更加从容，步履更加矫健与坚定。

立春后，青山绿水有意，花草树木含情。远方有诗，心中有爱，在这烟火人间里。面对突发的困厄与灾难，我们内心更加淡然，更加理智，每一步都走得稳健。走过寒冷的严冬，迎来春暖花开，阳光明媚与鸟语花香。春到人间，晴空丽日，阳光灿烂，病毒将无所遁形。一切都会回归正轨，我们的生活会越来越美好。

立春，是一年之计最初的开始。将是春满人间，万物苏醒，百花争妍的前奏。相信一切春将至，未来可期！

刊发于《劳动者报》

※　范文二

惊蛰到春光俏

文 / 岳慧杰

"微雨众卉新，一雷惊蛰始"。惊蛰古称"启蛰"，二十四节气中的第三个节气，标志着仲春节气的开始。在所有的二十四节气中，我觉得惊蛰是最有灵气和活力的。其他的节气到来的时候都是中规中矩，悄无声息的，或轻风细雨，或袅袅婷婷，或不知不觉，唯有它最是调皮、闹腾、高调，"惊蛰节到闻雷声，震醒蛰伏越冬虫"。

《月令七十二候解》载：二月节，万物出乎震，震为雷，故曰惊蛰，是蛰虫惊而出走矣。动物冬藏伏土，不饮不食，称为"蛰"，天上的春雷惊醒蛰居的动物，称为"惊"，所以称惊蛰。惊蛰有三候：一候桃花始，"桃之夭夭，灼灼其华"，桃花是春天绝对的主角，此时，桃花已经摇曳枝头，姹紫嫣红了；二候鸧鹒鸣，鸧鹒者，黄鹂也，有诗云，"两个黄鹂鸣翠柳，一行白鹭上青天"；三候鹰化鸠，此时雄鹰躲藏了起来，斑鸠开始出来觅食鸣叫。

惊蛰是有声音的。早上早早地起来跑步，我以为自己就算起得早了，但有"人"比我起得更早。抬头看见燕子"啾啾"，在空中欢快地展现自己曼妙的舞姿；走过路旁，我听见麦田里野鸡的"咕咕"声；再看枝头，讨人欢心的喜鹊早已"喳喳喳"地口衔树枝，精心营造着自己的巢穴……我不禁在心里想：而今置身于生机无限的春日，我又怎能一直沉湎低迷消极呢？我必须马上振作起来。看着它们，我莞尔一笑，随即抬起脚步奔跑向前。

惊蛰是有呼吸的。"沾衣欲湿杏花雨，吹面不寒杨柳风"，一缕春风掠过，轻抚面庞温柔缱绻，送来阵阵花香，沁人心脾，那是春天的气息，也是春天的呼吸。

惊蛰是有颜色的。桃花红、梨花白、菜花黄，还有门前那条流淌的一汪碧水和青青的柳丝轻垂，春天，最不缺的就是颜色的装饰和点缀。

现在的天气已经过了数九寒天，厚衣服就可以慢慢褪下来了，此时桃红柳绿、莺啼燕舞，处处一片生机盎然的春日美景。工作学习之余，我们可以陪伴家人或者约上三五好友，走出家门踏青赏花，嬉戏游玩，共赏春色共沐春光。惊蛰节前后，天气明显变暖，需要少吃一些辛辣、油腻、寒凉的食物，可以多吃一些新鲜的瓜果蔬菜，例如春笋、菠菜、韭菜、荠菜、橙子、梨子等，都是不错的选择，可以增强体质，促进健康。

前两天，我在网上购买了一棵果木苗。妈妈看见后生气地嗔怪我：又乱花钱，这棵小树苗还不知道能不能种活？"能种活的，妈。"我虽然嘴上说树苗可以成活，但我心里也是没一点底：因为曾经特别容易生长的月季花，都被我种枯萎了。但是，我还是固执地在这个季节选择了一棵植物，想要亲手栽植，我不在乎栽种的果木今年能否结果，不在乎栽种的树苗能否顺利地生长，我只是希望在这个春天，在自己的心里栽种下一份希望。

春天就像一位善于打扮的年轻妈妈，她把自己的每一个节气宝贝都打扮得花枝招展。其中惊蛰一定是位英俊勇敢的美少年，鲜花作冠，霹雳为剑，以春风为马，着一身白色的衣裳，驰骋天涯……惊蛰到，春光俏，愿我们：趁着这大美的春光，鲜衣怒马，不负韶华。愿我们：砥砺前行，归来，仍是翩翩少年。

刊发于《迪庆日报》

※ 范文三

芒种时节

文 / 苏甜甜

芒种是夏天的第三个节气，此时人们汗流浃背被炽热的阳光相拥，冬小麦经过了小满的沉淀，蓄积能量，在芒种时节成熟。

"夜来南风起，小麦覆陇黄。"芒种节气的到来，意味着收割播种的农忙时节到了。小麦一穗穗成片的变成了金黄，好似南风有着神奇的法术一般，一夜间，田垄间成片金灿灿的闪耀着光。"足蒸暑土气，背灼炎天光。"日光炎炎，蒸腾着大地上的生灵，在这农忙时节，珍惜夏日时光悠长。

天气沉闷，寻着时光，忽而雨至。陆游在《时雨》中写道："时雨及芒种，四野皆插秧。"洪亮吉写道："芒种才过雪不霁，伊犁河外草初肥。"元稹笔下的芒种也备有一番趣味，"芒种看今日，螳螂应节生。彤云高下影，鹨鸟往来声。渌沼莲花放，炎风暑雨情。相逢问蚕麦，幸得称人情。"

"和气吹绿野，梅雨洒芳田。新流添旧涧，宿雾足朝烟。"碧绿的田野上微风和煦，梅子黄时，细雨纷飞，浇灌着干涸的田间。新雨徐徐为旧时的水渠注入了新的源泉，雾霭沉沉于今日晨烟相拥。丰收的时节总能给人们带来喜悦，梅雨初至，酣畅淋漓。

然而，王之望笔下的芒种又是另一番失望之景，"水乡经月雨，潮海暮春天。芒种嗟无日，来牟失有年。"在收割播种的季节，却阴雨连连，眼看着没几天就要到芒种了，到处一片汪洋大海，一年的收成在连天阴雨中被大海吞没。在这里没有芒种时的耀眼的金色光芒，没有收获时的欢声笑语。

芒种时节，人们总是盼望着有个好天气，好尽快收割，及时播种。"梅雨暂收斜照明，去年无此一日晴。"雨水在这时就像是能感受人们的辛苦劳作，在芒种时天渐明朗。去年的这个时候都没有见天晴过一天，今年的梅雨就像是听到了人们在芒种时的期盼，盼望着，天气晴朗，让辛苦劳作一年的人们粮收满仓。

芒种虽忙，但忙中不乱，忙而有序，在忙碌中让人们感受五谷丰登喜悦。

人生亦如芒种，有时年丰时稔，岁物丰成；有时河落海干，大旱云霓；有时洪水横流，人间汪洋。"塞翁失马，焉知非福？"满时勿骄，缺时勿哀，一时的挫折并不能让人一蹶不振，相反，逆水行舟还会成为成长路上的动力源泉。

刊发于《语言文字报》《咸阳日报》

※ 范文四

立秋之美

文／姜燕

"始惊三伏尽，又遇立秋时。"下了一场雨，立秋儒雅而来。秋风拂面，凉爽至极。秋来就是暑热将去凉意便来，意味着金黄色的秋天将要来到。这个季节，梧桐树会开始落叶，因此有"落叶知秋"一词。"秋"字由禾和火组成，意味着禾谷成熟，丰收的季节。

告别"温水煮青蛙""铁板烧"的酷暑，就要迎来秋风飒飒，金黄色的秋了。立秋便是秋季的第一个节气。一叶知秋，在这沉甸甸的季节里，唯有懂得，才会落地生根。

秋天来了，就再也没有懒惰的理由了。夏天因为过于炎热可以放任自流，可是在这注定收获的秋里，勤劳依然是最美丽的身姿。没有谁不想"颗粒无收"。不管是哪种收获，都需要我们投入满腔热情和付诸行动，才能在这美丽的秋天里有所得。

立秋了，落叶奔赴而来，清甜的稻香随风而散。秋天里，不再张望，而是扎扎实实，踏踏实实对待。

人生路上，虽然我们不断地奔跑也时常跌倒，却依然没有放弃心中执着的梦。用爱蘸取用心的颜料去涂抹梦想，用执着和坚韧的心去实现种下的愿望。谁还没有过伤？谁还没有过痛？只要不放弃自己的奋斗！当我们有所收获，再回头看那最初站立的地方，一路的四季风情晕染开来，是自己人生路上满满当当的收获！

别停下，踩着秋向前！继续追风逐梦！秋高气爽，让我们在饱满中执着而勇敢，安静而内涵，绽放，俯首拾地，满地金黄！

刊发于《溧阳日报》

※ 范文五

处暑的恩赐

文 / 潘铜娟

"天上双星合，人间处暑秋。"夏走到了这儿，才彻底放弃了对秋的纠缠，快快离场。至此，秋的模样日渐明朗。

处暑过后，天空中的云也变得轻盈，丝丝缕缕地飘着，拂着。有时，它们像一个调皮孩子怀里抱的棉花，走一路，撒一路。它们不再是夏日的风卷云涌，慢悠悠地透着秋的闲适。

阳光依然热烈，但已不再咄咄逼人。人们走在路上，不需要打阳伞，刚刚好的日光浴是一份恰到好处的享受。这样的光，刚好补充钙质，为往后的岁月多添一分坚强。处暑的风拂过面颊，掠过裸露的手臂，带来丝丝清凉。烦躁、腻味烟消云散，仅剩愉悦填满心房，"处暑无三日，心凉值万金"便是如此吧。

处暑一过，暴雨很少见了。雨变得温柔缱绻，滴滴答答，如时钟的脚步，不紧不慢地滋润着大地。因为它知道，经过夏的炙烤，大地再也不需要大起大落的情绪了，细水长流的爱最适宜。

田间的万物也自然地走向了成熟。古籍《月令》中记载处暑有三候，一候鹰乃祭鸟；二候天地始肃；三候禾乃登。其中"登"就是成熟的意思。这个时候的稻禾经过春生，夏长，轻盈的身姿变得丰腴，圆润。金黄的稻穗饱满而谦逊，它们在积蓄最后的力量冲刺。辛勤的农人摘下一只，捻去稻芒，稻壳，轻轻一吹，掌心里便是白花花的大米。他把米放在牙齿上一嗑，便知道不用多久就能收割了。他望着这块土地，布满皱纹的脸笑得像朵花。辛勤的劳作，终于有了丰收的回报，怎能不喜悦呢！

不远处的田地里，邻居家在收玉米。不时传来"嘿嘿"的号子声。看着一筐筐金黄的玉米棒被抬上了三轮车，自然而然地打开了话匣子。"瞧着模样，亩产量1000斤，有哇？""只多不少！"回答的话铿锵有力，接下来便是一阵爽朗的笑声。

果园里，苹果、桃子、山梨、葡萄……迫不及待地换上了秋天的新装。有的红，有的黄，有的紫，五彩斑斓，它们那么着急地炫耀着，生怕别人看不到似的。最有心机的当数石榴了，她涨红着脸，对你咧嘴而笑，饱满的果粒隐隐约约，不怕你不心动。徜徉在这样的世界里，你的五感被这样的秋完全折服了。澄澈的天空，悠闲的白云，馨香的草籽，不知名的野花，低鸣的虫吟，水果的甘甜……无一不再在诉说着处暑的恩赐。

处暑是二十四节气中的第十四个节气。它经过是春生，夏长后，有了丰收的圆满。人生又何尝不是这样？只有经过年轻时的奋斗，才能有中年的从容淡定。笑意清浅光阴至，不动声色处暑来，行走在这金灿灿的时节里，每一刻都是生命的恩赐吧！

刊发于《昌平报》《东南早报》

三、季节稿

（一）季节稿写作注意事项

一年有四季：春、夏、秋、冬。许多作者专业投稿之前，都曾有一段摸黑过河的经历，可是由于对报刊文写作的不了解，走了许多弯路。比如说，报刊文写季节，夏天的时候不要投稿冬天的景色，秋天也不要去写春天的景色。一定要抓住节日的时效性，有针对性地去写。

（二）季节类报刊文写作内容

季节报刊文可以写：自然景色美食、季节美食和与季节有关的亲情故事。比如写夏天，就可以写自己小时候与小伙伴一起去邻居家偷西瓜，后来被抓，如何道歉。也可以写，与小伙伴夏天一起去河里摸鱼等。

（三）如何用自然景色写季节稿？

首先我来说一下，自然景色如何来写作？

我在课堂里曾经教过学员，写景文一般按照三种方式写作：时间、空间、移步换景。

1.时间顺序写景色

什么是时间顺序写景色?

比如我们要写春天,那么我们可以借用与春天有关的诗词,写早春、仲春、暮春;也可以写春天的早晨、中午、晚上。

例如:

早春

初春时节,大地沐浴在微妙的变化之中。清晨的阳光透过薄薄的云层洒在大地上,一切仿佛都在苏醒。早春的风轻轻吹拂,带着一股淡淡的凉意,却又带来了春天特有的温暖。

梅花含苞待放,枝头点缀着娇嫩的芽苞,如同粉色的梦境。桃李花开如云,花瓣飘落,如雨如雪。小草从土壤中冒出头,绿意逐渐覆盖着草地。大地仿佛一幅巨大的调色板,从冰冷的冬日蜕变成了温暖的春天。

仲春

随着时间的推移,仲春悄然而至,春的脚步愈发明显。柳絮飘舞,垂柳如翠色的瀑布,轻拂着微风,如同抚摸着春天的柔软长发。桃花、樱花争相绽放,红、粉、白交相辉映,如诗如画的仲春风景。

小鸟们忙碌地筑巢,天空中弥漫着悠扬的鸟鸣声。蝴蝶翩翩起舞,与花儿相伴成趣。仲春的大地是一幅繁花似锦的画卷,每一帧都充满生机,每一种颜色都在述说着春的故事。

暮春

暮春时分,春意渐浓,大地的色彩更加绚烂。花朵的芳香飘散,弥漫在空气中,让人沉醉。盛夏的预兆在微风中荡漾,百花齐放,彼此交相辉映。

田野间,一片绿油油的麦苗随风摇曳,预示着一个丰收的季节即将来临。落日余晖映照着大地,春天的余晖洒在山川河流之间,勾勒出一幅如诗如画的晚春画卷。

这是一个充满希望和活力的季节,每一片春天的景色都是大自然赋予我们的美好礼物。

以上内容就是按照时间顺序来写春天。除此之外,我们还可以按照春天山谷的早晨、中午、晚上。春天的茶园的早晨、中午、傍晚的景色等。

例如：

春天茶园的早晨

清晨，当第一缕晨光穿过层层树叶洒在春茶园上，整个世界仿佛被柔和的阳光包裹。茶树婀娜多姿，嫩绿的嫩芽在晨露中闪着晶莹的光泽。迎着微风，茶树轻轻摇曳，宛如一群披着翠绿长裙的舞者在晨曦中跳动。

茶农们在田间忙碌，手握修剪刀修整着茶树，小心翼翼地呵护着这片茶海的每一寸土地。清新的茶香弥漫，与晨间的空气交融，构成了一幅宁静而生机勃勃的画卷。

春天茶园的中午

午时，阳光逐渐升高，春茶园的景色愈加明亮。茶树投下斑驳的光影，几片轻柔的云朵飘过蓝天，使得整个茶园仿佛沉浸在宁静的梦境之中。茶农们在午休时分，躲在茶园的阴影下小憩，或品茗聊天，享受着和煦的阳光。

翠绿的茶树在阳光下闪烁着光泽，茶芽们似乎在午后的阳光中沐浴，茶海波光粼粼。微风拂过，树叶发出沙沙的声响，似乎在述说着春茶的成长故事。

春天茶园的傍晚

傍晚时分，夕阳西下，春茶园的景色变得温柔而宁静。夕阳余晖洒在茶树间，金黄色的光辉映照着嫩绿的茶树，勾勒出一片金绿相映的美丽画卷。远处山峦渐显轮廓，仿佛被温柔的黄昏包裹。

茶农们在田间忙碌一天后，归心似箭。他们携带着一天的辛劳，沐浴在夕阳的余晖中，享受着宁静的时光。春茶园在夕阳的映照下，散发着一种宁谧而恬静的氛围，仿佛是大地深处一颗宝石，闪烁着春天的温柔光辉。

以上作品《茶园的春天》通过时间顺序写：早、中、晚不同时间的茶园的景色。

2. 空间顺序写景色

夏日盛情，大地如诗如画。江南水乡，花香鸟语，让人陶醉在夏天的温柔之中。空气中弥漫着暖意，夏日的炽热在古诗词中得以传颂。一切都充满了生机和活力，仿佛是大自然为人们奏响的一首动人的交响乐。

夏日公园

踏入夏日的公园，一片绿草如茵，遍地鲜花争奇斗艳。参天的树木在阳光下投下浓密的树荫，为游人提供了一片清凉的乐园。悠扬的音乐从公园角落传来，吸引了不少游客。人们纷纷拾级而上，漫步在绿草地上，感受夏天的温暖，尽情享受那份宁静和美好。

夏日河流

夏日的河流宛如一条镶嵌在大地的碧绿丝带，清澈见底。微风拂过，轻轻荡漾起点点波纹，河边的垂柳低垂着嫩绿的枝条。欢快的鸟儿在河畔歌唱，伴着水声悠扬。人们沿着河堤漫步，感受着河水带来的清凉，夏天的炎热仿佛被河水一一冲刷而去。

夏日山谷

夏日的山谷，青山叠翠，仿佛是一幅宏伟的画卷。山间弥漫着浓厚的植被香气，微风吹拂，带着一阵阵清新。山谷深处传来欢快的流水声，流水潺潺，山谷间回荡着大自然的交响乐。登高远望，一片青葱的山川尽收眼底，夏天的丰韵在这里得到了最完美的展现。

作者对夏天的喜爱

夏天，是一首鲜花盛开的诗，是一幅色彩斑斓的画。作者深深地喜爱夏天，喜爱那满目翠绿的景致，喜爱那暖阳下的宁静时光。夏日的清新与活力渗透到作者的心灵深处，成为一种无法言说的心灵抚慰。在夏天的怀抱中，作者找到了宁静与喜悦，仿佛与大自然融为一体，共同舞动着生命的旋律。

这一篇关于写夏天的文章，通过空间顺序写了夏天的公园、河流与山谷。全文三部分结构为总—分—总。

除了时间，空间顺序，实际上还可以按照移步换景来写。

3. 移步换景写景色

通过参观浏览顺序写景，这类比较适合游记。但如果我们要写某一个季节的公园，或者城市景色都可以用这样的方法顺序来写。这类文章发表报刊一般要在特定的与游记有关的杂志，或者报纸。因为大部分报纸只推荐，或者推广他们本地的旅游。

美丽的公园

步入公园，仿佛进入了一个梦幻的世界。一片翠绿的草坪在眼前展开，细腻的草叶在微风中轻轻摇曳，如同翠绿的海洋。我不禁移步到一片花丛前，五彩斑斓的花朵争相开放，散发出阵阵芳香。近看，花瓣上晶莹的露珠仿佛珍珠般闪烁，每一朵花都是大自然的杰作。

继续移步，一条小溪悠然流淌，水面倒映着蓝天白云和周围郁郁葱葱的树木。几只欢快的小鸟在空中飞翔，欢快的鸣叫声充斥着整个空间。我跟随着溪水，走到一座精致的小桥上，透过桥栏，远处的湖水如一面镜子，静静地映照着天空的蓝色。

再往前走，我来到了一片静谧的林荫道。参天的树木在阳光的泼洒下，投下斑驳的影子。微风吹过，树叶沙沙作响，仿佛在述说着大自然的神秘故事。我闭上眼，感受着清新的空气，仿佛能听到大自然的心跳声。

公园里，一座小亭静静地矗立在一片开满花朵的角落。走进亭子，可以俯瞰整个公园的美丽风景。远处的山峦、近处的湖泊、身旁的花草树木，构成了一幅绚丽多彩的画卷。这一刻，我不禁感叹大自然的鬼斧神工，公园仿佛是她为人们准备的一幅美丽的画卷，让人在其中流连忘返。

随着夕阳的西下，整个公园逐渐被金黄色的光辉覆盖。夕阳的余晖洒在湖面上，映照出一片橙黄色的波光粼粼。我静静地坐在湖边的长椅上，任由这宁静的美景渗透心灵。移步换景，公园的美丽如一幅动人的画卷，让人在这片自然的怀抱中找到了片刻的宁静和舒适。

（四）如何用美食写季节类稿件？

写某一个节日的美食，在文章的开头可以表达对某一个季节的喜爱之情，由此引出我们与某一种食物之间的链接，可以是不久之前吃过，也可以是童年吃过。

全文可以用现在（总）+回忆（分1）+现在（分2）+总结来写。

（五）季节稿优秀范文

※ 范文一

在乡野种一个春天

文 / 董娜

清早，风儿轻轻地叩着我的窗户，送来一缕甜美的阳光。成群的鸟儿在枝头热闹地哼唱着小曲，春天就这样喜庆地走到了我的身边。

春天，在我心里是多么浪漫的季节啊。风是香香的，水是柔柔的，碧波千里。还有数也数不尽，看也看不完的花朵。苏轼在《惠崇春江晚景》里写：竹外桃花三两枝,春江水暖鸭先知。说是鸭子最先感受到春天的到来,可我却最先从一朵朵菜花那里"看到"春天来啦。绿油油的白菜迫不及待地蹿出朵朵的黄花,小伞似的热闹地开着。白色的蝴蝶扑扇着丝绸般的翅膀,在小伞之间忽隐忽现。阳光透亮透亮的,映衬着瓦蓝的天空玻璃一般晶莹。

都说一年之计在于春,这时,农人们也就忙碌起来了。一大早,耕田的机器就在乡野间轰隆隆响着,我推开窗户,总能看见一两个远去的背影在春光笼罩的田野里缓缓移动。湿润的泥土被翻起来了,鸟儿挺着胸脯在枝头上歌唱。那些背影弯着腰撒下沉甸甸的种子,同时也播撒下一年的希望。

经过一个寒冬的洗礼,原本还是空荡荡的菜畦早就耐不住寂寞了。白菜开出了小黄花,在二月的春风里肆无忌惮地摇曳着腰肢。菠菜倒像憨厚的小胖子,匍匐在地里,只管长肥绿的叶。蒜苗秀气又可爱,身着翡翠长裙,细颈细腰,一律排好队站着,像等待表演的芭蕾舞演员。春风一来,那曼妙的舞姿怎能让人假装看不见呢?

那些野花啊,野草啊,更是不甘示弱。这棵才冒出嫩绿的芽,那棵已经抢先舒展两三片叶。水塘边的几株柳不知道什么时候已经披上一身绿装了,毛茸茸的,远远看去像一团柔软轻盈的云。每年的这个时候,母亲都会在地里忙前忙后。她细心地翻着湿软的泥土,几场春雨的浇灌,那土肥着哩。哪块地种棉花,哪块地种辣椒,哪块地种青瓜,母亲心里早已有了分寸。油菜开花了,辣椒开花了,豌豆也开花了,母亲用那双勤劳的双手在乡野种下了一个春天。

我也学着母亲的样子,认真地在集市里挑选一株蔷薇花苗,种在母亲的院子里。再过数月,蔷薇也要开花了。我为母亲种下的春天,待到花成串开放的时候,母亲一定很喜欢吧。

刊发于《淮河早报》

盛夏的清凉时光

文 / 张海新

"绿树阴浓夏日长，楼台倒影入池塘。"一到盛夏，我便会想起奶奶。

小时候，我家门前有棵老槐树，是奶奶在爸爸出生时种下的。我出生时，它已经有四五层楼那么高，树干那么粗，我和四个小伙伴手拉手才能合抱起来。

夏日的老槐树枝繁叶茂，像一把撑开的巨伞，遮住炙热的阳光，洒下一片绿荫。

老槐树下有一个用红砖和水泥砌成的长方形桌子。吃饭的时间，它是我们全家的餐桌；写作业时，又是我的书桌。还是我和小伙伴的游戏桌，我们在这玩纸牌游戏、弹弹珠、抓石子……每次都玩得不亦乐乎！

夏日的午后，烈日炙烤着大地，知了不知疲倦地叫着：热啊，热啊……我们全家人都躲在老槐树下偷一丝凉爽：奶奶一针一线一丝不苟地为我绣花裙子；妈妈在逗三岁的双胞胎弟弟玩；我和小伙伴们在水泥桌上一起玩。弟弟甜腻的奶声，我们的咯咯的笑声，荡漾在整个村头，为原本寂静的夏日增添了许多生机。

有时，爸爸从地里回来了，拎了两个大西瓜。奶奶就从自家深水井里打半桶清凉的水，把西瓜放进去，等半个时辰，再把西瓜捞上来，切成月牙儿，放在水泥桌子上，然后，故意拖着声音招呼我们：吃——西——瓜喽！一听到声音，我们马上飞奔而来，红艳艳的汁水，亮晶晶的黑瓜子，真是太诱人了！我迫不及待地大口大口啃起来，井水浸过的西瓜凉丝丝、甜蜜蜜的。每次吃西瓜，我都会呛着治咳嗽，奶奶听到声音便会立马跑过来，一边给我抚背一边佯装生气说："瞧你这吃相，有没有点女孩样儿，慢点吃，没人给你抢。"清凉的西瓜汁一直甜到心里，真是透心凉啊！

傍晚，夕阳如害羞的新娘，遮去了半边脸，慢慢地隐去。低垂的夜幕并没有带走多少白天的炎热。

晚饭后，奶奶用清凉的井水洒湿整个院子，把竹床搬到院子里，用干净的毛巾把床面细细擦拭干净。等晾干了，放好枕头和薄被，招呼我躺上去，我三步并作两步，猴子般跳上竹床翻跟头，热乎乎的身体贴上冰凉的竹床，顿时全身凉爽，舒服无比。

我和奶奶并排躺在竹床上仰望夜空。深蓝的天幕，满天的星斗，亮晶晶的，眨呀眨呀的，偶尔有一两颗流星划过天际。奶奶侧卧在我身旁，她以手摇着蒲扇，为我赶走蚊子。一手指着天上的星星讲我百听不厌的《牛郎织女的传说》，在满天的星空下，伴着奶奶温柔低缓的声音，我不知不觉进入了甜甜的梦乡。

如今，又是炎炎盛夏，老家门前的老槐树，历经风雨，依旧苍劲挺拔，郁郁葱葱，可奶奶却不在了。任时光如何变迁，任夏日多么酷热，奶奶都会永驻我的心间，为我洒下一片清凉。

刊发于《珠海特区报》

※　范文三

夏有凉风引荷香

文 / 苏甜甜

"微风忽起吹莲叶，青玉盘中泻水银。"唐代诗人施肩吾这首诗展现了古人眼中的夏日美景，忽然吹起夏日凉风，无数碧绿色的小舟在水面浮沉，忽起的微风引得水珠如水银般倾泻而下。

夏热如火，轻罗小扇，凉风微动，日落黄昏，悠闲地躺在门前摇椅，远望云霞被炽热的太阳炙烤得像害羞的姑娘红了脸。此时，身着礼服的绅士——燕子，在空中盘旋着，燕妈妈声声呢喃，呼喊着："乳燕归巢。"小燕子们却像孩童般不舍自由时光。

晚风不羁，卷起层层麦浪，金色的麦穗海随波浮动。时而温婉，时而狂野，时而入静。金黄色的麦穗承载了人们数不尽的辛勤劳作，更承载了人们对美好生活的无限期待。

暮色渐起，乳燕在草丛中蟋蟀此起彼伏的歌声中安眠。此时的风，已没有了红日当头时的火热激情，微风四起，吹散了劳作一天的疲惫。院中的蔷薇花架，在风中宛若精灵般随风摇曳，微风引得蔷薇花香四溢，夏天满是蔷薇花的味道。

夜色转浓，就像是神秘的舞台被玄青的幕布遮挡，忽地，一束光扑面而来，苍穹怀抱一弯银钩，勾起暗夜中漆黑的窗帘，明亮的星星眨着闪着光芒的眼睛，拉开了夜的巨幕。

月华如水，清风仿若有神奇的力量，吹得湖面都起了皱纹，深深浅浅仿佛在记录着时光宁静，镌写着不为人知的故事。半亩方塘，游鱼潜底，夏夜的风有一双温柔的大手，抚平湖面沟壑重重，游鱼们还没有经历跌宕起伏的剧情，夏风路过，唯留波澜不惊的平静。

东方欲晓，夜从这一刻换了装扮。如果暗夜孤寂清幽，弯月微凉静谧，星光晓知心事。那么，晨曦微露则是白昼的开场热身，一轮红日朝阳初上，就像是要将大地浸染成热烈的鲜红色，夺目的红色倾泻而下，瞬间唤醒了睡梦中的大地，敲响了万物紧闭的窗户，闻着轻叩轩榥的声音，睁开了惺忪的睡眼，窗外明亮又充满了生机，它们迫不及待地打开墨色之门，如期收到了温暖的红色邀请函——璀璨的信笺，灼灼如火，熠熠生辉。夏的温暖而热烈从日出皓分起始。

熏风出栈，长夏安然，菡萏微绽，荷尖浅露。荷香挽南风，唐代诗人孟浩然在盛唐时写下了香传千年的名句："荷风送香气，竹露滴清响。"夏风微凉，荷香沁脾，谁能婉拒夏的盛情邀约？

刊发于《黄海晨报》《陕西工人报》

※ 范文四

秋风谱写稻谷曲

文 / 邓文芬

立秋后，稻谷飘香，是诗人苏洞笔下"豆田无数老鸦飞，枣熟菰香稻子垂"的人间画卷；也即将拉开诗人范成大笔下"新筑场泥镜面平，家家打稻趁霜晴。笑歌声里轻雷动，一夜连枷响到明。"的世间繁忙盛景。

我开始想念儿时那稻谷飘香的旧时光，那是秋风用岁月的大手笔为我谱写的一首首动听的稻谷曲。

幼时，我主要负责"守鸡"，也就是守在晒坝边，看到鸡过来吃粮食，就把它们赶走。

这是父母口中"最轻松的活儿"，但对于幼小的我来说却是最烦人的活儿。因为幼时的我觉得那些鸡似乎特别聪明，它们会察言观色，甚至还会故意捉弄我。只要我稍不注意，它们就会屁颠屁颠地溜到院坝边偷吃，可是等我一到院坝，它们又跑了，等我刚坐下，它们又来了，如此反复几十次。我总是会拿着竹竿不停地在院坝来回奔跑追赶它们，加上天热还有蚊虫叮咬，幼小的我对于这活儿自然是厌恶至极。

现在再忆起，那是秋风在我记忆中谱写的一首有趣的儿时奔跑曲呀！

稍微大点，我和弟弟就开始下田拉稻草，也就是把没有稻子的稻草从田里拉到田埂上晾晒，等它们干了以后父亲会把它们绑在树上弄成草垛子。干了的稻草用处多多，当柴烧，当牛草，当床垫，做绳子……那是农村人的宝贝疙瘩。这是我和弟弟都喜欢的活儿，因为我俩终于可以下田玩水了：打水仗，摸螺蛳，找蚌壳，听吹牛，看抓鱼，件件事情都让人欢喜。

如今想起，那是秋风为我谱写的一首幸福的打谷声和欢声笑语相融的家庭奏鸣曲呀！

等我再大一点，我也开始加入家庭打谷队伍中。每日清晨，月亮和星星都还没下班的时候，睡眼蒙眬的我就会被父母扒拉下床去收割稻子。奶奶在家做饭，爷爷负责晾晒稻子，我负责割稻子，父亲和母亲负责在拌桶里打稻子和运送稻子回家。

看起来矮小不中用的我其实是割稻子的一把好手，每次我把稻子割了一大片后，父亲和母亲就会打很久，有时我提前割完稻子还可以回家睡一觉，醒来时他们刚好把稻子运回家。这时喝上奶奶准备好的一碗凉凉的稀饭配上新鲜炒出的藤藤菜，嘴巴和肚子的满足感一下子就把身上的疲惫赶跑了。

当然割稻子不是轻松的活，每年稻子割完，我的手上，胳膊上，腿上都会被稻叶割得伤痕累累，甚至十根手指头全部磨穿皮，鲜血淋漓。或许因为深深地体验过收割稻子的艰辛，所以那时的我就立志要好好读书，跳出农门。

现在一想呀，那正是秋风为我谱写的一首鼓舞我努力学习的励志进行曲呀！

当然最令人难忘的时刻是"吃新米"，那在我们家是一件充满仪式感的大事情。所谓"吃新米"，就是每一年的秋收后，稻谷全部丰收归家后，晒干碾（或者舂）成米后煮吃的第一顿新米饭，叫吃新米。

爷爷曾说："稻花香里活色生，一碗米饭值千金。"每次吃新米时，奶奶都会准备丰富的菜食，有的时候父母还会邀请亲朋好友到家里来尝新。吃饭前，爷爷都会点上香，叫我们几个孩子跟着他一起跪拜上天和祖先，感恩他们赐予好天气和好收成。吃饭的时候一再告诫我和弟弟，必须把碗里的米饭吃干净，否则就要"挨壳钻"（重庆话：头被手敲打的意思）。

那顿仪式感满满的"吃新米"一直储存在我的心目中，现在每年到吃新米时，我也会去市场上买上一袋新米，精心准备一顿丰富的午餐。我也会告诫我的孩子们不要浪费粮食，更会告知他们"谁知盘中餐，粒粒皆辛苦"不仅仅是诗词，更是事实。

而今懂得，这是秋风为我精心谱写的一首可以传承的民间习俗的好曲子呀！

这些天，我特别喜欢傍晚去金黄的稻田间走走，看看如画卷般的稻田。每当秋风拂过，稻穗就会随风摇曳，发出沙沙的声音，那真就是一首首动听的大自然的交响乐，这秋风谱写的稻谷曲真是我听过的大自然最美的乐章之一，也是我心目中最难忘的童年曲。

刊发于《邳州日报》

※ 范文五

阳光在南墙根盛放

文 / 张海新

一到冬天，我家的南墙根就热闹起来了，像唱大戏一样精彩纷呈。

太阳挂上树梢了，一群人蹲在南墙根晒太阳。天蓝得如同盛满了一汪海水。阳光如盛开的花瓣，一朵朵落下来，轻轻盈盈，飘散在南墙根。门前的几棵老杨树，叶子落光了，光秃秃的枝丫却一点也不寂寞，树顶上的鸟窝里热热闹闹的。几只小鸟飞下来，扑棱着翅膀，叽叽喳喳，在枝丫间吵闹个不停。树和鸟，形成了一幅水墨写意画，镶嵌在冬日的暖阳里。

祖父正蹲在南墙角，叼着长长的烟斗，悠悠然吐着烟圈，一呼一吸间，雪白的长胡须随意飘洒。一年到头，叔叔伯伯们难得清闲。他们倚着墙，半眯着眼，舒舒服服地享受着日光浴，一搭没一搭地闲聊着。

南墙另一头，穿红着绿的女人们，成了最靓丽的风景线。她们挨着墙坐着，一人手里拿着一件针线活，嘴里聊着李家的姑娘生孩子，张家的小子找媳妇，手上的针线却上下翻飞。母亲正在给我做棉鞋，她纳的鞋底密密实实，大红的金丝绒鞋面，如一团火在她怀里燃烧。鞋做好了，她就唤我来试。我穿在脚上，如同踩在云朵上，舒适又好看，我忍不住在地上跳来跳去。

我们这些小孩子是最热闹的。三五成群，蹲在墙角，打弹珠、玩纸牌、踢毽子、跳房子……隔壁的栓娃泥猴子一样，哧溜哧溜往老杨树上爬，眨眼间就在树半腰上冲我们耀武扬威。帅耍完了，他才溜下来，往地上跳，结果用力过猛，只听哧啦一声，栓娃脸咧成了苦瓜，哈哈，裤裆破了！栓娃妈闻声，把手里的活一丢，拿起扫帚追着他满地跑。我们幸灾乐祸地看热闹，笑得那叫一个欢实哟！

这时，三伯扯嗓子一喊："挤油了！"呼啦啦，我们一阵风般全跑到墙根，昂首挺胸，整整齐齐都站好了。一边是人高马大的三伯，一边是一群兴奋过度、跃跃欲试的小萝卜头。一二三，开始喽！我们使出吃奶的劲儿，拼命挤啊挤，手推的，头顶的，脚踹的，十八般武艺全使出来。小脸憋得通红，还不忘喊着口号：嘿呦！嘿呦……谁料想，三伯猛不丁，身子一撤，跳了出去。再看我们，真像一堆粗壮的大萝卜，横七竖八堆在地上。我们爬起来，再看看，个个全身是灰，帽子掉了，鞋子找不到了，头发乱成鸡窝。一个个皲裂的小脸蛋上，却红扑扑的，头顶还冒着热气呢！每个人捂着肚子，没心没肺地笑成一团。大人们看着我们的狼狈相，嘴里骂着"一群皮猴"，却也笑得前俯后仰。

乡村的冬天一点都不萧条。只要有我们这些顽皮的孩子，世界便有了鲜活的画面。

每到冬日，我都会想起我家南墙根盛放的阳光，想起蹲在墙角悠然抽旱烟的祖父，想起倚在南墙根晒太阳的人，想起一起玩耍的小伙伴。那时的阳光那么美好，又那么绚烂。

刊发于《山西工人报》

四、寓教于乐

（一）寓教于乐稿的分类

寓教于乐稿件内容分为：亲子、婚恋、老年生活。

这类报刊文写作，实际上很注重故事的新鲜感，趣味性，以及创新性。也就是说，这类文和我们传统的节日故事不同的是，这类文章不只是在表达亲情幸福、快乐，同时还要通过一个故事尽可能写出生活哲理，让大家在阅读的过程中学习到如何育儿，如何经营婚姻，或者怎么样表达对父母的爱。

老年生活稿除了写子女如何尽孝，同时还可以突出老年人积极向上、适应时代潮流，以及追求安居乐业、与时俱进、乐观、豁达的生活态度。

例如：《我的网红爸爸》《我的主播妈妈》《我陪母亲摆地摊》《我陪父亲去追星》等。

亲子类文章主要写父母与孩子之间有趣的亲子故事。

（二）寓教于乐之亲子稿

1. 如何设计亲子稿的标题？

《共读时光：女儿带我探秘图书馆》

讲述亲子共读的美好瞬间，女儿带领父母走进图书馆的故事。

《家庭烹饪：儿子成为小厨神》

描述亲子共同烹饪的欢笑时光，儿子在厨房里展现才华的故事。

《艺术天地：父女一同涂鸦创作》

讲述亲子艺术创作的愉快时刻，父女在画布上留下美好的记忆。

《生活趣事：儿子改良家居设计》

描述亲子共同改良家居设计的轻松时刻，儿子在家中展现创意的故事。

《户外游乐：全家欢乐露营记》

讲述亲子共同露营的欢乐时光，全家人在户外度过难忘的夜晚。

《科普之旅：女儿引导我科技探索》

描述亲子一同探索科技的有趣经历，女儿引领父母进入科技时代。

《亲子运动：父子共踏健身之路》

讲述亲子一同参与健身活动的轻松时刻，父子在锻炼中培养亲情。

《亲子乐园：女儿带我玩新游戏》

描述亲子共同游戏的欢快时光，女儿带领父母体验新游戏的故事。

《生态家园：儿子和我共建花园》

讲述亲子共同打造家庭花园的美好时光，儿子和父母在绿色中欢聚。

《手工时光：全家人共制手工艺品》

描述亲子一同制作手工艺品的有趣经历，全家人，手工创作美物。

2. 亲子稿的写作公式

写作公式 = 设计阻碍 + 解决阻碍

第一部分： 先抛出来一个让家长头疼的，或者家里现在遇到的亲情阻碍。比如孩子迷上打游戏，或者孩子拖延症，或者孩子挑食等。

第二部分： 通过一个有趣起承转合，情节曲折、有趣，情理之中，意料之外的故事来表达通过什么方法，实现了对孩子的正面教育。

第三部分： 写反思，反省，以及通过这件事对我们的启发。

（1）定义明确的教育目标

在开始写故事之前，明确你想要传达的教育信息和目标。这可以是道德价值观、学习技能、社交技能等。确保这个目标是简洁明了的，以便在故事中能够自然而然地呈现。

（2）创造有趣的主题和角色

选择一个吸引孩子注意力的主题，创建鲜活的角色。可以是一个可爱的动物、一个有趣的玩具，或者是一个勇敢的小朋友。确保主题和角色与教育目标相契合。

（3）设计生动的情节和冲突

通过生动有趣的情节和冲突，吸引孩子们的关注。让他们在故事中体验到情感波动，从而更容易接受教育内容。注意情节中的高潮部分应与教育目标紧密相关。

（4）引入互动元素

在故事中加入一些互动元素，让孩子们有机会参与到故事中来。这可以是问题、小游戏，或者是需要他们自己思考的情节。互动性可以增加故事的吸引力。

（5）着眼于孩子的年龄和理解水平

考虑读者的年龄段，使用他们能够理解和接受的语言和情节。确保故事内容符合他们的认知水平，不会让他们感到过于复杂或无聊。

3. 亲子稿优秀范文

※ 范文一

小男神的礼物

文 / 沉香红

每周放假，我都要带小男神去游泳，每次看到他在泳池里撒欢似的游来游去，像极了小时候的自己。

小男神给自己起名王一千，说他最大的梦想是有一天成为世界游泳冠军，我很欣慰，也替他骄傲。

一天，小男神饥肠辘辘跑进厨房催我快点做好咖喱，此时的我被洋葱辣得泪流满面，小男神看我一边流泪一边切洋葱，吓坏了，忙说："妈妈别哭，别哭，我不催你了。"

我回复说："傻宝，妈妈没哭，我只是被洋葱的气味刺激到了眼睛，才会流泪。"

正当我一边擦眼泪，一边继续为男神做饭时，他拍着我的身体说："女神，蹲下来，我给你颁个奖。"

我半睁开眼睛，看到他手里拿着自己的游泳眼镜，紧接着套在我的头上说："好了，戴上它就不会流泪了。"

果真如此，虽然小男神的眼镜太小，戴着不舒服，但戴上游泳眼镜后，眼睛真的感受不到刺激了。

两个月后，到了小男神的生日，我打算好好犒赏他，毕竟他帮我解决了切洋葱流眼泪的难题。

我知道小男神一直想要一组乐高，过去觉得太贵，不舍得给他买，可是这段时间小男神表现的确良好，应该嘉奖。

晚上躺在床上和小男神商量，生日当天要陪他去买乐高，原以为他听到这个消息会兴奋不已，可小男神却犹豫了一下问我："妈妈，乐高玩具大概多少钱？"

我说："150 元。"

小男神说："要不这样吧，你把买玩具的钱给我，我想给自己买礼物，具体买什么现在不告诉你。"

一听小男神想自己买礼物，我充满好奇，我说："好的，只要你开心，妈妈支持你！"

第二天吃过午饭，我和小男神到了商场，原本以为他会坐电梯直接去儿童区买玩具，却只见他拿着150元很娴熟地朝着二楼百货区一家泳装店走去，接着他拿起一个粉色的成人游泳眼镜去柜台结账。

我诧异地问他："儿子，你是不是选错了，今天是你生日，我要给你买玩具的。"

儿子眨着他的大眼睛，语气坚定地说："没错，妈妈，今天是你受苦生我的日子，我要给你送一个礼物，每次看你戴我的游泳眼镜不舒服，所以我想给你买一个大人的眼镜，这样你切洋葱不仅不会流泪，而且还很舒服……"

小男神对着收银台美女自信地喊了一句："阿姨，买单！"

那一刻，我仿佛看到了二十年后的他，那个时候我慢慢老了，成了一个畏惧社会的孩子，我的男神会像我照顾他那样，心疼我吧？会忙完工作回来说：女神，我给你颁个奖，戴上它，眼睛就不流眼泪了……

刊发于《亳州晚报》

※ 范文二

妈妈，你哭吧！

文 / 刘萌

一个蓝色的小盒子里，面放着两个食指大小的特质海绵，轻轻揉搓，等它变细变窄时放进耳道里，待慢慢膨胀开来，就能隔绝外界大部分声音，还你一片清静之地。这小小的静音耳塞，是我从大学时代就一直常备在身边的必需品。伴有轻微的神经衰弱，我的睡眠一直都不太好，带上它，每晚才能睡得安稳。

婚后有了孩子，为了方便照顾他，我就不再戴静音耳塞了，放进柜子里许久不碰。如此一来，能睡整夜觉的机会更是少之又少，常常顶着黑眼圈，上班工作，下班和婆婆互换着陪孩子。一晃两年半过去了，儿子会跑会跳，且迎来了孩童时期的第一个叛逆阶段，而随着工作的繁忙，我的耐心却不似之前充沛，像缸里的水，每每到了家就仿佛被消磨得见了底。

周末，儿子早早地醒来，我帮他洗漱、做饭、带着出去玩儿。两岁多的孩子甚是顽皮，爬高上梯，容易磕了碰了，总得时时留心，处处注意。待到下午，我已觉浑身乏力，儿子却不肯睡，哭着吵着要买玩具，我没同意，他便泼皮耍赖地上打滚，听着"哇哇"的哭声，我的心情烦躁起来，索性拿出许久未用的静音耳塞放进耳朵，降低噪声，没好气地冲着他喊："哭吧，哭吧，反正我也听不见。"儿子大概从没见过我这样，有点惊讶停止了哭声，眨巴着眼睛瞧着我，泪水在眼眶里打转，看我熟视无睹不理睬的样子，顿了顿，哭得更厉害了。

恰好老公进门，看到这场景便猜出了一二，及时哄着儿子出去玩儿，才化解了我们两厢僵持的状态。

隔天晚上，我在书桌前看书，看得入迷时不小心从转椅上摔了下来，儿子听到声音赶忙跑来："妈妈，你没事吧？"看到他一脸焦急，我决定逗逗他，便佯装很疼捂脸"呜呜"地哭，欠着身子等他扶我坐起，谁知儿子一溜烟跑了，从隔壁卧室抽屉里拿出静音耳塞，学着我之前的样子认真揉搓好直往耳朵里塞。

"妈妈，你哭吧，哭吧，反正我也听不见……"那表情和语气煞有介事，还带着几分不耐烦，活脱脱像极了一天前的我。一瞬间里，我似乎明白了什么，心里落下了一颗石子，荡起层层涟漪，羞愧感油然而生。

"孩子是父母的复制品，父母的言行举止都是孩子的模仿对象，如果复制品有了问题，那一定是原件出错了……"之前在某本育儿书上看到的一段话兀地出现在我的脑海里。两岁多的儿子还没有分辨是非的能力，他对外界的所有判断，对事物作出的反应，都是从父母家人处习来，不断模仿形成性格的雏形。

意识到自己前一天忽视儿子的感受，没有及时疏导情绪而给他树立了坏的榜样，我缓缓拉起他的小手，轻轻地在我眼睛上蹭了蹭，帮他取下静音耳塞，紧紧地拥抱他："谢谢你给妈妈擦眼泪，你抱抱我，我就不疼了，也不想哭了，妈妈陪你玩游戏吧。"儿子听到后，高兴地欢呼起来，我顺手将耳塞锁进了柜子里。

复件错了，就从我这个原件引起吧。

刊发于《现代快报》

我家的领读员

文 / 王晓艳

儿子上幼儿园大班，贪玩的他常常把学习抛在脑后，只要我催促，他就会及时完成作业，一旦放任，那就真的成了院子里的"追风少年"。

我家孩子足足认识四百多个字；我家孩子会百首古诗；我家孩子口才很好；我家孩子英语口语比赛获得了三等奖……每每听到身边的朋友夸赞自己的孩子，我能夸的就是，我家孩子体能好，跑步快。一听到我这样夸孩子，朋友们就劝我，不能放任孩子的秉性，做家长的要给孩子做规划，孩子不学习是不行的。

我家孩子实属"吃软不吃硬"。为了能让他心甘情愿"收心"，于是我想到一个办法："儿子，老师给妈妈发消息表扬你，说你上课认真听讲，回答问题最积极，识字量很大。"在一边玩玩具枪的儿子一听被老师表扬了，手里的玩具立马变得不香了，凑到我身边，"老师真的表扬我了？""真的呀，你这么优秀。"儿子一听来了兴致："妈妈我最近走在路上都在认字，读门牌上的字，读广告牌上的字，总之只要有字我都会去读。"

听儿子这么努力，于是我趁热打铁："昨天妈妈又给你入手了一本《十万个为什么》，书里的字不仅大而且还带拼音。"儿子一听："书呢？""在书架上。"我指了指书架，儿子跑过去拿起书，认真地翻着，嘴里还念念有词。

"喜欢吗？""当然喜欢了，这本书不仅能认识好多字，还能满足我的好奇心。"儿子满意地说。我却担心，他只是一时兴起，坚持不了几日。于是，我说："儿子咱们不妨来制定一下每日的读书时间，让读书有归属感。"在一旁玩手机的老公，立马放下手机，说："这个主意好，我赞同。"我说我也赞同，儿子看着我们俩，举着手说，那我也赞同。

"妈妈，一定不要剥夺我玩的时间噢！""放心，"我摸了摸他的头说："晚上8点开始，8点40结束。"儿子一听，立马皱起眉头，开始抗拒："这么长时间！"我安慰他说："时间只是我们设定的一个'点'，说不定你读了四十分钟，喜欢的故事还没读完，你还舍不得放下书呢。若你对当天的内容了如指掌，同时又学了很多字，那就可以提前结束。我们的原则是不强求，不敷衍。"

儿子听完我的话："那我一定是最先结束的那个人。"我笑着说："祝你好运。"第一天开始，他刚读了十分钟就坐立不安，左瞅瞅右看看，嘴里还不停地念叨时间太慢了。我和老公不说话，继续看手里的书。儿子见我俩不理他，只能继续看，没过几分钟，他又喊着时间太长了，我抬头看着他："那你给妈妈讲讲你刚读的这篇故事讲的是什么内容？"儿子支支吾吾说不出来。我知道，他压根就没怎么认真读，一直在关心"时间"。"那妈妈陪你一起读。"他开始有些不情愿，我指着书上的字："那妈妈给你读，你听。"他弱弱地点了点头。

我想，我一定要给文字制造"问题"，让儿子"把脉治病"。于是我读两三个字，中间就会读错一个字或音节。儿子一听，满脸嫌弃，"妈妈你读错字了，应该这样读""妈妈你又读错拼音了""妈妈你音节又读错了"。我假装一脸无辜地看着他，我读错了吗？儿子指着刚才的字开始给我纠正，此时他就像一个小老师一样耐心。"儿子，你真厉害，不如你读，妈妈听。""好吧。"儿子接过我手里的书，开始读了起来。

没想到，阅读结束后，儿子给老公告状："妈妈这个学生太难带了，老读错字，多亏有我。"老公大笑着说："原来妈妈是'学渣'，还是我儿子厉害。那不如，你就当我和妈妈的领读员吧，我也想跟你学习。"儿子一听，兴奋地说："想让我当老师，就必须按照我的规定来，不能玩手机。"我和老公点着头说，一切服从老师的管理。

自有了这个身份后，儿子立马变得不一样了，每天不到点就开始提醒我和老公，该上课了，俨然一副老师的样子。最近儿子的识字量比之前增加了上百字，已能独立阅读一篇故事。

慢慢地我发现，儿子玩耍的时间也减少了，把更多的时间用在了"领读"上。他还兴致勃勃地说："我现在是家庭领读员，在我的领读下，爸爸妈妈对文字的感知力突飞猛进呀！"没想到我俩的"装傻"竟让儿子获得了大大的成就感。

家有领读员，学习不迷路。

刊发于《滕州日报》

※ 范文四

"漏风"的小棉袄

文 / 漆艳林

"半醉半醒梦中笑，何人身旁轻轻摇？一床暖被防感冒，谁不得意小棉袄。"都说女儿是父母的贴心小棉袄。女儿降生之后，我跟老公如获至宝，感觉幸福从天而降，那段时间即使睡着也能笑醒。随着女儿一天天长大，我才发现小棉袄有时候也不保暖，时不时还"漏风"。

女儿五岁的时候，不知道她去哪里翻找到了一瓶 520 胶水，小孩都好玩，女儿把胶水涂在了板凳上。下班回到家，老公工作服也没换，估计是太累了，一屁股就坐下了。老公发现不对，说："这板凳怎么感觉有些湿。"等老公想要站起来，才发现粘在板凳上动不了。女儿躲在门后面，捂着嘴笑。女儿走过来，将胶水瓶子递给老公。老公一看瓶子，才发现板凳上涂的是强力胶。老公冲我一阵冷笑，没办法，我只能拿来剪刀帮忙把裤子剪开，板凳、裤子都报废。自从有了前车之鉴，老公回家后会认真检查一番，真是"一朝被蛇咬，十年怕井绳"。

双十一，我在网上抢到了一件心仪已久的羽绒服，快递到了，我叫女儿出门取快递。我还跟老公说："小棉袄暖心。"不一会儿，快递取回来了。女儿喊道："妈妈快递取回来了，快来拆开。"我回答："你想办法拆吧。"

没过一分钟，女儿提着包裹进房间，说："妈妈，你买的是什么啊，刚才我拿着小刀一划，用力过猛，羽毛满天飞。"

我惊讶地说："那是妈妈买的羽绒服啊！"如女儿所说，我轻轻一碰，羽毛果真飞出来了，漫天的白，就像一场大雪随风舞蹈。女儿满脸委屈，我拍着女儿的肩膀说："没事，你是无心之举，妈妈衣柜里还有羽绒服。"可我心里却是万般难过啊，等了这么久的羽绒服，到头来成了一堆羽毛，空欢喜一场。

有一天，女儿看着老公对着镜子，一手拿着剃须刀正在刮胡子。女儿自告奋勇地说："爸爸，这样站着刮累，你坐下来，我帮你刮。"老公一听，心里美滋滋，脸上笑开了花，立马搬来凳子坐好。女儿拿着剃须刀认真地给他刮胡子，我看了一眼，还别说，刮得挺干净。老公还扬扬得意地说："还是女儿贴心又孝顺。"我没说

第二章　报纸副刊分类

话，继续做饭。

"哎呀，刮错位置了！"我听到声音不对，从厨房跑出来瞧，原来女儿把老公左侧的眉毛刮了一半。我站在一旁问："你怎么想到把爸的胡子眉毛一起刮了的呀？"女儿说："一次性刮掉，到位又省事。"老公则哭笑不得，说："我怎么出去见人呢，你可真是漏风的小棉袄。"我跟女儿乐得前仰后翻，差点笑岔气。我安慰老公，用眉笔帮他把刮掉的半截眉毛画上，虽然画得有点歪："但丝毫影响不到你的帅跟气质。"

当然小棉袄也不尽都是漏风，也有保暖的时候。有一天，我去上班，穿得单薄，谁知当天气温骤降，我冷得瑟瑟发抖，依然坚持了一天。结果吹了凉风，等到下班，自己已是全身酸痛无力。才放学回家的女儿跑过来问："妈妈，你怎么了？"我虚弱地说："娜娜，帮妈妈接杯水，把家里的药箱拿过来。"女儿赶紧接了杯热水，把药递到我手上，看着我把感冒药吃下，又把我扶到房间里休息，走出房门时她说："妈妈，我就在书房写作业，你如果不舒服，就叫我。"

那一刻，我感觉女儿长大了，还懂得照顾人了。女儿的话像一股暖流流进心里驱走寒气，我瞬间感觉精神好多了。我躺在床上，回想起女儿成长的点点滴滴，那些酸甜苦辣咸的日子美好、纯真又无邪。或许女儿小时候做的事，总让我不知所措，但是幸福的生活总让人乐不思蜀。现在想起来，女儿成长细碎的光阴就是生活的调味剂，让我们缓解心中的情绪，释放身心压力。女儿的到来，让这个家庭被幸福围绕，一路过来鸟语花香，欢声笑语不断。

女儿，妈妈想说谢谢你，妈妈希望未来的日子里，我们朝夕相伴，共赴美好年华。我养你小，你陪我老。如此时光缱绻，岁月如歌般温暖可好。

刊发于《滕州日报》《金陵晚报》《长白山日报》

《中国电视报》《科技新报》《迪庆日报》

"偷瓜贼"

文 / 刘勤

周末带儿子到郊区爬山，半路看到一片绿油油的西瓜地，一个个圆滚滚的西瓜仿佛在冲人们招手，儿子看到后忙嚷嚷着要吃西瓜，于是我一打方向盘，拐进了瓜地前的小路。

车子刚停好，儿子打开车门，一溜烟儿地跑到西瓜地里摘瓜，我连忙下车寻找瓜地的主人，以免被误会偷瓜。这时发现不远处一位老农向我走来，老农个子不高，皮肤黝黑，脸上布满了岁月的痕迹。我把儿子叫出来，严肃地说："你想去摘瓜要先征得主人的同意才可以！"

儿子慢慢走到老农跟前，红着脸说："老爷爷，我可以到您的瓜地摘个西瓜吗？"老农忙笑着说："可以，可以！"

老农的身后，是一大片绿油油的西瓜地，看着那头顶黄花的西瓜蔓和安安静静地躺在地里胖嘟嘟的大西瓜，我想起了自己小时候看地瓜的一段往事。

那时我上小学，家里种了十多亩西瓜，恰逢暑假，有一天父亲有事，让我到瓜地帮他看瓜。

西瓜地头有一个简易的瓜棚，用几根木梁和麦秸搭建而成，棚里有一张竹床，看瓜时可以在里面纳凉休息。那天骄阳似火，田边树上的知了也在口干舌燥地高声叫着，我在瓜棚里百无聊赖地轻摇着蒲扇，看着地里的西瓜秧子被晒得蔫头耷脑，那一个个圆滚滚的西瓜好像已经中暑，一声不响地趴在地上。

我一边看瓜，一边在心里盘算着晚上要去毛毛家看动画片，慢慢地我的双眼皮开始不听使唤，仿佛有一股强大的吸力促使它们快快合上。

不知过了多久，等我迷迷糊糊地醒来，竟然看到有个人在偷瓜！我一个激灵，立马起身，大喊一声："嘿！不许偷瓜！"

可能是距离远，那人没听到，他继续摘着瓜，一个不够，又摘了一个，而后双手合抱着，往外走去。我急得直跺脚，哭着喊："不许偷俺家的瓜，放下！"那人好像没听见一样，骑上自行车，带着那俩西瓜走了。

我是又急又气又怕，急的是，身边没有人能帮忙抓小偷；气的是，竟然让人偷走了自家的西瓜，这可是父亲辛辛苦苦种的，还要等卖了钱，给我们交学费呢！怕的是，自己没有尽好责任，没有保护好地里的西瓜，父亲知道后会不会生气，甚至是打我一顿！我越想越难过，不禁哇哇大哭起来。

傍晚，父亲来瓜地换我回家吃饭，看到我红肿的双眼，他问我咋了，我犹豫了一下，还是把白天的事情告诉了他，然后父亲问了问小偷的相貌特征。

原本以为父亲至少会把我大骂一顿，没想到他听完之后哈哈大笑，用他那双粗糙的大手摸摸我的头说："傻闺女，那不是小偷，是爸的同学，你王叔，碰巧遇到，我让他来摘俩西瓜拿回去给孩子解暑吃。小时候他还抱过你呢，你怎么连他都不认识了。"听完父亲的话，我不服气地噘着嘴说："那他来摘瓜，也要跟我说一声呀！"

第二天吃早饭的时候，父亲把这件事讲给家人听，大家笑得前仰后合。不久，王叔听说了这件事，还专门买了几支雪糕来我家，笑着跟我说："叔可不是小偷咧，只是没看见你。不过，这也看出来你可是个负责任的孩子，以后再去摘瓜，叔肯定跟你打招呼！"听到王叔的话，大家都笑了。

摘完西瓜我们继续赶路，在车上我跟儿子讲了这个故事，儿子说："妈妈，我知道了，刚才我们如果没有事先征得老爷爷的同意，那我也成了'偷瓜贼'了！"

我正色道："是啊，别人的东西不管有多好，那也是人家的，我们买也好，借也好，一定要先征得主人的同意才可以。如果人家不同意，我们就不能碰。"

儿子听完我的话，郑重地点了点头。

刊发于《湛江晚报》

（三）寓教于乐之婚恋稿

1. 如何写婚恋稿？

婚恋稿主要是写夫妻或者恋人如何通过有趣的、创新的方法来经营自己的婚姻情感。可以是化险为夷，可以是婚姻保卫战，可以是揭开某一个误会，也可以是通过学习某一种技能带给对方快乐、幸福。

这类文章的写法依然是：设计阻碍 + 解决阻碍。

比如：《我的直男老公》

写出"我"的老公并不浪漫，结婚多年也没有任何惊喜。可是今年的结婚纪念日却格外不同，你收到了对方前所未有送来的礼物，以及一顿浪漫的晚餐。在被他感动之后，才发现，他为了带给你这个浪漫的惊喜，通过抖音，或者其他平台学习了很久。

比如：《"七年之痒"也幸福》

许多人的婚姻，都需要经历七年之痒，甚至一些人到了三年就开始痒了。作者的婚姻也是如此，到了第七年之后，亮起了红灯，于是作者开始焦虑，担心爱人是不是有了外遇。

老公知道了妻子的顾虑之后，特意借口公司团建，或者年会带妻子出去旅行。

在旅游过程中，妻子感受到丈夫的重视，于是意识到实际上他们并没有七年之痒，一直都很幸福。

2. 如何设计婚恋类文章的标题？

（1）前后形成反差

《直男老公也浪漫》

解释：强调直男形象，但揭示其内心也有浪漫一面，营造反差，展示不同于传统印象的一面。

《日子里的"大学问"》

解释：暗示在日常琐事中蕴含着深刻的道理和经验，呼应"大学问"来突显平凡生活中的智慧。

《老夫妻，新幸福》

解释：强调在长时间的婚姻中，仍然能够发现新的幸福点，传达积极的婚姻观。

（2）标题要创新大胆

《吃货老公要减肥》

解释：大胆地将"吃货"和"减肥"两个看似矛盾的元素结合，产生新颖有趣的效果。

《"购物车里"装满爱》

解释：将购物车与爱联系在一起，象征通过关心对方的需求来表达深刻的爱意。

《我给老婆"当秘书"》

解释：创新地表达在婚姻中扮演不同角色的趣味性质，展现夫妻之间的默契和互动。

《七年婚姻"挠一挠"》

解释：幽默地探讨婚姻中可能出现的挑战，呼应"挠一挠"表达对问题的轻松态度。

（3）制造悬念式的标题

《家门口的"玫瑰花"》

解释：制造悬念，引起读者兴趣，暗示家门口可能发生的特殊事件，使人期待后续故事。

《我和"闺蜜"去约会》

解释：利用引号强调"闺蜜"可能不是字面意义上的朋友，制造故事的不确定性。

《我教老公"谈恋爱"》

解释：增加情节的趣味性，突显夫妻间互相学习和共同成长的一面。

《婚姻里也有"学渣"》

解释：以一种轻松幽默的方式表达婚姻中可能存在的困难和挑战，打破传统婚姻观念。

3. 婚恋稿优秀范文

※ 范文一

爱的谎言不必揭穿

文 / 沉香红

他单身多年，直到三十五岁好友给他出了一个主意，才遇到了自己的初恋，后来这个初恋在他的用心呵护下，成为他的妻子。

身边的人问他，用什么方法告别了单身生活，他诡异地笑着说："我有二十万存款。"

是的，他是整个县城看似最穷的一户人家的儿子，大概因此，方圆几里的姑娘都觉得他穷，不愿意和他恋爱，而他的好友李成怕他打一辈子光棍，则教给了他这个下下策。

她是这个县城医院的护士，经过别人介绍，他们见了一面。她说，我本不想见你，我朋友说你人很好，但是你们家太穷了，我父母不会同意我嫁给你。

他听了她的话，自信地说："我有二十万存款，你嫁给我，钱都是你的。"

一开始护士听他有存款，决定与他恋爱，后来发现他很善良，也很细心，便决定嫁给他。

身边所有的人都质疑护士为什么会嫁给这个穷小子？护士自信地说："因为他有二十万存款。"之后朋友们也就不再说话了。

结婚以后，他一直很内疚，想告诉她自己撒谎的事情，但他担心如果说了妻子会愤怒离开。这样他又拖了两年。一天他鼓起勇气问妻子："结婚之前，我跟你说了我有二十万，婚后你为什么从来不问我要这些钱？"

她一边打扫卫生，一边笑着说："我不想问，你想给的时候，自然会给。"

他本想说出实情，可最后还是犹豫，但他在心里暗自发誓说，必须努力赚钱，尽快给她二十万。

又过了三年，她嫁给他的第五年，他拿出二十万对她说："老婆，今天我给你二十万，也要跟你承认一个错误。"

妻子惊讶地问："什么错误？"

他说："其实和你谈恋爱的时候，我根本没有二十万，我是怕你知道我没有钱不愿意嫁给我。"

这个时候，她微微一笑对丈夫说：其实我早就知道你没有钱，虽说和你相亲时的确是听了你说有二十万，但是决定和你结婚是因为你很努力上进，也很善良。老公一听很是感动，非常自责地补充了一句："老婆，我以为你会很生气，然后摔门离去，没想到你这么宽容，既然这样，我再告诉你一个秘密。"

妻子问："什么秘密？"

他从厨房里走出来，拿着一张卡说："其实我不是攒了二十万，这五年来我一共攒了三十万，现在全部都交给你吧！"

妻子接过卡，趴在他的耳边说："老公，我也告诉你一个秘密吧！这些年给你工程，支持你创业的那个人是我舅舅。"

那一刻他的内心五味杂陈，原来一个人可以因为爱，而不去拆穿另一个人的谎言。

刊发于《中外文摘》《现代妇女》《新一代》《37 度女人》

第二章　报纸副刊分类

姥姥、姥爷的"从前慢"

文 / 孙慧

我的姥爷对姥姥可真是格外偏爱。每次他俩出去做客，满满的一大桌子美味佳肴，姥爷一看到餐桌上有姥姥爱吃的菜，总会不自觉地夹起菜，再充满爱意地夹到姥姥的碗里，还不忘说一句："老婆子，快趁热吃，凉了就不好吃了。"日复一日，年复一年，姥爷已经习惯了把最好吃的留给姥姥。

有一次看到姥爷对姥姥如此疼爱，我俏皮地和姥爷开玩笑："姥爷，你怎么对我姥姥这么好啊？你们都是老夫老妻的人了。"姥爷意味深长地对我说道："你姥姥年轻的时候跟着我吃了那么多苦，我不疼她，谁疼她啊。"

姥爷说他们刚结婚不久就分开了，当时他还在部队当兵，一年回不来几次，家里的几个孩子都是姥姥一人拉扯长大的。那时候通信不像现在这么发达，他们不能打电话，不能视频聊天，唯一的沟通方式就是姥爷每个月给姥姥写一封信。姥爷对姥姥的思念就寄托在一封封充满爱意的信里。那个时候姥姥即使再苦再累，也从未和姥爷抱怨过。听着姥爷回忆起当年的事情，我忽然明白了上一代人之间的爱情，有种爱情叫"从前慢"。

姥爷和姥姥在一起度过了将近六十年的岁月人生。他们在婚姻的岁月里，彼此包容、彼此呵护，感情在细水长流中越发得细腻。姥爷总是在他力所能及的范围内，悄悄地给姥姥惊喜。有一年，姥爷悄悄存下私房钱，自己去商店里给姥姥买了一条沉甸甸的金项链，当他把项链带回家，亲自戴在姥姥脖子上时，姥姥的眼睛里流淌着幸福的眼泪。直到现在，姥姥一直珍藏着这条项链。

在天愿作比翼鸟，在地愿为连理枝。姥爷是在 77 岁那年走的，姥姥在姥爷去世后的八年岁月里，依然从容地生活着。我想，姥爷对姥姥的爱从未消失，一直种在姥姥的心里。因为我们晚辈每次听到姥姥说起姥爷时，姥姥依然会嘴角上扬，眼里有光。

看过花红柳绿，经过风吹雨打，我对你依然有崇拜，你对我依然有疼爱。我想，这就是爱情。爱是惊涛骇浪，爱更是细水长流。

刊发于《楚天都市报》《亳州晚报》

爱在橙黄橘绿时

文 / 郭仁春

逛超市，水果架上琳琅满目的各种水果比比皆是，突然，一堆青绿青绿的橘子吸引了我的目光。

我提起一小枝，上面两个或三个橘子，绿色的叶子簇拥其间，叶子上还沾着水，上面的纹路一清二楚，未经霜打的青橘如山泉水般清洌，我心底不由得泛起久别重逢的欢喜。我挑了两枝，共有五个橘子，老公问："买它做什么？你牙齿最近怕酸，不能吃。"我答："买来看看、闻闻也是好的。"

青橘和我有着特殊的缘分。

刚结婚那段时间，小家刚刚起步，我和老公在外打工，不多久，我意外怀孕了。当时经济拮据，住着廉价的出租房，一日三餐都在工厂的饭堂解决，营养也跟不上。还来不及体会做妈妈的喜悦，孕吐却让我寝食难安，闻一点油腥味或者其他异味就狂呕不止，有时眼看着东西想吃，可一放入口中，胃里便会翻江倒海似的难受，老公紧张地连拍我的后背，想让我舒服点，却也无计可施。

某个休息日，我和老公一起逛市场。看到刚上市青得发亮的橘子，我眼前一亮，扫了一眼价格，便赶紧转移了目光，匆匆走到对面的蔬菜档。那立在橘子堆的价格牌让我汗颜，我知道自己的荷包还匹配不上，哪怕只是一个橘子。

回到简陋的小屋，我却意外地发现了五个青橘。老公轻轻地剥开一个递给我：虽然刚上市价格有点贵，但几个橘子还是买得起的。况且，你现在那么辛苦。

剥开橘皮，我把一片果瓣放入口中，浓浓的酸味唤醒了我的味蕾。那是孕早期里最幸福的一刻，橘子独有的清香，缤纷了整个孕期。

孩子顺利出生，是个女儿。后来，我们经营了一家小店，孩子慢慢长大，在附近上小学。每天中午，老公都要接她回家吃饭。若遇到路边摊上有新鲜绿油油的青橘，他总会捎上三五个，就三五个，因只我一人喜欢。我剥开分给他们，他们都摇头，说禁不住它的酸。

我却不觉得酸，自己的喜好被爱人悄悄地记挂着，心里甜甜的。雪小禅老师说："爱情不是轰轰烈烈，不是激情浩荡，不是嘴上涂了蜜，时刻说着'我爱你'，爱情一定是那些琐碎而温暖的细节，它们可以抵挡时间的腐蚀。"

月有阴晴圆缺，人有悲欢离合。青橘也见证了我们人生的低谷。几年前，一场大病让老公在医院住了二十多天，那段日子，我感觉自己的天要塌了，孩子还小，房子的贷款还没还清，我根本无法想象没有他的未来该怎样过？每天待在医院，总有一股刺鼻的消毒水味挥之不去。

能让自己稍微短暂放松的，就是下楼打饭的时间。走出医院大门，跨过一座两旁盛开着火红三角梅的立交桥，就到了饮食一条街，那里有清淡的病人餐，也有一些常见的水果。整齐的水果架上，我看到垒得如柴垛一般的青橘，它们那样醒目。刹那间，心灵的窗户似有一道光照进来，内心的阴霾被一扫而尽，生活的希望冉冉升起。

我挑上几个带着叶梗的青橘回病房，放在床头柜上，也分给病友，那一点小小的绿，给病房增添了一抹亮色。老公休息时，我剥开橘子，把橘皮放在他的枕头上，让清新的香味陪他入梦，我握住他的手，轻声耳语：别担心，再深再难的坎，我们携手一起跨过去。

或许是老天眷顾，抑或我们的乐观与坚强让苦难绕道而走，手术后的老公身体恢复得很好，此后的几年，我们更加珍惜细水流年里的点点滴滴，日子普通而温馨。

一年好景君须记，最是橙黄橘绿时。再看到青橘，心里有说不清道不明的情愫。有句话说，这世界上有很多东西，细小而琐碎，却在你不经意的地方，支撑你度过很多道坎。青橘，是橘子成熟之前的经历，酸甚至带点涩，相比熟透后那明媚的金黄，是那样的微不足道。可青橘于我，它是无比珍贵的不可替代，是俗世烟火里爱的点缀。我愿意在它的见证下，与他一起，同风雨，共患难，从青丝到白发，不离不弃，无怨无悔。

刊发于《贺州日报》《珠海特区报》

婚姻年检

文 / 司德珍

七夕节，是传统的"中国情人节"，也是我家的婚姻年检日。

我跟老公结婚十多年了。都说"三年之痛，七年之痒"，很多夫妻在进入第三年后，浪漫和激情渐渐被生活的琐碎冲淡，婚姻渐渐亮起了红灯。我跟老公也有过这样的困扰和挑战。

婚后没多久，我们就经常吵吵闹闹，日子过得鸡飞狗跳。我们夫妻之间的关系，也随之陷入了疲劳和冷淡。眼看着曾经恩爱甜蜜的婚姻，就要变成爱情的坟墓，我和老公都慌了，却又不知道该如何调整。

那天，我接到通知，说是我名下的机动车该年检了。但那段时间，我和老公在冷战，就把这茬事儿给忽略了。这些年来，车的年检一直都是我老公去办理的，我根本不懂该如何年检。此时的我，也顾不上面子了，先低头给老公说了话，让他带我去给车辆做年检。老公抱怨了一番，总算答应了。

来到年检站，工作人员开始对车辆进行检测，从发动机到底盘，再到车身及其附属设备等安全性能，逐一检验。看他们如此细致，我忍不住吐槽："我家的车一直都是正常使用的，怎么还需要这么大费周章地检测啊。"工作人员一听，笑了笑说，车辆年检是为了督促汽车的维护保养，消除车辆安全隐患，减少交通事故啊。

我点点头，又听工作人员说，其实啊，不光车辆需要定期检验，生活里很多东西也需要定期检验的，比如我们的身体，每年体检一次，就是为了及时发现潜在的疾病，便于提前预防治疗，这样才能保持身体健康。真是一语惊醒梦中人，需要年检的又何止车辆与身体，我们的婚姻也需要进行定期年检啊。

领完车辆年检合格证，我跟老公刚坐到车里，就异口同声地说，咱们来场婚姻年检吧！语毕，我们相视一笑，各自的心情轻快了不少。老公说，今天正好是七夕，就定在今天晚上吧。我当即同意了。

回到家里，我开始为晚上的婚姻年检做准备。不仅做了一桌子老公爱吃的饭菜，还精心打扮了一番。老公也不再是昔日甩手掌柜的模样，而是忙前忙后，把屋里打扫得焕然一新，还准备了红蜡烛和鲜花。

饭后，我们坐在桌前，开始了婚姻年检，各自把这几年来对婚姻的感受和不满都说了出来。比如，老公不爱做家务，所有的活儿都压在我身上；比如，老公上班累了一天了，回到家里就想清静一下，我却东家长西家短地抱怨个不停。于是，针对这些情况，我们提出了各自的建议，我希望老公可以帮我分担家务，老公希望我在工作压力大的时候，给他一个温暖的拥抱等。在浪漫的烛光里，我跟老公捧着玫瑰相拥，多日的不快，终于烟消云散了。

从那以后，每逢七夕，我们都会给婚姻来一场年检，总结婚姻的点点滴滴。这样，不仅能及时发现问题，解决问题，也能为未来的生活规划出更美好的方向，让我们的婚姻不断蓬勃茁壮。

如果，你的婚姻也有困惑，不妨给它做一次年检吧。

刊发于《滕州日报》

※ 范文五

60年代的爱情

文 / 黄小秋

春日黄昏，冷雨敲窗，阳台上两枝常春藤在料峭寒风里紧紧偎依，苍绿的叶片低伏，像一对安静相守的恋人。

这两枝常春藤是母亲的心爱之物。已近古稀的母亲，依旧如少女般爱花爱草，见着假山上一丛葱茏可爱的常春藤，都会念念不忘。为遂母亲的心愿，75岁高龄的父亲，竟偷偷攀着假山，去了那高处，剪下两枝来。那一回，父亲的腰痛了许多天，但他依然会想尽法子，满足母亲的每一样喜欢。

在20世纪60年代相识的父亲和母亲，已经携手50年了，他们的浪漫爱情，就是在这烟熏火燎的打磨里，累积的点点滴滴质朴的欢喜。这次父亲感冒住院，高血糖的母亲，拖着关节疼痛的腿，日日细心陪护。一周下来，母亲明显憔悴了不少。

我在厨房快速地打着包，今天是母亲68岁的生日，菜比往日丰富些，有滋补又平和的猪肚、金黄喷香的河鱼，还有母亲最爱的西兰花。临出门，老公特意提醒我，到医院别老夸他手艺好，让母亲自惭厨艺不佳，父亲会不喜欢的。

母亲虽已两鬓染霜，依旧是父亲捧在手心里的宝。今天，我的确要谨记只涂蜜糖在嘴里，绝不犯傻。

赶到医院时，母亲正倚在病床前眯眼打盹，父亲则靠在床头，静静地看着。见我进来，父亲摇手示意我放轻步子。但母亲却在父亲轻微的小动作里，睁开了眼。迎着父亲的温柔目光，她不自觉地撩起鬓角的碎发，那举手投足里的娇憨，全然不似六十几岁的老人。

我掏出红包，恭贺母亲的生日，父亲哑着声说，都是他连累了母亲，生日都不能在家好好庆祝。母亲笑着撒娇："老头子，你要是心疼我，今儿把饭吃完，一口也不许剩下。"说来奇怪，父亲吃饭时，真的没像平时一样呕吐了。

我好不容易才忍住眼角的潮湿。几年前，突患肝硬化的父亲脾气异常暴躁，经常拒绝医生的治疗。幸而母亲"威力"大，可以逼他就范。父亲喝药想吐时，被母亲一瞪，他便会强忍着呕吐欲，再喝几口，直到母亲因生气而皱褶了的眉头，终于舒展开去。大概是父亲要守护母亲的意念战胜了病痛，被医生摇头要退诊的父亲，住院两个多月后，居然化险为夷，康复出院了。为了这个"奇迹"，陪护的母亲消瘦了十几斤，让父亲心疼不已。

吃过晚饭，天色就昏了，父亲催母亲快些回家休息，母亲却迟迟疑疑，说可以在医院挤一张床。父亲哪里肯，生怕母亲在医院睡不踏实，直挥着手，让我赶紧带着辛苦了一天的母亲走。

我扶着颤颤巍巍的母亲，一级一级下楼梯，扭身却看到父亲拄着拐杖，倚在走廊望过来。母亲似有感应般地回头，两道温柔的目光交织在淡橘色的灯光里。

深情不及久伴，厚爱无须多言。自20世纪60年代相爱的父亲和母亲，晨昏相依，在寻常的烟火中，跋涉过岁月的沧桑，不经意就活成了古诗词里的美好："死生契阔，与子成说。执子之手，与子偕老。"

刊发于《江阴日报》

（四）寓教于乐之老年生活稿

1. 如何设计老年生活稿的标题？

退休日记：《儿子教我耍手机》

讲述儿子教导父母使用手机、社交媒体的幽默故事。

时尚之旅：《女儿改造我的穿搭》

描述女儿引导父母迈入时尚的有趣经历。

美食探险：《儿子带我品味世界》

讲述儿子引领父母品尝各国美食的欢乐之旅。

老有所乐：《女婿教我玩电游》

描述女婿引导老人玩电子游戏的有趣经历。

音乐新境：《儿女带我探索流行》

讲述子女引导父母了解当代音乐的轻松时刻。

亲子运动：《女儿改造我的健身计划》

描述女儿带领父母进入健身新时代的欢乐故事。

数字探险：《儿子帮我进军网络》

讲述儿子引导父母适应数字时代的轻松趣事。

亲子厨艺：《儿子教我烹饪新招式》

描述儿子带领父母挑战新的烹饪技能的有趣经历。

老有所乐：《儿女带我领略艺术》

讲述子女引导父母感受艺术文化的轻松时刻。

科技逆袭：《孙女带我学 VR》

描述孙女引导老人学习虚拟现实技术的有趣经历。

2. 老人生活稿优秀范文

※　范文一

爷爷给我当模特

文 / 董娜

最近在网上看到有许多给爷爷奶奶拍照的，照片上温暖的笑容和明亮的色彩深深吸引了我。于是我决定为爷爷拍照，让爷爷体验一下当"网红"的感觉。

我大学的时候爱上了摄影，业余时间又翻看了许多相关的专业书籍，加上毕业后我攒钱买了台全画幅单反相机，所以拍照这件事对我来说并不难。

爷爷今年80岁了，平时爱做些种菜、打扫庭院的小活，不怎么爱出门。于是周末放假在家，我就拉着爷爷要去拍照。爷爷性格腼腆、安静，一听说我要给他拍照，紧张得有些局促不安，不好意思地说："爷爷都这么老了，拍照要被人笑话，那是你们年轻人爱玩的。"见爷爷有些犹豫，我灵机一动，正儿八经地告诉他："学校这次举行了拍老人比赛，谁家的爷爷拍得帅，会有奖品呢，我想得大奖！"

当我说我要得大奖，爷爷不假思索地答应了我的要求。从小爷爷就很宠我，还管我叫他的"开心果"，对于我想得奖这件事，爷爷十分支持。爷爷是我的第一个老年模特，为了把他拍得自然得体，我决定带着他去山林间取景。

风景如画，乡野间开满了各种各样的野花，覆盆子、女贞花、油菜籽……我选了一处浓荫，阳光从叶隙之间过滤成圆形的光斑，铺在柔软的绿草上。爷爷站在绿树之间听我指挥，我举着相机说，朝左边走走，爷爷就向左边挪动；我说走起来，爷爷就迈着小步子，缓缓而行。随着快门按动，一张张照片出现在相机屏幕里。我把照片拿给爷爷看，他眯着眼睛，笑成一朵山茶花。

此后，每次我的脑袋里有了灵感，或者又刷到了好看的视频，我都要拉着爷爷出门拍照。爷爷已经十分配合我，有时还会热情主动地问我，今天要去哪里拍啊？我就会把提前准备好的道具摆出来，让爷爷挑选：黏着干花片的护目镜、仿真蝴蝶兰、复古报纸、草帽、书本……渐渐地，爷爷也爱上了拍照。爷爷在我的镜头前自然地笑着，展示出另一个充满活力的自己，宛如一朵向日葵，蓬勃地生长着。

我和我80岁的爷爷，一起用自己的方式温柔地爱着这个世界。

第二章　报纸副刊分类

※ 范文二

母爱穿着隐形衣

文 / 王晓艳

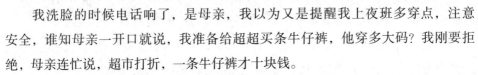

我洗脸的时候电话响了，是母亲，我以为又是提醒我上夜班多穿点，注意安全，谁知母亲一开口就说，我准备给超超买条牛仔裤，他穿多大码？我刚要拒绝，母亲连忙说，超市打折，一条牛仔裤才十块钱。

一听十块钱，我立马说：妈别买了，超超这几年胖了，不穿牛仔裤了。第一，我认为裤子太便宜，第二怕老公会嫌弃"和听到我说不要后，母亲略显失望地说：我还特意去超市看了一趟，裤子质量很好，只是便宜了点。"

和儿子玩跳棋的老公听见了，急忙对着电话说："妈，给我买一条，我28的腰围。"母亲在电话那端开心地应着，还不忘给旁边的父亲炫耀说，孩子要呢。父亲迎合着，那还不快去买，别一会卖完了。话音刚落，母亲就急忙挂断了电话。

不错呀，十块钱的裤子你也要？我调侃老公。老公笑着说，你真以为妈买的是条裤子？那是对我的关心。老公接着又说，平日里妈打电话说寄苹果，寄菜，寄衣服，你总是不假思索地拒绝，你以为拒绝是为他们好，怕他们麻烦，但对他们来说，哪怕是给孩子们做些微不足道的事，也是开心的。

我突然想起，前几日母亲说给我寄苹果，我想都没想就说，妈，冰箱都被你和爸种的苹果占满了。母亲小声嘀咕着，那就不寄了。随后又补充道，吃完了告诉我，给你们寄。

晚上，儿子要吃苹果，打开冰箱我目瞪口呆，苹果怎么就剩一个了？老公打趣说，你多久没做饭了？旁边儿子吃着仅有的一个苹果，说："妈妈，多亏有爷爷奶奶，我们家一年四季才能有苹果吃。"我突然意识到，原来，家里最不缺的就是苹果。

第二天下午，母亲的视频又来了：你爸中午从冷库里取了一箱苹果，吃起来就像从树上刚摘下来的，可新鲜了，可惜你不要。母亲一边向我夸赞苹果好吃，一边又失落于再好吃的苹果我也不要。我急忙说，妈明天给我寄一箱苹果，你外孙已经没苹果吃了。母亲一听，立马打来精神，喊着父亲，你外孙没苹果吃了！挂掉视频没多久，父亲就给我发来了快递信息。

长大后，父母的爱不再像我们小时候那么生硬，反而变得小心翼翼，变得淳朴，却又不敢把淳朴的爱轻易送到我们生活的"大都市"，怕被"嫌弃"。殊不知，我小时候就是穿着几块钱的鞋，几十块钱的衣服长大的。

儿子咬着手里又大又红的苹果，说，爷爷奶奶种的苹果就是好吃。老公则穿着牛仔裤，得意地在我面前走来走去，"这可不是一般的牛仔裤，它是一条妈妈牌牛仔裤，一条藏着母爱的牛仔裤。"

看着儿子和老公高兴的样子，我才恍然大悟，原来妈妈的爱一直都在，只是她把爱偷偷藏在了孩子们的身后，而我却缺少了感知爱的能力和发现爱的眼睛。

刊发于《滕州日报》

※　范文三

婆婆成了好闺蜜

文 / 漆艳林

经常听别人说婆媳生来是天敌，可是在我这里却非常不同。从一开始嫁入老公家里，我毕恭毕敬地害怕得罪婆婆，到如今与婆婆如影随形、无话不谈，愣是把别人说的"天敌"处成了"闺蜜"。

现在回想起来，我结婚时婆婆跟老公把所有的事情都张罗到位了，给我准备了一个惊喜，自己像是参加了一个婚礼。婚后婆婆从不要求我干家务，相反她把所有的活都干完了。婆婆特别健谈，我们常聊天，虽不是一个年代的人，却非常投机，我的一切她不干预，倒是非常支持，比如我特别喜欢弹琴。后来逛街、购物都亲密无间，婆婆俨然成了我的闺蜜。老公更像是多余的那个人，以至于他满腹牢骚，抱怨道："感觉你是亲生的，我是捡来的。"

后来我有了身孕，作为一个新手妈妈，我的确什么都没准备，直到女儿快要出生的那个晚上，婆婆没有睡，听到我在喊疼，她冲进厨房给我煮了碗汤圆端来，说道："赶紧吃，吃完洗个澡，我们去医院。"我从洗手间出来时，婆婆拎着大包小包的东西说："一切准备就绪，出发。"原来，她把小孩与我的生活用品都悄悄准备齐了。后来婆婆跑前跑后，忙里忙外。作为一个刚生完小孩的人，那一刻我甚至都嫌弃自己，但是她不嫌脏不嫌累地照顾我，给我洗衣服，照顾小孩，甚至在出月子时，准备很多草药特意熬制了消毒水，给我来了一个大清洁。就连老公都没办法做得这么细致，婆婆却做到了，那些日子真的让我特别感动。

有一次回家很累，想休息，老公让我做饭，婆婆听到后，瞪了老公一眼，就朝老公说："你被 502 粘住了吗？你去做饭。"然后她陪我看起了电视剧。

一天，一起外出吃饭，我说要去洗手间一趟，回来时，老公就在"挨训"。原来老公一顿猛操作，盯着手机看，被婆婆发现了说："美女加你，你还加？你是有妇之夫，不能加。"婆婆旁敲侧击，提醒老公。又跟我说："他不得加，我们家就只认你。"

后来，我问婆婆，为什么对我这么好呢？我感觉婆媳关系没出现过问题。婆婆笑着说："自你来，我就多了一个女儿，多了一个朋友。"那一刻，我感觉自己上辈子烧高香了，遇到了这么好的婆婆，亲密无间的"闺蜜"。婆婆，我爱你。

刊发于《黄石日报》

※　范文四

母亲有颗少女心

文 / 茅明敏

母亲今年刚过花甲，普普通通的农村妇女。从不爱打扮的她，最近却让我无法捉摸。一系列的行为，似乎有点不对劲。

我的那件黄色印有卡通图案的薄外套不见了，翻遍整个衣柜都找不到。第二天，母亲把它穿在了身上。我哭笑不得，"这是年轻人穿的呀！你穿了我没得穿了呀！"但是母亲很是兴高采烈，解释说："谁说这是年轻人穿的，我穿了也好看啊！"难道，母亲爱美了？我在心里暗暗想。

我买了一件红色的羽绒服，母亲便央求我也给她来一件。一开始我很排斥跟母亲穿同款衣服，但母亲似乎跟上了潮流，说那叫"母女装"。后来，我很无奈地接受了。我们穿着同款的羽绒服走亲访友，看到的人便毫不吝啬地赞叹，"你妈越来越年轻了！"原来，母亲的内心一直很少女呢！

母亲不是不爱打扮，而是被日常琐事给耽搁了。记忆慢慢打开，往事一幕幕朝我涌来。还在上初中的我，经常忘带课本学习用品啥的，每次都被母亲发现，然后及时送到学校给我。一次，同桌对我叫道，你奶奶来了。从此，我便对她有了一丝嫌弃。是她让我尴尬，是她让我抬不起头。我羡慕别人家的母亲，是那么好看。40多岁的她，穿着素色的衣服，脸上从不涂粉，显得特别老。如今，回忆起来，家里的家务活都是母亲一个人做。我上学的时候，不曾让我进厨房帮忙。经常说我最重要的任务是把书读好，有出息了她就熬到头了。

偶然的一次翻看昔日的旧照片，一张黑白的证件照映入眼帘。那应该是母亲年轻时候拍的，有着饱满的苹果肌，笑容里满是青春活力。原来，母亲也曾那么美！

前些天，我和她一起在屋外晒太阳。我看到母亲的头发已经花白，稀疏得可以看到头皮。母亲时常对我笑着说道："女儿长大了，妈妈却老了。"我知道岁月不饶人，所有的人都会老去，都会被时光无情地摧残。但如果有一颗少女心，再老也别有一番风情。母亲试探性地问我涂的是什么粉，皮肤保养得这么好？我想，是时候给母亲好好打扮一下了。于是，我先握着母亲满是褶皱的手，给她涂护手霜，滋润又保湿。然后我再拿着之前买的面霜，均匀涂抹在母亲的脸上。瞬间感觉年轻不少，母亲照照镜子，很是满意。

谁说扮美是年轻人的专利，看我的母亲就知道，一样有颗不老的少女心，足够抵抗生活的琐碎。

刊发于《黄海晨报》《拂晓报》《中国电视报》《昌平报》

※ 范文五

老爸偷卡

文 / 丁立英

才准备睡午觉，老爸给我发来一条微信：我在楼下车里等你，悄悄出来，别让你妈发现！

怀着紧张、好奇的心情，我轻轻关上门后，连跑带跳地奔向楼下。打开车门，便问道："您这是要做什么背着我妈的事情，还要扯上我啊？"

只见老爸微微一笑，笑容中竟然有羞涩一抹："系好安全带，出发！"嗬，长这么大，我还真是没见到过他这种表情呢！

路上，他边开车边问我："闺女，你说给你妈买个什么样的戒指好呢？"

"戒指？给我妈买？为什么？"我好像产生了幻觉，这是从我爸嘴里说出来的话吗？

"这不快到七夕情人节了嘛，对你妈表示表示呗！"他目不转睛地盯着前方，但脸颊上却抹开了一层红晕。

"爸，你……做了对不起我妈的事？"之所以有此疑惑，是因为在我的记忆里，老爸从没主动给我妈买过礼物，每次逢年过节，妈妈想要仪式感的时候，老爸总是甩出这么一句："我每月发的钱一分不少的都给你，钱在你手里，你想买什么就买什么，你做主就可以。"

每次听到这话，我妈都被气得牙痒痒，恨恨地埋怨："就是个榆木疙瘩，咱们家的卡就在抽屉里，你不会偷偷拿去买啊，我还会说你不成？"然后话锋会指向我："妮子，你以后不许找你爸爸这么不浪漫的男人！"

在我诺诺连声地呼应我妈的时候，我老爸还会雪上加霜地补上一句："咱们家的卡是归你管的，我要是偷偷拿去，那不成了小偷了，还是那句话，喜欢什么就去买，咱们家的钱，你做主！"然后，悠闲地去阳台摆弄他那些花鸟鱼虫了。

我妈照旧在边上唠叨，老爸不说话了，妈妈的话自然也就慢慢停住了。

"唉，我真是觉得对不起你妈，那么模样是模样，家庭是家庭的人，嫁给了贫穷的我，真是不容易啊！"老爸的声音有些低沉，"后来咱们家有钱了，我觉得把钱都给你妈，我就做得挺好的了，结果前几天夜里，你妈突然来的那场大病，把我吓着了，也让我一下子明白了好多……"他不再接着说下去，车内充满着一股难言的沉闷，我似乎还看到他用左手抹了抹眼睛。

到了商场，老爸逛得很仔细，每次看到他觉得心仪的戒指，总指给我看，并请服务员拿出来端详，但他并不急着买单，他说他要逛遍这个商场所有的珠宝柜台，把自己认为最好看的那个戒指买给我妈。

终于，他选定了，但就在刷卡的几秒后，他的电话铃声响了，是我妈着急地呼唤：“妮子他爸，有人刷你的卡，你说，放在抽屉的东西，怎么会丢呢？”

老爸赶忙劝慰：“别着急，别着急，没丢，没丢，是我拿的，我在商场，马上回家！”

他的话音未落，电话里传来我妈惊奇且愤怒的声音：“你竟然偷我的卡！”

老爸看四下只有我一个人，便把嘴贴近话筒，悄悄说：“别急，别急，我的卡是你的，我的心也是你的，等我回家给你惊喜！”

站在边上的我，差点被老爸的这一番表白惊倒，愣愣地看着他，他却拍拍我的肩膀：“愣着干什么？赶紧回家，别让你妈等着急了！”

刊发于《平顶山晚报》

五、美食稿

（一）如何来写报刊文美食稿？

写作美食类亲情故事文可以通过以下步骤展开，通过美食为载体，温暖人心，让读者感受到家庭温馨的情感。

选择主题和情感核心：确定你想要讲述的故事主题，以及想要传递的亲情情感核心。是通过某种特别的美食串联起家庭成员之间的情感，还是通过亲人共同制作美食的过程来表达亲情？

选定美食：选择一个在你家庭中有特殊意义或是大家喜欢的美食作为故事的主角。这可以是妈妈的拿手菜、爷爷的独家秘制，或者是全家人都热爱的传统节日食物。

描写美食：详细描写选定的美食，包括它的外观、味道、制作过程等。通过丰富的描写，使读者能够感受到这个美食的独特之处。

构建情节：将美食与家庭成员之间的情感巧妙地连接起来。可以通过回忆、对话、日常生活中的片段等方式，将家庭成员的关系嵌入到美食的故事中。

加入细节和元素：引入一些具体的家庭成员的特点、习惯或者故事元素，使整个故事更加生动有趣。这样读者可以更好地认识每个角色，产生更强烈的情感共鸣。

情感的表达：利用美食为媒介，表达家庭成员之间的深厚感情。可以通过对美食的共同热爱、制作美食的团结合作，或是在共享美食时的感慨等方式，表达亲情

第二章　报纸副刊分类

的温暖。

回忆与未来： 在故事中穿插一些家庭的回忆片段，同时也可以展望未来，表达对家庭的期望和珍惜。这样可以让故事更具有时空穿越的感觉。

语言的选择： 使用温暖、真挚的语言表达亲情，尽量避免过于矫情，让读者感受到真实而贴近生活的情感。

温馨的结尾： 在文章的结尾处，通过美食的烹饪或享用过程，呼应故事的主题，将故事的情感高潮引向一个温馨、感人的结尾。

（二）美食稿的写作特点是什么？

美食类稿件一定要结合自己的成长故事，也就是说为什么我们对某一种食物情有独钟，大概是因为它在我们的童年记忆里有浓墨重彩的一笔，或许丰富了我们的童年，或者有着温暖的亲情。总之美食稿一般需要结合某一类美食的制作方法，以及一个温暖的亲情故事结合。美食是亲情的载体，在写这类美食的同时也要表达出来作者对某一个人的特殊情感。

比如《洋槐花里的亲情》：这一篇就是作者在写奶奶制作洋槐花的过程，以及自己对奶奶制作的美食的介绍的同时，也是对奶奶的思念。

这类文章标题一定要提到美食的名字，因为我们在给编辑发稿子到邮箱的时候，他们一定会通过标题来判断我们的文章是否适合他们的刊物。所以标题可以很简洁明了让编辑快速找到最适合自己刊物的稿件。

（三）美食稿优秀范文

※ 范文一

洋槐花里的亲情

在我贫困的童年里，春天总是带着一抹洋槐花的芬芳而来。每当春意盎然，奶奶便会拿着一个破旧的篮子，走出家门，寻找那些盛开的洋槐花。那时候，她总是笑意盈盈，一脸的慈祥。

奶奶采摘的洋槐花不是为了观赏，而是为了做我们家的拿手好菜——疙瘩汤。她说，洋槐花有一种特殊的清香，可以为疙瘩汤增色不少。而在我们贫困的家庭里，她总是能够用最简朴的食材，烹饪出最美味的家常菜。

奶奶采摘洋槐花的方法独具匠心。她总是选择盛开最美、香气最浓的花朵。小巧的篮子里渐渐装满了洋槐花，那一片洁白的花瓣仿佛是春天的精灵，飘散着淡淡的香气。回到家里，奶奶把洋槐花放在凉爽的地方晾晒，以保持花朵的新鲜。

制作疙瘩的过程，始终是我童年最美好的记忆之一。奶奶先是把新鲜的洋槐花用清水冲洗干净，然后轻轻摘下花瓣，将其放入淘米水中浸泡，以便增添洋槐花的香味。接着，她会精心准备一些面粉、蛋和适量的盐，搅拌均匀成面糊。最后，将泡过洋槐花的淘米水慢慢加入，搅拌成一个均匀的面糊。

疙瘩的制作需要一定的技巧，奶奶总是在手心轻轻搓动，将面糊搓成大小均匀的小团。这些洋槐花疙瘩入味鲜美，口感软糯，而洋槐花的香气也在疙瘩汤中溢散开来，让整个屋子都充满了春天的气息。

每当盛满一碗洋槐花疙瘩汤时，奶奶总是笑容满面地把碗端到我面前。那一瞬间，我感受到了除了食物的温暖，还有奶奶深深的关爱。吃着她亲手制作的洋槐花疙瘩汤，我仿佛能够嗅到家的味道，感受到那一份无言的亲情和关怀。

如今岁月已经过去，奶奶不在了，但每当春天的洋槐花盛开，我总会不由自主地想起那些美好的时光。我感激奶奶在贫困中给予我们的温暖和爱，那份对她的思念之情，永远都在心底涌动。每一朵洋槐花，都成了我对奶奶深深思念的代表。

※ 范文二

童年的苜蓿饺子

在我快乐而无忧无虑的农村童年里，有一道让我终生难忘的美味，那就是母亲亲手制作的苜蓿饺子。

每当田野里的苜蓿开始翠绿生长，母亲总会带着我一同前往田地，轻松愉快地采摘这些新鲜的苜蓿。阳光透过稻谷的缝隙洒在我们身上，微风拂过，带着泥土的芬芳，仿佛置身于大自然的怀抱中。这一切都是那么宁静而美好。

回到家里，母亲细心地清洗了采摘回来的苜蓿。她知道苜蓿的嫩绿才是最美味的部分，因此只选择最嫩、最新鲜的一片片苜蓿。接着，母亲用心地将苜蓿剁成细碎的末，然后将鸡蛋打散，与苜蓿末混合搅拌，形成了一份翠绿而新鲜的馅料。

紧接着，母亲取出面粉，调制出柔软而富有韧性的面团。她把面团擀成薄薄的皮，一片片饺子皮整齐地排列在案板上。在每一片饺子皮上，母亲都精心地放上一把苜蓿馅，然后娴熟地将饺子捏成一个个小巧玲珑的形状。

而后，母亲将这些饺子烹饪出来。她总是采用清汤，让饺子在滚烫的汤水中煮至香气四溢，饺子在汤中飘动，苜蓿的清香随之弥漫开来。每一口，都是小时候农村生活的味道，都是母亲对我的深深关爱。

然而，时间匆匆流逝，我长大了，外出读书。在异乡的城市里，我常常怀念母亲亲手制作的苜蓿饺子，但难以在餐馆里找到相似的味道。于是，有一次我情不自禁地给母亲打了个电话，诉说着对她独特手艺的思念。谁知一个星期后我竟然收到了母亲邮寄的快递包裹。

当我打开包裹，看到那些苜蓿饺子被巧妙地冷藏包装时，眼眶里涌上了暖暖的泪水。那一刻，我感受到了远方母亲深深的牵挂，感受到了家的温暖。我迫不及待走进厨房，开火烧水准备煮饺子，那一刻我仿佛又回到了小时候。

天格外蓝，我和母亲提着篮子在田地里采摘苜蓿。母亲一边摘，一边给我讲故事。而那时的我，如此得无忧无虑。

※ 范文三

记忆中的凉粉味道

文 / 徐晓霞

进入伏天，持续的高温让家人的食欲跌入冰点，特别是儿子，每顿饭都得哄着吃下去。我不得不挖空心思，变换着花样解决食欲这个问题。我尝试做了几次凉粉，但口感并不尽如人意，后来，我按照记忆中一个小凉粉店的方法，将酱油、醋、蚝油、辣椒油、熟芝麻、花生碎、盐、糖、葱末、蒜末、黄瓜丝等调入凉粉中，却得到家人的一致好评。我尝了一口，确实是记忆中清凉、酸爽的味道。

记忆中的凉粉店叫"二宝凉粉"，每天放学路过，总被那个阿姨"好吃的凉粉，五毛一碗"或者是"吃了凉粉，清凉消暑"的叫卖声吸引，脚步禁不住慢下来，舔舔嘴唇，久久不愿离去。如果兜里尚有五毛钱，就底气十足地走进店里买一碗，消暑解馋。

小店收拾得很干净，阿姨长得挺俊，穿戴朴实，总是笑嘻嘻地招呼着每一个客人，遇到对面建筑工地的工人或者乡下来的老人，她总会在碗里多放些凉粉。每次看她调制凉粉的样子，像在欣赏一道艺术，她用漏勺娴熟地从一块"大白玉"上游走两次，一根根粗细均匀、洁白透亮的粉条便越过漏勺，滑入碗中，再从面前摆放整齐的调料盘中，一勺一勺勾兑调入碗中，那种醇香、酸辣立即扑入鼻孔，我常常是一边吞咽着口水，一边端着碗找座位。即便不吃也会驻足观望一会儿，数不清看了多少次。

记得小时候有一次放学回家，我没带钥匙，父母不在家，我转身溜出来。那天，酷暑难耐，我又饿又渴，想吃碗凉粉，可兜里竟无分文，我无奈地坐在凉粉店旁边的石头上等着父母，不知不觉，竟靠着墙根睡着了。

恍惚中，有人推我："丫头，醒醒。"我迷迷糊糊睁开眼，是凉粉店的阿姨，她正慈祥地看着我："饿了吧，咋不回家？"我说："家里没人。"阿姨没再多问，将我拉回店里，盛了满满一大碗凉粉递给我："赶紧吃吧。"说着还给我倒了一杯水，我喏喏地说："阿姨，我没带钱。"阿姨笑盈盈地说："没事，今天阿姨请你吃。"或许是真的了，那天吃的凉粉格外香，至今记忆犹新。

父母到家后发现我不在，出来到处寻找，在凉粉店找到我时，我已吃饱喝足。原来那天姥姥突然不舒服，父母着急过去带姥姥看病，回来晚了。母亲很感激这位善良的阿姨，后来经常将自己家里的稀罕东西送与阿姨，一来二去便成了知心姐妹。

慢慢地，我从母亲嘴里了解到阿姨是外地人，前几年丈夫在工地干活时出了意外，她一个人艰难地拉扯着两个儿子，以卖凉粉为生，"二宝"就是用两个儿子名字命名的，好在两个儿子双双考入大学，阿姨的苦日子也熬出头了，她每天经营着这个小店，盼着两个儿子长大成材。

我对阿姨又多了一份敬重，她不仅美丽、善良，还坚强、豁达，不管生活遇到何种困境，都坦然面对。阿姨的精神是我童年生活的一道亮光，总会激励我勇敢向前，以乐观的心态对待生活。

未曾想到，如今我也能做出阿姨当年的凉粉味道，那是一种关爱、善良、坚忍和守望的味道。

刊发于《清远日报》

※ 范文四

花样馒头

文 / 张海新

儿时的记忆里，过年若能吃上母亲做的花样馒头，那个年便是幸福吉祥的。

在我的家乡，每逢过年，家家户户都要蒸上几笼馒头。馒头是发面做的，过年蒸馒头寓意着来年发大财，日子过得蒸蒸日上。

蒸馒头是母亲过年的头等大事。过了小年后，她就开始像陀螺一样不停地忙碌起来。邻居家里蒸馒头走个形式就够了，而心灵手巧的母亲偏要把馒头蒸出各种花样来。

每次我家蒸馒头，一群伯母婶婶都来我家凑热闹。说是帮忙，其实是来围观母亲的"才艺表演"。

母亲在前一晚上已经把面团发酵好，蒸馒头的材料也准备充足了，接下来就开始揉面、做花样馒头了。

做馒头是一项技术活，要有足够耐心。母亲把大面团反复揉十几遍，搓成粗长条，再切成大小均匀的小块，每一块反复揉成圆形，然后做成桃子的形状，最后用筷子蘸着胭脂红，在桃身上点上梅花，又仔细把桃尖染成红色，寿桃馒头就做好了。

寿桃馒头做好后，母亲把高粱面或玉米面揉进白面团里，揉成黑白相间、黄白相间的花纹馒头。接着，她在圆滚滚的馒头中间划出十字刀口，在正中间放一枚大红枣，做成开花馒头。母亲还做了元宝馒头、鲤鱼馒头、枣花馒头……每一种都有不同的寓意和美好的期盼。

花样馒头做好后，母亲把它们整整齐齐地摆放在蒸笼里，开始上锅蒸了。

三四十分钟后，馒头开笼了！热气腾腾的馒头香弥漫了整个院子。再看看蒸好的花样馒头，一个个白白胖胖的，造型各异、栩栩如生，煞是好看。二娘打趣妈妈："你这馒头太好看了，哪还舍得吃啊！"引得大家一阵哄笑。我看到开花馒头咧开了大嘴，拍着手喊道："妈妈，你快看，这些馒头都笑了。"大伙都笑着夸我聪明，讨了个好彩头，来年一定顺顺利利的！

最后，母亲还把花样馒头分给伯母婶婶们，等大家满心欢喜地离开了。母亲看着辛辛苦苦忙活了大半天蒸的馒头都分完了，心满意足地笑了。

如今，好多年没有吃到母亲蒸的花样馒头了。每逢过年，我都要带着孩子们蒸一锅热气腾腾的馒头，在缭绕的雾气中，发酵着家的温暖。此时，我会咬一口软糯清甜的馒头，仿佛品味着儿时和母亲一起蒸馒头时的幸福与甜蜜。

刊发于《东南早报》《邢台日报》《牛城晚报》

※ 范文五

螃蜞豆腐

文 / 郭锦宇

翻看汪老的《人间滋味》，书中美食琳琅满目，就连一块普普通通的豆腐，也能有几多变幻。提到豆腐，脑海里立即浮现出老爸的拿手绝活：螃蜞豆腐。

螃蜞豆腐，很多人会以为就是用螃蟹和豆腐做出来的一道菜，实际上端上桌以后会发现不见螃蜞不见豆腐，这可是我超爱吃的一道家乡美食。

俗话说：靠山吃山，靠水吃水！我的老家就在长江脚下，江滩上大片的芦苇是螃蜞的天堂。一到夏天，特别是闷热天，螃蜞就会从洞里钻出来，尤其习惯于在晚上爬出洞，外出觅食。想吃螃蜞豆腐那就得去芦苇滩里抓螃蜞了。

记得小时候，老爸也曾带着我和小伙伴一起去芦苇丛里抓螃蜞。我们穿上雨鞋，拎着水桶，打着手电筒，当然还得戴上一副尼龙白手套，便一路哼着小曲往江边走去，那是我最开心的时光。

江边的夜晚星星点点，皎洁的月光洒在江面上，芦苇在风中摇曳着，耳旁传来各种小虫子"唧唧唧"和青蛙"呱呱呱"交响曲。爸爸让我打着手电，他在前面领着我们来到芦苇滩，熟练地找到一个出口，扒开眼前的芦苇，弯着腰钻进芦苇丛中，我们也紧随其后。这时我发现好多螃蜞在芦苇秆上爬着，便惊叫起来，老爸让我不要发出声音，用手电筒对着芦苇叶照射过去，小螃蟹们突然惊恐地立在芦苇秆上一动不动了，这时老爸双手从芦苇底部向上一撸，一把就抓上好几个，扔到水桶里。浑身沾满泥巴的小螃蟹们便张牙舞爪在桶里打太极，才一会工夫，螃蜞就装上一大桶了。老爸说："螃蜞豆腐好吃，做起来可不简单，刚抓上来的螃蜞需要在水桶里养个一夜才能吃。"

第二天一早，老爸就开始忙活了。他先把螃蜞冲洗几遍，剥去外壳，然后就拿到村里有石臼的人家，用杵棒把螃蜞捣烂，再用纱布过滤出浆汁，反复几遍，最后把螃蜞渣扔掉，端着满满一盆螃蜞浆汁回家。

到家后，老爸便开始做鲜美的螃蜞豆腐了。他吩咐老妈去院子里割一把新鲜的韭菜，自己先放油热锅并加入水，待水烧开后把螃蜞浆汁一勺一勺舀入锅中，加入姜、盐、料酒等。不一会，锅中便会浮出一朵朵土灰色"豆腐花"，又像一团团紫灰色的云飘浮在空中，随后打入鸡蛋，再放上一把新鲜的韭菜，撒上葱花，一道鲜美的螃蜞豆腐就出锅了。

端上桌后，色美味香，我好奇地问老爸："螃蜞豆腐，豆腐呢？"老爸笑着说："螃蜞做出来的豆腐花就叫螃蜞豆腐啊，赶紧来尝一尝。"他先盛了一小碗递给我，并提醒我："当心烫！"我连忙吃上一口，嗯，入口即化，软软的、滑滑的、嫩嫩的，真是太好吃了。我竖起大拇指夸赞老爸："这道螃蜞豆腐真是绝了，从来没吃过这么鲜美又清爽的人间美味"。再喝一口汤汁，哇！其鲜美的味道萦绕充斥在整个唇齿间，久久不会散去，真是喝了一碗还想喝。

范仲淹曾有诗："江上往来人，但爱鲈鱼美"。我想说："江上往来人，独爱螃蜞鲜"。每到春夏之际的夜晚，我们村里总会几人一伙打着手电一起去芦苇滩抓螃蜞，只为做一盆人间美味"螃蜞豆腐"。

如今长大后，回家次数越来越少，可乡愁也是味觉上的思念。童年时那一口螃蜞豆腐在我的味蕾间深深刻上了烙印，而老爸也终究是懂我的，只要我回家，他还是会不怕麻烦，亲手做上一锅螃蜞豆腐给我解馋。味蕾间充斥着家的味道在唇间一点一滴弥漫开来，足以让我回味一生。

刊发于《清远日报》《民主协商报》

六、植物稿

（一）植物稿的写作方法有哪些？

植物类文章一般有两种写法：

1. 抒情

用抒情文来写植物的外形、颜色、属性同时在书写植物本身的外形的同时又会加入植物的由来，与植物相关的诗词，植物的用途等。

2. 托物言志

用一个故事写出来植物身上的某一些品质，或者特征。

（二）植物稿优秀范文

※ 范文一

玉兰花

春风拂柳绿，清香随梦来。悠悠玉兰花，洁白如仙台。这仿佛是古人留下的一句诗，诉说着玉兰花婀娜多姿的风采。时光荏苒，古诗词中的画卷已然成为现实，让我们穿越时光，走入这片属于玉兰花的世界。

玉兰花，生长在宁静的园林中，她们选择在深绿的荫蔽下绽放，如同瓷器中的素颜美人。优雅的树冠伫立在岁月的长河中，轻轻摇曳的叶片为玉兰花创造了一片宁静的乐园。这里是她们的舞台，展示着纯洁的花姿。

玉兰花的外形如同少女的身姿，花朵洁白无瑕，犹如凝固的羞涩。花瓣分层而开，饱满而不张扬，仿佛是大自然为她们设计的一身淡雅的礼服。盛开时，花朵簇拥在一起，争相绽放，如同一群舞动的仙女，为春天献上婀娜的舞姿。

玉兰花种类众多，有着不同的花色和花形。有的玉兰花花瓣纯白如雪，有的略带淡黄，如同晨曦中的温柔。而在品种繁多的家族中，无论是大花玉兰还是小花玉兰，都各具风采，为人们呈现了多姿多彩的花卉世界。

玉兰花的品质是她们独特之处，她们并不张扬，却因其纯洁、高雅而备受人喜爱。她们如诗如画地绽放，不求花香弥漫整个春天，只愿在清风拂面时，能为人们带来一阵幽雅的清香。玉兰花的品质，如同她们的花姿一样，给人一种清新、淡雅而高贵的感觉。

玉兰花，在她们的世界里，显得那样恬静、纯粹。她们以她们独特的方式，在春风中开放，为大地增添了一抹素雅的色彩，成为春天里最娇艳的花朵之一。她们如一群文雅的女子，用她们的美丽和品质，诉说着大自然的温柔与美好。

※ 范文二

桐花落满地

文 / 田志花

"一番飞谷雨，满地落桐花。"绵绵的春雨洒过，桐花落了一地，白的、紫的，好像一个大银盘里盛满了亮晶晶的风铃花。

我小心翼翼地绕道而行，脚底还是粘了几朵桐花。湿湿的，带着雨水，极不情愿让剥离。我弯下腰，捧起一掬桐花，凑近鼻尖，香甜而熟悉的味道在我周围渐渐弥漫开来。

小时候，我家院子里种了十几棵桐树，小的有碗口那么粗，大的我一人抱不过来。"等闲春过三分二，凭仗桐花报与知。"一到清明，光秃秃的枝条顶端就吐出了点点深紫色的花蕾来，密密麻麻，它是我家院子里的第一抹春色。这时候，父亲开始收拾犁耙，母亲忙着种瓜点豆，为一年的光景做打算。我把小花池收拾一番，撒上花种，开始期盼属于自己的姹紫嫣红。

几阵春风吹过，桐花就被吹成了一簇簇长长的紫灯笼，崭新崭新的紫，就像母亲给我买的第一件夹克衫的紫一样。之前，我的衣服都是母亲扯布自己剪裁做的，没什么式样。看着别人家小姑娘都穿买来的五颜六色衣服，我很是羡慕。多次明里暗里在母亲跟前抱怨，她每次都笑笑，低下头不语。

十岁那年的大年初一早上，我在睡梦里被鞭炮声吵醒，突然瞥见床头上放着一件叠得整整齐齐的紫色衣服，明晃晃的拉链闪亮着我的眼。"给我买的？"我试探性地问母亲。她含着笑说："快试试。"我一骨碌起来，拿起衣服左看右看，是件夹克衫，还是挂里的，两边的口袋上有两个蝴蝶结，太合我心意了！

我穿着新衣服，兴奋地在村里乱跑，把每个小朋友家里都去了一遍。听着大人们的夸赞，看着小朋友们羡慕的目光，我心里喝了蜜似的。就在我忘乎所以的时

076

候，"嘶"一声，袖子挂到干树枝上，破了，露出了雪白的内衬，像张开一张吓人的大嘴。我不敢声张，也不敢回家，偷偷躲到了村后的麦秸垛里。直到迷迷糊糊中，听到母亲由远及近的呼喊声，感知到手电筒的光束，我才哭了起来。她一把抱住我，紧紧地把我裹在怀里，语无伦次地说着"不怕、不怕……"那一刻，我觉得母亲的怀抱好温暖，能融化一切。

第二天，母亲别出心裁在那个大口子处用同色线绣了个"花"字。后来我才知道，母亲是攒了大半年的鸡蛋钱才给我买的新衣服。这件衣服我一直穿着，直到袖口处、肘处都磨开了花，也舍不得扔。母亲的爱，就像这桐花的紫，素雅，深沉，温馨。

只几天光景，桐花就全开了，一簇一簇紧紧依偎着，遮天蔽日，白如脂，紫如霞，素面添雅，朴实无华。

"夕阳飞燕子，茅屋落桐花"。傍晚时分，父母忙完了地里的活，就开始忙家里。满院的落花在父亲手里的扫帚的缝隙间轻轻跳跃，发出"哗啦""哗啦"的响声，像在弹奏一曲美妙的音乐。

等母亲升起炊烟，父亲把牛、羊的草料也准备好了，我和弟弟抬来小桌子，一家人围坐在一起开始吃晚饭。这时候是院子里最热闹的时候。

刚满月的几只小羊羔蹦跳着满院撒欢。小狗一不留神就被鸡抢了饭碗，怕母亲嚷，还不敢硬撑，只好用嘴巴轻咬住鸡尾巴往后拖，往往是拖了这只，那只跳进了它的碗里，拖了那只，这只又跳进去，拖来拖去，咋也拖不完，笑得我们眼泪都出来了，最后还是弟弟把鸡们赶了去，小狗才得以解围。一窝小猪也来凑热闹，它们一窝蜂似的，"哼哼"着忽地这边，又忽地那边。好不容易安静下来，"扑腾"几朵桐花落地又弹起，刚好砸在小羊身边，它"腾"地起来，又开始撒欢了。

繁花开尽斗芳菲，桐花落时念更深。如今，小院早已不在，父母也在慢慢变老。但那如云的桐花常常在我梦里摇曳，每当桐花落时，心中便升起无尽的欢喜和思念。

刊发于《江苏工人报》

菊花开

文／小雨

　　时光渐渐走向秋天的深处，百花在袅袅寒气中慢慢凋零，唯有菊花在凉风冷露中次第开放，盛情装点着晚秋时节。周日，友人约我："你不是喜爱菊花吗？我们不如去赏菊吧。"我欣然答应。

　　吃罢中饭，我们相约而行，悠闲地欣赏着秋天里最后的灿烂。我隐约记得几年前，一个山脚下有一片菊园，不知是否还在？带着疑虑，我俩还是打算过去碰碰运气。刚爬上山坡，便看到对面山脚下那片开得正好的菊园。我俩顿时尖叫着狂奔而去，好似看到久别重逢的旧友，兴奋又激动。

　　步入菊园，阵阵清香扑面而来，伴着泥土特有的潮湿，沁入鼻膛，流入心脾。我闭上眼睛使劲吸吸鼻子，恨不得把整个菊园的味道都吸入心底，深藏起来。睁眼望去，只见成千上万朵菊花争奇斗艳，热烈地绽放着，像在迎接远方的来客。

　　我们惊叹着菊花的绚丽，欣赏着菊花的缤纷，一簇簇，一枝枝，无论昂首挺立，还是低头私语，或是携手并立，都是那般惹人喜爱，白色如冬日里的雪花纯洁无瑕，粉色如天边的彩霞淡雅朴实，紫里透红的墨菊似宝石般闪着光……菊花的花瓣不像其他花型，一片一片的，而是一丝一丝的，远看像一个个威武的狮子头，又像彩色的火烧云。

　　我们漫步花中，不知不觉夕阳西下，此情此景不由得想起唐朝诗人元稹的诗《菊花》："秋丛绕舍似陶家，遍绕篱边日渐斜。不是花中偏爱菊，此花开尽更无花。"贴切地表达了诗人对菊花的喜爱。历史上最喜欢菊花的当数陶渊明了，脍炙人口的诗句"采菊东篱下，悠然见南山。山气日夕佳，飞鸟相与还……"形象地描述了诗人弃官归田后，悠然自得的生活状态，令历代文人墨客效仿。

　　一阵秋风吹过，我和友人都不禁打了个寒战，将衣服裹紧，帽子戴好。突然一片黑云压来，貌似要下雨了，友人提醒："赶紧回家，否则要淋雨了。"我却担心起这些菊花来，它们看上去犹如少女般娇嫩，怎能经得住这秋风冷雨？我掏出雨伞，不忍离去。

雨滴开始飘落，我边往回走，边恋恋不舍扭头望着这些鲜艳的菊花。然而，令我感到震惊的是，这些菊花虽然也会随风摆动，却依然风姿绰约，淡定、从容，似乎对于风的挑衅毫不在意，任凭雨滴无情地抽打着它们的花瓣和枝条。

我喜爱菊花千姿百态、绚丽不俗、安然恬静的高雅之气，更喜爱它那傲霜斗雪、坚强不屈、积极向上的高尚品质。菊花虽没有茉莉的芬芳，却散发着一丝耐人寻味的清香；没有玫瑰的热烈，却坚守着一份清新、倔强；不像牡丹那般艳丽，却色彩斑斓地衬托着这个特别的季节。它们不与百花争春日，而与秋天长相厮守，不管风和日丽还是风雨交加，都能挺直胸膛，骄傲地昂起头颅，即便枯萎了，依然会紧抱枝头，不会随风而去。宋朝诗人朱淑真在《菊花》一诗中关于菊花的诗句——"宁可抱香枝上老，不随黄叶舞秋风"正是歌颂了菊花这种坚贞不屈的高尚情操。

我突然想像菊花一样，做一个恬淡典雅、清新脱俗、潇洒飘逸的隐者，不惧风雨，以坦然的姿态面对一切艰难困苦，以满腔的激情迎接各种挑战，以必胜的信念和决心乘风破浪，勇往直前。

刊发于《春城晚报》

※　范文四

薄荷引夏凉

文 / 董娜

"梅子金黄杏子肥，麦花雪白菜花稀。"夏天如约而至。

门前的那片薄荷在雨后的清晨呈现出翠绿的颜色。它好像要和紫荆树比高似的，疯长着，那架势简直要豁出去了。每周我下班后回家，第一眼看到的就是门前的薄荷。它老远就和你打着招呼，在湿润的风里抖擞着每一片绿，好像下一秒就要风尘仆仆地跌到你的跟前。我有时穿了白裙子坐下来，它竟悄悄地探出一抹浓绿，印到你的衣裙上。顿时，风里染上了薄荷香，连燥热的夏日都似乎有了几丝凉意。

薄荷在乡下人的眼里并不算宝贝，有时甚至连野草都比不过。我母亲算得上是村里最爱花花草草的人了，家里凡是能用来装土的罐子，母亲都用来种花了。邻居常常来我家寻花寻草，从母亲那里讨要植株，再移栽到自家花盆里。但母亲从不种薄荷，我也不曾发现村庄里谁家种了薄荷。

自家门前的那片薄荷还是祖父在山上带回来的。我遇见薄荷欣喜若狂，迷恋着它那清凉的香气。我找来铲子，刨了几个泥坑，将薄荷种下去。没想到，几日后，薄荷不仅在这里安了家，还长出了新的嫩芽。春去秋来，薄荷长成气候。母亲却趁我不在家时狠心斩去了那片惹眼的绿。

母亲说，薄荷生命力顽强，不铲去，只会越发越多。可我哪里肯听呀，心灰意冷，坐在门前看着那片凌乱叹息。就在我快要淡忘时，今年春天，薄荷又悄悄探出头来。那小小的绿芽有着极强的生命力，攒足了劲儿向上生长着。只一春的时间，在那片裸露的土地上方已然撑出一片绿云。我这才相信母亲的话。

在我的再三劝说下，母亲替我留住了那片薄荷。母亲不知道从哪里得知薄荷有清火的功效，于是，每顿饭菜里，她都要掐几片水嫩的薄荷芽拌进去。薄荷味道清香，入口清爽解腻，母亲将薄荷当成了蔬菜。有时，她会将鸡蛋和薄荷一起炒，这是最常见的吃法了。母亲乐呵呵地说，没想到薄荷还能有这样的好味道。我顺势接住母亲的话茬说道：是呀，多亏听了我的话，留住了它。于是，原本平淡如水的日子里，聊起薄荷，我与母亲便有说不完的话题。

薄荷，除了可以食用，还能用来泡脚。在闷热的夏天，摘来薄荷叶，兑上一盆温水，解开鞋袜，将双脚放进去浸泡，不但夜里蚊虫不敢近身，就连一天的暑气也能被薄荷给驱散了，实在有解暑驱蚊的奇效。母亲常常打来一盆热水，摘了半盆薄荷叶进去，叫全家人一起来泡脚。夏虫在窗外鸣叫，星星坐在云端，月亮吐着洁白的光辉，我与母亲一同泡脚，感受着夏夜的美好。

薄荷入夏凉，我与母亲的心因为一株小小的薄荷靠得更近了。

刊发于《汴梁晚报》《清远日报》《现代快报》《青年文学家》

母亲的玫瑰

文 / 沉香红

母亲曾养过一段时间的花，郁金香，芍药，绣球还有玫瑰。令我印象最深的是那娇艳的红玫瑰。

大概因为母亲最爱它因此格外关注，红玫瑰经常被母亲摆放在家里阳台处，不允许他人触碰，也不允许我们摆放在室外。

尽管母亲一直努力照顾玫瑰，可几个月之后，玫瑰依然凋谢了。母亲百思不得其解，我对她说："花儿是需要阳光，需要水，需要自由的。"母亲说："你错了，花需要被呵护，被照顾，只有我们一直把它放在房间，照顾它，它才能活这么久。"

我拗不过母亲，心想随她去吧，只要她开心就好了。毕竟这是母亲的花，她有绝对的发言权。

后来我有了孩子，她竟然也喜欢玫瑰花，只是她爱花的方式很奇特，不是按照自己理解的方式照顾花，而是上网去搜不同的花喜欢什么样的环境，于是她深思熟虑后对我说："妈，我的玫瑰花就要在外面绽放。"

我想到了母亲的担忧，于是对孩子说："实际上花儿还是在家里比较好，没有大的风雨，可以长久地存在。"

女儿笑了笑说："就算花儿真的在房间里开得更久，你认为它真的开心吗？"

女儿的话，让我顿时愣了一下，我从没有考虑过玫瑰在房间里生长是否快乐，就好像父母以爱的名义管控我们读书，就业与择偶也从不问我们是否开心一样。

女儿把那一株玫瑰栽种到了小区的草地里，结果不久物业过来想挖掉说这里规划没有任何花，只有青草，所以不能栽种。考虑到制度的需要，我让她移除了玫瑰。

她嘟囔着，花那么多钱买一套房，使用花园的权利也没有吗？

我笑了笑摇摇头说："孩子，这花园属于大家，我们不能独自占用。如果你真的想种花，我带你回乡下，去外婆家里怎么样？"

女儿听说可以种花，兴高采烈，可是刚到家里，母亲就劝她，玫瑰要种在室内，这样它更安全。没有风吹雨打，也不会有坏人想剪掉它。

可是女儿有自己的想法，她坚持把玫瑰种在了果园附近的小溪旁，那里有雏菊，玫瑰，牵牛花，还有一棵又一棵果树……

母亲偶尔会去看那株玫瑰，她总担心会有坏人折走它，也总担心玫瑰会被风雨打垮。可雨水到来的时候，玫瑰的花瓣落下来，雨水过了之后，玫瑰又精神抖擞地与其他花朵一起争奇斗艳，自信绽放了。

女儿问母亲："外婆，你觉得把玫瑰用栅栏独立圈起来好，还是让它回到大自然更好一些？"

母亲若有所思说："那要问玫瑰的想法。或许有的玫瑰喜欢温室里生活，有的就喜欢在大自然中生长。比如你的母亲，她就是一个乖乖女，喜欢听从，喜欢简单。"

女儿竟然哈哈大笑说："外婆你错了，母亲并不喜欢被你安排，她曾偷偷落泪，哭过，之所以她做了你温室里的玫瑰，不是因为她喜欢，而是她不想让你难过。"

母亲这时沉默了，半晌盯着玫瑰默不作声。她似乎在想什么，又似乎不想回答什么，但知道的是，后来她变了，她把家里那盆玫瑰搬到了外头，我很诧异就问她："怎么你不怕玫瑰花被风吹了吗？"

这时母亲笑了笑说："由它去吧，只要花快乐就好了。"

再后来我发现，吃饭的时候，母亲不再强迫我一定要吃菜，说菜有营养。工作不开心的时候，她也不再总是安慰我说，忍一忍，坚持一下就挺过去了。

对于目前的工作，我的确已经从事了十多年，在父母眼里是一个铁饭碗，所以早些年我想出来自己创业，他们各种理由阻挠。可是最近母亲似乎变了。

晚上我吃过饭，在房间辅导女儿作业，母亲端着一碗热汤走过来说："丫呀，如果你觉得物流公司的活儿实在不想去，你就换一份吧！"

女儿正准备接母亲手里的汤，听到母亲忽然说出这样的话，惊讶不已："外婆，你咋忽然同意母亲换工作了？"

母亲不知道如何解释，或许她这匆忙的半生，吃过太多的苦，吃了自己的苦，也总想把孩子身上那一份苦也吃了，所以她担心太多。可这一刻，她笑了一下说："我老了，管不动了。接下来要让你妈妈自己努力了。"

说完，她轻轻关上了房间的门。那一刻，我仿佛看到了窗外母亲那被风吹雨打着的玫瑰，它再也没有了庇护它的屋檐，在寒风凛冽中，它看似瑟瑟发抖，却又傲然挺立。

刊发于《家庭百事通》《博爱》

我们来讲这一篇文章如何巧妙地选用"托物言志"，首先文章里选择的载体是"玫瑰"，实际上要写的却是三代人之间的亲情关系。

比如，母亲对作者的教育方式，同时作者对自己女儿的教育方式。全文不用说教，只是母亲种植玫瑰的理念，还有作者女儿养玫瑰的不同观点。

因此引发了几代人对亲情关系与教育的思考。比如，母亲是"控制式"教育，这个不只是作者的母亲如此，也很有特点地"映射"母亲这一代人，同时女儿养玫瑰花喜欢上网去搜索这类花适合什么气候，什么环境，喜欢在哪里成长。

"放养式"也可以说是给足花儿"成长空间"，让花儿自己去感受自己的喜好。更多地给孩子尊重，对生活的选择权。所以两种教育方式大相径庭。

这一篇文章看起来在写母亲种玫瑰，实际上在表达"作者对教育"的看法。可是全文作者都没有主观地表达自己认为什么好，什么不好，而是陈述母亲的观点，还有作者女儿的观点，最终母亲选择了"妥协"认为自己的外孙女是对的，也就是在暗指母亲理解了"控制式"教育让作者并不开心，但是文章写到了作者比较心疼母亲，怕自己的反抗会让对方不开心，所以一直在试图顺从。而母亲却以此为骄傲分享给了外孙女，不料却听到了外孙女，也就是作者女儿直言不讳地说：外婆，母亲实际上并不开心，只是不想让你伤心这句话，可以戳痛很多 70 后，80 后女孩的内心。因为我们知道一些生活在农村的女孩考上了高中，经济负担不起，机会让给了弟弟，自己在家种地，干家务。有的甚至考上了大学，父母也把机会放弃，让家里哥哥，或者弟弟娶媳妇，创业。

家庭条件好一点的，考上大学，没有资格选择志愿，要么是父母帮忙，要么就是亲戚朋友指点江山，总之孩子没有选择权。

再到了选择工作的时候，父母大包大揽，结婚嫁人的时候，父母强行干涉。

而这篇文章实际上要"借助玫瑰"反映几代人之间的亲情关系，同时也在呼吁一些父母不要总是试图用自己的"喜好"来理解"玫瑰的快乐"。或许我们并不真正懂玫瑰，所以要学习"女儿"上网去搜索，去查询不同种类的花，就像不同性格的人，他们真正到底适合什么样的教育理念。

七、读书笔记

(一) 什么是读书笔记?

传统的读书笔记是读者在阅读书籍时所记录的关键信息、印象、观点和思考的摘要。读书笔记的目的是帮助读者更好地理解和记忆书中的内容，以及促使深入思考、形成自己的见解。读书笔记可以包括以下几种:

摘录重要内容:记录书中关键的概念、论点、事件或者其他重要信息。

个人感想和评论:在读书笔记中表达个人对书中观点的看法、感受和反思。

关键词和术语:记录作者使用的关键词和专业术语，以便更好地理解书中的内容。

问题和疑问:提出自己在阅读过程中产生的问题，这有助于深入思考并促使进一步地学习。

总结和归纳:对每一章节或主题进行总结和归纳，帮助理清思路。

引用和引证:如果读者计划在将来引用书中的内容，可以在读书笔记中记录相关引用信息，如页码、章节等。

(二) 读书笔记如何写更容易发表?

我经常看到很多学员喜欢写抒情式美文，喜欢写对于某一本书的阅读感受，可是大家拿捏不准，如何创作这类文章更容易发表?

首先要发表在报刊上的读书笔记字数一般在 600~1000 字之间，属于小短文，而且内容上来说可以是一段春天读书的宝贵经历，也可以是对某一本书的阅读体验。

读书笔记可以引用古诗词与某一些伟人，名人名言来写作。对内容加以丰富，以及对某些观点增加说服性。

读书笔记一般分为两种写法，一种在于讲述阅读的好处，妙处，以及在不同的时节读书的感觉;另一种则侧重写作者对某一类文学作品的阅读感受，同时在讲述的时候，还可以加入书籍作者的情感故事。

（三）读书笔记优秀范文

※ 范文一

春日好读书

春日，温暖的阳光穿透窗帘，洒在书桌上。窗外的柳垂翠影，花香弥漫，仿佛春的清风已经将书页轻轻翻动。这是一个理想的时刻，一个值得安静品味文字的时光。

自古以来，读书一直被视为修身养性的良方。古人云："读书破万卷，下笔如有神。"这句话早已深深地镌刻在心灵深处，时刻提醒着我们读书的力量。古代文人墨客们，纷纷留下千古传世的佳作，如《红楼梦》中的"纸上得来终觉浅，绝知此事要躬行。"读书的益处，早已在这句千古之言中被传扬千年。

孔子曰："温故而知新，可以为师矣。"在春日的午后，沐浴在温和的阳光下，手中拿起一本古籍，宛如置身于时光隧道。透过文字，我们可以与千年前的智者对话，与历史悠久的文明共鸣。那些古老的诗句如一湾清泉，缓缓涌上心头："莫等闲，白了少年头，空悲切。"杜牧的这句诗让我们意识到时间的无情流逝，更坚定了读书对于珍惜时光的重要性。

春日里，读书是一种享受。我们可以将自己沉浸在文学的海洋中，感受每一个字的质感，品味每一句话的内涵。被书中的人物陪伴，仿佛穿越了时光的隧道，置身于江南水乡的烟雨中。梦里花落知多少，而在书中，梦与现实交织成美妙的画卷。这不禁让人想起陶渊明的"庐山谣"，"登山则情满于山，观海则意溢乎海。"春日的读书，如同登山一般，情感得以升华，思维得以拓展。

名人对于读书的推崇更是不绝于耳。鲁迅先生说："读书是最好的慰藉，是最有用的消遣，是最美好的享受。"这句话犹如一杯深思熟虑的茶，滋味悠长。读书不仅仅是获取知识，更是一种心灵的修炼，一场与时间和智者对话的美好邂逅。

春日好读书，仿佛是与大自然的对话。在书的海洋中，我们可以漫游于千年岁月之间，感受古人留下的智慧之光。朱熹曾说："读书之法，在循序而渐进，熟读而精思。"春日静好，正是我们循序渐进的时候，沉淀心灵，陶冶情操。

在春日的午后，读书是一场心灵的盛宴。我们可以品味到古今中外的文学之美，感受到作者的情感流淌。如同李清照的"红豆生南国，春来发几枝。"在书中，春天是永不凋谢的。我们可以在文字中找到最美好的时光，感受到岁月静好的温馨。

春日，是读书的好时光。在这个季节里，让我们拿起一本书，深呼吸春日的清新空气，让文字与我们一同嬉戏。读书不仅是一种精神的愉悦，更是一场灵魂的修行。让春日的好读书成为我们心中永不褪色的美好记忆。

※ 范文二

《围城》：钱钟书笔下的迷人世界

在文学的殿堂里，有一座城，那是钱钟书的《围城》。这座城市仿佛一位睿智的老者，静静地守望着时光的流转，城内弥漫着古老的智慧和现代的迷离。

《围城》这篇小说如同一座精致的庭院，每一篇文字都是一朵绽放的花朵，散发着淡淡的芬芳。在这座园中，钱钟书以他独特的视角，勾勒出一幅深沉而富有层次感的画卷。他运用着娴熟的笔法，描绘了城市中人们的命运交织，爱恨纷争。这座城，就像是他的心灵之窗，透过它，读者得以窥探到作家对人性、社会、生活的深刻洞察。

然而，《围城》不仅仅是一座城市，更是一段真挚的爱情故事。钱钟书与他的妻子杨绛，正是这座城市里最美的风景。他们的爱情，如同书中的角色般丰富多彩，淋漓尽致。杨绛，是他的知己、伴侣、灵魂伴侣。他们在文字的海洋中相遇，互相启迪，共同谱写着生命的华章。这段爱情故事，宛如《围城》中的一首动人的诗，唤起读者对于爱情纯粹美好的向往。

杨绛曾在《我们仨》中写道："我爱钟书，是因为他是钟书；他爱我，是因为我是我。"这简单而真挚的话语，道出了两位文学巨匠深沉而纯粹的感情。他们在相濡以沫的岁月里，共同品味着生活的酸甜苦辣。这段爱情故事，让人对于《围城》中的文字有了更加深刻的感悟。在他们的爱情中，我们仿佛找到了那座围城中最安静而美好的角落。

读《围城》，是一场心灵的修行。在钱钟书的笔下，我们似乎能够看到自己的影子，感受到内心深处的共鸣。小说中的每一个人物，每一行文字，都是作者对于人生的深邃思考。他对于"城"与"围"之间的辨析，对于困境和选择的描绘，让读者不禁沉思，仿佛在与作者一同迷失于围城之中。

这座城市，不仅让人思考生活的困境，更引导着人们思考自己的内心。在这片文字的海洋中，我们似乎听到了心灵的共振，感受到了生命的深沉。与此同时，那段关于钱钟书与杨绛的爱情故事，更让这座城市充满了温馨与宁静。

《围城》是一本充满智慧的书，是一座迷人的城。在这座城市里，我们可以感受到作者的思考与坚持，也可以沉浸在那段感人至深的爱情中。读《围城》，仿佛是在一场时光的漫游中，品味生活的酸甜苦辣，感悟爱情的真谛。这座城市，如同一本生命的百科全书，带着读者探索着人生的奥秘。

※　范文三

人生要读三本书

文 / 潘铜娟

在这个秋日的午后，阳光懒洋洋地洒在书桌上，一本书、一杯茶，我静静地坐在书桌前，品味着书中的故事。这个时刻，我仿佛听见了岁月的声音，感受到了岁月的沉淀。浙江省 2017 年的高考作文题：有位作家说，人要读三本大书，一本是"有字之书"，一本是"无字之书"，一本是"心灵之书"，对此，你有怎样的思考？读罢，我心头一震，思考了许久。

毋庸置疑，"有字之书"指的是记载人类科学、文明、艺术、文学……的书籍。"无字之书"便是天地万物，社会各态。"心灵之书"便是个体的内心独白。

"有字之书"是"人类进步的阶梯"。千百年来，每一位后来者都是在这里吸收前人的精华。融会贯通百家之长，加以提炼创新后再传于世。它们浓缩了百代的精华和智慧。它们承载着"为往圣继绝学，为万世开太平"的重任。"孟母三迁"虽然强调了读书环境的重要性。但她的终极目标还是让孩子能专心读这本"有字之书"。孟子不负期望，终成"亚圣"。

陶渊明说："人可一日不食肉，不可一日不读书。"黄庭坚说："一日不读书，尘生其中；两日不读书，言语乏味；三日不读书，面目可憎。"古往今来，有关于读"有字之书"的事迹比比皆是，人人耳熟能详。

相比于"有字之书"的有字可读，"无字之书"便是处处无字，处处亦有字。它像一位绝世的武林高手，已臻化境，无招胜有招。清朝的李卫曾乞讨要饭，没机会读"有字之书"。但他在社会这本"无字之书"里读到了善良、忠诚、善断、勤勉和廉洁。一路官运亨通，直至两江总督，位高权重。当代著名作家李娟出生于新疆生产建设兵团。在她的成长时期，辗转于新疆、四川两地。导致她读"有字之书"的生涯像在草原上放牧一样，东一榔头，西一棒。草草地初中毕业。但她在"无字之书"的社会里吸取了乐观、幽默、从容、善良。阿勒泰的酷暑和严寒没能浇灭她对那块土地的深情。她用诙谐的笔调写乡亲们买"小鸟"牌香烟，叔叔手忙脚乱地帮村民们修鞋。让人读来，嘴角不自觉上扬。

相比"有字之书""无字之书"，这一本"心灵之书"尤为重要。它涉及了那个亘古的哲学话题：我是谁？我从哪里来？我到哪里去？弗洛伊德、柏拉图、康德、罗素、培根、泰戈尔、蒋勋、周国平……在思考，每个普罗大众也在思考。

李娟的书之所以深受大众喜爱，不仅因为她的"有字之书""无字之书"，更因为她的"心灵之书"。在这里，除了能接受到文学作品的熏陶之外，更多的是来自她对一草一木，一事一物的喜爱和悲悯之心，给人以精神的启迪和享受。她写"生活在前方牵拽，命运的暗流在庞杂浩荡的人间穿梭进退，见缝插针，摸索前行。""无数种生活的可能性像一朵一朵的花，渐次开放，满胀在心里"寥寥数语，便让人豁然开朗，受益匪浅。

三书之间，互为补充，互为依托。少了任何一本书，我们的人生都会失去完整性和丰富性。"有字之书"，让我们获取知识；"无字之书"，让我们感受生活；而"心灵之书"，则让我们成为更好的自己。

正如那位作家所说，人要读三本大书。这三本书是我们的良师益友，是我们的精神支柱。只有通过这三本书的学习和领悟，我们才能真正理解世界，真正理解自己。在这个秋日的午后，我静静地坐在书桌前，品味着书中的故事。我感受到了岁月的沉淀和时间的流转。在这个瞬息万变的世界中，我仿佛找到了永恒。那就是我对这三本书的热爱和追求。我相信，只要我们用心去读这三本书，用心去感受这个世界，我们就能找到属于自己的一片天空。

刊发于《清远日报》

冬日里的暖暖书香

文 / 茅明敏

"最是书香能致远，腹有诗书气自华"，饱读诗书的人内在可以抵御冬日的寒冷。

我向往三五好友围炉而坐，畅聊文学与人生。也期待从书里找到"采菊东篱下，悠然见南山"的豁达智慧。这个冬天已不期而至，时不时送来阵阵凛冽的寒风。数九寒天，草木河流都冻得僵硬，空气也似乎要凝固起来。还好，有书的陪伴，让我觉得冬天不冷，心灵充盈。

我曾向好友感慨道："最怕冬天了，束手束脚的。"那我是从什么时候爱上在冬日读书的呢？

当冬日清晨的太阳洒下明艳的光芒时，我捧起一本书，开始大声朗诵。美妙的字词在我的齿间轻快流转，回味无穷。冬日里因为我的书声琅琅，增添了蓬勃生机。午后的阳光照在身上暖意洋洋，手持书卷，细细默读，宁静舒适的时光就这样缓缓而至。冬夜里，寒意来袭。打开暖气，将自己沉浸在书籍中，感悟人生哲理。我的心因为读书变得柔软，拥有超脱于俗世的智慧。这个冬日一如既往的寒冷，不过在书本中找寻温暖是再好不过的了。因为书是神奇的，它焐暖人心。亲近它，书香自来。

上学的时候满屋子的教科书练习册，关于文学的书零星寥寥。我不是出生在书香门第，教养内涵都尚且不够。但我相信文学不论出身，更多的在于骨子里的智慧。有时候，只需要等待时机成熟。成年以后，我的书架上摆满了文学书籍。来我家串门的客人，常常用赞赏的口吻吃惊地说着"书真多啊！"而在这个冬季来临之时，我早已制定了新一年的阅读计划。书架上的书又更新不少。好多书已被我反复翻阅，虽然旧了，纸页泛黄，仍是我心中至宝。

我有个好友，已经相识十多年。她也喜欢读书，不过和我所看的书籍大相径庭。她常看些心灵鸡汤或者女性成长励志书籍。而我则专注于名家著作，畅销青春文学。虽然我们喜好有所偏差，但不妨碍一起读书时的温暖氛围。我和好友两人经常在工作之外的闲暇时间，聚在一起看书写作。在这个冬日里，我感受到了书本给我的暖意，也收获了坚如磐石的友谊。某一个平凡的冬日，好友竟也对我的书产生了好奇，翻看得津津有味。而我也尝试读她的书，重新理解了张幼仪，许广平的励志传奇人生，林徽因面对爱情与婚姻的理性抉择，张爱玲因爱而生的炙热情感。

有人说"书本是最好的老师"，这话是真理。我们可以从书中汲取营养，增长智慧。冬日里的书香温暖人心，润物细无声，如同明亮的阳光照进心房。

刊发于《临泉报》

※ 范文五

盛夏读书好时节

文 / 刘诗敏

七月，夏日蝉声不绝，是古人诗中"明月别枝惊鹊，清风半夜鸣蝉"的盛夏光景，也是诗人笔下"读书之乐乐无穷，瑶琴一曲来熏风"的读书好时节。

毛姆在他的《月亮与六便士》中曾写道："满地的六便士，他却抬头看到了月亮。"我想，对于我来说，书籍便是照亮我人生前行的月亮，让我在茫茫人生中找到头顶的那片星空。

我对书籍的启蒙源于父亲。记忆中，父亲是不看书的，因为终日要为家庭四处奔波赚钱，但他却愿意花上一个下午的时间带我去书店买书。父亲常说，女孩子也是要读书的，多看书，总没错。

记得第一次踏入书店，是在我十二岁那年的暑假。那时的我才知道书店里有那么多书，五花八门，各式各样的书都有，仿佛为我打开了新世界的大门。

父亲让我挑几本喜欢的书买回家，面对琳琅满目的书籍，我是本本都爱不释手，但我知道家里的经济能力不允许我买那么多书，最后我还是只挑了两本书。一本是《中学生作文大全》，一本是亚米契斯的《爱的教育》。

许是因为爱看书的原因，我也爱上了写作。当周围的同学都在为600字的语文作文抓耳挠腮时，我却为了能写好一篇作文而兴奋不已。一直以来，我的作文成绩都名列前茅，大学时期更是坚定了选择了汉语言文学专业，参加工作后也没有放弃写作这一爱好，而这一切都离不开父亲当年给我买的那本《中学生作文大全》。我想，我永远也忘不了那段在夏日的早晨一遍遍读着书中范文的时光。

正如弗朗西斯·培根所言："读史使人明智，读诗使人灵秀，数学使人周密，科学使人深刻，伦理使人庄重，逻辑修辞使人善辩。凡有所学，皆成性格。"世界上任何书籍都不能带给你好运，但它们能让你悄悄成为你自己。我读过的书，走过的路，才让我成为现在的自己。

如今十多年过去了，我还在坚持阅读写作。我也始终忘不了十二岁那年盛夏，我把自己关在房间里一字一句地读着父亲给我买的那本《爱的教育》。那时的我，正因为一件小事和母亲吵了一架，一气之下便把自己锁在房间里生闷气，望着那本刚买回来的《爱的教育》，我便憋着一股劲儿读了起来。

不承想，书中那一个个平凡感人、质朴可贵的小故事深深感化了年幼的我，尤其是书中那句"爱，像空气，每天在我们身边，因其无影无形常常会被我们所忽略。"让我久久不能忘怀。夏日的躁动烦闷早已在一页页的书中随扉页散尽，回想起自己对母亲的顶撞与无礼，心中更是羞愧万分。

于是，在看完整本书后，我便主动向母亲道了歉，母亲亦原谅了我。从那以后，我学会了与父母相处凡事多几分包容与体谅，也更加懂得珍惜平常生活里的爱与感动。这也许就是书籍的力量吧，文字无声，却振聋发聩。

杨绛先生曾说过，读书不是为了拿文凭或者发财，而是成为一个有温度懂情绪会思考的人。感谢多年来坚持的阅读习惯，每一本读过的书都教会我如何去生活，如何去成为更好的自己。正如作家三毛所说的："许多时候，自己以为看过的书籍都成为过眼云烟，不复记忆，其实他们仍是潜在的。在气质里，在谈吐上，在胸襟的无涯，当然也显露在生活和文字里。"

从古人的"万般皆下品，唯有读书高"到今人的"书籍是人类灵魂进步的阶梯"，无不看出读书之好。我时常觉得，只要一书在手，便不觉得浪费了时间，虚度了光阴。那些与书为伴的日子，丰盈了我的人生，照亮我前行的道路。

又是一年盛夏至，让我们手捧一卷书，静心拜读，在一片片馥郁淡雅的书香里，总会有一束光在眼里，心里，在这个盛夏被照亮。

刊发于《联合日报》

八、生活稿

（一）什么是生活稿？

生活稿件，我们分为：城市生活，还有乡下田园牧歌。那么什么是城市生活？

城市生活，如同一幅繁华的画卷，展现着现代社会的多彩面貌。在这座充满活力的巨大舞台上，人们追逐着梦想，体验着繁忙而丰富的生活。

城市，是人类文明的象征。高楼大厦拔地而起，霓虹灯闪烁，车水马龙，仿如一座巨大的灯火阵阵的迷宫。这里聚集了各行各业的人才，各式各样的文化在这里碰撞激荡，形成了丰富多元的城市生活。

在城市中，时间似乎加速了步伐。日出而作，日落而息，城市的节奏总是紧张而快速。白天，人们奔波在高楼大厦之间，投入工作的繁忙中。夜晚，霓虹灯下的城市则变得更加美丽，灯光璀璨，夜生活愈加精彩。无论是繁华的商业区还是宁静的居民区，城市都在每个时刻展现出不同的风采。

城市是聚集人群的地方，也是文化的交汇之地。在这里，不同背景的人们相互交流，多元的文化交融，激发了创新和思想的碰撞。艺术展、音乐会、文学沙龙，城市中的各类文化活动丰富多彩，为居民提供了充实而多元的娱乐选择。

城市的生活节奏让人们更加注重效率和快捷，各种便利的服务让生活变得更加便捷。购物、交通、娱乐，无不体现了现代都市人的便捷生活方式。数字化的科技应用更是将城市的方方面面串联在一起，为人们提供更为智能的生活体验。

（二）如何写城市生活稿？

写一篇关于城市生活的稿件可以通过以下步骤展开，以创造出生动、丰富而引人入胜的叙述。选择一个视角或主题：首先，明确你想要表达的观点或主题。是突出城市的繁华和活力，还是强调城市中的人文情感？确定一个核心主题有助于你在写作中有所侧重。

观察城市场景：在写作前，花时间观察城市生活的各个方面。走在繁忙的街头巷尾，聆听城市的声音，留意人们的行为和表情。注意城市的建筑、交通、娱乐场所等各种元素，这将有助于构建生动地描写。

用生动的语言描绘：在写作中，运用形象生动的语言来描绘城市的景象。通过比喻、拟人、排比等修辞手法，让读者感受到城市的独特氛围。例如，用"霓虹灯如繁星般闪烁"来形容夜晚的城市。

表达个人情感和体验：将城市生活与个人情感相结合，使读者更容易产生共鸣。通过个人经历、观点、感悟，赋予稿件更加丰富的情感和深度。

人物描写：引入一些城市中的人物，通过他们的故事和经历来突显城市的多样性和人文特色。人物的情感、欢笑、奋斗等元素可以使文章更具亲近感。

讲述小故事：通过讲述一两个小故事，让读者更好地理解城市中发生的各种情景。小故事可以是真实的见闻，也可以是虚构的，但都要有情节和张力。

（三）如何写乡下田园生活稿?

写好一篇关于田园生活的稿件，可以按以下结构完成。

第一部分：田园生活的描写

1.乡村的清晨

清晨，乡村的梦幻雾气弥漫，太阳初升，照亮了田野。父亲已经早早起床，挎着一筐工具走向田地，他的每一次弯腰，都是对土地的一份敬畏。这份勤劳的背影，是亲情的开始。

2.家中的炊烟

家中飘散着淡淡的炊烟，母亲手艺娴熟地准备着早餐。她的微笑是家的味道，每一道菜都是她对家人的深深关爱。在这乡间小屋里，亲情的味道从餐桌上传递开来。

3.田野的午后

午后的田野，金黄的麦浪在微风中摇曳，牛群悠闲地漫步在广阔的牧场上。与父亲一同走在小径上，听他讲述关于这片土地的故事，那是一段段深深扎根于乡土的亲情记忆。

第二部分：亲情与日常生活的结合

1.家人间的小故事

在农忙的季节，一家人围坐在一起，共同商议着农事的安排。父亲的嘱咐，母亲的细致安排，兄弟姐妹间的打闹声，这是一个充满亲情的团聚时刻。

2.临近傍晚的归家

傍晚，当太阳西下，天边的余晖染红了整片天空。亲人们陆续回家，一家人围坐在院子里，分享一天的收获和心情。这个宁静而平凡的瞬间，饱含了家庭的温暖。

第三部分：亲情的深沉表达

1.陪伴的珍贵

无论是春天的播种，夏天的收获，还是秋天的丰收，家人始终互相陪伴。在这片田园牧歌的土地上，每一次耕耘都是对亲情的一次深沉表达。

2.乡愁的味道

每一次离开，乡愁都会如影随形。回首离开时，田园牧歌的风景仿佛成了一首旋律，而亲人的微笑则是这旋律中最美的音符。

第四部分：收尾

在这田园牧歌的生活中，亲情如同土地一样丰饶而深沉。每一次的团聚都是一次对亲情的怀念，而每一次的分别都是对亲情的珍惜。在这片乡土中，亲情是生命的源泉，让人感慨万分。

（四）生活稿优秀范文

※ 范文一

一碗馄饨，一座城

文／叶紫檀

儿子上高中后，我们在学校附近租房陪读。每天接儿子晚自习放学，都要穿过一个小巷子。巷口昏黄的路灯下，有个馄饨摊，几张小矮桌前坐满了客人。儿子说："这家的馄饨一定好吃，改天人少的时候我们去尝一下吧。"

这天降温，晚上路过馄饨摊的时候，看着人少了一些。我们找了空位置坐下，决定吃碗馄饨暖暖胃。

以前匆匆走过，我只关注摊子上的吃食，都没注意老板原来是个女人。女老板看起来也就三十岁左右。环顾四周，突然，我的目光被一个漂亮的小姑娘吸引了：她独自坐在女老板身后的小凳上，正认真地摆弄着一个洋娃娃。

小姑娘实在太可爱了，我忍不住走过去蹲下身逗她："娃娃困了，你在哄她睡觉吗？"

女老板回过身和我说："她听不见，你比画给她看，她就懂了。"

我吃惊地看着这个漂亮的小姑娘，手僵在半空，不知道该怎么比画。我抬头看看女老板，又看看小姑娘，好像撞见了不该知道的秘密，突然感觉有点儿尴尬。

女老板端起一碗馄饨说："你的馄饨好了，趁热吃吧。"我赶紧起身回到座位，逃离这让我窘迫的氛围。

这时候又陆续来了几名客人，座位很快就坐满了。旁边桌的客人边吃边和老板聊着，一看就是住在附近的居民，有一对儿还穿着睡衣、拖鞋。

其中一个客人问道："带姐姐复查，医生怎么说？"

"医生说越早装越好，我打算最近给她先装一个。"老板嘴上答着，手也没停下。

"装一个也行，孩子小，恢复快。"坐我对面的大姐说道。

有两个客人吃完掏出手机扫码结账。结完账，我看到他们趁老板不注意，往旁边找零钱的盒子里丢了张百元大钞。奇怪的是，还有两个客人走的时候也是这么做的。

对面的大姐看我发愣，扭头看了一眼女老板，然后低声冲我说："别盯着看，被她发现就不好了。"

大姐见我疑惑，接着说道："她老公以前是旁边小区的保安，热心、勤快。小区业主都喜欢他。我老公有次夜里生病，就是他背下楼的。唉，她就是命不好，女儿天生聋哑，老公年纪轻轻就得绝症走了。她要强，白天做钟点工，晚上带孩子卖馄饨。她拼命挣钱，就是为了给孩子装人工耳蜗，听说最便宜的也要十万元。"

我问大姐："那些客人都是小区业主？"

"有的不是，但肯定都是好心人。我们明着捐钱她不收，那我们就来照顾生意呗！"大姐边说边起身去结账。

我结账的时候，儿子悄悄往零钱盒子里丢了几十元零钱，然后大声和女老板说："阿姨，你家的馄饨真好吃！你加油哦！"

老板抬头看着儿子，愣了一下，然后应了一声，就又低头忙活了。不知道是不是水蒸气熏了眼睛，她拿起袖子抹了一下。

我和儿子走在回家的路上，路灯把我们的身影拉得很长。初春的夜晚寒意还浓，一碗馄饨温暖了我们的胃，也温暖了我们的心，让我们感受到了这座城市的温暖。

这一篇文章包括了生活，还有美食两个报刊的发表元素，情节细腻，故事感人。文章发表在《家庭百事通》杂志。

城市生活的稿件，主要围绕发生在自己身边的一些温暖，感人的，同时能够鼓舞我们传播正能量的一些故事。

除了发生在城市不同路人的故事，也可以传递一种作者温暖的，正能量的，个性的，特立独行的生活态度，可以写自己煲汤，自己精致房间，可以写自己温暖茶等小故事。

刊发于《家庭百事通》

※ 范文二

阳台"三八线"

文 / 沉香红

我租的房子阳台很宽敞，一开始家人喜欢在这里晾晒衣服，虽说每天可以穿有阳光味道的衣服，却总是看不到花草的艳丽，我不开心。

于是我想办法在网上淘了两个晾衣竿，改变方向，搭在角落，接下来，阳台又空余出来了。

先生说，既然阳台空出来，那就给孩子改造一个小绘本室，毕竟这里落地窗光线好，我同意了，可始终觉得缺了点什么。

午后的阳光是大自然馈赠给人温暖的礼物，我怎么好意思拒绝呢，我多想和网上视频里那些博主一样，有一个可以喝茶，晒太阳修剪花草的角落。

先生提议，那就画一个阳台三八线。我一听觉得很有趣，依稀记得"三八线"这个词是读书时经常和同桌谈判才会刻意提到的。

这一次听到先生说，我很好奇，那这个阳台要怎么划分呢？先生指着角落晾衣竿说：那里属于妈妈，晾衣服就够了，中间这一段划成儿子的绘本室，靠近你书房这块地，当然归你。

可是如果我坐在这里喝茶，儿子肯定会跑来打翻茶壶，会来捣乱，怎么解决这个问题呢？

先生灵机一动，把儿子的绘本书架调转方向，刚好一分为二竖在儿子绘本室和我的茶室"三线上"。接着他得意地说：这下好了，以后你就在背面悄悄喝茶，享受你的独处时光，他发现不了你，也不会打扰你了。

第二天阳光如约而至，我端上了茶壶，点心，把房间里的多肉，绿萝，一帆风顺都搬过来，摆放在落地窗台，接着一个矮矮的小茶桌放地上之后，似乎就是我的整个世界了，阳光斜斜地照射进来，我在"茶室"修剪花草，只听到儿子在翻书，母亲在晾晒衣服……

刊发于《金陵晚报》

※ 范文三

母亲的菜园

文 / 卢姗姗

母亲的菜园，一到盛夏，便热闹了起来。

门前那片空地上，蔬菜长得欢，果实结得繁。那缠着绕着的藤蔓上，挂满了果实，黄瓜、茄子、西红柿、豆角、朝天椒……数也数不清。

小时候，我最喜欢蹲在一旁，看母亲打理菜园。

清晨起床，母亲便开始在菜园里忙碌，或是给豆角搭个架，或是给丝瓜施肥，又或是给蔬菜捉虫、除草、浇水。整个清晨，她总是满目柔情，浅笑盈盈，如呵护儿女般精心照顾她的菜园。

夏日，下过几场雨后，豆角绕着竹竿疯长。那嫩绿的豆蔓末端，好似蜗牛的触角，不断地探寻着新大陆，一路攻城略地，不停往前钻。渐渐地，枝条开始花枝招展起来，有的挂着花骨朵，像羞答答的小姑娘；有的开着青紫小花，在半空中笑清风；有的花儿开始萎蔫，花心儿探出细嫩的豆角，可爱极了。第一茬豆角最是鲜嫩，母亲经常拿它来做我最爱吃的豆角焖面。挑上一筷子，细细一嚼，便是满口的咸香留在我的舌尖，真是回味无穷。

黄瓜也毫不示弱，铆足了劲，一株比一株蹿得粗壮。迎着晨露，黄瓜的须子细如玻璃丝，青翠透亮。交织缠绕后，花朵之间便显得更加热闹了。不久，黄瓜争先恐后地结出果来。一根根黄瓜顶着一朵朵小黄花，调皮地躲在碧绿的叶子中间。母亲细细挑选来合心意的，洗净用刀背拍散，盛在白瓷盘中，放入各种作料，最后浇上一勺热油，黄瓜的清香弥散开来，一盘拍黄瓜就做好了，真是诱人。

再看一旁沉默不语的辣椒。低矮的辣椒秧，零星地开着白花，宛如豆蔻年华的少女，在盛夏的微风里翩然起舞，整个菜园也灵动起来。枝杈间挂满的累累果实，是相亲相爱的一家人，它们互相依偎在一起，手牵着手，一直垂到地面。这些绿的、黄的、红的果实，给菜园涂上了一抹明艳的色彩。一阵风吹过，空气中满是花的香味、蔬果的香味。看着眼前的成果，母亲甚是自豪，喜滋滋地讲起了她的种菜心得。我也从母亲口中了解到了很多果蔬的生长特性。

长大后，每次回家，我总要到母亲的菜园里走一趟，看着生机勃勃的菜园，很多烦心事都会散去。母亲也总是在我离家的时候，忙着采摘各色蔬果，装满了大包小包，塞满了我的后备箱，还不忘唠叨："吃妈种的菜，新鲜又健康……"听到这些话，纵然夏日悠长，暑热难耐，我的心里却泛起幸福甜蜜的涟漪。

酷热的夏天，因母亲的菜园而变得香盈盈，清凉凉。

刊发于《春城晚报》《新成华报》

※　范文四

我的好邻居

文 / 燕群

"细雨生寒未有霜，庭前木叶半青黄。"落叶纷飞，冬意渐浓，小雨点裹挟着冷气迎面扑来，浑身冷飕飕的，我把衣领竖起来裹紧衣服，快步走进小区。

步入单元门，一股芹菜香迎面飘来，沁人心脾，电梯口整齐地码着一捆捆翠绿翠绿的芹菜。是谁买这么多菜呢？有啥事呢？带着满脑子疑惑走出电梯，家门口也有一捆新鲜芹菜。是谁给我放的呢？还是放错门口了？揣着疑问敲开对门的门，对门乐呵呵地告诉我是九楼大叔送的，家家有份，顿时一股暖流涌上心头。

原来九楼大叔去市场买菜，看到寒风中，一位老人推着一三轮车芹菜叫卖，老人衣着单薄，冻得瑟瑟发抖，大叔看不得老人受冻，顿生怜悯，谎称自己需要，买下老人车上所有芹菜，让老人早早归家。

这么多芹菜咋办呢？其实大叔在买之前就盘算好了，他让老人把芹菜分成三十多份捆好，拿回来送邻里。好让老人卖得安心，自己送得开心，邻里吃得暖心。大叔慈悲为怀，助人为乐，妥妥一位活雷锋。

我是小区的老住户，深切地感受到，在我们单元这个温暖的大集体，大美大爱、平凡而伟大的"凡人小事"举不胜举。邻里之间和谐相处、互帮互助、慷慨解囊、真诚相待，不是亲人胜似亲人的关爱无处不在，能感受到浓浓的幸福。

我们有个单元微信群，取名"好邻居"。日常里，谁家有难邻居都会搭把手，家家户户都是活雷锋。若谁临时有事脱不开身，而孩子放学进不去家或不能及时给家里老人做饭，只需在单元群里吱一声，有闲的邻居此时堪比"110"，都会热心在群里及时回复让孩子先去他家，或照顾老人饮食起居。每次都是施助者欢心，受助者放心。

一次单位临时加班，我的同事们都心急如焚，忧心忡忡，担心放学的孩子没人接，而我神情自若该干吗干吗，同事急切地问我："燕子，你孩子那么小，放学谁接啊？"当同事们得知我们邻里之间热心互助、真诚相待、相处融洽时都很高兴，羡慕我遇上了好邻居。我只能说福往者福来，我在邻居心中也是很热心的。我的邻居普普通通、可亲可敬，却在平凡的小事中显真情。我们邻里之间互帮互助，朴实厚道，和谐共处。

古往今来人们都擅长"择邻而居"。在物欲横流、人情冷漠的时代，感恩遇见我的好邻居。都说"积善门中生贵子，怜贫宅里有长福"。我们邻里间的孩子也最喜欢在一起玩耍，有好吃的好玩的一起分享，一起做作业，他们相互学习，相互激励，共同进步，茁壮成长。

涓涓细流汇成小溪，人人奉献人间美好。我和好邻居迎着朝阳，昂首阔步走在共建和谐家园，共建和谐社区的康庄大道上。

刊发于《金陵晚报》

更在斜阳炊烟里

文 / 谭怡

偶一转头，见林立的高楼缝隙中，西边的天淡淡红着，那是夕阳长长的尾晕渲染的光亮，在天边静静铺开，又拉扯到更高远的地方。有些高楼的一侧或楼顶，披着柔软的淡黄，另一些则沉默站立，笼成巨大的光影图画。

这是秋日阳光泼洒的黄昏。那淡红从西边天际奔跑过来，到头顶的时候，变作紫蓝、灰蓝、灰白。暮秋的薄凉慢慢浮上来，笼罩了全身。

我想：这个黄昏的远处，高过远过那些楼房的地方，一定有一些乡村，乡村的再远处，一定有连绵的山蜿蜒成黛青色曲线，温柔，也刚毅。

而在那些乡村里，在更久远的时候，有我亲爱的老家，还有那个竹林环绕、青瓦土墙的小小院落。那里的黄昏，有鸡鸭鹅咯咯呱呱嘎嘎地欢唱，有猪们等待食物时哼哼唧唧的热切，有红蜻蜓从稻田飞过来的优雅，更有青白炊烟从瓦楞间袅袅升起的静谧。

这时候的小院里，我妈在灶前转悠忙碌：择菜、切菜、煮饭、煮猪食，忙得晕头转向；外公在檐下一角挥舞菜刀剁猪草，咚咚咚的节奏敲碎黄昏的寂静；我爸还在地里，准备收拾起锄头背上红薯藤归家；我们几个孩子，还在院坝里嘻嘻哈哈……

对我妈做的饭菜，我没什么可期待的。但下午刚从地里刨出来的红薯，却是一个黄昏的心心念念。

红红的灶膛一侧，燃过的灰烬里，埋着红薯。饭熟，红薯也差不多好了。用火钳小心翼翼翻刨、夹出。此时的红薯表面皱巴巴的，一些深红一些焦黄，不时会流出蜜黄的汁液。拍拍表面的黑灰，剥开皮，放在嘴边吹吹，掰下一块入口，香香甜甜的味道一下软进心里，慰藉早已空空荡荡的肠胃。

西边天际的红终于黯淡，青蓝满布天空。一家人也终于能围坐在四方桌前，开始美好的晚餐。吃过烤红薯的我们几个小孩捧一碗饭，东一口西一口地扒拉，听大人们东一句西一句地闲聊，还不时去插一句嘴。黑烟囱里飘出的炊烟，甜软成青白，和稻田里升起的薄雾纠缠在一起，慢慢软软地散去，另一股炊烟复又吐出，好似乡村恬淡的岁月，悄悄地，缓缓地，永远不绝!

其实，哪里又有永远的不绝呢?

后来，青瓦土墙木门被拆去，盖起了砖砌的楼。后来，楼里有了液化气罐。再后来，有了天然气。被壮丽夕阳染成玫瑰色的袅袅炊烟，再也不见。我的外公老父，早已去了天上，化作一颗星守护着我们。我们姐弟三人的年少青春也永远不散……

夕岚薄烟里，我的眼前总有一缕绵软淡蓝的炊烟，在眼前袅袅飘升，满是俗常的烟火味和腾腾的生活气。也许，永远不绝的，只是那份时光深处的温暖，只是我对乡村、对那段时光，长长久久的怀念……

刊发于《春城晚报》

第三章
报刊作品赏析

——香红写作研习社优秀学员作品赏析

※　优秀范文一

小山村里的元旦

文 / 苏永红

时光列车又一次呼啸而过，墙上的挂历也被翻到了 2023 年的最后一页。新年的钟声又一次敲响，2024 年的元旦就这样悄无声息地来了。

清晨，迎着少许冷风，漫步在皑皑白雪的乡间原野。草地上，几只麻雀在雪地里"叽叽喳喳"地嬉闹着，仿佛在互道祝福！几棵白玉兰立在白雪覆盖的大地上，满树小小的花菇似乎也在期盼着春天赶快到来。放眼望去，远处起伏连绵的雪山，像一群白发老翁在促膝诉说着他们的经年。山前无数棵青松翠柏，在大山的怀抱里正挺直了腰杆茁壮成长。有几株山间寒梅也不知何时悄悄地探出了头，粉嘟嘟的花朵儿正微笑着迎风绽放。

每家每户的烟囱里依次升起袅袅白烟，院落里开始了一天的交响乐。勤劳朴实善良的人们在这一天，也在迎接着新年的到来。

当冬季的阳光洒满大地的每一个角落，早饭后的人们也陆续走出家门，采购今天所需的食材。扎着红头巾、戴着棉手套、挎着小提篮的胖大婶儿，嘴里哈着热气，黑里透红的脸上洋溢着节日的幸福与快乐，一拽一拽地扭着微胖的身体，朝着菜市场走去。

"胖婶儿，买菜去啊？"一辆电动车被身穿红大衣、头戴粉头盔的少妇"嘎滴"停在胖婶左侧。车后座上还载着一个围着斗篷的一岁娃娃，两只忽闪忽闪的大眼睛在阳光的照耀下闪闪发光。

"哎哟，这小媳妇儿，吓我一跳。对啊！今天不是元旦嘛，去镇上市场里买点好吃的，和你胖叔庆祝一下。"

"是啊，是啊，你俩啊也累了一年了，不能光挣钱啊，得好好犒劳一下自己！"

"对对对，你娘俩干啥去，这么急？""孩子他爸下午要来接我们去城里过元旦，赏花灯。我现在要去理发店里捯饬捯饬这头发，也跟城里人一样去烫个大波浪，不能给咱农村人丢脸不是？胖婶儿，再见。"说完一溜烟地骑车朝着理发店的方向驶去，留下一串银铃般的笑声在乡野里。

整个小镇马路两边的线杆上，都被挂上了"庆祝元旦"的大红灯笼。一排排灯笼整齐划一，偶尔有阵风吹过，像一串串跳跃的红色火焰，为小镇的元旦增添了节日的气息。

路边的鲜肉店里，老板满脸堆笑，正在柜台里边"噼里啪啦"打着算盘，清算着 2023 年的余额，预算着 2024 年的支出。冒着热气的新鲜猪肉摆满了货架，看上去就让人垂涎欲滴。

"吆，胖婶儿您来啦，欢迎光临，元旦快乐！您看看买哪块，今天的猪肉都格外鲜亮，而且过节，我们对老客户还有福利呢！要哪块您随便选！"

"这巧嘴，这服务态度，不发财都不行啊！这算盘让你拨拉得哗哗响，去年又赚了不少吧。恭喜发财啊，来年继续！"

"哈哈，胖婶儿，借您吉言，咱们新年一起发财！哈哈……"

一阵阵喜悦的笑声在小镇的上空盘旋，这是生意人收获的笑声，也是对美好生活期盼的笑声。

冬日的夕阳，在人们的相互祝福声中恋恋不舍地退到山的那一边，还不忘留一片红霞在天际，整个山村被晚霞的余晖笼罩在鲜艳的色彩之中。远远望去，宛如一幅挂在天边的精美油画。

暮色渐浓，山村的灯光逐渐亮起，家家户户的厨房里也香气四溢，整个山村被元旦里美味佳肴的浓浓味道包裹着。深邃的夜空如蓝宝石般清澈透亮，无数星星若隐若现，仿佛也在为今天的节日快乐地眨着眼睛。

小院里热炕头上，胖叔端起盛满收获的酒杯，堆满笑容的脸庞像是层峦叠嶂的山川般耐看，这是辛苦劳动一年后喜悦的笑容、丰收的笑容、满足的笑容胖婶拿出一整年的账本，一页一页地计算着、总结着，计算器在她手里"滴滴"响着。还时不时地露出丝丝微笑，黑里透红的脸在灯光的映衬下显得更加年轻了。

"好啦，老婆子，别算啦，都在本子里呐，快来吃饭吧。"

"你懂个啥，干一年啦，我得算算 2023 年到底挣了多少，2024 年是新的一年也好做个预算。"

"嘿嘿，好好，算吧，算吧，我喝我的小酒，你算你的余粮。"

这时，手机响了，是远在城里的孙子打来的："爷爷奶奶，元旦快乐！"

"哎哟喂，我的乖孙孙，快乐快乐，奶奶看见你呀更快乐啦！"看着手机里孙子粉嫩粉嫩的笑脸，胖婶儿的眼睛乐得眯成了一条线。满屋的笑声传出小院，传遍山村的整个夜空。

此时的夜幕下，有雪花从半空悠然飘落。它们在万家灯火的映照下，闪烁着晶莹剔透的光芒，为节日里的山村增添了一抹神秘的色彩，也预示着新的一年又将是一个丰收年！

刊发于《滁州日报》

※　优秀范文二

回家过年

文 / 岳慧杰

自从那天晚上听哥说"第二天准备回家过年"的消息后，我激动得几乎一夜未眠，辗转反侧，思考家里的人和事。

第二天，我们早早地坐上网约车来到火车站。回家过年，一个标配大概就是：大包小包的行李。有衣着光鲜、笑意盈盈的一家三口，看起来像是都市白领，我猜是外嫁的女儿要回娘家；有三五成群、衣着朴素、笑容憨厚，看起来像是外出打工的农民工；更有耄耋的老人在儿孙的呵护下，拄着拐杖端坐在等候室候车椅上，微笑着凝神静思……他们的身份不同，生活轨迹迥异，但他们的目标可能殊途同归：回家，团聚，过年。

火车像一个大的"分流器"，同一列火车同一个目的地。我刚登上火车的时候，想着马上就要离开这个地方了，心里突然有些不舍。我来到窗前，近乎贪婪地使劲看着周围的环境，想要把这些也一起带回家过年。当火车缓缓开动时，心情非常激动，真希望一下子就能回到家里。

"啤酒饮料矿泉水，花生瓜子八宝粥，把腿收一下，各位让一下。"在火车上再次听到这样熟悉的声音，我由衷地会心一笑。我一直以为：声音，是有着感情的。曾经，待在家里，听到家乡的语言总是习以为常，偶尔叽叽喳喳还会觉得心烦。但是，身处异乡，当走在大街上，偶然听到一句家乡的话语时，我便会不自觉地停下脚步四处找寻，当时的心情就像见到了亲人般激动……在外多年，我似乎越来越理解一首诗的含义：少小离家老大回，乡音无改鬓毛衰。乡音，永远是一个人最真实的底色。

火车行驶出少许的时间，便开始了一站一站的经停。同样是拎着大包小包的人群，挤挤搡搡，上车下车……这多么像我们的人生啊：同样是乘坐的一列人生列车，有的人能陪自己走出很远，就像我们的亲人朋友；而更多的人和我们只是不期而遇，匆匆过客而已。每次列车停站，我总会急急地来到窗前，搜寻那些从火车上走下站的旅客。也许前一秒，我们还是同一列火车的旅伴，而下一秒，彼此便要各奔东西，甚至此生都没有再见面的机会。想想，我都觉得有点怅然若失，我总会目送他们很远，直至再也看不见他们。

近乡情更怯，不敢问来人。当从火车上走下，再次踏上故乡的土地，我非常激动、兴奋，同时又多了一分紧张：见到父母第一句话该说什么？该怎样礼貌地和街坊邻居打招呼？在回家的路上，坐在城际汽车上，但见街头售卖的大红灯笼、红对联，一派热热闹闹、喜庆和谐的过节景象，我不禁莞尔：回家，真好。

"回家感觉真好，别管世事纷扰，家里人的微笑就是我的财宝。"当汽车车门打开，当看到早早来到村口迎接自己的父母那熟悉而略显苍老的面庞时，回乡路上，我经历的所有艰辛立时便消失得无影无踪。此时，留在我心里的，唯有感动和心疼。世间最是家乡亲，天地唯有父母近。

刊发于《焦作晚报》

忙年等春归

文 / 邬玲玲

有民谣"小孩小孩你别馋，过了腊八就是年"，每年的腊八节一过，大家就开始期盼过年了。

大人小孩们一起上街，每人买一身崭新崭新的衣服，一双厚实暖和的棉鞋，靓丽温暖地过新年。

再称上花生、瓜子，挑上各样的糖果和饼干，装好满满一袋子，心里便有了五彩缤纷的快乐。孩子们迫不及待地剥开漂亮的糖纸，把糖往嘴里一塞，就咂巴咂巴地吸吮着。年，便变得格外甜蜜和欢快起来。

年关的集市特别热闹。到了年底，更是人山人海。大家拥着挤着都来购置年货。每个人脸上都洋溢着笑容，仿佛将一年来的所有辛苦和压力，都化解消融了。此时是不限制自己的，喜欢就买呗！哪有一年了还不兴"奢侈"一回的？于是过年时的菜品便丰富起来：有火锅炖鸡，有猪头猪耳朵等下酒菜，有香喷喷的"灌香肠"，还有"红火火"的猪血旺……仅听名字，就馋得直流口水了。到吃的时候，筷子都不知道往哪儿夹好，每天都有吃不完的美食。"每逢佳节胖三斤"，果然不假的！每每过完年，无论大人小孩，多多少少都会胖些。尤其是孩子，脸上变得肉嘟嘟的，肚子变得圆滚滚的，却让人看了欢喜。这样的年，是丰盛而欢欣的。

养鱼的人家，提了渔网，到鱼池边撒下去。两岸围观的人，全都屏住了呼吸。拉住绳子收网，再往回拽时，鱼儿跳跃着、扑腾着、蹦跶着。人们把它们装到盛水的木桶里，年便在鱼儿的蹦跳中，变得灵动而鲜活起来。

备好所有的年货后，大家就期盼着除夕春节的到来。

年三十儿一到，各家的蒸笼便取了出来。刷洗干净之后，蒸馒头、蒸米饭、蒸鸡鸭鹅肉，一锅又一锅地蒸，将年蒸得热气腾腾、香气四溢。再炒上青椒肉丝、肉末粉丝、蒜薹炒肉、黄瓜虾仁、莲藕蔬菜，炖上萝卜排骨、土豆鸡块，煎上韭菜鸡蛋、椒盐小鱼、鸡翅鸡排，做上红烧肉、红烧鱼……一家人围坐在满满一桌子饭菜旁，欢声笑语地吃着喝着聊着，盛大又欢喜的年味儿，便在整个屋子里荡漾开来。除夕夜里，一家人在一起，边吃糖果、饼干、瓜子边看春晚……

从大年初一开始走亲戚：爷爷奶奶、外公外婆、伯、叔、姑、舅、姨家，全都去拜一遍。每到一家，先喊一声："拜年啦"！立马有人笑意盈盈地出来相迎："快进屋坐"！紧接着又是端茶倒水，又是拿水果和糖果拼盘。亲人们围坐在温暖的火炉旁，边吃边喝边聊着，谈谈去年的收成收益，说说新一年的打算安排。

年，便在这跃动的红火中，变得热烈又明亮。春天，也轻手轻脚地来临了。

刊发于《楚天都市报》

※　优秀范文四

萝卜灯里庆元宵

文/司德珍

不知不觉，正月过半，元宵节如期而至。这时候的年货市场里，挂满了各式各样的花灯，有栩栩如生的兔子灯，五颜六色的走马灯，还有玲珑剔透的荷花灯，一个接着一个，令人目不暇接。一群孩子围在摊位前，看看这个，摸摸那个，一时不知道选哪个更好。卖花灯的摊主笑眯眯地介绍着，这个能唱歌，那个会旋转，有趣得很。

忽然，人群里有人感慨："现在的孩子们真幸福，不像咱们小的时候，元宵节只有简单的萝卜灯。"是呀，我在一旁附和着，思绪不知不觉飘回到儿时，那会儿的萝卜灯也别有一番趣味呢。

童年的记忆里，过元宵节最重要的事，就是做萝卜灯了。乡亲们在路上相遇招呼，总会顺口问一句，你家做萝卜灯了吗？对方笑着答，做了做了，不做萝卜灯怎么过节呀。是呀，没有萝卜灯的元宵节，哪里有过节的气氛呀。

我们家做萝卜灯，是大人孩子齐上阵。母亲把储存在地窖里的萝卜掏出来，挑选出一些模样周整的，清洗去表面的泥土，用刀切成两截，用萝卜腔做灯身。我们孩子人手一只小勺子，宝贝般地捧着半截萝卜，边挖边唱："大萝卜呀切呀切，你一块我一块。小勺子呀挖呀挖，你一把呀我一把，萝卜灯里庆元宵……"大家笑着闹着，全然忘了这是曾经吃腻了的萝卜呀。

我们把挖去瓤的萝卜交给父亲，由他用小刀雕刻出各种花型图案，有鸳鸯戏水，花开富贵，喜鹊登枝等。还有一些祝福话，四季安安，接祥纳福，身体健康等。雕刻完的萝卜，最后会送到祖母手里。她负责用棉花搓成的灯芯，并往萝卜灯里灌菜籽油。此刻，一向节俭的祖母很是大方，端着油壶往萝卜灯里灌了又灌。

做好的萝卜灯，会分成两部分。一部分是给我们姐妹几个的，这些萝卜灯要在两边打孔，系上细绳，再拴在竹竿的一端，等到元宵节的晚上，提到街上玩耍。另一部分要放在家里的各个地方。譬如屋里的桌柜上，衣橱边；厨房的灶台上，水缸旁；院里的大树下，猪圈旁；还有大门口两侧的石墩上，房前屋后的瓦块上……到处都有萝卜灯错落有致的身影，祈愿着来年的日子平安如意。

傍晚时分，随着一根火柴的燃烧，夜晚就成了萝卜灯的天下。孩子们提着萝卜灯聚在一起，走遍村子的大街小巷，一边嬉耍，一边摇晃着手里的萝卜灯。大家叽叽喳喳，这个说我的萝卜灯最大，那个说我的最亮，还有人说我的图案更精彩。热热闹闹，欢笑声四起，清澈的眼眸里有烛火闪烁。家里的萝卜灯也陆续点亮了，忽闪忽闪的，照着屋里屋外的角角落落。刹那间，一个家变得明媚起来了，紧接着，整个村子变得流光溢彩起来了，到处流淌着元宵节的喜庆。此时此刻，即使星河辽阔，月色清明，都敌不过万千萝卜灯的璀璨。

看着眼前的花灯，我的心再次欢喜起来。虽然，每个年代的花灯不同，但都有同样的意义，那就是给佳节增气氛，热闹喜庆；给孩子添快乐，童心童趣；给美好的生活锦上添花，喜乐汤汤。

刊发于《娄底广播电视报》《广饶大众》

※　优秀范文五

给母亲的"三八节"礼物

文 / 刘萌

难得"三八"妇女节，公司放半天假，可以早点下班陪着母亲在夕阳下散个步。我和母亲路过成衣店的橱窗时，一件孔雀蓝的旗袍映入眼帘。银白色的线勾勒出竹叶的图案，在裙身上轻轻铺展，精致的盘扣顺着颈领向胸前簪去，贴身的剪裁，流畅的线条，在月光的映衬下，散发出一种难以言说清雅婉约的美。

望着橱窗里的旗袍，母亲有些出神，哪个女人能不爱美呢？母亲亦如是。

母亲年少时家境贫寒，外婆患病多年一直卧床，家里姊妹众多，里里外外都是外公一人操劳和担当。那个年头能吃饱饭，有学上已实属不易了，更别谈穿新衣。母亲通常只能捡姊妹穿小了的衣服，即使遇到收成好的年关，外公得几匹料子，也是先紧着参加了工作的舅舅裁衣，布料到了母亲这里，几乎所剩无几。

年幼的日子很快过去，几个姊妹逐渐长大，母亲也到了爱美的青春期。成衣店的衣服偏贵，村里裁缝缝得花样又少，且做工不细，爱美的母亲就常常借来缝纫机给自己和家人做衣服。今天缝个裤子，明天裁条裙子，都做得有模有样，得到了不少村人的夸赞。母亲也曾萌生过去学裁缝，设计服装的念头，无奈当时条件不允许，最终只得放弃。

后来一路结婚生子，家里的光景也日益好了起来。但照料孩子、服侍老人，生活里总有新的事情需要忙碌，母亲也很少有空再去关注时尚和打扮自己了。时光如逝，一晃多年过去，她已从那个裙角飞扬的少女，到了鬓上添华发的年纪。

想到这里，我的心里五味杂陈，母亲为我们付出了太多，却常常忽视自己。看着她注视的眼神，我轻轻推开了服装店的大门，将那件旗袍取下为她穿上。

"怎么样，好看吗？"母亲穿着旗袍略显害羞地在镜子前照看，柔和的光影从头顶泄了下来，她笑靥如花，整个人都显得清新雅致，温柔明媚。

"真是太美了"，我不禁由衷感叹。于是不顾母亲劝阻，执意付了款，献上"三八节"礼物，表示我的心意。

"旗袍美人嫣红美如霞，一片绫罗浸染了芳华，杨柳弯弯斜阳又落下，西门茶香满楼画……"成衣店里的婉约小曲，在街巷里久久回荡。母亲穿着心仪的旗袍，跟着哼唱，手上也挽起了动作，一颦一蹙间流露出的自信和优雅，引来路人纷纷侧目赞叹。

那一瞬间，她仿佛又变回许多年前那个渴望美的恬静少女，浑身散发着欢快柔和的光彩。

张爱玲说，生命就像一袭华美的袍，上面爬满了虱子。母亲这一生操劳太多，也曾错过很多个展现美的机会。愿往后余生，我可以替她遮风挡雨，护她到老，让这岁月里的莹莹光华，一直绽放。

刊发于《衡水日报》

儿童节的糖果

文 / 刘诗敏

我的童年是在粤西山区一处偏僻的村子度过的。

小时候，爸妈过完年就出门打工，一年难得回来几次，我和村里其他小孩一样，成了跟爷爷奶奶生活的留守儿童。

那时候，我老是喜欢让爷爷奶奶带我去村口的大榕树下玩，与其说是玩，还不如说是盼着爸妈回来，每次他们回来都会给我带我最爱的糖果。

爷爷奶奶偶尔也喜欢拉着我坐在大榕树下聊他们童年的故事。奶奶说她小时候家里很穷，吃不饱饭，也穿不暖，连吃一块糖果对他们来说都是可望而不可即的奢侈事。当时，看到爷爷奶奶头上渐渐布满了白发，我便暗下决心，长大后，一定要给爷爷奶奶买回好多的糖果，弥补他们回不去的童年遗憾。

稍大些后，我读书了。上学后，我不再拉着爷爷奶奶到村口坐了，反而特别渴望六一儿童节的到来。因为那天学校不但放半天假，还会组织我们玩游戏。套圈圈、盲人画鼻、踩气球、背古诗等游戏都是大伙喜欢的。当然了，最兴奋的还是这一天学校会准备非常多让人嘴馋的奖品——糖果。只要能赢，奖品会拿到手软。

记忆中，盲人画鼻是当时最讨人喜欢的游戏了。规则是这样的：预先准备一块画有空缺鼻子的大头公仔的黑板，距黑板一米处，参加玩这游戏的同学须提前用红领巾蒙住双眼，任何一方向转三圈后，走向黑板给公仔补画鼻子。

游戏看似简单，但把鼻子画到准确位置上就不那么容易了。有画在嘴巴下面的，有画到眼睛上面的，也有画在额头上方或耳朵边上的，甚至还有同学因转得太急而偏离了方位，找不到黑板位置，无法准确画上大头公仔的鼻子……

因为优胜者能领到丰厚奖品，所以参加这个游戏的同学特别多，而我当然是最积极报名参加的那个。然而，尽管我非常努力想要赢得这个游戏糖果，但每次都是竹篮打水一场空。最先的时候，由于拿不到糖果，我竟然偷偷哭了好久。

为了赢得更多糖果，我偷偷画了一个没有鼻子的大头公仔画，贴到房间的墙上，放学回家就照着游戏规则一遍遍模拟练习。刚开始经常转得晕头转向也摸不着东西南北，更别提把鼻子画到正确位置上了。更懊恼的是，我的执迷不悟竟然惊动了爷爷奶奶。

"一个人在房间里转个不停，又疯又癫的样子，这是怎么了？"有次奶奶挠着头走进房间一脸疑惑地问我。天机不可泄。我一脸神秘说："到了儿童节那天就知道啦！"

功夫不负有心人。一段时间过后，我竟然掌握了盲人画鼻这个游戏玩法，每次蒙眼画鼻都百发百中。就这样，这一年的儿童节，我终于如愿以偿赢了好多糖果。其他同学领到糖果就立刻剥开糖果衣吃得一干二净，而我却一边猛吞口水，一边顶着糖果的诱惑，把糖果紧紧揣在裤兜里兴冲冲地跑回家。那天，我顶着满头大汗跑到爷爷奶奶跟前说："给，这是今天六一儿童节我在学校赢回来的糖果，祝爷爷奶奶儿童节快乐哟！"

"原来你之前在家里蒙着眼转圈圈，是为了赢糖果回来给我们吃啊！"奶奶一脸欣慰地说：这敏囡真是越来越懂事了！爷爷虽然没说什么，但他吃糖果时，眼眶湿润，沧桑的脸上挂着一丝不易察觉的笑。这一幕深深地留在了我的童年记忆里。

如今十多年一晃而过，我已不再是那个天天惦记过"六一"的小女孩了，爷爷也走了好多年，奶奶头上的白发也一年比一年多。但每年的儿童节，我还是会给独自留守在家里的奶奶买一颗糖，而我总会在那颗糖里回忆起我的童年，还有童年里的爷爷奶奶。

刊发于《湛江日报》《中学生博览》

※ 优秀范文七

送给父亲的爱心"套餐"

文 / 蔡晓菲

每逢情人节、圣诞节，一些商家都会推出相应的专属套餐，可到了父亲节这一天，却是一片安静。我想，也许是因为传统印象中如山的父爱，很多时候只是缺乏互相表达。父亲是教师，和那个年代大多数父亲一样，话不多，严肃且认真。去年父亲节的时候，我灵机一动，给父亲来了一份爱心"套餐"。

"开胃菜"是应季衣服一套。父亲从不在意自己的穿着，只要舒服就好，鞋子、皮带等也不甚讲究。相册里的父亲，大多身穿深灰黑色调的衣服，再加上白头发，显得整个人看上去比实际年纪还要大上几岁。我这回专门挑了运动风的套装和运动鞋给他，老爸嘴巴上说着浪费钱，可对着镜子照了照，看着整个人精神不少，就点头说不错。

　　"汤"是母亲做的小蛋糕。老爸在吃的方面比较朴素，外头买的蛋糕、面包等，他都不太爱吃。母亲想了想，还是自己做吧。于是，她花了两个钟头鼓捣，一边参考教学视频，一边上手，面粉弄得满手都是。打上五六个鸡蛋，再用新鲜水果点缀，虽然模样比不上店里卖的精致，但是心意在，吃得也健康。我沾了一点奶油抹到老爸脸上，往日严肃的他乐呵呵地笑。

　　"主菜"是一家人坐在一起谈天说地。夏日炎炎，我们把饭桌摆到院子里，吹着小风，听着鸟儿唱歌，再来一盘自家种的蔬菜，桌上你一句我一句地聊聊近况，惬意极了。偶尔邻居路过，看到这其乐融融的画面，总不免说几句羡慕的话语，老爸则挠挠头，害羞地摆了摆手，嘴角却忍不住地上扬。

　　"甜品"是小孙子甜甜的微笑。自从有了小孙子，老爸一改平日里严肃的面孔，多了满满的笑意，说话语调也变得柔和起来。表达爱的方式有所改变，家中气氛活跃了不少。小孙子四个多月的时候，老爸一逗他，他就对着父亲咧开嘴，一对小眼睛笑得成了一条弯弯的缝，看得人心里美滋滋的。

　　这份爱心"套餐"的最后，是上一杯老爸最爱的绿茶。他的爱好并不多，除了看书练字，最大的爱好就是品茶。我偷瞄了老爸的购物车，果然有不舍得购入的茶叶。于是我复制粘贴，在父亲节前两天顺利买到手中。饭后，上一壶新茶龙井，翠绿的茶叶在玻璃杯中轻盈翻飞，好看极了。老爸细细品来，一脸满足。

　　愉快的一天结束了，父亲节"套餐"获得了圆满成功，接下来我们要再接再厉，把这爱心"套"餐融入日常生活中的点点滴滴，多表达爱、多收获爱。

刊发于《珠江时报》

母亲的"刻字"月饼

文 / 孙菁美

苏东坡有诗云："小饼如嚼月，中有酥与饴。"吃着小小的月饼，酥酥甜甜，可见中秋的味道藏在月饼里。于我而言，中秋的味道藏在母亲的"刻字"月饼里。

小时候，中秋节前后也是庄稼人秋收农忙的时节，但母亲总会抽出时间为我们做月饼。吃过晚饭整理妥当后，母亲便拿来簸箕和两只瓷碗，坐在宽阔的庭院中，仔细挑着红豆和核桃。月亮像白玉盘一样高高地挂在天空中，把小院照得亮堂堂的，星星们也仿佛知晓节日临近，欢快地扑闪着眼睛。我和哥哥在院子里，一边打闹，一边唱着母亲教我们的中秋童谣："八月十五月儿明呀，爷爷为我打月饼呀，月饼圆圆甜又香啊，一片月饼一片情呀……"我们时不时还不忘偷抓一把核桃仁来吃，月儿圆圆，歌声悠扬。

入睡前，把红豆泡在冷水里，第二天天蒙蒙亮，母亲就起来和面了。为了提升口感，她还会特意往面里打几个鸡蛋。将浸泡了一夜的红豆放入锅中，煮沸后小火慢炖。那时候没有料理机，煮好的豆子全凭母亲用手捣成豆沙。她先用擀面杖用力捣打，再用铲子细心翻拌，整个过程要重复好几遍。母亲一边捣一边温柔地说："捣得细一点，吃起来才更软糯呢！"然后她将红豆沙、核桃碎混在一起，再加上适量的红糖和干面粉，轻轻拌匀，月饼的馅料就制作完成了。

接着，母亲将发好的面团在案板上揉几个来回，揪成小剂子，再擀成薄片，舀上满满一勺馅料包住，压成饼状。接下来就是往月饼上刻图案，先取一根麦秸秆，挨着月饼边缘顺时针扎一圈，漂亮的边牙就出来了。

然后在中间位置，用刀尖分别刻上"花""好""月""圆"几个字，再用几颗麦粒在空白的地方压上一朵小麦花，这四个带字的月饼是专门做给"月亮爷"的。母亲说，要把最好的献给"月亮爷"，用以感恩，祈愿来年丰收和幸福。着急吃月饼的我在一旁疑惑地问："好费事呀，为什么还要在饼皮上刻字呢？"母亲不紧不慢地答道："没有字就是烧饼了，刻些吉祥话才更像过节嘛！"听了母亲的话，我明白了刻字的意义。于是，我也拿起一把小木刻刀，小心翼翼地在饼皮上刻下了几个美好的字词，如"团圆""幸福""和谐"等。虽然我刻的字七扭八歪，但母亲还是夸奖了我。我不禁感到高兴和自豪，也更加理解了母亲的教诲，中秋节不仅仅是吃月饼，更是团圆、感恩。

最后，母亲将做好的月饼放进锅里，等到一个个圆饼鼓起小肚子，月饼也就熟了。皮薄馅厚，红豆绵糯清甜，核桃碎香脆可口，一口入肚，甜在嘴里，乐在心里。我还会带一些月饼去学校分享给我的好朋友，他们都夸母亲的创意好。

朴素浓郁的农家味儿甜蜜了我整个童年，那时候觉得人间美味大抵如此。如今，超市里的月饼琳琅满目，每次我也会买一些，但这些月饼吃起来总觉得少了点什么。或许，我怀念的是儿时年轻的父母与无忧无虑、不谙世事的我们。中秋味道，不过一口母亲做的"刻字"月饼。

刊发于《银川晚报》《通州日报》

※　优秀范文九

重阳节的多重味道

文 / 徐晓霞

"今又重阳，战地黄花分外香。一年一度秋风劲，不似春光。胜似春光。"重阳又至，艳阳高照，秋菊朵朵放光彩，游人喜笑颜开，争相登高望远，互道祝福。

重阳节，是中华民族的传统节日，因在农历的九月初九，"九"在《易经》中为阳数，"九九"两阳数相重，故曰"重阳"。古人认为九九重阳是吉祥的日子，古时民间有重阳节登高祈福、拜神祭祖及饮宴祈寿等习俗，在历史延续过程中，又融合了众多文化内涵，令重阳节充满了更多的风情和丰富的味道。

重阳恰逢红叶漫山，处处充满浪漫缤纷和深秋唯美的味道。秋风瑟瑟，落叶飘零，湛蓝的天空，深邃悠远，脚下红色的叶子，黄色的叶子，紫色的叶子，绿色的叶子，都懒懒地躺在清脆的草丛里，像一幅晚秋的油画。远处的山头，一片片鲜红的枫叶，随风起舞，灿若云霞，燃烧着金秋的火焰，恰似闻到了秋阳的淡然和枫叶的热烈。

重阳节处处弥漫着清香甘甜的味道。重阳节正是一年的金秋时节，菊花盛开，我国各地自古就有登高赏菊和品饮菊花酒的习俗。据传赏菊及饮菊花酒，起源于晋朝大诗人陶渊明。陶渊明以隐居出名，以诗出名，以酒出名，也以爱菊出名，后人效之，遂有重阳赏菊之俗。朱熹也曾作诗《重阳·饮菊花酒》，"江水侵云影，鸿雁欲南飞。携壶结客，何处空翠渺烟霏……"生动描写了重阳节鸿雁南飞，与友人一起携壶饮酒的场景。民间在这一天有插茱萸和簪菊花的习俗，一些妇女和儿童还喜欢将茱萸和菊花插在头上或别在窗户上"解除凶秽，以招吉祥"，房屋内、街巷中处处飘散着花的清香和酒的甘甜。厨房里长辈们精心制作的重阳糕更是按捺不住兴奋，早已溢出庭院，飘香十里，每路过一户人家，都会令人垂涎三尺。

重阳节令人感怀的是思念的味道。"兰佩紫，菊簪黄，殷勤理旧狂。欲将沉醉换悲凉，清歌莫断肠"是诗人晏几道在《重阳·思念》中表达悠悠乡愁的诗句。唐代诗人王维的"独在异乡为异客，每逢佳节倍思亲，遥知兄弟登高处，遍插茱萸少一人。"正是倾诉了游子身处异乡，每逢佳节倍加思念亲人的孤独和怅然。宋朝李清照在重阳这天，独自坐于东篱边饮酒，夕阳西下，淡淡的黄菊清香溢满了她的双袖，然她却叹道：菊花再美再香，也无法送给远在异地的亲人，惆怅中，她写出了"人比黄花瘦"的词句，深切表达了对亲人的思念之情。

重阳节的味道除了清甜、唯美，还有酸涩的味道。重阳过后，天气渐渐变冷，大地萧瑟，草木凋零，风不仅带走了落叶，也吹进了异乡游子的心，那悠悠的乡愁像一道童年的歌谣，飘飘荡荡，藏于内心，每次诵唱，牵挂也会如雨后春笋般汹涌而来。只能于风清月明之时，为亲人许下祝福，愿他们一切顺遂，无忧无虑，安然享受岁月静好。

重阳节是一个特别的节日，在诗人们满怀激情和诗意的笔调里赋予了重阳节特殊的含义。这样的日子，这样的习俗，让我们更加懂得感恩和尊重，更加珍惜亲人的陪伴和关爱，更加渴望与家人的团圆和相聚，更加思念童年的香甜味道。

让我们在这个美好诗意的日子里，以从容、接纳的姿态面对生活，以善良、宽容的心地行走大地，一起祝福明天会更好。.

刊发于《清远日报》

腊八粥香邻里情长

文 / 尹瑞

诗云："腊月八日粥，传自梵王国，七宝美调和，五味香掺入。"想来，腊八节里喝腊八粥的习俗便来源于此。

腊八这天，我刚好休假回家，一进门，就听到厨房里传来叮叮当当的厨具声。不用猜，一定是母亲在熬制腊八粥了。进去一看，果不其然。我忙系上围裙，给母亲打下手。忽然，母亲问："丫头，还记得你九岁那年的腊八粥吗？"我答："当然记得。"回忆起那年腊八，屋舍简陋，炊烟难起，在拿着父亲微薄的收入，开启生活中的种种开支时，买东西货比三家，各方面都要精打细算的母亲，在此刻，为了腊八粥的几样食材犯了难。这时，邻居阿姨热情地边笑边叫着母亲的名字朝我家院子里走来。她脚底欢快，声音洪亮地出现，仿佛整个人散发着光一样。拉着母亲就开始聊家常，说着便着把手里的塑料袋递给母亲，母亲打开塑料袋，看了一眼，里面正好是家里缺的桂圆和莲子。这时，母亲忙又将塑料袋塞回给阿姨说："不用，你拿回去吧！刚好我攒了点儿钱，少的那几种食材够买回来。"我也终于知道我知道邻居阿姨的来意。就这样两人一来二去相互拉扯着对方和红色塑料袋久久不肯离去。邻居阿姨见状开口对着母亲说道："我知道你厨艺好，你给咱们两家做好腊八粥，晚些时候，我带着孩子来蹭饭可以吧？"就这样母亲妥协了。

当炊烟再起时，母亲已经将案板上提前准备好的小米、大米、绿豆、黑豆、薏米、红枣等食材和邻居阿姨带来的桂圆和莲子多样食材准备就绪。母亲将这些食材统统清洗两三遍以后，接着将它们浸泡在水中两个小时以上，直到食材能够用指甲掐断即可。之后将食材和水一起倒入锅中，再加入清水，放入少许碱面，接着搅拌，盖上锅盖静煮四十分钟左右，这个时候就可以加入冰糖了，将冰糖和食材充分融合，一碗腊八粥就熬好了。

母亲喊我："叫邻居阿姨家人来吃饭。"我应声回复：嗯。屁颠屁颠地跑去邻居家里，拉着阿姨协同家人来共同享用腊八粥。那天，阿姨不仅带着孩子来了，还带了一堆好吃的。说是来蹭饭，实际上更多的是补贴我们家。

第三章　报刊作品赏析

思绪流转万千，瞬间被拉回现实。看着锅里的腊八粥，我回头对母亲说："那年多亏了阿姨，咱们才过了一个丰盛的温暖的腊八节。"母亲点点头答："是啊，邻里间的情谊是最温暖人心的啊。"

一碗腊八粥，不仅是传统文化的传承，更是传递着邻里之间的爱与温暖。

刊发于《廊坊都市报》《霸门报》

二、节气稿

※　优秀范文一

<h1 style="text-align:center">立春至，万物始</h1>

文／燕如

"立春一日，百草回芽。"立春，是一年之岁首，是节气轮回的新起点，是寒与暖的转折点。立春至，预示着万物闭藏的寒冬将逝，寒尽则春生，以立春为起始，大地将慢慢复苏，万物将开始生长。古籍《群芳谱》中写道："立，始建也。春气始而建立也。"立春是一年四季之始，春气开始聚集，天地万物在徐徐而来的风和日暖间悄悄萌动，只待春天的号角吹响，便迸发出勃勃生机来。人们更是满怀希望、斗志昂扬，着手制定一年的计划和目标，并为之付诸辛勤劳动，期待着秋收之时的硕果累累。古人将立春分为三候，一候东风解冻，立春后的第一个五日，东风送来暖意，寒意渐渐褪去，随着气温回升，大地开始解冻；二候蛰虫始振，第二个五日，蛰居了一整个冬天的小动物在睡梦中感知到春意之暖，慢慢苏醒；三候鱼陟负冰，第三个五日，封河的冰开始融化，鱼儿们雀跃地涌上水面，尚未完全溶解的碎冰浮于水面，远远望去，好像是鱼儿们背着碎冰，在欢快地跳着春之舞。如果说春天是一首钢琴曲，那么立春就是曲始的第一个音符。寒冬时积蓄能量，冬尽时整装待发，指落琴响时，沉睡许久的春便在时间的五线谱上缓慢苏醒，舒展筋骨之后，奏响于天地之间。立春的音符响起，霜冻一冬的苍茫大地被温柔地唤醒，被赋予蓬勃生机，待到春风徐来，便让春之暖意复苏万物、春之绿色尽染天地、春之澎湃激荡人心。地域差别，每个地方迎接立春的习俗各有特色。有些地方"咬春"，如吃春卷、吃春饼、咬春萝卜等；有些地方"打春牛"，宋代诗人杨万里写有《观小儿戏打春牛》："小儿着鞭鞭土牛，学翁打春先打头"，生动地记述了立春日，小孩儿模仿大人的模样戏打春牛的有趣场景；有的地方"抢春"，是官署鞭春之后，将象征春牛的"土牛"或"纸牛"打碎，围观民众欢天喜地地争抢土块或纸片，祈求带来吉利……习俗各异，但初心相似，人们用不同的方式表达着对春天的喜爱和敬畏，迎接着春天赠予的生机和希望，期盼着春天带来的转折和机会。一年之计在于春，一天之计在于晨。立春至，万物始，心已向暖，时不我待，我们当与立春赛跑，奔向更为广阔的未来，我们当与时间为友，不负这般盎然的春意。

刊发于《清远日报》

※　优秀范文二

雨水润春景

文 / 张素平

"好雨知时节，当春乃发生。"细密的雨丝将春的讯息通传大地，此刻起，万物复苏，草木萌动。雨水，二十四节气中第二个节气，《月令七十二候集解》中说："正月中，天一生水。春始属木，然生木者必水也，故立春后继之雨水。且东风既解冻，则散而为雨矣。"正月中旬前后，东风解冻，四散为雨，春回大地，生机尽显。雨水降临，春意回归，春色宜人。丝线般的雨细滑润泽，那远远看去朦胧的草色走近看却无法识别，似有若无，意境非凡。这景色虽无法带给人强烈的视觉震撼，却可以悄悄走进我们心中，滋润干涸的心田，如雨入大地般"润物细无声"。

古人将一年分为七十二物候，雨水时节也分三候："一候獭祭鱼，二候鸿雁来，三候草木动。"雨水一到，气温回升，冰雪融化，鱼儿从沉寂走向活跃，水獭开始捕食，据说水獭会把自己捕捉到的鱼成排铺开在岸边，好似一种祭祀仪式，所以有獭祭鱼的说法。一候过后，大雁从南向北而归，回到自己久违的家；二候过后，草木在暖春中抽芽发枝，展现生机。古人选择一种花期较准的植物对应二十四节气的每一候，称为"二十四番花信风"。《荆楚岁时记》中记载，雨水花信为：一候菜花、二候杏花、三候李花。花开准时为三候报信。菜花、杏花、李花，每一

第三章　报刊作品赏析

种花都有其独特的韵味，这韵味在古诗中体现得淋漓尽致。"沃田桑景晚，平野菜花春。"夕阳西下，走在乡间田径之上，眺望远方，冰雪消融，藏于雪下的绿色麦苗开始昂首挺胸，承受春的恩泽，连绵的绿意中偶有几片橙黄，不知哪家的油菜花，已耐不住寂寞，开始在春风中摇曳，展现灿烂的笑容。

菜花灿烂，杏花也不甘落后。"乱点碎红山杏发，平铺新绿水苹生。""溪头一径入青崖，处处仙居隔杏花。""一段好春藏不尽，粉墙斜露杏花梢。""绿杨烟外晓春寒，红杏枝头春意闹。"妖娆多姿的杏花从来不甘人后，它的风情深山藏不住，悬崖隔不了，高墙掩不住，只能任它在枝头尽情闪耀。李花清浅，没有杏花的妖娆，但独具自己的风姿。"桃花争红色空深，李花浅白开自好。""草色青青柳色黄，桃花历乱李花香。"不与人争奇斗艳，我自独开，李花与世无争，像个娴静温柔的女子，淡然处世，散发着自有的清香。雨水时节，菜花、杏花、李花各有风情，互不相让，仿佛预示着春的未来，将会有百花争妍、多彩缤纷。我们无须急迫前行，只需漫步田间，淡然静观，相信春天会呈现给我们一个个精彩的画面。

刊发于《大河健康报》

※ 优秀范文三

一声春雷惊百蛰

文 / 张海新

二十节气中，"惊蛰"是一个既形象生动，又富有诗情画意的词语。

惊蛰，古称"启蛰"，标志着仲春时节的开始。《月令七十二候集解》中写道："二月节，万物出乎震，震为雷，故曰惊蛰，是蛰虫惊而出走矣。"

惊蛰之妙在"惊"，惊为惊醒、惊动、惊叹，更多的是惊喜。古人认为是天上的春雷惊醒蛰居的动物，谓之"惊"。

惊蛰时节，天气转暖，春雷始鸣。惊蛰如同蓄势待发的鼓手，雷声便是它敲响的鼓声。"惊蛰节到闻雷声，震醒蛰伏越冬虫。"在万籁俱寂的夜里，鼓声震天响。蛰伏于泥土中冬眠的虫子们一惊，就醒了，它们揉着惺忪的睡眠，打着哈欠，伸着懒腰。世界从此就喧闹起来了！

民谚云："春雷响，万物长。"春雷不仅唤醒了百虫，还有世间的草木。惊蛰时节，春气萌动，大自然呈现出一片欣欣向荣的景象。春到此，不深不浅，欲说还休，别有一番风味。

惊蛰来了，百花争妍草木萌。山野遍地桃花红、李花白、菜花黄。皎皎玉兰含笑醉春风，杏花渐露芬芳吐，草色青青柳色黄。最美不过三月桃花，经春雨的润泽，水淋淋的湿，粉嘟嘟的嫩，是美人颊上的胭脂，酿成春天里最醇香的美酒，醉了人间。"等闲识得东风面，万紫千红总是春。"一幅生机盎然的早春画卷，铺满天地之间。

惊蛰来了，百鸟啁啾春意闹。鸟儿们感春阳清新之气而初出，处处可见莺儿啼、燕儿舞、蝶儿忙。"几处早莺争暖树，谁家新燕啄春泥。"从惊蛰开始，祖母每日都早早打开堂屋大门，迎接燕子早日归家。

惊蛰来了，春耕的序曲也奏响了。"过了惊蛰节，春耕不能歇。"惊蛰后的气温回升，气候逐渐变暖，雨水增多，万物开始复苏，农家开始进行春耕生产。

儿时的记忆里，每到惊蛰，全家老小都开始忙碌起来。父亲叔伯们全下田干农活，他们往田里运农家肥，一根扁担在肩头颤悠悠。粪肥入田，铁锹撒匀，扬鞭吆喝耕牛，犁地翻土，空气里弥漫着新鲜泥土的芳香。祖母和母亲在家后院的菜园子里，也忙着整地、种果蔬。乡村处处呈现一幅繁忙劳碌的农耕场景。

雷声是惊蛰的号令。对农民来说，有土地就有盼头。春耕秋收，种下一份希望，期盼一分收获。

惊蛰一声雷，让所有的生命都憧憬着新的希望，用心书写梦想的诗行！

刊发于《楚天都市报》

※　优秀范文四

梨花一枝春带雨

文 / 李沁蔓

梨花开时，正是细雨纷飞的清明时节。我到墓园看望亲爱的外婆，外婆最喜欢的梨花开得正恣意盎然。千树万树梨花盛开，如雪压枝头，冰清玉洁，素洁淡雅，清香宜人。一朵洁白如雪的梨花，代表着一种思念——对远去故人的无尽思念。悠远绵长的思念，时空相隔，带着雪的洁净，花的芳香。

．梨花如雪，洁白清纯，冰肌玉骨，剔透无瑕。雨中的梨花更有一种不胜娇羞的美，更加妩媚动人，似乎天然有一种凄清，一种哀怨。

"玉容寂寞泪阑干，梨花一枝春带雨。"马嵬坡一别，杨贵妃寂寞忧愁，泪水长流，犹如春天带雨的梨花。杨贵妃香消玉殒之后，每到清明时节，梨花随雨飘落，霏霏扬扬，如漫天飞花，深情的李隆基沉浸在深切的思念中，黯然销魂，难以自拔。

．细雨纷纷清明节，梨花随风飘扬。我默立外婆的墓前，无语凝噎。墓园里两棵苍老的梨树，繁花重重，压弯枝头。花瓣飘过我的脸庞，如外婆温柔的手抚摸着我。更多的花瓣带着雨珠飘落肩头，我不愿拂去。这两棵梨树是外婆生前亲手栽种，当年还是幼小柔弱的小树苗，如今已历经沧桑，古老苍凉。

芳草萋萋，春风荡漾，人间四月梨花开。梨花含烟带雨，洁白如雪似玉。清新的泥土气息，淡幽的梨花香，沁入肺腑，让我感觉无比亲近。好像回到当年，外婆带着幼小的我，亲手栽下梨树苗，深情地对我说："这两棵树，是为你们栽的。"我看着慈祥的外婆，如醉如痴，亦真亦幻，情不自禁伸手拥抱，却拥了满怀落花。一滴水珠滴落我的脖子，把我惊回现实。

我以为，人间有多少朵梨花，天上就有多少个幽魂。天人相隔的思念，刻骨铭心，绵远不尽。外婆当年栽下这两棵梨树，也许是想到，在她离开之后，留给我们一些念想和安慰。让我们在清明祭奠时，满树梨花能带给我们慰藉。

离开外婆的墓园，从万亩梨海经过。春光明媚，和风顺畅，杨柳依依，游人如织。梨园里一望无际的玉树银花，白如雪野，游人鲜明的彩衣点缀其间，如人间天堂，美不胜收。

梨花的美丽与高洁，人间天上，无可比拟。"雪为天上之雪，梨花乃人间之雪；雪之所少者香，而梨花兼擅其美。"清代文学家李渔高度赞美梨花的芳香洁白，高雅纯洁。

梨花虽美，终会凋零，如生命，终会逝去。人生一世，花开一季，人生路上，只要没有枉费光阴，也算没有辜负这如花灿烂的生命。

刊发于《现代快报》

诗意小暑

文 / 姜燕

　　"倏忽温风至，因循小暑来。"阳光热烈之时，二十四节气的第十一个节气小暑，便也来到了我们身边。暑，为炎热，小暑为小热，还不十分热。小暑虽不是一年中最热时节，但紧接着就是一年中最热的节气大暑，民间有"小暑大暑，上蒸下煮"之说。所以，趁气温还不是很热，让我们在小暑的温情里，温度小暑时光。

　　小暑是宜人的。"一碗分来百越春，玉溪小暑却宜人。"小暑时节，如果约上两三个好友，一起喝茶聊天，即使不能如古人一样，堂中喝茶作诗。但是有茶，有友，又有好心情，这难道不是最好的夏日时光吗？

　　小暑是欢喜的。"鸟语竹阴密，雨声荷叶香。"诗人庞铸曰："小暑不足畏，深居如退藏。青奴初荐枕，黄昏亦升堂。"在暑天难熬的时节，我们也可以一天都躲在家里避热，翻一翻书架上的书，听一听鸟儿鸣叫，或是走到竹荫下寻找清凉，或是下雨水看荷花起舞，闻着随风送来的阵阵清香，凉意在心间荡漾。夜晚时散散步，仿佛于山水间奔赴，数不尽的凉意都在身边。

　　小暑是牵挂的。诗人刘克庄在《小暑日寄山甫二首》中，叮嘱在外做官的儿子，也期盼他有时间回来看看，和家人小聚。"微官便有简书畏，贫舍非无水菽欢。插架签存先世旧，堆床笏美一时观。远书且问平安好，前哲曾嗟嗣守难。了却台参早怀橄，暂归亦可小团栾。"再炎热的天气，如果儿子收到父亲的思念之信，也会驱散掉身上的暑气。在这热情的小暑时节，常年工作在外的我们，又何尝不会收到父母的千叮万嘱呢？父母亲切的关心，也总让我们倍感凉爽，不怕工作的苦，也无惧生活的累了。

　　小暑也是惬意的。清朝诗人乔远炳曰："薰风愠解引新凉，小暑神清夏日长。断续蝉声传远树，呢喃燕语倚雕梁。眠摊薤簟千纹滑，座接花茵一院香。雪藕冰桃情自适，无烦珍重碧筒尝。"夏天的风吹来，惬意有凉，让人神清气爽，便觉得夏日悠然美好。耳边的蝉鸣忽高忽低地从树上传来，房梁上的燕子，呢喃细语，或是嬉闹。困意中，不禁想躺在精美的竹席上，闻着院中花儿送来的清香，再吃点冰果——雪藕、冰桃，好不惬意。

小暑更是舒服的。宋代周邦彦有诗云："梅雨霁，暑风和。高柳乱蝉多。小园台榭远池波。鱼戏动新荷。薄纱厨，轻羽扇。枕冷簟凉深院。此时情绪此时天。无事小神仙。"有时一个普通的夏日，也是让人难忘的。小暑时间多雨，天气最是凉爽。浮云时常与太阳捉迷藏，绿柳成荫的小院里，蝉依旧在鸣叫，不用想任何事，暑风和煦，此刻只想心静，随着心静下来，也就忘记纷扰的世事，如同"小神仙"一般自在。

听，雷声近了，雨要来，小暑开始欢蹦乱跳了。

刊发于《海南农垦报》

※　优秀范文六

诗意白露暖秋色

文 / 周彩霞

白露，是一年中的第十五个节气，也是秋季的第三个节气，中秋，三秋至此为半，正是一年中最有诗意的季节。"白露秋风夜，一夜凉一夜"。白露之后，气温下降，一夜比一夜凉，明显地感觉到凉爽的秋天已经到来。

白露有三候：一候鸿雁来，八月，鸿雁列着"人字阵"南征，望着南归燕，感于时节的游子旅人分外动心；二候玄鸟归，春去秋来，红花落尽燕归去，燕去巢空就无蝉了，渐渐山楂红了，柿子挂满树，槿花萎草根黄；三候群鸟养羞，众多的鸟感受到秋之肃杀之气，纷纷储备粮食过冬。

白露至，凉风起。白露之白，是因气温骤降，清露固沉浊而变奶白，秋水因气温降而变蓝，荷叶渐残，都是幽美而感伤的变化，加上中秋将至，还带上些许忧思。

数千年来，在文人墨客笔下，这个节气充满了别样风情。

《诗经·秦风·蒹葭》有云："蒹葭苍苍，白露为霜。所谓伊人，在水一方。"这首诗把白露时节特有的景色，与人物惆怅的相思感情交织在一起，意境幽远。

唐代诗人雍陶的《秋露》写道："白露暖秋色，月明清漏中。痕沾珠箔重，点落玉盘空"。寥寥几句，将秋色渲染得淋漓尽致。露水凝白，月色清明，仿佛沉浸在声声滴漏中。夜晚水汽太重，把珍珠和金箔都沾湿了，露水一点一滴地落在玉盘上转眼消失。

杜甫有诗云："露从今夜白，月是故乡明"。李白的《玉阶怨》写道："玉阶生白露，夜久侵罗袜。却下水晶帘，玲珑望秋月。"白露已到，中秋不远，诗人对着圆月诉说自己无尽的思念。

除了文人笔下的浪漫，对农民来说，白露是秋收的时节。此时的田野，一眼望去，高粱如火，棉花似云，大豆咧开了嘴，荞麦笑弯了腰，人们的脸上洋溢着收获的喜悦。农谚中："白露高粱秋分豆""白露前后看，莜麦、荞麦收一半"是真实的素描。

白露不仅是收获的季节，也是播种的季节。从白露开始，西北、东北地区的冬小麦已开始播种，华北冬小麦的播种也即将开始，人们憧憬着下一季的丰收。

白露节气有"收清露"的习俗，明朝李时珍的《本草纲目》上记载："秋露繁时，令人延年不饥。"我国一些地区还有饮白露茶的习俗。白露茶不像春茶那样鲜嫩，不似夏茶般干涩味苦，却独有一种甘醇清香味，尤受老茶客喜爱。旧时苏浙一带乡下人家每年白露一到，家家酿酒，用以待客，俗称"白露米酒"。

白露在云淡风轻中诠释着秋日的美好，让我们的心灵从夏日的浮躁中重新复苏，走向秋的丰腴与成熟。白露为霜，枫红菊黄，让我们在一叶知秋里，感知季节的轮回，在落英缤纷里，见证生命最美的回归。

刊发于《甘肃农民报》

※ 优秀范文七

秋分

文 / 陈婷

"燕将明日去，秋向此时分。"秋意浓，叶镶金，秋老虎的威力日渐散去，一阵凉风拂面吹来。我们迎来了秋天的第四个节气——秋分。

有诗云："暑退秋澄气转凉，日光夜色两均长。"秋分正好处在秋季的中间，不仅平分了秋季，还平分了昼夜，有着"平分秋色"的意思，所以叫"秋分"。秋分过后，天气虽逐渐转凉，但美好的秋也纷至沓来。

秋分是静美的，谚语有云："秋分有三候，一候雷始收声，二候蛰虫坯户，三候水始涸。"的确是这样，秋分过后，放眼去看吧，天空变得清澈，大地迎来久违的宁静，虫儿也即将休眠隐退，秋水也不再泛起涟漪……一切都是那么的通透清澈，明净爽朗。我们斑驳的思绪也变得平静，在繁忙劳碌的日常中觅得一丝安逸。

秋分是丰盈的，"春种田苗夏籽耘，秋收大有民同欣"，秋天带着收获的喜悦，让硕果累累挂枝头，颗颗飘香绕指柔，各种瓜果桃李应时而生，咬上一口丰收的果子，真是甜在嘴里，暖在心尖；金灿灿的粮食也入了谷仓，农民们乐得合不拢嘴，又是一个丰收年。

秋分是让人感怀的，浅秋夹杂的夏日余热尚且感受不到真正秋的气息，但只要秋分一到，天气转凉，伴随的是草木凋零，落叶枯黄，这样的场景就不免让人心生悲凉之感，诗人刘禹锡在秋词中云"自古逢秋悲寂寥，我言秋日胜春朝"，我们不能说秋会像春日一样欢快，但秋日也绝对有着自己的情怀，我们不禁会感怀岁月的变迁，虽避免不了物是人非，但总会变成美好的回忆；我们不禁会感怀人生的百态，我们的身体在一天天变老，但同时也收获了精神的富足。

秋分，这个美丽而又富有诗意的节气，让我们感受了收获的喜悦，感受了大自然的变幻，获得了人生的感悟……秋分，冷暖相宜，我们可以更好地思考人生，收获生命的给予。

刊发于《羹门报》

※　优秀范文八

一阳萌生冬至来

文 / 李爽爽

黄钟应律好风催，阴伏阳升淑气回。时光的风裹挟着雪花，飘进了冬至。冬至，又称"冬节""贺冬"，我国二十四节气之一，八大天象类节气之一，也是冬季第四个节气。这一天北半球经历着最长的夜，是阴之极致，然阴阳相转，万物潜藏中孕育一阳萌生的玄机。

午后，和老公携手走在小区里，搓着手，哈着热气，一阵冷风拂过道路两旁几近光秃的树木，一切都在瑟缩，我不禁发出"嘶嘶"声，赶紧把双手揣进大衣兜里。"真冷啊，中午都不见太阳！"我喃喃道。"看，有太阳。"老公指了指天上说，"今天冬至，以后的每一天太阳都会越来越近哦。"他总是如此，在最冷的天说最暖的话，在别人看到失望的时候，他看到希望，哪怕只有一点。我抬头望向那颗挂在枝丫间、像个低功率灯泡一样的太阳，弥漫的云层几乎把它裹住，但它仍努力散发着烛火一样微弱的暖色。最后的枯叶被寒风吹落，像蝴蝶一样翩然于凛冽，止息于尘埃，大地也收起了这最后的念想。想到今天之后，白昼会越来越长，黑夜越来越短，万事万物便有了盼头。我似乎看到风雪覆盖下的树干支脉流动，根系也在地下蓄力滋长，延伸向一个春天。

冬至，是盛大的人间仪礼。

智慧的古人发现了这天阴阳互转，阳气回归的神奇，冬至被最早确立。自冬至起，天地阳气开始兴作渐强，进入新一轮循环，因此又被称为"大吉之日"。早在《诗经》中，这一天，人们烧火焚香祭祖先，祈盼两界同安吉，爆竹声声，香飘万里，是一年中最庄重而欢愉的日子。冬至大如年，唐宋时，以冬至和岁首并重。南宋孟元老《东京梦华录》："十一月冬至。京师最重此节，虽至贫者，一年之间，积累假借，至此日更易新衣，备办饮食，享祀先祖。官放关扑，庆祝往来，一如年节。"明清时期均有祭天大典，谓之"冬至郊天"，宫内有百官向皇帝呈递贺表的仪式，而且还要互相投刺祝贺，就像元旦一样。

冬至，是太阳的智慧哲学。

我们在黑白交替中受惠于太阳的恩泽，也要坦然接受她的山水轮回和雨露均沾。当世界的这头雪冷长河，那头必然温暖如春。然而，光照的边界和时间的接头并不是割裂的，终点亦是起点，从此北半球的冬夜开始变短，白昼变长，阳极生阴，阴极生阳，这是太阳的智慧。冬至有三候："一候蚯蚓结；二候麋角解；三候水泉动。"土中的蚯蚓仍然蜷缩着身体，自感阴气渐退而解决，山中的泉水开始流动并且温热。因此，冬至不是"行到水穷处"的阳气终结，而是"坐看云起时"的新象起点。冬至，带给我们很多生命的启示。正如每个走到人生低谷的瞬间，再往前，便是上坡。正如"不经一番寒彻骨，怎得梅花扑鼻香"，正如"冰冻三尺非一日之寒"，正如"卧薪尝胆，三千越甲可吞吴。"正如"山重水复疑无路，柳暗花明又一村"……这些都是万事万物在生命的至暗时刻蓄力而为，是坚持，是信念。人生的最高境界就是在至暗时刻，坚持做正确的事，做困难的事，做长远的事，只有坚毅的长期主义者，才能真正成为时间的朋友。

冬至，是养生的最佳时机。

寒来鸷鸟归，万物皆潜藏。古时人们在敬天祭祖的同时，也不忘把握休养生息的好时机。《后汉书》中有这样的记载："冬至前后，君子安身静体，百官绝事，不听政，择吉辰而后省事。"所以，这天朝廷上下要放假休息，军队待命，边塞闭关，商旅停业，亲朋各以美食相赠，相互拜访，欢乐地过一个安神静体的节日。"气始于冬至。"因为从冬季开始，生命活动开始由盛转衰，由动转静。此时科学养生有助于保持旺盛的精力而防早衰，达到延年益寿的目的。冬至时节饮食宜多样，谷、果、肉、蔬合理搭配，适当选用高钙食品。延续至今的吃饺子、汤圆、馄饨等习俗，也都有消寒养生之意。

一阳萌生冬至来，在这个神圣的节气里，我凭栏倚望，目光穿越万千冰雪的冬夜，似乎看到一场浩大的人间礼仪，那是人们用厚重的礼仪表达最神秘的敬意；似乎闻到了千家万户餐桌上升腾起的饺子香，那是久别团聚的浓情暖意；似乎看到在南半球最遥远的太阳，那是万象更新的起点。

刊发于《聊城日报》《黄石日报》

※　优秀范文九

冬意渐浓盼雪落成诗

文 / 刘菊花

"花雪随风不厌看，更多还肯失林峦。愁人正在书窗下，一片飞来一片寒。"立冬过后，秋就摇曳着万千风情，渐行渐远。北方的雪，南方的雨，在冬天携万千期待如约而至。《月令七十二候集解》中记载："十月中，雨下而为寒气所薄，故凝而为雪。小者未盛之辞。"因此，小雪节气的由来是由于天气寒冷，降水形式由雨变为雪，但此时由于地寒未甚，故雪量还不大，所以称为小雪。甲骨文"雪"字从雨彗声，这个字像羽毛的样子，表示从天空飘落的羽绒状的冰晶。"雪"是"彗"的初文。

"雪""彗"古音相同，所以"彗"表示"雪"的读音，上面的雨不是雨水，而是雪花冰晶。小雪时节前后，受强冷空气影响，北方有些地区会迎来降雪，南方地区虽然还有些许绿意，却也呈现出"荷尽已无擎雨盖，菊残犹有傲霜枝"的清寒之景。

"飞雪如花落，岁岁又年年。"北风翻阅着光阴的故事，不经意掉落几页"书签"。如果你错过诗意的秋，那么不要再错过浪漫的冬。冬日里的村落别有一番趣味，在乡村的老树枝丫和红砖绿瓦间，我们仿佛穿越了厚重的历史，置身于令人着迷的古老时光。从绝美日出到绚丽晚霞，从朦胧云海到晴空万里，都是独一无二的风景。它会带你去楝树下仰望，看金灿灿的果实如何让阳光驻留，如何在风中舞蹈；它会为你披上鹅掌楸的黄马褂；它会把愿望写在银杏的叶子上，白天太阳阅读，夜晚月亮抚摸……

"山峦起雾霭，当窗待梅花。茶烟素围炉，檐上白雪轻。"冬天里最美好的事就是围炉闲坐，一家人一边烤着火一边享受一年辛勤劳动的成果。温热的柚子茶，黄瓤的烤地瓜、脆甜的冰糖葫芦和在烧着火炉的屋子里看整个世界因为冷气而变得清晰。在北方有腌咸菜、吃涮羊肉的习俗，南方品尝糍粑，土家族则享受用新鲜的猪肉精心烹饪而成的刨汤。勤劳的人们不畏寒冬，中华大地上一片其乐融融。

"晚来天欲雪，能饮一杯无？"这一时节很多地方室内都已供暖，人们也穿着靴、戴着帽，裹得严严实实，内热不易散发，容易上火。所以饮食上应该做好荤素搭配，肉食不宜过量，多吃新鲜蔬果，多搭配一些清火降燥滋润类食物，如白萝卜、大白菜、豆腐等炖成汤既暖和又滋润，同时建议正午前后多晒太阳，晚上睡前也可根据自身情况适当尝试泡脚。

冬天的冷是为了衬托万物的暖，就让我们盼一场银装素裹和每一片轻扬的雪花，给天地写一首梦幻情诗吧。

刊发于《民族时报》

第三章 报刊作品赏析

大雪一碗汤暖心

文 / 郝爽

古人云："大者，盛也，至此而雪盛也。大雪至，冬已深。"这意味着天气更冷了，降雪的可能性也更大了。大雪，是冬季的第三个节气，它标志着仲冬时节的开始。

俗言："小雪腌菜，大雪腌肉。"大雪节气一到，家家户户忙着腌制"咸货"，挂在朝阳的屋檐下，充分享受冬日暖阳的沐浴，以迎接新年的到来。

而在这个时候，父亲总是会熬煮上一锅羊肉汤。"冬天进补，开春打虎。冬天食了羊，少穿一件棉衣裳。"这是父亲在这个时节常说的一句话。大雪节气，特别适合吃羊肉。羊肉性温热，食用后可起到温补作用，可以帮助身体抵御寒冷，促进血液循环，起到强身健体的作用。羊肉汤色泽光亮，呈乳白色，羊肉不肥不腻，汤清肉嫩，味道鲜美。尤其在这寒冷的冬天，热乎乎地喝上一碗，驱寒暖胃，这无疑是冬日的最佳美食。

记得每次放学回家，进门的一瞬间我就能闻到羊肉汤的香味。哇，我欢呼着跑向厨房，看着正在"咕嘟咕嘟"翻滚着的奶白色羊肉汤，我不由自主地深深吸了一口气，真香啊，刹那间，我被这香味惹得垂涎三尺了。我忍不住先捧起一碗撒着碧绿香葱花的羊肉汤，美美地喝上一口，顿时觉得身上的每一个细胞都被兴奋地唤醒了，那美味带着温暖似乎一下子跑遍了全身，整个身体都感受到了。我又迫不及待地夹起一片羊肉放进口中，鲜嫩爽滑，我的味蕾都快乐地跳起舞来。虽然只是一道普通的美食，却给我带来了从嘴里到心里的温暖，更让我感到了快乐与幸福。

如今身处外地远离家人，大雪节气又至，记忆总是会把它和羊肉汤串联在一起。忍不住点了一碗羊肉汤外卖，食之无味。

这时，门外传来了敲门的声音，打开门的那一刻，我又惊又喜。"闺女啊，爸来看你了，看，你最爱的羊肉汤。"父亲举起手里的保温壶，兴奋地说着。我既惊喜又激动。父亲的爱总是深沉又含蓄，他不善于表达，却把爱藏在行动里。

在父亲的注视下，我停不住口地连肉带汤全都下肚，额头冒汗，口齿留香，还是熟悉的味道……这样美味的羊肉汤，只有父亲才能做得出来，因为他在里面放了一种独家配料，那就是——爱。

大雪节气，天气越来越寒冷，爱却从未停止。

刊发于《山西晚报》

三、季节稿

※ 优秀范文一

春日里的仪式感

文 / 燕如

春风无形胜有形，所过之处万物复苏。冬天悄无声息地退场后，春天就像是一个随风飞舞的小精灵，时而化作江南岸边杨柳枝头的绿芽，时而化作山林田间百草丛中的鲜花，时而化作春雨落入池塘惊醒了鱼儿……春风吹起号角，春天便如潮水般涌向大地。

古人用浪漫的诗情画意表达对春天的喜爱之情，用满满的仪式感表达对春天的敬畏之心。古代将阴历的正月、二月和三月称之为"春"，官方与民间用特别的仪式表达对春天的期盼与喜悦，或严肃或嬉戏，如立春时祭春神、打春牛、食春盘、挂春播等，春分时犒劳耕牛、祭祀百鸟等。

时至今日，春日的仪式仍旧保持传统的寓意，却不再拘泥于旧时的严肃，别具一番韵味。春日的仪式，是人们感受时令变化与温暖幸福的真切，是万物复苏蓬勃发展的生机，是大地披绿百花怒放的惊喜，是亲友相伴踏青郊游的欢欣……没有烦琐的流程，不必刻意地准备，所谓春日里的仪式感，不过就是春日氛围里的松弛感和幸福感，如此平常，却弥足珍贵。

阳光明媚时，闲坐庭前听鸟儿歌唱；细雨迷蒙时，漫步公园看桃红李白；闲来无事时，好友相约品明前清茶；灯火可亲时，家人相聚尝时令春盘。有人喜欢李白的洒脱，拎一壶好酒，邀三五好友，趁春风不躁，作春日诗篇。有人跟随苏轼的诗词尝遍春日美食，"蒌蒿满地芦芽短，正是河豚欲上时"，"雪沫乳花浮午盏，蓼茸

第三章　报刊作品赏析

蒿笋试春盘。"有人学着杜甫的浪漫，感受春夜细雨的润物无声，欣赏"黄四娘家"的繁花满蹊，品尝春风吹来的花草飘香。

我喜欢春日的温柔，风儿不疾不徐，细雨绵密飘散；我喜欢春日的温暖，寒意渐退不刺骨，阳光和煦不灼人。温柔又温暖的春日里，最适合做的事莫过于表白。春节时为家人朋友送上祝福，元宵时携爱人一同赏花灯万盏，情人节时为心爱之人送上鲜花，妇女节时为妻子送上问候，植树节时带孩子栽下一棵树苗，清明节时为先人送上怀思……

春日里的仪式感，贯穿于人们的生活日常，既是人们对大自然的敬畏与喜爱，也是人们对幸福与温暖的孜孜追求。

刊发于《中国平煤神马报》

※　优秀范文二

乡间探春

文 / 王红悦

三月春光已倾城，和风浮云，新绿初出，令人激荡。周日，我迫不及待去乡下探春。

漫步乡间，遇一剪轻风柔柔，春风撩人，撩拨着万物。她似纤纤玉手，轻轻翻开时光的书页，打开了新的一季。她穿过林梢，唤醒了一片一片的阳光；又像一首清丽幽远的筝曲，一颗一颗闪亮、跃动的音符，在枯黄的苹果间奏响。那一刻，语言和脚步是同样的迷离。透过飘荡的苹果，仿佛看见一簇簇淡淡的黄色小花，灿灿地开满枝头，栾树静待挂起串串粉红色的灯盏，赠与时光一阕温婉的辞章。自然界的万物，在更迭中，一次又一次地完成生命的轮回，怒放。

白云，饱饱地浮荡在晴空之中，泛着鹅黄的柳枝高低错落成摇动的花墙。让人觉得身子轻暖灵动了，一股茸茸的春意会在心头慢慢洇染开来，"动人春色不须多。"

初春的乡野，是熟悉的清爽。正在休养的稻田地，早已翻过。上面似乎笼罩着一层乳白色的雾霭。随手抓起一把黑土，松散又略带湿气，这是回春的气息。不由得想起儿时，见父辈们开春翻田备耕的情景。那时人们要用铁锹或镐头，一下一下地挖翻。如今在乡间，从翻地、耕种到秋收，一系列农活，已全部机械化了。一块块农田，在机器的轰鸣声里，春日播下希望的种子，秋日那金色的棋盘，写满丰收的笑意。

沿着平整干净的柏油马路，走进村子。行道的杨树，正在苏醒，枝头冒出棕红色的芽苞，那芽苞慢慢长成花柱，长长的，弯垂着，像一条条毛毛虫，挂在树枝间。待到杨絮纷飞的时候，白杨树开始播撒生命的种子。路旁和渠岸上的枯草，软软地趴在那里。走近细瞧，隐隐有些绿意。我蹲下身子，扒开草丛，果真是新嫩的草伸出细微的叶片，那娇嫩嫩的绿色，闪着光，正眼巴巴地张望着这个世界。再拨动草丛，又是一处新绿。"迟日江山丽，春风花草香。"

此刻，北国的春天，正在枯黄中拔节，疯长着。那热烈的情愫，就如同爽朗的北方汉子，或许一夜春风过后，明日再看，就呼啦啦地，成片成片地冒出来，春潮般涌动，让你目不暇接。

村子里的人家，正在检修农用车辆。那些摆放在院落中的，带着圆盘，铁锨似的现代化器具，都是我叫不出名字的。只知道，在这些机器的健步如飞里，农家人的劳动变得轻松，日子越来越好。

我的脚步，惊扰了正在觅食的一群麻雀，它们忽地从眼前飞过，落在不远处的榆树枝上，点头摇尾，又倏地转过脸儿，似乎在端详棕红色的芽苞。时而啁啾低语，时而婉转高鸣，转而又有几只欣喜地展翅飞远。那一双双翅羽仿佛是跳跃在春风里的一片片新叶。"朝来庭树有鸣禽，红绿扶春上远林。"

这时，一个戴着黄色绒帽的小孩儿，迎面跑过来，三四岁的模样，摇摇晃晃的，像一朵迎春花飘来，一朵"咯咯"地笑着的迎春花。后面追来的母亲，边跑边喊着："慢点儿！慢点儿！"

"红尘陌上风烟重，涅槃重生踏春行。"春寒犹在，春阳正好，柔美洁净的光束里尽情跳跃着生命的尘埃，万物葱茏。走在乡间的春色里，人也成了春的一分子，安静鲜活地生长！

刊发于《东南早报》

第三章 报刊作品赏析

已觉春心动

文 / 邱宝瑜

今年立春来得早，巧逢壬寅大年初四。

犹记得新年伊始，连续二三日受冷雨影响，岭南一带气温骤降，大地被笼罩在一片湿冷之中。立春当天终于不再见雨，冬到深处春自来，一切都是那么刚刚好。虽然天没有很蓝，云也没有很白，但午后薄薄的晴阳穿过云层，带着点点碎金，照拂千山万水，我的心也随之豁然灿亮。

那是新春的第一道阳光，它初来乍到，是天地万物的贵客。不见它大摇大摆莽莽撞撞，而是如同君子一样，款款走来，落座之处，自然而然如玉般温润和煦。

隔窗瞧见远处连绵的群山，因前几日冷雨的洗礼后，此刻在阳光下，青黛含翠，山形朗润，充满秀丽与灵动的气息，映衬着灰蓝的天色，仿佛是一幅泼在宣纸上的水墨画，朦胧诗意。不禁念起王维的"千里横黛色，数峰出云间"。这是入春的绝色，令人久久出神。

立春虽至，但暖意尚浅，春风仍有几分料峭。想起年初去亲友家拜年，路经一座大桥时，凛冽的寒风从江面上吹来，我不禁打了一个冷战，是真冷呢。严冬时残留的余寒，时不时还来串门，夹杂着冬的清冽和春的惬意。

望一眼江面，只见涟漪层层，这是春风独有的手笔，它一来，便解锁万顷碧波，原本平静的江河不淡定了。水汽开始欢腾，被春风悉数揽入怀中，吹得更高，更远，更辽阔。

因此，春风里又多了水的柔情和妩媚，它是李峤的"能开二月花"，是王安石的"春风又绿江南岸"，是袁牧的"春风如贵客，一到便繁华"……只要是春风来访的佳期，万物便能感受到它的召唤，处处生机缭绕。

很快地，田埂上、野地里，都将一派春意：农夫卷起裤腿开垦犁地，一手扶犁把，一手握长鞭，赶着一头老黄牛，时不时甩出几声春的哨音；紧接着油菜花要冒头了，在辽阔的天空下，恣意生长；韭菜一茬茬，细细长长，青翠欲滴。"一畦春韭绿，十里稻花香"，正是吃韭好时节，无论是剁碎了包饺子，抑或切断了炒鸡蛋，都是早春的滋味。

很快地，迎春花也开，再接下来，桃花、杏花、李花、望春、海棠，不甘示弱都要粉墨登场了……总之是草木蔓发，春色片片。

我也要忙了，忙着去路边拜访一茎新草，去乡间寻一株野菜。不知山中光景，又是哪般模样？深山，树木，枝丫上，叶片舒展腰肢；地里春虫挣脱梦的桎梏，开始蠕动柔软的身躯；草芽尖尖，昂起泥染的脑袋……春素来撩人，而早春尤甚，仅凭一窗之隔，就让人浮想联翩。越想，一颗心越是迫不及待，欲往山中去。诗人李清照说得妙："暖雨晴风初破冻；柳眼梅腮，已觉春心动。"想到春，心也就随之乱了。这是其他季节都不曾有的呀！

我深以为，早春的黄绿不匀，远胜于繁花似锦。万物生灵最初萌动的样子，更显生命的感知和悸动。早春像极了我们天真烂漫的孩童时期，无忧无虑，思想纯粹无杂念，一心只向暖而生。然而生命渐行渐深，我们总是在匆匆赶路，何不趁人间好时节，带着闲心轻装上阵，四处走走，走进早春的画卷里。拥抱大自然，兴许能在其间邂逅一颗童心。多好。

立春了，万物随春醒，美好自此生。人与岁月，都迎新。

刊发于《通辽日报》《黔东南日报》

※ 优秀范文四

夏夜里的萤火虫

文 / 肖海俊

夏天的夜晚，我坐在阳台上教女儿读童谣："萤火虫，点灯笼。飞到西，飞到东。飞到小河边，小鱼在做梦。飞到树林里，小鸟睡正浓……"我读一句，女儿跟着读一句。忽然，女儿抬起小脸好奇地问我："妈妈，什么是萤火虫呀，我们这里有没有？"

我透过阳台向外望去，城市的夜空，被色彩斑斓的霓虹灯照亮得如白昼，哪能看到萤火虫的身影？女儿对于萤火虫的认识仅限于童谣、绘本、短视频里。她实实在在没有看到过、摸过，更别说体验捕捉萤火虫的乐趣了。相较于女儿，自小在农村长大的我，却没有这样的遗憾。

农村的夏夜，是热闹而丰厚的。当山峦托起明月，轻柔的晚风拂过稻穗，"夜行侠"们就开始踩着夜色出动了。蛙声从水田传来，蛐蛐连绵的嘶叫声响彻了天际，它们你一腔我一调，构成欢快的夏夜协奏曲。这个时候，萤火虫们怎甘落后，它们睁开睡眼蒙眬的双眼，争先恐后地前来伴舞。

当下的农村，没有空调，连风扇都极少，晚饭过后，村民们带着蒲扇、竹床、长凳，来到苞谷场上纳凉。大人们或坐或躺，一边摇着手中的蒲扇，一边给孩子讲故事，也许是故事太乏味了，孩子们听着听着，目光被稻穗间的萤火虫牵走了，急忙回屋拿上玻璃瓶，钻进田间草丛探险，扑流萤。

我看见一只萤火虫在草木间游荡来游荡去，突然，它停了下来，驻足在了一片叶子上，我轻悄悄地走近它，刚要伸出手，它迅疾地逃跑飞走了，只留下一串微光在夜色里闪烁，挑逗着我们的好奇心。我们追，它们逃，好似一场猫抓老鼠的游戏。一次又一次，眼看要抓到了，它们却总能化险为夷，让我们两手空空。

然而失败并没有让我们灰心，反而更激起了我们捉萤火虫的热情。我和小伙伴跑到大人跟前，讨要扑萤利器——蒲扇。用蒲扇一扇，飞舞的萤火虫一个趔趄跌落在了草叶上，我们一一捡起，装进瓶子里。这时，倘若瓶子里有雌虫，那可太幸运了，它能吸引雄虫纷纷飞落在瓶身上。而我们就能轻而易举地把这些萤火虫全部捉住。

回到家，我把萤火虫装进手工灯笼里，再用一块薄纱布把两端口子封住，让这些小家伙在灯笼里飞来飞去，这时我可以再提着灯笼到苞谷场上去炫耀了："快看哪，我的灯笼发光了！"

后来，我在书本中读到了泰戈尔的诗《萤火虫》："你冲破了黑暗的束缚，你微小，然而你并不渺小，因为宇宙间一切光芒，都是你的亲人。在墨黑的夜空点燃自己，为远方的你送去一丝光明。"让我认识到，萤火虫虽没有太阳的热烈，也没有月光的柔情，可它却在夏夜里尽情地点亮自己的灯，在漫漫长夜中发出微小的光芒，给人光明与希望。

一旁的女儿继续问道："妈妈，萤火虫是不是就是星星呀？"看来孩子对于萤火虫这个小精灵一点概念也没有，我当即决定：等放暑假了，一定要带孩子回乡下体验一下扑流萤的乐趣。

刊发于《红安文艺》

夏日乘风凉

文／曹晓丽

夏晚，走出户外乘凉。沿着林荫道走着，身边不时遇到跑着步的人。有些老人搬着小凳，摇着蒲扇，坐在树下闲散地聊天。这使我不禁想起丰子恺的一幅漫画：乘风凉。丰子恺画的是一家人乘凉，长凳一张，人数每年都不同，每年都怡然自得。而现在，人们趁着夏日晚上的凉风，享受着夏日夜晚的凉爽。

突然就想到了小时乘凉的场景：人人也是蒲扇一把，扇着扇着就把炎热赶跑了。不同的是，乡下人家家有一张竹床。

吃过晚饭，家人一起抬着竹床到户外。空气清新，星星闪烁，连蚊虫都随着清凉的夏风而逐渐散开。几家人将竹床搬到一起，拼成一张大大的床。这样我们小孩子便可以边纳凉边嬉闹了。我在竹床上做过很多事，打个滚，玩过"小猫钓鱼"的扑克牌游戏，还玩过一种叫"绷绷"的游戏。

一次傍晚，我坐在竹床上，凉风习习，我想着要做点什么。姐散学回家，就看到了这一幕：我坐在竹床的正中央，被一堆笔的零件环绕着，笔芯、笔头、笔帽、笔壳……原来，闲得无聊的我，将姐的笔盒翻了出来，自动笔、圆珠笔、钢笔一一被拆开，而我，正对着一个弹簧专注做着研究。

姐姐大叫："妹妹疯掉了，妈，你看！……"她气急败坏地想阻止我。可那堆撒满床的笔头呀、笔帽呀可不管她，在她的拉扯中，在竹床四边滚来滚去。她慌忙地将所有零件归拢，然后义正词严地对我说："你拆的，你全部要恢复哦！"我傻眼了。这么多的零件，我看到都头大了，拆的时候容易，再组装可就不容易了。那时虽小，却意识到我的动手能力并不强。我的这堆"烂摊子"到底是谁收拾的，已经不记得了。只记得那个晚上，一向喜欢给我编蜈蚣辫，给我讲故事玩逗我笑的姐全程黑着脸，不高兴搭理我了。

纳凉的时候，天有时还不大黑。妈总是早早张罗大家吃晚饭，不然到乘凉的时候蚊子就该出来了。于是，当我爬上竹床准备载歌载舞时，天边的那道残阳正照耀着我。我看到天边的五色彩霞，散发出一条条的彩带，有时云儿们在变换着各种模样在天空中"打斗"着。我最喜欢看鸟儿们乘着风，和彩霞一起飞动。这让我觉得，彩霞去的地方就是鸟儿的家，让我不禁也幻想着和它们一起回家。

等到晚霞逐渐散去，大人们的蒲扇开始摇起来，精彩的"夜生活"也就开始了。夏风瑟瑟，拂起了树叶们的窃窃私语，也将我的思绪勾得很远，很远……

刊发于《徐州矿工报》

※ 优秀范文六

秋雨轻轻意蕴浓

文 / 宋瑞栋

"漠漠秋云起，稍稍夜寒生。但觉衣裳湿，无点亦无声。"秋雨，细腻而柔软，如扯不断的柔柔丝线，将心牵引。思绪在雨中飘荡，心情在雨中沉淀。

推开窗，远处笼罩在烟雨中，时隐时现，朦胧的景色包围着你的思绪。闭上眼睛，仿佛进入了另一个世界，一个只属于自己的世界。雨是美的，秋天的雨更美。

我喜欢雨，更喜欢秋天的雨。朦胧中，世界静好，雨已悄悄来到檐下，像极了串串晶莹珍珠，闪闪发光；像情人的眼泪诉说甜蜜情话；像一颗颗星星驻入心田。用手接住一两颗，掌中滚动着一股凉意。美丽的秋天，你不只有落叶，还有雨中万物的金黄。

梦乡中醒来，细雨作伴。脑海突现："秋雨，秋雨，无昼无夜，滴滴霏霏。"这句诗来。掌灯，一杯清茶，手捧一本薄书。文字的小河潺潺流过，享受那份独有的惬意与幸福。柔柔地抚摸我的思绪，想到，远处的高山，浩瀚的大海，广阔的草原，翱翔的雄鹰，悠闲的鱼儿，片片的羊群。世界因雨而美好。读书因雨而多了份宁静，丝丝的雨纷纷泅入书的字里行间，文字的温度照亮了我的整个世界。

我喜欢雨，更喜欢听秋天的雨声。刘长卿的《别严士元》诗云："细雨湿衣看不见，闲花落地听无声。"秋天的雨本静静地下，无声。阻挡雨自由下落的物体，让雨发声。嘀嗒嘀嗒轻抚着人的灵魂，让人感觉到乃至置身在这个多彩的世界中。大自然的乐声，天合成，没有造作，没有杂质，纯洁而清脆。

趴在窗台上，找雨。细细的，看不见踪影，只是雾蒙蒙的一片。小草更绿，树叶更青。树上的雨珠，慢慢滴落在地上，越积越多，地面湿了。

屋檐下的大黄狗圈伏在狗窝里，抬着头，也在听雨。小鸟开始活跃了，叽叽喳喳的，在树隙间跳跃，追逐嬉戏。这里两三只，那边三五只，它们开心着呢。待太阳出来，它们一定会飞去好远的地方。

我喜欢雨，更喜欢秋天的雨里有妈妈相伴。记得小时候，穿着小水鞋，妈妈牵着我的小手，在泥泞中，她到哪都把我带上。我特别爱走进小水洼里，轻轻踩几脚，听脚下发出的哗哗声。妈妈会笑着说，这孩子，裤子都打湿了。我还是又踩了两脚才算完。

"飒飒秋雨中，浅浅石榴泻。"在王维笔下，秋雨是闲适而可爱的。可在妈妈的世界里没有诗情画意，她的生活在田间，在灶台。无论刮风下雨，从没有放下手里的活计。听雨，赏雨，对她来说，是奢望。

雨还在下，轻柔，虚无，所有的事物被它包围，而我却在它的外面，欣赏着它的一举一动。秋天的雨招人喜欢，是因为它的柔情，它给世界带来收获。

喜欢晴天，也喜欢一场秋雨一场寒，喜欢这种岁月更迭。丝丝的秋雨飘飘洒洒，似乎在诉说着一段段难忘回忆。欣赏着窗外的秋雨，聆听着轻柔的雨声。思绪在雨中流淌，慢慢模糊在朦胧的秋雨中。

刊发于《今日定海》

※　优秀范文七

诗词里的秋

文 / 林苔

我在诗词里遍寻世间的秋，她竟是一个画着美丽彩妆的姑娘。

一夜的雨，晨起依旧细密地下，白雾蒙蒙，青山隐隐，秋姑娘像一个"犹抱琵琶半遮面"的"琵琶女"，画着烟熏色的彩妆，以白纱遮面，气质清冷出尘、神秘迷人，她于山林间"转轴拨弦三两声，未成曲调先有情"，她在思念谁呢？是像贾宝玉思念他的林妹妹一样吗？还是像林妹妹一样将一生的眼泪还给贾宝玉？不得而知，唯见江心秋月白。但她绝对不是白居易《琵琶行》里的人，"老大嫁作商人妇"，落得个凄凄惨惨,将无限心事诉于琵琶与江心冷月。秋姑娘是个慧心人,惯看秋月春风,气定神闲、风雅飘逸,于朦胧梦幻间见绰约风姿,于世事无常里守等闲如故。

秋姑娘还画着淡紫色的彩妆,像戴望舒笔下的"丁香姑娘",纯净的忧郁,丁香从未开在秋天,也有人会觉得秋天萧瑟,在我看来,秋姑娘纯净又包容,万水千山过尽,心不染尘埃,她不动声色地包容着一切遇见,"潦水尽而寒潭清,烟光凝而暮山紫",万事万物退去,而后得真,而她又为何忧郁,许是为了秋风起,她在诗意的叹息,只是为了那些打心底里的珍惜与像东流水一样逝去的一个又一个昨日。

夏尽秋始,漫山遍野的植物还未来得及反应,半黄半绿,秋姑娘又画起了黄绿色的彩妆,明媚又清新,成熟中带着孩子般的活泼俏皮,她喝着奶茶走在日落的街头,晚霞醉人,她谈起一场甜甜的恋爱,盼着一场大雪落下两人一起白了头,或可再为他拂去那无意间落在肩头的两三朵梅花,一壶老酒再填几句新词。秋姑娘是一个文艺的小姑娘啊,她喜欢标新立异,不与众人同,喜欢活得有趣,不零落成泥,她以一己之力对峙着即将开始的荒芜。"自古逢秋悲寂寥,我言秋日胜春朝",谁说不是呢?

秋姑娘有时候也会喜欢上红装烈焰,她会给自己画上像枫叶一样红的彩妆。白云生处,有几户人家,停下马车来,看经深秋寒霜之后红于二月花的枫叶,心里欢喜得不行,就像看一个绝世美人,只看一秒,便会被惊艳震撼到,瞬间不能动。若是她眉间再添得一点朱砂,便知其在相思,"山远天高烟水寒,相思枫叶丹",无奈山重重叠叠,烟水冷又寒,思念之人迟迟未归,倒令这一帘外的风月被白白辜负,只是被辜负的何止风月,还让人惋惜一个姑娘被蹉跎了的芳华,她所思之人因何耽搁良久,说来几人能知。

秋姑娘啊秋姑娘,你不止有一种彩妆,你也不止有一个模样,甚至于,这烟火人间,有着无数个秋姑娘,你来自哪里,你们来自哪里,相信总会有人如我一般将你们一一找到,从早秋至晚秋。而正是因为有着无数个与众不同的你,方能化成秋天的千百种美好,也是世间的千万个姑娘,人生海海,日升月落,请将她们各自寻见。

发表于《兰州日报》

暖冬

文 / 尹平喜

"晨起开门雪满山，雪晴云淡日光寒。"清晨，一推开门，一股寒气扑面而来。虽然不见雪的影子，但是屋顶上，树叶上，草地上都披了一层似雪的霜，冻得我的牙齿"咯咯"作响。看到眼前的这一幕，我想起了那些冬天里温暖过我的清晨时光。

记忆里愿起床，在被窝里等着太阳"日上三竿"。我看着窗户上透的冬天天寒地冻，那时我还小，整天待在爸妈身边。冷得我不明的冰花一点点地融化，在模糊的雾气中变成透明的水珠缓缓滴落下来。然后，当第一缕柔和的阳光斜斜地从窗户外照射进来时，我才懒懒地从床上爬起。

爸爸有早起的习惯。每天窗外还是墨黑色时，我就听见他开房门的声音。接着又听见他把四四方方的火盆端到厨房里去的声音。他会在火盆里放几根柴火，几块木炭将火点燃。然后他在堂屋里一边烤火，一边看电视，直至天亮。我知道他是为了我起床后，有炭火可以取暖，即使在屋子里待着也不会冷。

天一亮，妈妈便开始在厨房忙碌了。我躺在床上温暖的被窝里，厨房里时不时传来炒菜声，打水声，以及妈妈叫唤鸡群的声音。听着这声音，我心里觉得踏实又幸福。很快，一阵熟悉的气味在我的鼻尖飘荡，那是从烟囱飘散出来的燃烧茅草的气味，我知道妈妈开始炒菜了。厨房与客厅有一段距离，妈妈将菜炒好后，绕过我窗前端上桌。经过我窗前时，她会轻唤一声我的乳名，叫我赶紧起床，刷牙、漱口、吃饭，晚起饭菜就要凉了。

家里的早餐通常是白米饭，打开电饭锅，一阵热气随着饭香腾腾升起，就像我心里腾腾升起的幸福感。此时，太阳已经将屋顶的霜融化了一些，并且一点点地暖和起来了。爸爸将火盆移到屋外有阳光的地方，我们围坐在火盆边，一边取暖一边就着阳光，吃着清香的饭菜。阳光照在墙壁上，落在我们的脸上，也洒在了碗里的饭粒上。一家人一边吃饭，一边聊天，幸福的时光仿佛就此凝固。

如今，我在异乡冬日的早晨里，顶着寒风去上班，匆匆地买份快餐以饱腹的时候，我却想起了那些冬日里温暖过我的清晨时光。那是多么幸福的时光啊，这份回忆已形成一股暖流，在我的心里涌动着。让我在他乡的日子，即使身体感受着寒冷，但是心却是暖暖的。因为爸妈给我的爱，给了我温暖，让我不再畏惧生活中的风霜雨雪。

刊发于《清远日报》

※ 优秀范文九

冬雪敲窗

文 / 姜燕

冬天盛情地邀来一场久违的雪，雪静静地落在大地上，世界宛如一幅素净的画卷。洁白的雪花给寒冷的冬日增添了一抹独有的色彩。此刻，我坐在窗前，凝望着窗外那片银装素裹的世界，思绪万千。

轻盈的雪花如同无数精灵一般，纷纷扬扬地飘落在窗户上，诉说着冬日的故事与浪漫。我轻轻推开窗户，几朵雪花调皮地钻进了我的脖子里，一股冷意潜入心中，雪花似乎要与我悄悄说冬日的秘密。

大地被白雪覆盖，一片寂静。银白色的世界，如同神秘的仙境，让人心生向往。雪花在空中舞动，如同一群优美的舞者，尽情地展示着它们曼妙的身姿。那些舞动的雪花，在天空的衬托下美轮美奂，让人不由自主地为之陶醉。

望着窗外的冰雪世界，我不禁想起了童年的快乐时光。那时，我喜欢在雪地里与小伙伴玩耍，打雪仗、堆雪人，留下了许多美好的回忆。如今，我早已长大成人，但那些美好的回忆依旧铭刻在心里。

此刻，我又想起了那些陪我度过漫长冬夜的人。他们陪我在炉火旁聊天儿、听音乐、看小说，让那些冬夜变得不再寒冷。那些温暖的时刻，如同冬日里的阳光，温暖了我的内心世界。

令我难忘的还有冬日里和家人围桌吃热腾腾的火锅的日子。母亲早早准备好新鲜蔬菜，父亲提前买好羊肉卷和牛肉卷，弟弟兴高采烈地准备好吃火锅的碗筷。一家人围坐在一起吃着火锅，有说有笑，连窗外的雪都迫不及待地想进来听我们聊天儿。

我轻轻关上窗户，也将心事关在了窗外。那些有雪陪伴、有友情、有亲情陪伴的日子，都是我心灵的滋养品，温暖着我的人生。

　　冬雪的陪伴，让我感受到了生命的厚重与美好。

　　夜幕降临，雪簌簌敲窗的声音，如同一首优美的夜曲，哄人入眠。

　　冬雪敲窗，让我感受到了岁月的静好。在这个寒冷的季节里，我更加珍惜身边的人和事，也更加感恩生命中的每一个美好瞬间。

　　岁月的长河中，冬雪敲窗年年有，我们都可以在这样的日子里找到属于自己的温暖与幸福，让生命中的每一个瞬间都充满阳光与希望。

刊发于《山西工人报》《许昌晨报》

※　优秀范文十

冬韵

文 / 陈玉

　　在经历了春的萌发，夏的绚烂，秋的繁华后，总要步入冬的静寂。古语讲"冬，万物归于藏"，因此"冬藏"一词由此而来。"春生""夏长""秋收""冬藏"四时运行，各具特色，也就各具韵味。那就让我们跟随时下冬的脚步，探寻那份静谧、含蓄、内敛、厚重之美。

　　作为一名女性，不可否认我是惧怕冬的。冬季的天总是干冷的，因身体抵抗不了冬的冷，总是将自己裹得厚厚的，不愿出门，总愿待在温暖的房间，隔窗望冬。喜欢冬天，却不敢靠近。暗恋着它，却不敢用手去触摸它。就这么悄悄地用心去凝望、感悟它的那份高冷和静美。

　　行走在冬里，生活的节奏也变慢了。在慢节奏的生活里，有了更多的时间去整理凌乱的思绪，沉淀时光，沉淀心情，也沉淀自己。

　　没有了紧张、烦躁，人也就变得平和许多。我喜欢选一个有月亮的夜晚，待在温暖的房间，凭窗而坐，静赏月光中的冬夜。

　　那时的时光是静谧的。隔窗眺望，一望无际的苍穹，繁星点点。如水的月光流淌大地，窗前的几棵古树泡在一汪月光里，尽管树叶所剩无几，却用苍劲有力的筋

第三章　报刊作品赏析

骨，把月光蘸满，在地面上勾勒出各种栩栩如生的画面，形态各异，千姿百态。犹如以大地为绢，以枝干为笔，以月光着色，浓墨勾勒出的一幅天然水墨画。望着它任凭你天马行空，给人一种娴静、恬淡、舒适之美。

或逢着一个日出的清晨，朝着太阳升起的地方用力奔跑。你会遇上太阳初升的东方，是一片晕染开的橘黄色的红。四周的云层层叠叠，堆积如山。透着光的云，全被染了色，红的、黄的、金的、粉的，交错叠加，连绵不绝。

远处的天空是徐徐流淌的蓝色海洋。太阳自地平线缓缓露出半张脸，犹如蒙纱的少女，调皮、灵动、可爱。隔着波光粼粼的湖面，眺望远方的田野，有雾气从大地上升腾，如梦似幻。这时，田野里的花草树木沐浴在朝霞下，也脱去颓败，焕发生机，闪烁出晶莹剔透的美。

在舞动着蓝色绸缎的天空下，地面上披着霜花的万物，金光闪烁，美得那么耀眼，那么鲜明。犹如在你眼前展开一幅自然画卷，在这幅画卷里，莹蓝的天，灵动的云，静谧的树，辽阔的田野，流动在眼前，让你为之迷醉、震撼。而你却找不到任何词语，去形容它的壮美，只能一遍遍地咏叹，好美！真美！怎么可以这么美？

在领略过冬夜的静谧和清晨的壮美后，你也可以选一个温暖的午后，搬一把藤椅，放置于阳台之上，或坐或躺，置身于一片绿植花海之间，温一壶茶，读一本书，听一首美妙舒缓的音乐，或干脆闭目小憩，任凭阳光、花香、茶韵抚慰你困倦的五官，慰藉你疲惫的灵魂，美哉，妙哉！生活或心情总是如四季交替变幻，时而温暖如春，时而凛冽如冬；时而绚烂如夏，时而悲凉若秋。但若心静如水，不愠不怒，便会任凭风起云涌，我自波澜不惊。

试着用你温暖的心去包容和体会冬，有一天你会无可救药地爱上它。把对冬的爱，升华成一种对内敛、宁静、高远情怀的追求。在与冬的携手漫步中，沉淀、蓄积、凝练、升华、迸发。这就是冬的真味，养精蓄锐而厚积薄发，历经坎坷却心性弥坚。

刊发于《羹门报》

※　优秀范文一

短短的路暖暖地陪伴

文／马晓

　　儿子上小学了，学校离家稍微有点远，于是开车接送他上下学就成了我的首要任务。早上还好，车不多，可以直接开到学校门口，随送随走。但放学的时间点比较集中，再遇到下雨、下雪天，学校门口那条长长的路经常会被堵成八宝粥，在那停留半个小时不得动弹是常有的事情，苦不堪言。我车技不好，堵了几次之后就再也不敢挤进去了，索性把车停在离学校门口较远的路边，步行大概十多分钟到校门口等待孩子放学。

　　接到他，孩子就开始滔滔不绝地说起今天参加了什么活动，上了什么社团，班上谁得到老师的夸奖，谁又被老师批评……我认真地听着，积极地回应着，孩子越发说得兴奋起来。突然，孩子指着路边花坛里面的那棵大树惊喜地说："妈妈，你看，那棵树开花了！"我顺着他手指的方向望去，"哇，是玉兰花，好大一棵，好漂亮啊！"话音刚落，又听他惊喜地叫道："你看这些是不是才种的太阳花，五颜六色的，真美！"走来的时候其实我已经看见了，但我还是假装第一次看到似的热烈地回应着他："啊？什么时候种的？我都没看见，你观察得好仔细啊！"孩子听罢脸上满是得意的笑容。这时有人喊他，他也热情地回应，还开心地回头对我说："妈妈，那个是我们班的同学，今天我们一起还比赛跑步了呢……"

　　看着他一路上小嘴吧嗒吧嗒不停歇，走路一蹦一跳开朗活泼的模样，我倍感舒心。想到之前接到他直接就上车了，孩子向我说起学校事情的时候，我忙着开车，要么他说了半天我没有回应，要么就直接让他闭嘴不要干扰我的注意力。回到家又急切地催促他吃饭、写作业、弹琴。孩子上了小学之后，我们之间愉快交流的时间变得很少。储殷教授的一段话让我深受启发，大致意思就是现在的人都忙，忙着挣钱，忙着生活，陪伴孩子的时间很少。等孩子到了青春期，拿什么来抗衡孩子青春期的叛逆？可不就是用这年复一年、日复一日上下学接送的暖心陪伴嘛。

第三章　报刊作品赏析

后来，我刻意将车停得远远的，即便是在人不多车不多的时候，我只是想陪他一起走去学校。早晨上学，我牵着他的小手一边走一边叮咛，在学校听老师的话，要懂礼貌，和同学们友好相处，多洗手……他认真地听着并且点头说好；下午放学，他开心地分享着学校的见闻，倾诉着他的喜怒哀乐，我仔细倾听然后努力回应，为他在学校得到老师的表扬而开心，为他遇到了麻烦问题而烦恼，然后我们一起商讨解决的办法……这条路说来不长，十多分钟，但俨然已经成了我们俩交流沟通的绝佳路段，也让我们的亲子关系更加融洽。

今天早上送他上学，看着他那小小的身躯背着一个大大的书包缓缓走进校园，那一刻，想起了那句话：我慢慢地、慢慢地了解到，所谓父女母子一场，只不过意味着，你和他的缘分就是今生今世不断地在目送他的背影渐行渐远。你站立在小路的这一端，看着他逐渐消失在小路转弯的地方，而且，他用背影默默告诉你：不必追。这段文字有点伤感，却也是不争的事实：所谓母子一场，鸡飞狗跳的日常。不断目送背影，渐行渐远渐忘。好吧，与孩子亲密相处就十几年的时光，已经走过了七年，我不知道，这条路还能一起再走几年，也许孩子再大点就不再需要父母接送，他自己就可以和同学一起骑上自行车，或者坐公交车结伴而行……

但我想若干年后，孩子应该会记得这段上学的路，因为这条短短的路，妈妈陪着他一起缓缓地走；这条短短的路，有着妈妈对他暖暖的陪伴。

刊发于《德州晚报》《包头日报》《陕西工人报》

※　优秀范文二

我家有个小书虫

文 / 丁芳

闺蜜来我家，看到女儿在看书，一坐下来就是一两个小时，很是专注。她很惊讶，我是怎么教育孩子的，能让小孩那么喜欢看书？

实际上两年前，我还很头疼，因为女儿长期与老人相处，老人为了带孩子方便，经常打开电视，让孩子看动画片。久而久之，我发现孩子竟然成了"电视迷"。

我跟孩子谈话，想知道她为什么喜欢动画片，孩子告诉我，动画片能让她快乐，我反问道：难道妈妈不能让你快乐吗？孩子委屈巴巴地说："妈妈，你太忙了，每一次我想找你一起玩，你都让我走开。我怕打扰妈妈，所以我自己去看电视了。"

听到这里我难过极了，原来并不是孩子喜欢看电视，而是她太孤单了，她需要陪伴。想到这里，我开始对自己的时间做规划，要求每天必须挤出来 1 个小时，陪她一起读书。当我和孩子达成共识，我发现孩子竟然越来越喜欢看书，很少看电视了。

从绘本故事到儿童文学，从《安徒生童话》到《西游记》，从《唐诗三百首》到《写给孩子的中国历史》……我天天读给孩子听，她听得津津有味。日久天长，她开始自己看书，在漫无边际的阅读中，她养成了阅读的习惯，她的知识量与日俱进。

有一天放学回家，孩子高兴地告诉我："今天上课，老师问《相见欢》是谁的诗，我说是李煜，李煜不仅是诗人，还是南唐的皇帝。老师听了表扬了我，奖励了我一支铅笔。"我听了很惊讶："你怎么知道李煜是南唐君主？"孩子饶有兴致地说："我在《中国历史》这本书上看到的，李煜有五个哥哥，全都早逝了，于是他成了南唐的皇帝。"

老师的表扬和鼓励，增添了她的读书兴趣。待在家里，她便捧起喜欢的书籍，全神贯注地看起来。我和闺蜜说话，她都听不见，完全沉浸在自己的书香世界里。

送走了闺蜜，我深深感慨：亲子共读是多么重要啊，让我家的"电视迷"变成了"小书虫"。

刊发于《溧阳日报》《亳州晚报》

※ 优秀范文三

我和儿子换角色

文 / 王俊敏

一日，我下班回家，天色已晚。待到匆匆吃完晚饭，刚坐到沙发上安顿一下疲惫的身躯，就接到领导的电话。领导在电话中尽是责备，责备我没有把工作做好。

电话挂断后，我呆坐在沙发上，回想一天的经历，全情投入工作，饭也是匆匆吃上两口，还是出了差错。委屈顿时不受控制地涌上心头，眼泪也不由自主地流了下来。心里直感叹：成年人的世界真没有容易二字。

正当我陷入沉思之际，不知何时，四岁的儿子站在了我的面前。见儿子站在我的身旁，担心自己刚刚失态模样吓到孩子，一把抹了眼泪，赶紧咧开嘴微笑，试图掩饰方才的失态。像是读懂了我的心理，儿子抬起一双小手，轻轻擦拭我脸上的泪痕，之后开口问我，妈妈为什么哭了？

一直以来，我尽量对他坦诚相待，真诚地表达自己的感受。这次，我也打算如实相告，我卸下之前的伪装，把脆弱在他面前摊开。我坦然告诉他，妈妈工作没做好，犯了一个错误，心里有些难过。谁知他竟然接受了我的失态，双手一摊，用轻松的语气对我说，没关系呀，犯了错误改正不就好了吗？

儿子的话似暮鼓晨钟唤醒了我，我心上的枷锁突然啪嗒一声打开了。是啊，人非圣贤孰能无过，然而知错能改善莫大焉。无论工作还是生活中，都难免会出现差错。出了差错，积极去整改，争取下次不再犯类似的错误，就是逐渐进步、日趋完善的过程。

在人生的旅途中，恰恰是一次又一次的小进步，成就了大卓越。我们总以为自己是成年人了，不应该犯这样的小错误，犯下了错误就自责不已。殊不知，这些自责悔恨的情绪，恰恰成为前方路上的绊脚石。犯了错误，与其追悔惋惜，不如深深反思，吸取教训，以积极的心态迎接旅途中的新挑战。

多么简单的道理，我竟然迷失了方向。孩子的一句话，拨开了弥漫我心头的云雾。平日里我开导他的话，今日由他说出口。他俨然一副阅历丰富的模样，循循善诱、因势利导地安慰我，我倒像个犯下错误，不知所措的孩子，我们无形之中完成了一次角色大转换。

我内心充满感激，上前抱住了他，真诚地说，儿子，谢谢你，妈妈爱你。他紧紧地回抱我，说，妈妈，我也爱你。

一股暖流在我的心上流淌，教育是一种回馈，播下了一粒种子，耐心地等待，不知哪一日，就能开出花来。我相信，草木会发芽，孩子会长大，而无论角色互换成什么，爱一直都在。

刊发于《滕州日报》

城里的星星有窗户

文 / 沉香红

小宝两岁多一点，开始咿呀学语。每天晚上睡前都有一个习惯——看星星。

大概是因为之前推孩子散步时，指着天上的月亮、星星让他学习过。

那天晚上我关了灯，孩子自己不睡，用他简单的语言重复说："星星，看星星，妈妈，看星星……"

我们租住在五层，对面是二十三层的高楼，这直入云霄的高度，几乎完全遮挡了璀璨的星空。

可是在孩子眼里，对面大楼亮起的灯，就是星星，若隐若现，格外好看。

我不忍心揭穿，毕竟他才两岁，怎么会懂星星和灯火的区别。国庆假期，我带孩子们回乡下看望父母，心想这一次一定要让孩子躺在床上看一次真正的星河。

夜里我们关上灯，蛐蛐鸣叫，月亮高挂，星星点缀在天空里，儿子说："妈妈，星星。"我点了点头说："对，孩子，这是乡下的星星。"

大儿子听到我和小宝对话，开玩笑说："妈妈，你知道城里的星星和农村有什么区别？"

我不假思索说："城里的星星太高了，被建筑遮挡，有时看不到。可农村的星星，有一句诗就是'手可摘星辰'。因为没有高楼林立，所以可以放眼直视。"

儿子摇了摇头说："不对，城里的星星有窗户，农村的星星，没有。"

小宝听到了哥哥与我的谈话，也补充说："没有窗户，星星没有窗户。"

大儿子十岁了，他当然知道星星真正的模样，可小宝不知道，所以在小宝的眼里城市的灯火就是星星。

我决定假期不忙时，陪孩子回乡下转转，让大儿子的作文里有秋收的景象，让小宝的视野里有大地万物的银装素裹、喜庆春节的火树银花。

城市生活越来越文明，科技创新，生活更加高效与便捷，然而我却时常怀念乡下漫山遍野奔跑，撒欢儿游玩的场景。

那时每天晚上，我们都能躺在床上看月亮，寻找北斗七星。如今看着城市的"星星"落幕,一户又一户为了生计奔波的家人,安静熟睡,城里的万家灯火写满了柴米油盐,又点缀着酸甜苦辣,这星星来自每个温暖的家庭,为了所谓幸福,而共同守护。

刊发于《梅州日报》

※ 优秀范文五

三元钱的身份认可

文 / 王小兰

年关将至,近期坐车出行的频率升高。我所处的小县城以出租车型公交车为主要交通工具,我们称之为"小蓝车",票价是 3 元。我儿子今年 6 岁,身高处于一米二的临界点。这个身高是否买票略有争议。但就在昨日,我用 3 元钱买了份专属于王小宝的身份认可。

"小蓝车"是普通的出租车,一共 5 座,抛除司机,能载 4 个乘客。乘车规则是有人拦车就停,目的地若是在一条路线上,便可上车。满客后直接前往目的地。

昨日,我们和往常一样坐"小蓝车"出行。逢年过节拜访亲朋好友,免不了送礼,所以我带了三份礼物上车。我带着王小宝和礼品,占据了后车厢的大半位置。这时,一位阿姨上车,她买了许多蔬菜水果,大袋小袋往车上放。就这样,她坐下之后,后车厢便没有位置了。

平时王小宝坐车并未买票,因为没有达到买票的要求。因此这次我上车时也没有给他买票。四个座位只收了三个人的钱,司机还想再接一个顾客,但后排已坐不下了。这时的气氛略显尴尬。

我让王小宝坐我腿上,他不愿意,因为东西较多,空间有限,他挤得难受。他问我为什么没有他的专属座位?我只能如实告诉他,因为他没有花钱。听我这么一说,他就不乐意了,马上说:"妈妈,我都一米二了,该买票了,我早上起来的时候刚量的。我也想有一个自己的位置。"

他的话说完,我更尴尬了,一时之间竟不知该如何回答。但我从他的话中,读懂了他需要被认可的需求,所以立马拿出手机,扫码支付了 3 元钱,然后告诉司机："师傅，我给我儿子也买票了，现在我们这部车子满员了。可以直接出发了。"

接着我对王小宝说："王小宝，妈妈愿意帮你购买一个专属于你的座位。恭喜你，你已经一米二，是个小大人了，从现在开始，你以后坐车或去旅游景点都需要买门票了。"

王小宝听了十分高兴，心满意足地坐在他的位置上。

从那之后，我们还一起坐了五次"小蓝车"，每次上车我都会给他买票。王小宝每次在"微信支付6元"的提示音响起之后都会告诉司机他有买票，有专门的位置可以坐。那是种身份被认可的自豪感。有些司机略微惊讶，因为像他这样的孩子没有买票的大有人在。

从昨日到现在，王小宝不断在和身边的小伙伴分享他坐车买票的事情。在我眼里，这是小事一桩，但在他眼里，这是件值得和所有人分享的乐事。

对我来说，我只是多支付3元车费而已，但对于王小宝来说，这3元是他成长的里程碑。这意味着他能和大人一样，有专属的座位，有专门的身份认可。为了他的自我认同感，我愿意在往后的岁月里支付无数个3元。

刊发于《黔东南日报》

※　优秀范文六

儿子成了我的滑板教练

文 / 张奇珍

今年开始了新一轮的陪读生活。虽说爱人让我全职留在家里陪伴孩子，辅导孩子功课，可由于缺乏经验，我时常"出力不讨好"惹孩子嫌，有时看到孩子还没有完全投入一件事就想放弃，我更像热锅上的蚂蚁，急得团团转。苦思冥想许久，为了跟儿子拉近关系，我终于想到了一个好办法：跟儿子学滑板！

儿子知道我胆子小，平时即便他带滑板出门不想玩的时候，我都是提着板子走，不敢上去试一试，虽然儿子也曾多次鼓励我，但我都不敢尝试一下。可我觉得这一次，我一定要突破一下自己！于是我主动走进儿子的房间，邀请他做我的教练，教我学滑板。

第三章　报刊作品赏析

153

儿子听我说完很是惊喜，很乐意教我。儿子用心对比了几家店后为我选择了一款合适的板子，让我下单买了板子和护具、板鞋。到货后，开始带我到合适的场地学习滑板入门动作。

滑板是个技术性很强的运动，尤其是对于我这种老阿姨来说，胆量和反应速度是完全比不上少年的，在练习的过程中，儿子非常有耐心，一遍一遍地为我讲解、示范每个基础动作，陪着我一遍一遍地做动作练习，纠正我的各种错误动作，练习了将近5天的时间，我慢慢地可以自己上板滑行一段距离了。

我在不断练习的过程中，内心不断地被一股暖流充斥着，回想起自己过去在辅导孩子功课的时候，总是缺乏耐心，鼓励不足，要求和批评居多，而儿子在教我学习滑板的过程中，从来没有说过一句批评的话语，同样面对教育，孩子比大人更有耐心，更加懂得温柔地鼓励，这令我感到无比羞愧。

于是我问儿子："妈妈平时说教你的时候，经常缺乏耐心，你会怪妈妈吗？"儿子说："每一个妈妈都是第一次做妈妈，每一个孩子也是第一次做孩子，大家都有知识盲区，需要多交流，多学习，就像这个滑板一样，一开始你觉得很难，但是现在，你看我都教会你了。"

趁着儿子给我讲"人生哲理"的工夫，我马上开始变着法引导孩子。我说："是的，儿子，你说得非常对！实际上，没有谁天生能做好一件事，我一直以为自己肯定学不会滑板，但是今天我发现只要我努力就一定可以学会。"儿子笑了笑，点点头。

我趁热打铁说："你也一样，儿子，当你每一次想要放弃做一件事情的时候，想一想，你做我教练的时候，教会了你的'老顽童'妈妈学会了滑板，而你这么聪明，又怎么可能做不好你想做的事呢？对吗？"

儿子若有所思，点了点头说："妈，你说得对，以后我也要向你学习，做一个永远热爱学习的人。"

感谢儿子做我的教练这个珍贵的体验，让我们彼此都向前更进了一步，突破了自己的固定思维限制。

刊发于《亳州晚报》

当个"懒"妈妈

文 / 侯娟利

朋友打电话向我哭诉，称自己为了小家任劳任怨，辛苦付出，老公不理解还冷眼相对，连她家的"熊孩子"也嫌她太勤快。

听了朋友的话，我当即愣住了，难道孩子都讨厌勤快的妈妈吗？我女儿也不止一次说过，她特别讨厌我的勤快，勤快何错之有？

自从有了女儿，我把大部分精力都放在她身上，尤其是在女儿读小学后，我的个人空间彻底被陪写作业、辅导班接送侵占了。渐渐地，女儿出门的书包是我替她背，水杯没带是我替她回去取，连书桌上没有合起来的书、没有盖盖子的笔，都要我操心。女儿在家喊妈的频率也愈发高了，大大小小的事都依赖我，为此我没少发脾气。

打电话给做心理咨询师的朋友吐槽，她说，这就是沉锚效应，人们在做一件事情时，往往会受到以往经历的影响而没有办法很好地做决策，此时，人的思想就像沉下去的锚一样，固化的思维没有新的创意出现。受此影响的孩子大多是固定型思维，不愿意创新。而根源就是父母越界包办，剥夺了孩子的自主权。父母干预太多，孩子难以养成勤快的习惯，培养独立思考的能力。她提醒我，从现在起适度放手，和孩子一起动手动脑。

从那天起，我就打算从小事放权。早上出门时，我抢先出去按电梯让女儿帮我带钥匙锁门提包，我会在电梯里当着好多人的面对她说："宝贝，谢谢你，有你太幸福了。"起初，她总说我太夸张，让我小点声，渐渐地，她便接受了。

每次晚饭过后全家一起分工干家务，我都会央求女儿帮忙。我家的网购大事也请女儿替我参谋，她会对比商家评论来选择，比我还细心。

一段时间下来，我不仅感觉轻松了，和女儿的关系也变得和谐了。看着那个左手拎着水杯，右手提着书包急匆匆赶电梯的女儿，我真的觉得她长大了。

教育的路有千万条，当一条路走不通时，何不尝试做小小的改变，试着做一个"懒"妈妈？

刊发于《宜春日报》《溧阳日报》

女儿教我做妈妈

文 / 邓文芬

我，作为一个 14 岁儿子和 6 岁女儿的妈妈，在育儿道路上一直磕磕绊绊地走着。幸得两个孩子像老师一样一路引领着我，我才成为他们心目中不算糟糕的妈妈。这不，最近我家六岁的女儿就给我上了几节如何当妈妈的课。

第一节情绪课

今年九月女儿就要读小学了，昨天开始我带她做运笔练习。哪知才练一会儿，小姑娘就找各种借口不想练了：一会儿说手太酸了，一会儿说凳子太矮了，一会儿说笔不好写……起初，我还是耐心地听她说，并且努力地帮她解决"所谓的问题"，可是折腾了好一会儿，她都还是不认真。

我的怒火就起来了，朝她吼道："你到底还要不要写？"

"哇……"女儿大哭起来，笔一扔，跑了，还指责我："你就不是一个好妈妈！"

等她哭了一会儿后，我的情绪也稳定了。我拉着她的小手给她道歉："妹妹，对不起，妈妈不该吼你！"

女儿仍抽泣着，委屈地说："妈妈，你动不动就对我发脾气，妈妈不是这样当的！"

"那你觉得妈妈应该怎样当的吗？"我问她。

"妈妈应当温柔一点！"小姑娘回答道。

"可是我温柔的时候你不听呀，你都不认真练习运笔！我不喜欢你不认真的态度！"我也解释道。

"你是老师呀，你对你的学生不是就很温柔吗？"小姑娘说。

是呀，我是老师，我为啥不能对自己的孩子像对自己的学生一样温柔呢？对学习困难的学生，我可以不厌其烦地反复地讲解一个知识点，一直到他听懂为止；对犯错的调皮学生，我也能做到心平气和地与他交流并耐心地引导他。可对自己的孩子，我的那些耐心、那些温柔、那些理智、那些平和咋就没了呢？孩子稍微不听话，我的情绪就会像火药一样，一点就着。

控制好情绪，做到平和而坚定，学会把孩子当学生，把学生当孩子，这是我这个老师妈妈需要一直修炼的内功。

这一课，女儿教我要做一个情绪稳定、平和而坚定的妈妈！

第二节 身教课

女儿有时候胆子小，尤其是遇到一些具有挑战性的运动项目时，她就表现得缺乏勇气。比如有一段时间，她兴致勃勃地想学滑冰，天天闹着要买溜冰鞋。在溜冰鞋买回来的那一天，她就迫不及待地穿好装备叫爸爸带她下楼去学习。

半个小时不到，父女俩都气哼哼地回到了家，爸爸说："她害怕，我带她尝试了几下后，她就再也不愿意动了！好说歹说都没用！"

于是，溜冰鞋就在家里搁置着了。

前几天，当她在小区里面和小朋友们玩耍时，我看到有一个和她差不多大的小女孩也想学习滑冰。趁溜冰的孩子玩其他项目时，她就借来溜冰鞋自己琢磨。最初，穿上溜冰鞋的小女孩也因害怕不敢站起来，从手趴在地上到手扶着栏杆站立起来，她费了很大的劲儿。接着她又试着滑动，哪知挪一步就摔倒一次，挪一步就摔倒一次，看她的表情就知道摔得有点痛，但她没哭，咬咬牙，拍拍屁股，继续滑。整整一个多小时，小女孩一个人默默地在那里不断地练习着，从一步，两步，到一圈，两圈，最后她竟然真的可以把着栏杆麻溜地滑起来了！

小女孩的不服输不断挑战的勇敢精神感动了在旁的所有大人，大家都对她竖起了大拇指。

回家后，我在女儿面前也大大地表扬了那个小女孩一番："妹妹，你看到刚才那个小女孩了吗？她真的好勇敢！她一个人在那里尝试着滑冰，摔倒了很多次，而且一次都没哭，最后自己就学会了滑冰。你要向她好好学习呀！"

女儿一听我表扬别人，就立马噘着小嘴说："妈妈，你总是喜欢表扬别人家的女儿，自己的妈妈应该多表扬自己家的女儿！"

我，我，我……我好像又犯了一个妈妈们都喜欢犯的错误———总是喜欢把"别人家的孩子"来和自己家的孩子对比。

确实与那个小女孩比起来，我家女儿好像差了一大截，可是人家再好也是别人家的，我家这个有点胆怯的小姑娘才是我自己亲生的呀。

每一个孩子擅长的点不一样，成长的时间点也是不同的，很多坎和坡是需要孩子自己去突破的。有的孩子勇敢一点，有的孩子可能就要胆怯一点；有的孩子天生很聪明，有的孩子可能就是要愚钝一些。只有当孩子自己找到自己的那个成长点的时候，很多东西学成其实也就是时间早晚的问题。

就像我家小女儿学滑板和自行车，开始她也是怎么都不愿意尝试，可是有一天她自己特别想学的时候，表现出来的勇气不也和这个小女孩一样的吗？尤其在学习自己喜欢的游泳时，她表现得也是特别有胆量的呀！我咋就忘了她的这些好，而只是一味地看到别人家娃的优点呢？

我何必着急呢？小到滑冰这样的小事我都要拿自己的孩子去和别人家的孩子比，那么我以后该如何去面对她更多不如别人的地方呢？成为不了一只在蓝天下翱翔的雄鹰，咱们可以当一只在陆地上慢慢爬的蜗牛；成为不了一棵大有作为的参天大树，咱们就做一棵默默奉献的小草；成为不了一朵亮眼的鲜花，咱们就做一片衬托鲜花的绿叶；成为不了别人家那一个优秀的孩子，咱们就做一个平凡的普通娃！无条件地爱孩子就是接纳孩子的各种可能。

小姑娘还补充了一句："别人家优秀的女儿也是别人家爸妈养出来的呀！"

这智慧的小人儿呀，一下子又怼得我无话可说。是的，别人家优秀的孩子背后一定站着的是优秀的父母！你想要什么样的孩子，你得先自己成为什么样的人！言传不如身教！

这一课，女儿教我要做一个不比较且要身教的妈妈！

第三节 尊重课

前几天，女儿约了左左弟弟在公园玩耍。整整两个多小时的时间，两个孩子都玩得特别愉快。临走时，左左弟弟和阿姨打算坐车回家，女儿看到弟弟要坐车，她也想要坐车。而我们的家就在公园对面，无须坐车。于是我对她说："妹妹，你好搞笑，我们家就在对面呢，哪需要坐车呀！"

女儿还是闹着要坐车，我只好求助弟弟："弟弟，你说姐姐好不好笑，我们家就在对面，她还要坐车！"

左左弟弟一听完，就一个劲地吼着："哈哈哈！哈哈哈！太好笑了，太好笑了！……"

小姑娘看到弟弟这样不停地说她，觉得就是在嘲笑她，情绪一下子就崩了，对着左左弟弟大吼："我再也不要做你的朋友了，再也不和你玩了！"

结果，两个小朋友闹得不欢而散！

到家的时候，左左弟弟在阿姨的引导下发来微信给她道歉，我也引导情绪冷静下来的女儿反思，她也意识到了自己不该给弟弟发那么大的脾气，也发微信给弟弟道歉，两人还约好下次再一起玩耍。

事后，女儿对我说："妈妈，今天的事情都怪你。你不应该嘲笑我，还叫别人和你一起嘲笑我。妈妈是不应该嘲笑自己的女儿的！你不知道嘲笑别人是不对的吗？我不喜欢被人嘲笑！你伤害了我的自尊！"

瞧吧，有时候我们大人一句不经意的话，可能伤的就是孩子的自尊，闹出一个不愉快的结果。尤其当着外人的时候，小孩子更是注重自己的面子。所以尊重孩子，不说伤人的语言，拥有同理心，把孩子当小大人看待，是每一对父母的必修功课。

这一课，女儿教我要做一个尊重孩子的妈妈！

第四节赏识课

一天晚上，女儿很流畅地自己做好了所有的洗漱工作，包括洗澡洗头这些"大项目"。

我真诚地表扬了她："妹妹，你现在真是太棒了，能独立完成这些事情了！"

听罢，女儿高兴地说："妈妈，你不知道吗，你表扬了我，我做事就会特别有干劲！自己的妈妈就应该多多表扬自己的女儿！"

听罢女儿的话，我感慨不已。

很多人的一生其实都是在祈求父母的肯定，就像《人世间》里那个不够聪明的周秉昆，一辈子最大的期盼就是得到他父亲的认可。而我们大多数中国父母总是喜欢用打压的方式来教育自己的孩子，包括我自己的父亲。

从小到大，我都很难从他嘴里听到一句表扬我的话，明明有的时候，他其实是以我为傲的，甚至有的时候，他也会偷偷地在别人面前表扬我，可是我就是从来没有听到过一句他当面表扬我的话。

有什么能比自己父母和亲人的肯定更让孩子有动力的呢？那个超级自信的谷爱凌给我最大的印象就是来自她妈妈和奶奶对她的各种"夸"。哪怕她不是第一名，她的奶奶和妈妈也会不停地说："爱凌，爱凌，你是最棒的！你是最棒的！"谷爱凌的自信和优秀在某种程度上来说就是被家长表扬出来的呀!

为人父母,要学会用放大镜去放大孩子的优点,不要吝啬自己的语言,当优点被家长们夸成太阳的光芒时,那些乌云似的小缺点不就自动消失了吗?记得曾读过一句话:生孩子最大的意义就是爱和欣赏!

这一课,女儿教我要做一个懂得爱和欣赏孩子的妈妈!

瞧,我就是这样的一个笨妈妈!虽然在哥哥的成长道路上,我已经干了十四年的妈妈工作,经验似乎也不少了,可是面对他的某些问题时,我依然不够睿智,不够耐心,不够平和。如今,面对性格完全不同的妹妹时,我那所谓的"妈妈经"就更是不够用了。同一个妈,不一样的娃,怎能用同样的方法?妈妈这份工作,唯有跟着自己的娃,才能真正地进步!

这几节课,我家女儿上得真是精彩!当妈妈的我,还得一直上,可能这辈子都毕不了业呀!

刊发于《莫愁》《恋爱婚姻家庭》

※　优秀范文九

新手妈妈进阶赛

文 / 尹瑞

去年年底我的儿子在所有人的期盼中出生了。

躺在手术台上,听着儿子的第一声啼哭,我也哭了起来,然而那天的眼泪,很幸福。

儿子在顺转剖的时候羊水浑浊吸入性肺炎住进了新生儿科。所以除了那一声啼哭,在出院的那一天我才第一次见到儿子。

后来我住进了月子中心,很奇怪的是我对这个素未谋面的小天使没有一点点感情。甚至因为自己的慌乱,焦虑,一度将儿子托管在母婴室。因为身材的走样,产后情绪波动大,一天一小哭,两天一大哭。

在半个月之后的一天,我深知自己不可一世沉沦,便调整好心态,将儿子带在身旁,此后每一天我都是和儿子一起吃住,每天除了奶孩子就是在奶孩子的路上，后来再未睡过一个整觉。

在育儿道路上像极了我以前玩儿过的仙侠游戏，进入新手村，开始做任务，打怪升级，积攒经验，向高手进阶。在进阶的路上，我购买了崔玉涛的育儿书籍，我一遍一遍地翻阅这本书，书中记载小月龄宝宝吃奶的时间到睡眠再到玩耍的时间，每周进行一次调整，一直到现在添加辅食。我以为的得心应手，后来也有不可取之处，因为每个宝宝都不一样。我询问了母亲，咨询了育儿嫂，她们都告诉我养孩子没有那么精细，孩子是一个个体，他慢慢长大，我们要按照孩子的成长轨迹去调整睡眠和奶量，而不是一味地照书养。这不禁让我想到一句话"一胎照书养，二胎照猪养"。

我不再焦虑孩子的吃奶时间和睡眠时间，因此也游刃有余许多。

有一天我和朋友偶然聊到儿子的爷爷给儿子买了摇摇椅的事情，朋友说可以解放双手了，我随机应变道，我怕摇摇椅带出高需求宝宝以后睡觉都要大人抱着摇，之后群里开启了唇枪舌剑，朋友说我"你就不能好好爱娃吗？"这句话仿佛击中了我的脑袋，我回复了一句话"我首先是我自己，我才是我儿子的妈"关掉手机我哭了起来，哭到哽咽。

冷静下来以后，朋友找我道歉说："话说重了。"我没再说话，笑了笑继续处理衣服上的屎块。

一晃眼几个月又过去了，如今儿子八个月了，他会翻身，但不会爬；他会叫爸爸妈妈，不会叫爷爷奶奶；会逗人开心，也会惹人生气；他有自己的成长轨迹，我也有自己的生活；我引领他，他治愈；他在成长，而我也在成长。

刊发于《楚天都市报》《山西妇女报》

※ 优秀范文十

蜗牛的脚步就是小小的

文 / 陈莉

表妹家有一位一年级的小"蜗牛"。为了孩子的学习，她伤透了脑筋，忍不住在电话里向当教师的我取经："姐呀，一个小冤家就整得我生无可恋，你一个班四五十个熊孩子，是怎么过的呀？”

我笑了，说：“怎么？是不是跟网上说的一样，不教作业母慈儿孝，一教作业鸡飞狗跳了？”

“对呀！你不知道我头疼，让他写作业，他总是磨磨蹭蹭。不是要喝水，就是要上厕所。每天都要斗争到上十点钟，这还只是小学，我可怎么办？”

其实，想起班里的那群小精灵，我也头疼，那是因为我总是拿大人的眼光去看他们。有一次，我指着新发的试卷说：“这些题目全部是平时课堂上我强调过的，应该是非常简单的。”话音刚落，一个熊孩子马上噘着嘴反驳我说：“你是老师，你当然觉得简单了！”

本来，他这样没大没小地顶撞让我很生气，可转念思考，他的话其实有几分真实性。猛然想起曾读过的一首小诗《牵着一只蜗牛去散步》：“上帝给我一个任务，叫我牵一只蜗牛去散步。我不能走得太快，蜗牛已经尽力爬，每次总是挪那么一点点……我忽然想起来，莫非是我弄错了！原来上帝是叫蜗牛牵我去散步。”

学生就像蜗牛，尽管他们看起来走得很慢，可那就是他们的速度。这没法改变。而我们，在这追逐名利的时代，总是催他们前进，再前进，快点儿，再快点儿。殊不知，这是显而易见的揠苗助长。我们焦虑，也把焦虑强加在他们身上。所以，两败俱伤。

我想，我们要更耐心一点，看到他们细小的进步。然后，站在他们成长的路旁摇旗呐喊，给他们朝前冲刺的勇气和自信。只有这样，他们才能真正奔跑起来。而不是，我们举起愤怒的皮鞭，而他们只顾去躲避皮鞭，战战兢兢，不知所措，呆立原地！越催，孩子走得越慢。

人生是漫长的，并不在于起跑线，甚至也不在于一时跑得快，而在于持续不断地前行！

是该抛却浮躁，让蜗牛牵着我们去散步，体会慢下来的宁静了。也许，那些小脑袋瓜子里蕴藏着数不清的笑料和天真的智慧，何不好好包容，好好欣赏？

最后，我把蜗牛的诗歌推荐给了表妹。表妹醒悟后，改变了心态和做法。孩子能安稳地坐五分钟，她就会笑着称赞他，告诉他，专心就能把事情做好。孩子能把一个汉字的某个笔画写工整，她就会摸摸他的头，鼓励他，每个汉字就是由笔画组成的，能写好每个笔画就能写好每个字。孩子能大声地读一个句子，她就会满意地告诉他，只要大声读就慢慢能懂得句子的意思。她还带领孩子在街上到处转悠，饶有兴致地看那些广告牌、店铺名，两人边看边读。

一个月后，她欣喜地告诉我："姐，你说得对！孩子还小，所以脚步也是小小的，一次只能走这么远。在我肯定了他的努力后，他学习的劲头越来越足了。现在，每天晚上能给我讲一个小故事了呢！"

蜗牛的脚步虽小，但是只要他一直用心地朝前走，总有一天，也可以爬上山顶，一览众山小。

刊发于《安徽工人日报》

五、寓教于乐之婚恋稿

※　优秀范文一

爱你的海风吹到了海边

文 / 刘菊花

老公是个不懂浪漫的钢铁直男，结婚这么些年，很少有浪漫过，也很少买礼物讨我欢心。最近几天，我有意无意地提醒他"七夕"要到了，该有所"安排"了，他总是轻描淡写地说："如果一个人对你好，并不需要这些花里胡哨的衬托，再说家里的开销就如这几日的太阳如日中天，你缺什么了我再给你买。"老公的话又一次浇灭了我的幻想，当我暗暗嫌弃他就是个"铁公鸡"时，他却给了我一个大大的惊喜。

"起床了，起床了！"我在催促中揉了揉眼睛，半眯着眼看了看窗外，天还蒙蒙亮。我不耐烦地说："才几点啊？闹钟还没响呢！"正想倒头继续睡，老公一把给我拉起，手机在我眼前晃动了一下，说："再不起就赶不上车了。"我定睛一看，这不是我想念已久的大海吗？我怀疑地问："我们要去这儿？"说话间抬头撞见他肯定的眼神，并得意地说："万事俱备，只欠东风。"于是我们快速收拾行李后便出发了。

记得上一回出来玩还是几年前，那时候老公在外地工作，我正好放假，他给我订好了车票让我出来散散心，我便去了。谁承想回来的时候他工作忙，便没有送我，我自己转了好几趟车，终于到达车站，然而车却远远地离我而去。

我失落地拖着疲惫的身躯，在人生地不熟又将夜幕降临的车站门口不知所措，这让我不自觉打起了寒战。这时，手机响了起来，老公问我到哪了？我支支吾吾半天，他猜到我没有坐上车，就说："你在那等我，我一会儿就到。"虽然他说的"一会儿"让我等了将近一小时，但在那一刻给了我很大的安全感，让我在等他的那段时间不觉得孤独、无助，也不害怕黑夜的临近。

一路奔波终于到达目的地，望着那波澜壮阔、浩瀚无垠的大海，我情不自禁吟诵起海子的诗歌：

从明天起，做一个幸福的人

喂马、劈柴，周游世界

……

愿你在尘世获得幸福

我只愿面朝大海，春暖花开。

海浪拍打着金黄的沙滩，涌上来一排排雪白的浪花，冲击着我们的脚丫，踩在软绵绵的细沙上看潮起潮落，此时我应该就是海子诗里面幸福的人儿。

当我沉浸在柔柔的海风中吹拂，老公见我陶醉其中，悠悠地说："以前我总是觉得过节不重要，让你总是羡慕别人，这些年你的辛苦我都看在眼里，虽然我嘴上不说，但心里一直感动你的付出，真是委屈你了，以后我会尽我所能让你也过上有仪式感的人生，珍惜每一次来之不易的幸福。"

这时我才明白，原来，他最近几天手机不离手，都是因为在忙着搜索旅游攻略和行程啊！而就在前几天我还找各种理由数落他。想到这，几滴幸福的泪水划过我的脸颊。

刊发于《兰州晚报》

"铁公鸡"先生的七夕礼物

文 / 郭仁春

"七夕今宵看碧霄，牵牛织女渡河桥。"转眼一年，浪漫多情的七夕不约而至。

这天早晨，我和先生赶着上班，出电梯后，我习惯性地望向大厅镜子里的自己：裙子是我喜欢的 V 领，只是颈间空荡荡的，又忘记戴项链。我灵机一动，不如让先生送一条吧，反正七夕就快到了。我碎步小跑跟上已走出大厅的先生，让他仔细看看我今天有什么不同？

"没啥不同啊，裙子很合身，不长不短的。"他瞥了一眼我，继续往前走。"你没看到这白白的脖子间少了点什么吗？"我追着他问。他啥话不说，目光却在小区的绿化丛中扫来扫去，紧跟着，他拉起了一条攀附在灌木间的小藤，顺手绕了几圈，做成了条"项链"。他双手举起"项链"，示意我低头，想往我头上戴。那是一种不知名的植物，但叶子长成了心的形状，一颗颗绿色的"心"在纤细的藤圈上舞动，它们好像在呼唤我：看我多灵动，快戴上我吧。

我看向他，苦笑一声，谁要戴这个？刚伸手想抢他手中的"项链"，发现邻居阿伯不知啥时走过来了，他笑嘻嘻地望着我们，我脸突地火辣辣的，只好作罢。不好意思地和阿伯打招呼，然后快步走向停车场，我内心非常失望：这个七夕，"铁公鸡"的礼物，怕就是这个不要钱的"项链"了。

"铁公鸡"是我给先生取的外号，因为他平时对自己太过节省，很多时候"一毛不拔"。比如，夏天的衣裤，他有且只有三套，统一的白色短袖和牛仔裤，想给他多买一件，也是不要的，说是浪费钱，衣服多，每天挑来穿还浪费时间和精力。两双鞋子轮流穿，非得一双破了才买新的。

说起七夕礼物，"铁公鸡"倒是送过，但都是免费的，他特别擅长就地取材。几年前的某个七夕，我收到过一个纸盒，那是一个废弃不要的胶水包装盒，先生悄悄捡来当宝贝了。也不知何时，他巧妙地把盒子上的两个数字剪下来调换了位置，又用透明胶粘好，原有的数字"502"变成了"520"。不仔细看，真瞧不出来改动过。他说盒子代表了他的心意，我爱你，"礼轻情意重"。

去年七夕，我收到了他送的礼物——"花"。那天，我在电脑前忙活，他单手趴在办公桌前，煞有介事地问我：忙完了吗？准备好收礼物哦！我突然间有些感动，笑眯眯地满怀期待看向他：啥东西？他伸出藏在身后的右手，献宝一样。我擦了擦眼睛才看清，他用拇指和食指捏住三朵小小的，小到几乎可以忽略不计的干花，那么眼熟，啊？是金银花——它们来自我的茶叶罐，我时常泡花茶喝。他美其名曰：有金有银还有花，金银花寓意多好呀，送给你，你就啥都有了。

"铁公鸡"就是这样，每次送的礼物都让我哭笑不得。这次，叶子做的"项链"已经送过，我对七夕已不再奢望，那些浪漫的憧憬也消失在了忙碌的烟火日常里。

意外的是，这天上午，快递小哥送来一个盒子，说是贵重物品，让我当面签收。我正诧异，这几天没买东西。看到先生朝我眨眼睛，我半信半疑地接过盒子打开包装，居然是我想要的项链。那一瞬间，我觉得自己是电视剧里集万千宠爱于一身的女主，内心"怦怦"直跳，收礼物的感觉原来如此美妙。

我调侃"铁公鸡"：这次怎么舍得破费了？他羞涩地笑笑：结婚后，你为我和孩子，为这个家的付出，我都看在眼里，疼在心里。很快就到"七年之痒"了，你可是我好不容易才追到的媳妇，我当然要改变自己，用心守住你，守住这个家呀。

"易求无价宝，难得有心郎。"他简简单单的话，让我不禁湿了眼眶，婚后那些携手走过的泥泞，困境还有共度的喜悦，那些只有他知我知的静默和成长，都如电影画面般一帧帧浮现在眼前。这个当初我排除万难、执意牵手一生的男人，没有夸夸其谈的甜言蜜语，却总是默默地，用他朴实真挚的行动守护着我，包容着我。

曾经，那些小家子气的七夕礼物里，都包含着独份的创意和宠爱，我感恩着他的用心，也珍惜着这"一生一世一双人，三餐四季共黄昏"的平凡日子。"烟霄微月澹长空，银汉秋期万古同。"七夕，天上人间，处处柔情似水，情意绵绵。

刊发于《贺州日报》《绥化文艺界》

一地鸡毛也要浪漫

文 / 林新发

"柔情似水，佳期如梦。"刚刚过去的七夕，我先是偷偷买下了妻子惦念许久的手链，又打电话提前预约了她喜欢的那家西餐厅的位子，还在小区楼下的花店预订了一束玫瑰花……绞尽脑汁，不仅是为了给妻子惊喜，更是为了寻回当年的那份初心。

作为一名"钢铁直男"，多年前，我觉得任何节日除了会让我的钱包"每逢佳节瘦三斤"之外，没有任何意义。然而去年七夕节的一场风波，结婚多年的妻子却让我签署了一份"七夕爱情公约"。

那天中午，下班回到家里，迎接我的不再是妻子的笑脸和温馨的三菜一汤。我心中不快，质问道："你怎么不做午饭？"妻子闻言抬头，眼睛直勾勾地看着我："我的七夕节礼物呢？"我不以为意："我都跟你说过了，喜欢什么礼物你自己买，我的工资卡也都交给你了。"妻子河东狮吼："那能一样吗？那你想吃饭怎么不自己煮？"她就像被点燃的炮仗，爆发了……

我们大吵了一架，相互撂了狠话。妻子转身把自己反锁在卧室里，留我一人坐在客厅生闷气。不久，肚子"咕咕"直叫，我只能起身冲了碗泡面随意对付一下，吃完后，索性离家上班去了。

晚上下班到家，屋里漆黑一片，走进卧室一看，妻子已经收拾行李回娘家去了。"得，晚饭又没着落了。"我自嘲一笑。正准备看足球赛时，摁了半天，电视遥控器毫无反应，想找一对电池替换，却怎么也找不到，气得我差点把遥控器摔了。

无奈，我躺在床上刷起手机，看着朋友圈里铺天盖地的七夕"爱情告白"，心里涌起一丝愧疚。正烦闷时，想打开空调，却怎么也找不到遥控器。又热又饿的窘境，让我忽然意识到，我错了。我得去把妻子接回来，我想再找回属于我的舒适生活。

驱车直奔岳父家，我第一时间跟妻子赔礼道歉。不想，妻子拿出一份早已拟定的"爱情公约"，非常认真地对我说："签了这个，我就跟你回去。"

我逐字逐句读起这份所谓公约，赫然发现里面的每一条都是我平时不称职需要改进的地方，我汗颜、自责。想当初，我用省吃俭用节省下来的钱买了鲜花，才在七夕节这天追到了妻子，这个日子对我们有着特殊的纪念意义。然而多年过去，我却对妻子操持家庭的辛苦视而不见，对这份已经获得的幸福，并未真正用心去维护。

我快速签下了这份公约，并向妻子保证，每年的七夕，一定会用心为她制造浪漫和惊喜。

妻子又惊又喜，看向我的眼神极尽温柔。恪守"爱情公约"，与妻子一同用心经营这段婚姻，往后日子里不管是柴米油盐，还是一地鸡毛，都将变成最浪漫的诗。

刊发于《楚天都市报》

※　优秀范文四

相知相伴 20 年

文 / 蔡圆治

这些年，习惯了有爱人陪伴的日子，所谓七年之痒，挠挠就过去了。我们从校服到婚纱，不曾有过轰轰烈烈的恋爱，也没有太多惊喜和浪漫，更多的是互相包容与体谅。今年是我们在一起的第 20 个年头，爱人是个不善于表达的人，但他总是真正地发自内心为你做些事，用实际行动来表达他的爱。

身边的朋友老羡慕我们的爱情，我和爱人是高中同学，那时他就坐在我旁边，但我们话却没说过几句。爱人是学霸，平日里我行我素，和同学们交集都不多。我们真正认识是在于毕业旅游，爱人说他很早就在关注我，也经常听到同学谈起我，只是他不考上大学，是不会谈恋爱的。

上高中时我们都很单纯，一心只想考上心仪的大学。在我们奔向各自的大学时，我和爱人开始了异地恋，靠的是一周一封信，三天一通电话，那时没有微信，只能发短信诉说思念，逢年过节也只能隔着山河思念对方。

大学毕业回到家乡各自走上了工作岗位，也是聚少成多，经历了多年的异地恋后，却使我们的感情更加坚固，认定了对方就是往后余生的伴侣。

没想到在见了双方父母以后，遭到了亲戚朋友的强烈阻止，主要原因是双方家境悬殊太大，我爸妈甚至放狠话，如果我执意要嫁给他就得净身出户。

为了说服我家人，也为了能让我以后的生活有保障，爱人挑灯夜读考上了编制。考编之路是艰辛的，那时互联网不像现在那么先进，键盘一按便有大量的资料，于是他决定先打酱油去摸摸题型。有了第一次的见识，第二次以第一名的成绩入围了，我们本以为万无一失，却跌倒在面试上。这一次，他不太能接受失败的现实，情绪非常低落。怕我担心，他把负面情绪掩饰得不留痕迹。为了让他重拾自信，我一路默默地陪伴在他身边，鼓励着不要放弃，最终他抛开一切杂念，再次上路，这一次终于如愿以偿，也许大家都看到了他的努力付出，也没有再反对我们在一起了。

当初真的是一洗如贫，结婚没有三金没有聘礼，仅靠工作几年微不足道的积蓄买的婚房，每月还完房贷所剩无几。爱人说让我受苦了，但我从来没有后悔过，因为我们有着坚定不移的感情，谁也不靠，可以用自己的双手去创造想要的生活。

这么多年来，我们相互支撑，鼓励，也打磨着彼此的棱角。一路走来，很多朋友都对我说，你实在太厉害了，过着我理想中的生活。其实只有我自己知道，如果没有爱人，我根本做不了这么多事，甚至可能一事无成。看似有想法的是我，但落地实践的过程，从头到尾一直都是他无条件地支持我且冲锋在前。

20 年光阴荏苒，匆匆而过。此时，我们的爱情也许早已失去了最初的激情与新鲜感，但充溢心间的则是另一份相濡以沫的温暖。往后余生，别无他愿，就这么一直慢慢地相守到白头吧。

刊发于《亳州晚报》

※ **优秀范文五**

我给直男老公送"大礼包"

文 / 邓文芬

阿根廷作家弗罗伦斯·伊萨克斯说过：婚姻需要两个明智的人不断地培育，关键在于不要自满，要永远去改善你的婚姻。

结婚二十年了，我几乎没有收到过家里的直男老公送的任何礼物。我也不知道当初戴了多少度的"眼镜"选择了我家这个不懂浪漫，不解风情的"钢铁直男"。每年七夕，我都只有眼巴巴地看着朋友圈里的朋友晒礼物的份，我家的这只铁公鸡不但没有受到这些浪漫之举的启发，甚至还会义愤填膺地指责：现在这些商家一天都只知道打着节日的幌子卖东西。一句话气得我真想像哪吒一样口吐一团火喷他一番，可是我知道面对这个榆木疙瘩，生气就等于自讨没趣。

既然敌不动，那我就动。于是去年我心生一计：你不送礼给我，我就送份"大礼包"给你，看你咋办？我不信，我的浪漫之石激不起你心里那潭无动于衷之水的一丝丝涟漪。

可是送什么礼物好呢？我陷入了七夕前的迷茫，怎么才能通过这个节日礼物，让我们二十多年的婚姻重新唤起激情呢？

上午突然接到母亲打来电话，说下午要带两个孩子回乡下玩一下，正好给我们创造了一个可以过二人世界的机会，于是我决定给老公来一轮礼物轰炸包。

翻看朋友圈，基本看到的都是女人们收到的各种鲜花，男人们都是送花的，那么如果男人收到花又会是什么样的感受呢？于是我决定首先送一束鲜花给他，但是我的花会不同，因为我要亲自包花送给他，毕竟我曾经学了一点花艺课。于是中午我就没有午休，去商店精心挑选了一份礼物，然后跑到花店，给老板说明了我的来意后，她欣然同意还对我竖起了大拇指说：你这个礼物很用心哟！

在花店老板的帮助下，我用了差不多两个小时的时间，精心包装了一束以巧克力为主题的花束，把它作为我七夕礼物的一部分。除此之外，我还把我存在 QQ 空间里我俩从认识到现在二十多年的照片整理了一下，利用视频软件编辑了一个小视频发给他作为七夕礼物的第二部分。然后，我又在网上订了一个烛光晚餐，还特意叮嘱服务员要帮我把房间布置得浪漫一点，这是七夕礼物的第三部分。这还没完，为了给他更大的惊喜，我还把自己打扮得美美的，抱着鲜花亲自去他学校单位门口接他下班。

当我抱着鲜花光鲜地站在他的单位门口时，立马吸引了一群同事羡慕的目光，他们都不由自主地说："哇，张夫人，你来给你们张老师送浪漫来了呀？"

学生们更是交头接耳地说："快看，快看，那是张老师的夫人，好漂亮，好浪漫！"

当直男老公看到我捧着鲜花站在校门口时，嘴巴惊讶得合不拢嘴来，还揉了揉眼睛确认一下是否认错了人。当确认是我后，他的脸立马红到了耳根子，一副手足无措的憨憨模样特别可爱。一群学生围着他起哄后，他立马接过了我手中的鲜花，嘴里一边高兴地说着谢谢，一边催促我赶紧上车。

上车后我告诉他这只是一件礼物，我还有礼物给他。他已经被这突如其来的礼物砸得有点心花怒放了，听到还有礼物就不停地说："是不是哟，是不是哟？"

当到餐厅后，我叫服务员把我做的视频播放给他看，然后深情地感谢他这么多年对我的呵护和对这个家庭的付出。这个从不流泪的七尺大男人眼里分明闪烁着一丝丝泪光，我知道这个钢铁直男此刻应该是彻底被感动了。

或许因为那次七夕大礼包的轰炸，现在直男老公也开始开窍了，时不时地就给我送点小惊喜。

直男老公现在终于懂得柴米油盐的婚姻里偶尔也需要一些"新鲜调节剂"，尤其是我们这样结婚二十多年的老夫老妻。如果开始感觉握着对方的手就像摸自己的手时，那已经是在提醒我们：这白开水一样平淡的婚姻日子里需要加一颗糖了。

浪漫不只是年轻人的专利，浪漫可以是一辈子的事情。食物需要保鲜膜，保持水分和鲜嫩，婚姻也需要保鲜。正如有句话说：婚姻从来都不是一个人的事情，婚姻也不是一场尘埃落定的结局，婚姻是两个人共同经营的事业。

刊发于《家庭百事通》

※　优秀范文七

当幸福来敲门

文 / 孙慧

在陈行甲的《在峡江转弯处》一书中，他以细腻的笔触描绘了他爱人在他参加徒步穿越戈壁挑战赛时，曾给他寄过一封信。他的爱人在信里写道："回想过去写信的日子，时间很慢，思念很长，一封信要等一周的时间，才能寄到你的手中，又要一周的时间，我才可能收到回信，一份念想就这样持续半个月萦绕着我。"读完这封信，我仿佛穿越到了自己的恋爱时光。

那时，我在青岛上大学，而我的恋人在遥远的大庆。尽管距离遥远，但这并未阻挡我们的爱情。他每周都会写一封七页的信寄给我。那时的快递并不像现在这样发达，所以当一封情书被插上翅膀飞到我身边时，也需要再等待一个星期。每次收到他的信，我的心就会像欢快的小鸟一样飞舞起来。他每月都会为我写两封情书，无论风雨无阻，坚持了整整两年。那时的我们，虽然相隔千里，但我们的心却始终紧紧相连。

随着时光流转，我们从异地恋步入婚姻的神圣殿堂。结婚后，他为了家庭日夜奔波，我们也开始了两地分居的生活。婚后的日子里，岁月在他的脸上留下了沧桑的痕迹。然而，每当他回到家，看到我时那洋溢的喜悦，让我感受到我们的爱情依然炽热。因为爱他，我的勇敢也倍增。在他不在身边的日子里，我会读书、写作和照顾孩子。尽管生活中充满了琐碎的事情，但我仍能感受到生活的温暖。

婚后的他虽然不再写情书，但他会用另一种方式让我体验爱情的仪式感。每年，他都会带着我和孩子出去旅行，我们的足迹遍布祖国的大好河山。现在的我们，已经不需要通过书信来传递情感，但每当回想起那些年的往事时，我依然会感慨万分。昔日的我们是多么年轻、多么勇敢和坚定啊！而现在，我们已经成长为更加成熟、更加懂得珍惜彼此的人了。

我耳畔回荡着一首歌的旋律："爱情不止甜蜜誓言和青春的拥吻，还有纷纷扰扰琐碎事、和平与战争。过了吵吵闹闹、轰轰烈烈，恍然已半生。"

如今，我们已经走过了十三年的婚姻旅程。虽然平淡的婚姻生活中也会有争吵和摩擦，但我们的爱情越发得浓郁。那些曾经他写给我的情书，见证了我们的爱情历程。

我要感谢我的爱人，感谢他这些年给我带来的爱情仪式感。在未来的日子里，我希望他能一直是我的王子，我也希望我能一直是他的公主。

※　优秀范文八

奶奶的桂花树

文／蔡晓菲

风拂过，街道上一路飘香，闻了闻，真是桂花香。鹅黄色的花瓣小小的、嫩嫩的，路人身上也落下秋的气息。落在泥土上，或坠于行人的肩头，一粒粒、一瓣瓣，余香萦绕于人周身，不褪去。

见过一张黑白照片，里面也有这么一棵桂花树。奶奶坐在藤椅上，戴上老视镜，从抽屉的手绢里拿出照片反复抚摸着，嘴角带着笑意。树下，站着一个青涩的女子，虽是平常的长袖布衬衫、微微皱的长裤，依旧觉得美好。

听母亲说，那是奶奶年轻时候照的。猜想会不会是奶奶的青梅竹马，曾在树下许诺过什么，又或者在怀念青葱年华。

爷爷脾气不好，念叨饭菜咸了淡了是常事，胃不好还一直嚷嚷着要喝酒。奶奶从来不发脾气，每次把饭菜端出来，第一个便问爷爷咸吗、淡吗。

爷爷骨头硬，得经常按摩，按摩筋骨才活动得开。因此每天下午两点，奶奶给爷爷按摩脚，学着电视里的穴位按。等爷爷打盹睡着了，奶奶才歇一歇，擦擦汗。

只就一件事，爷爷的酒她是一定要管住的。顶多家里有高兴事，奶奶从后屋的橱下头，捧出自家酿的桂花酒。

九月的时候桂花最旺。有时放学回家，瞧见奶奶拿着一个竹子做的大圆盘，在桂花树下摘桂花，再用纱布轻轻地擦去桂花上的尘土。小孩们扔下书包，互相追着玩，时不时抓盘里的桂花玩，奶奶假装生气地摆摆手："桂花脏了就不好了。"

秋天的味道，收在厨房间的大缸里，等到来年打开。这陈年的桂花酒啊，一层一层的布盖子随着奶奶的手慢慢揭开，香味啊，从后屋直溜到大门口了。奶奶拿出一个空碗，倒上二两桂花酒，不多不少，端给爷爷。爷爷撇撇嘴，手提一提，奶奶眼睛一瞪，就没话了。

十多年前，用奶奶的话说，爷爷不知道抽了什么疯，执意要去几百公里以外的渔船上看门，工资不高，又是刮风暴雨的，可没人说得通。原以为这么一来，奶奶不用忍受爷爷的脾气了。

却没想到，奶奶像是失了魂，一到下雨天，就念叨船上冷不冷，让人带去被子，还有自家酿的桂花酒。爷爷也常打电话回家，吃过晚饭天还亮着，一聊就聊到天黑。

一年后，爷爷回来了，脾气还是很大，人感觉变得迟钝了。我们一直以为是半夜看船，大风大雨受了惊吓，后来爷爷好好地走路，摔了一跤，去了医院看，才知道得了叫帕金森的病。

从得病到现在也有十年了，奶奶也侍奉了爷爷这么些年。每天下午两点雷打不动，奶奶都会给爷爷的腿、脚按摩。帕金森这个病，人会时不时发懒，奶奶拖着爷爷一起去散步，累了就坐在桂花树下歇一歇。

一次下雨天，爷爷犟脾气又上来了，非要一个人出门去看戏，摔了一跤。找到爷爷的时候，下巴上的肉都翻出来了。奶奶用两块毛巾死命按住，从来不发脾气的奶奶一直埋怨着爷爷。去医院，缝了能有好几针，爷爷像是犯了错的孩子，一声不吭。

在医院的日子，奶奶一直守在爷爷身边。奶奶把病房里的折叠小床放出来，紧紧挨着病床。我们让她回家休息，就是不听，非要自己守在那里照顾爷爷。

出院后的一天，我回家吃饭，闻到一缕缕桂花香伴着饭菜香，漫布在楼道里。只见墙角有一个空的酒瓶子，瓶子里插着一小束桂花。

奶奶笑笑说，是老头子捡的。

这笑意，似曾相识。

刊发于《河南科技报》

※　优秀范文九

咖啡情缘

文 / 徐晓霞

生日那天，老公接我下班，路上，他故作神秘地告诉我："给你买了生日礼物，猜猜是什么？"我心想你这木头一样的人能送出什么新花样？随口说："项链。"老公摇摇头道："我有那么俗吗？"我不屑地瞟了他一眼，"我确实对首饰、衣物失去了往日的兴趣。"我思索片刻，突然一激灵："莫非是个'驴包'？"老公又摇摇头："看来我在你眼里确实是个俗人。"

老公一直卖着关子不肯告诉我买了什么礼物，我带着疑问回到家。刚进厨房就看到台面上一台崭新的器物，走近一看，是一台全自动咖啡机，黑银相间的外壳，精致美观，仔细看了下功能，是豆粉两用机，还可以自动打奶泡，想喝哪只需选择菜单，触摸屏显，操作简单。我责怪老公："买个普通的就行了，这个一看就不便宜，尽是瞎花钱。"心里却喜欢得紧，迫不及待想尝试制作一杯。老公拿出买机子送的咖啡豆，指指冰箱："豆子、牛奶、方糖都给你准备好了，只有最好的才能配得上我小资的媳妇。"

我按照说明，制作了卡布奇诺，一杯递给老公，一杯自己轻呷一口，一股醇香扑鼻而来，在凉风冷露的深秋夜晚，感觉愈发温暖香甜，满屋子都飘散着咖啡的味道。那天，我们聊了很多往事。

对于咖啡的记忆源于童年的一次偶然。20世纪80年代初，咖啡对于每一个普通家庭来说，都是陌生而遥远的，特别是我们生活的那座小城，只在电视或电影里见到过。有一天放学，同桌约了几个要好的女生去她家玩，她妈妈热情地招呼我们，给每个人都冲了一杯咖啡，因为之前没有喝过，又怕别人笑话，我端起杯子却不敢张口，偷偷瞄了同学一眼，见她笑眯眯地抿了一口，我也学着她的样子喝了一口，却禁不住大叫一声"好苦啊"，差点将嘴里的咖啡吐出来，其他同学也差不多。同学妈妈没有笑话我们，解释道："刚开始喝咖啡可能不习惯，阿姨再给你们添点糖。"说着拿出一块块四四方方的糖给我们每人放了一块，虽然感觉没刚才那般苦了，但对咖啡的印象还是苦。

再接触咖啡是与老公相亲时。经人介绍，我们约在一家小型的西餐厅见面。温和的灯光，轻柔的音乐，那个年代感觉似乎有些奢侈，也有些梦幻。他点了比萨、牛排，还有咖啡，这对于当时工资只有三四百块的我们来说，已经是饕餮大餐了。我讥笑他："你好阔绰啊！"老公说："见女朋友，必需的。"我怒目道："谁是你女朋友啊？"但从此拉开了与他喝咖啡的序幕，无论哪种咖啡都没了之前那般苦涩，渐渐变成酸甜和香醇。

去年，我们一起去拜访一位朋友，看到他们家有一台全自动的咖啡机，我随意说了一句："这咖啡机真不错，可以自动做各种咖啡。"说者无意听者有意，没想到老公一直将这件事记在心里。咖啡如今已是很普及的饮品了，对于我和老公来说，却成就了一段佳话，度过了一段美好幸福的时光，每每回味起来，都感觉满屋飘散着浓香、醇美的咖啡味道。

刊发于《金陵晚报》

"特别"的生日

文 / 胡云飞

上午正忙着工作，老公打来电话说让我晚上一定回家，他要给我过生日。

听老公说今天是我的生日，并且要给我过生日，顿觉一股暖流从脚底暖到周身，立即对当下的工作充满了期盼，希望顺利完成它，早日享受晚上与老公的生日之约。

饭桌上，老公做好了三菜一汤，其中有我的最爱也是他的拿手菜——粉蒸排骨。看着色香味俱全的佳肴，我不由自主地咽着口水，刚拿起筷子伸向一块看准了的排骨，老公急忙拦下说："别着急动筷啊，过生日前得先许愿……"说着从冰箱里拿出了生日蛋糕。看着老公对我生日虔诚的认真劲，我只好遵循他的安排，便双手合一，默默地内心许下了一个愿望。这时，老公又拿出了事先准备好的鸡尾酒，看着淡蓝色的鸡尾酒在玻璃杯中泛起的泡泡，就好似我此刻的心情一样。我动情地对老公说："老公，谢谢你像婆婆一样，记得我的每一个生日，此生做你的老婆，我非常幸运……"

是的，嫁给老公18年，我过了真正意义上18年的生日。在没出嫁前，因父母忙于生计，我的印象中对于好好地过一个生日这种事，是没有任何概念的。那时，父母只是在我生日那天叨念一句："今天是云飞的生日啊。"像是让我知道有生日一说，而我也只是听听，并不记心上。

记得让我感觉过真正意义上的第一个生日，是嫁进老公家的第一年。那天婆婆亲自下厨，做了一大桌的饭菜，当时我心里很纳闷，以为家里来了贵客，哪知开饭后，婆婆用她惯有的高音让大家一起举杯，说是给我庆祝生日……我清晰地记得，那年我25岁，那个生日是婆婆号召全家人一同给我庆祝的。当年生日的场景，早已刻入我的内心，即使婆婆早已离世多年，我依然十分感激和感恩，是她让我感知这个世界上，有这么好的婆婆，而我能遇见她这么一个好婆婆，是多么的幸运。

如今老公再次给我过生日，我难免会想起敬爱的婆婆。在餐桌上与老公提起与婆婆在一起的日子，冥冥中感觉今天我国的这个生日，是婆婆传承给老公的，而老公也在以这种方式纪念敬爱的婆婆一样。

人们常说，一个人的生日是母亲的受难日。所以我们过生日时，最需要感谢的是自己的母亲，而我的生日很特别，我想感谢的是两个人，一个是我的亲生母亲，另一个则是我的婆婆。

刊发于《黄海晨刊》《金陵晚报》

※　优秀范文十一

父母七夕的"婚纱照"

文 / 肖秋月

去年七夕前一晚，一家人坐在沙发上，我打趣地用地方方言土语问我的老爸："老汉儿，您晓得明天是啥日子不？"我爸不紧不慢地把手机日历打开给我看，喃喃自语："不是八月二十二吗？"我接过老爸的话："您啊！可真是个大直男。"我让老爸翻开来看手机上的日历，他这才反应过来："哦……原来明天是七夕啊。"我转头乐呵呵地看向我妈："对啊，明天是七夕，可七夕要干什么呢？要不我们明天领着您二老去拍婚纱照？"

那些年，老爸家里很穷，别说穿婚纱了，新人结婚能有一件红衣裳穿就很不错了。所以，父亲心头一直有个遗憾，没有给母亲一个好的婚礼。作为女儿，我这次就想趁着七夕这个节日给父母补拍一个婚纱照。

"我和你爸结婚都快三十年了，还去拍婚纱照，这样的年纪，也不怕人家笑话。"母亲摆摆手说。"是啊，再说了，现在去影楼拍婚纱照少说也得上千块，浪费那些钱干什么？"听了爸妈的话，我能感觉到他们是乐意拍的，只是舍不得钱。

为了让他们同意，我想了一个权宜之策，告诉他们婚纱店做活动，免费送 3 张照片。为了不引起父母的怀疑，我特意提前一天去影楼跟老板付钱，并交代他不许"走漏风声"。

于是七夕那天一早，还没等到预约时间，我们就带上爸妈去婚纱影楼拍照片去了。来到影楼，我妈还问："老板，你们这次促销活动搞这么多实惠呀？"老板偷

第三章　报刊作品赏析

瞄了我一眼，笑着回答我妈："是啊，最近店里生意不好，得想个办法吸引顾客。"

我和大姐带着老妈选婚纱，二姐带着老爸去选西装。老妈看着那一排排婚纱，眼里闪起了少女般的亮光，最终选择了一条拖地婚纱裙。这件层层叠叠轻纱弥漫、缀满软缎织就的玫瑰和宝石拼镶的拖地婚纱，是妈妈对青春的遗憾。爸爸则选了一件中规中矩的藏黑色西装。

化妆师们一个给老妈化妆，一个给老爸剪头发、剃胡子。妆成后，换好婚纱，戴上拖地蕾丝头纱、耳饰、项链，妈妈提着裙摆走到镜子前，看着她羞怯和小心翼翼的模样，仿佛看到了二十多年前她刚出阁的样子。青春依旧，不老少女。老妈的眼泪不自觉往下流，我问她怎么了，她只说："高兴！"

等老爸换好衣服走出来后，我同样惊叹于他那老而不衰的仪容，笔挺的身材穿着西装显得更加帅气。老爸站在老妈面前，用手擦拭老妈未干的泪痕，说："高兴点，今天是个好日子，别哭。"店员把红玫瑰捧花递给老妈，准备拍照。妈妈坐下后老爸很贴心地帮她摆好裙摆，满眼柔情地看着妈妈，妈妈仿佛感受到了爸爸的爱意，转过头去，他们不约而同四目相对。看着爸妈幸福的模样，我仿佛在时光与血脉的绵延里获得一颗宝贵的"种子"——爱与幸福。

快门按下，爱情被再次定格在这一瞬，二十多年前的遗憾终于在七夕这天被重新弥补。爸妈的爱情很简单，在那个车马很慢的时代，在那个没有钻戒、没有婚纱的时代，爱了、相守了，便是一辈子了。

刊发于《榆林日报》

六、寓教于乐之老年生活稿

※ 优秀范文一

世间最暖的书

文 / 林新发

我的童年是在乡下奶奶家度过的。那时，奶奶有满肚子的故事。我曾一度以为奶奶一定是读过许多的书，要不怎么一开口都是那些让我流连的奇幻故事？

最喜欢冬日的夜晚，奶奶早早操持完家务，坐在床头织毛衣。每逢这时，我总会第一时间爬上床，凑到奶奶身旁，缠着她给我讲故事。奶奶苍老的声音里带着一股力量，回荡在房间里，也回荡在我的心间。于是，那么多古老的故事在我心里生根。我沉浸其中，或惊讶，或迷茫，或惊恐，似乎每一种感受，都让我眷恋，一如眷恋着那个温暖的身影。

多年以后，每次回望，心中都会浮现出一幅遥远的画面：静寂的夜晚，低矮的瓦房，古朴的床，相依相偎坐在床上的祖孙。那样的情景就镌刻在心上，任岁月洗涤也湮没不了。

到了上学的年纪，爸爸将我接到他工作的地方，只有在节假日才能和奶奶短暂相聚。一开始我很不适应，耳边没有奶奶讲故事的夜晚，我辗转难眠，奶奶讲过的故事如走马灯一般在我脑海中闪现。

受奶奶的影响，我喜欢上了看书，尤其喜欢看《中国民间故事》《中国神话传说》《聊斋志异》之类的书籍。我对比之下发现，奶奶讲的故事并没有书中那般具体，可是，我总觉得书中的故事少了一种味道，还少了那种亲情氤氲的氛围和温度。

后来我才知道，奶奶其实是不识字的，她压根没进过学堂。我好奇地问奶奶的故事都是从哪里来的。奶奶告诉我，那些故事都是听长辈讲过的，她的妈妈、她的奶奶都会讲故事。听得多了，自然就会讲了。原来，许多故事，都是这样一辈辈流传下来的。就像地里的庄稼，一茬茬地生长，从不断绝。

每逢周末，我都要回到奶奶家里，缠着奶奶讲故事。最让人拍案叫绝的是，像为富不仁的巨贾、饥寒交迫的书生、贪恋红尘的妖精等个性鲜明的角色会在奶奶的脑子里随机组合，创编出一个个全新的故事。所以，奶奶讲的故事，都不带重复的。

十岁那年，奶奶去世，我再也听不到她讲的故事。只有在每次午夜梦回的时候，才能回到奶奶为我讲故事时的场景。如今，每次回到老家，都要到老屋奶奶的房间待上一会儿，一如当年坐在奶奶身边，被她的故事萦绕。

这些年里，陆陆续续读过很多的书。如今，读书已经成了我的一种生活习惯，成了琐碎生活中最好的消遣。但我始终觉得，奶奶才是我一生中读到的最温暖的书。她给了我想象的空间，给了我无尽的希望，为我开启了一扇美好的门，让我在以后的岁月里，与书相伴，心里的梦想生生不息。

刊发于《清远日报》《今日定海》

教母亲拍视频

文 / 王小霞

母亲腿痛已三月有余，在家休养，时间长了，她面目憔悴，情绪低落。我看在眼里，急在心里。

我抽出一整天的时间，在家陪伴母亲。在聊天中，我得知母亲愁眉苦脸的原因，她觉得自己天天在家闲着，要我们伺候，还要我们花钱，心里难受。我劝慰她说："你只管照顾好自己，腿好了，我们有好多事需要你做哟。"但说归说，母亲还是整天处在自责中。

几天后，我出门遇到一个阿姨，聊起母亲的情况，说到用手机拍视频。我顿时想到，母亲在老家的玩伴，在网上发过唱秦腔的视频，于是计上心来。

回到家，我神秘兮兮地给母亲说："妈，我给你找个事做。"母亲半信半疑。我拿过母亲的手机，给她下载了一个快手，注册后，搜到老家母亲的玩伴，递给母亲说："你看这是谁，唱秦腔呢，唱得这么好。""怎么像秀秀，可秀秀没有这么年轻啊？""就是她，她唱秦腔，唱年轻了。"母亲大笑，说："唱秦腔，还能把人唱年轻，那人人都去唱了。"我趁热打铁："妈，你也可以唱。"

我搜了一曲秦腔，让母亲对口型唱。看到视频中的自己这么好看，母亲又惊又喜，笑得更加合不拢嘴。她似乎忘了腿痛，沉浸在手机视频里，我趁机又让母亲对口型拍视频。第一次她跟不上，试了几遍，终于拍好上传了。我建议母亲，一个人在家时就自己拍，并教会了母亲拍视频的流程。

这下好了，母亲天天拿着手机研究怎么拍视频。一天，我上班忙完了，才看到母亲打了好几个电话。我心里一阵发慌，不会出什么事吧？哪知道等我拨通母亲的电话，传来她兴奋的声音："你给我拍的唱秦腔的视频，有三十多个点赞！"

从此，母亲每天按时敷药，然后就琢磨视频拍摄。笑容重新回到母亲的脸上，整个人精神焕发。有一天，她还得意地告诉我，她的粉丝有好几百人了，而且，她还联系到了散在各地的儿时玩伴和以前的朋友，经常在微信上聊天。

我终于不再为母亲的愁眉苦脸而愁眉苦脸了。花了一点小心思，解决了一个大问题，开心哟！

刊发于《楚天都市报》

※　优秀范文三

老爸的"体重保卫战"

文 / 于刘燕

一早接到了老爸打来的视频电话，原来是家里迎来了今冬的初雪。老爸兴奋地跟我分享着雪景，镜头那边天地素染，上下一白，老爸呵着冷气，笑盈盈地说："看这雪，多美！瑞雪兆丰年，明年一定好收成！"

我沉醉于雪景，却更担心父亲，嘱咐他添衣保暖，出门穿防滑的鞋子，用取暖器的时候更要注意安全。老爸应着："好好好，你放心，老爸有数！不过下了雪确实行动不便，坚持了大半年的晨练大概要停一段时间了，这一个冬天吃吃喝喝，我这好不容易控制下来的体重怕是又要长回去了……"

老爸今年体检的时候查出来轻度脂肪肝，体重也超标了一大截，医生建议他清淡饮食、加强锻炼。刚开始，老爸有些不情愿，他将自己的体重超标定义为"幸福肥"，认为人上了年纪有一点儿小问题不算什么。眼看无法说服老爸，我们召开了一场正式的家庭会议。

老公买了运动手环，帮助老爸能够随时监测运动时的心率、血氧。我运用自己的医学专业知识制作了一个健康宣教 PPT，为老爸倾情讲解了肝脏的运转和代谢机制，以及超重对心脑血管的不良影响。老妈根据网络短视频的推荐制定了家庭减脂菜单，向老爸保证一家人一条战线，绝不会是我们大鱼大肉，只让他一个人"吃糠咽菜"。

经过我们的轮番"输出"，老爸终于迈出了减重的第一步。早上他早早出门慢跑、打太极，锻炼完后再去菜市场，根据老妈的菜单买回食材，晚饭过后又和老妈出门散散步、跳跳广场舞，到了后来，他还会约着棋友一同骑行、爬山，渐渐地，他好像越来越享受这种生活方式，不会再在电视前坐一整天，也不会在沙发上一直刷手机视频了。我和老妈都感到惊喜。

"绝不能让冬雪成为老爸减重的阻碍！"我暗下决心，却也一时想不到好主意，健身房太贵，老爸肯定不会同意去，跑步机又过于笨重，而且有安全隐患，怎么办比较好呢？在我一筹莫展时，女儿却兴奋地跟我说："妈妈，这件事情很简单呀，下雪的时候让外公和我们一起玩游戏就行了！"

"玩游戏？"我听得一头雾水，直到女儿拿出游戏手柄，找出了我们经常一起玩的体感游戏，才瞬间恍然大悟："对啊，我怎么没想到呢？"

这个游戏最初是为了锻炼女儿的肢体协调能力而买的，只要将卡片插入游戏机，将遥感器握在手里，就可以实现画面和人体动作的连通，我们可以跟着游戏画面一起跳舞、打拳击、打羽毛球等，还能实现"云互动"，让不在同一个地方的人们能够在一个"游戏房间"共同运动，非常有趣。玩游戏是我和女儿都期待的亲子时间，我想老爸肯定也会喜欢。

"你太棒了！"我给女儿竖起大拇指，"欢迎你加入外公的'体重保卫战'，我们正式聘用你为我们家的健康大使！"女儿笑得合不拢嘴，蹦蹦跳跳地说："妈妈你快去下单，这周末我们就带回去给外公一个惊喜。放心吧妈妈，我一定会教会外公怎么玩这个游戏的！"

老爸的"体重保卫战"，全家齐上阵，用爱与智慧抵抗严寒。这个冬天，老爸一定会爱上这个新潮的健身方式。

刊发于《羊城晚报》

※　优秀范文四

平安扣

文 / 李素华

老父亲因为暑热，身体染恙，只得住院调养。我和姐姐轮流陪护。幸好诊治后很快好转，我们才稍稍安心。

昨天上午，两位护士领着一个小伙子走进病房。这小伙看上去不过二十七八岁，跟在护士后面，面色平和，乍看不像有病的样子。俩护士却显得神情凝重。她们把小伙子安置在我父亲右侧的病床上，然后拿出一张单子，告诉他这是"病情知情同意书"，要他在上面签名。

"都得签这个吗？"小伙子问。

"一般病人不需要，只有少数病情凶险的才得签。"护士说。

听到"凶险"二字，我心生疑惑：他这么年轻，得了什么病呢？

小伙子默默签了字，护士又问他有没有陪护，他摇摇头。两位护士都很惊讶。小伙子解释说他是外地人，几天前来这儿做生意，不料突发急病，身边一个亲友也没有。

我忍不住小声问："到底啥病啊？"他看了我一眼说："急性胰腺炎。"然后对护士说："没事的，就按治疗方案进行吧，我能行的。"于是护士就在他左右两只胳膊上都扎了针，分别输上液，然后又告诉他还需要经鼻孔往胃里下个胃管，这个过程会有些难受。

"会呕吐吗？"他问。护士说很可能会。小伙子想了想说："麻烦你帮我把脖子上戴的这个平安扣先取下来吧，我怕把它弄脏了。"护士帮他取了，挂在床头。我看了一下，是一枚小小的圆形玉佩，菠菜绿的底色，上面系着一根细细的黑丝线编成的绳子。这绿色的小东西被窗口的光照着，更显得晶莹剔透。

护士正要帮他插胃管，小伙子手机响了。他看了一眼，忽然紧张起来。"是我妈打来的微信视频。"他对我们说。两个护士都说："那就接吧，告诉你妈让她赶紧过来啊！"小伙子却迅速挂掉微信，摇摇头说："那不行，我妈胆小，她看了我现在这个样子准会吓坏的。"

他随即拨了电话，然后大声说："妈，我这边下了暴雨，调的货可能延期几天，您放心吧，我没事儿……放心吧，我吃得好睡得好，能有啥事啊？再说，您给我的平安扣我一直都戴着哩，哈哈……"我看了一眼那个绿色的平安扣，它静静地挂在那儿，默默地发出温润的光。

见他挂了电话，护士开始给他下胃管。他坐在床上，半仰着脸，一根长长的胶管由鼻孔缓缓插入。这突然的刺激使他立刻剧烈地呕吐起来。他下意识地想用手去拔鼻孔中的胶管，被护士喝令"不能动"，护士又嘱咐他要像咽面条似的将胃管咽下去，而此刻他已经五官错位，大汗淋漓；看得出他在竭力控制自己，但或许是太难受了，他一边痛苦地呕吐，一边"哎哟哎哟"地呻吟……我的心也在随着他的哀号一下一下地抽搐，很难相信眼前这个痛苦万状的病人就是几分钟前还在电话里乐呵呵地向母亲报平安的那个儿子。

终于，护士宣告插管成功，小伙子好一阵才缓过劲来。护士嘱咐了他几句，就出去了。

我走过去轻声告诉他，如需帮忙请尽管说话吧。小伙子惨白的脸上现出一丝努力的笑："那就麻烦您把床头挂的那个平安扣取给我吧。"我轻轻地取了，递给他，他握在手心里，慢慢地说："这是我妈给我买的，戴了好多年了……我妈说它可以消灾避邪，我也相信有了它一切都会好起来的……"

我突然想起了我那个常年漂泊在外，每每打电话总是报喜不报忧的儿子，瞬间流下泪来。

今早醒来，小伙子气色好多了。他晃了晃手中那个晶莹剔透的平安扣，微笑着说："我就说我能行的。有了它，就好像妈妈在身边一样，还有什么坎过不去呢？"

是啊，平安扣，扣平安。我的母亲已经去了，这个世上我少了个可以报平安的人；不过还好，我还有个八十多岁的老父亲在。虽然他很老了，虽然现在需要我们操心着他的平安，但起码他现在还在。

我看着那个小小的平安扣，心里默默祈祷：但愿天下所有的父母都平平安安，也愿那些漂泊在外，独自扛起所有的委屈和挫折，总在电话里向爹娘报喜却从不报忧的游子们都能健康平安，诸事顺遂……

刊发于《泉州晚报》《平顶山晚报》

※　优秀范文五

婆婆的爱好

文 / 王慧芳

女儿上幼儿园以后，我打算重回职场，于是把婆婆请来城里帮忙照看孩子，起初婆婆很不适应，因为我们上班的上班、上学的上学，白天只剩她一人在家，怪无聊的。这可真让我头疼，如果婆婆不习惯这里的环境，闹着要回老家，我也没办法。

倘若婆婆有什么打发时间的兴趣爱好就好了，于是我悄悄问先生婆婆年轻时的喜好。先生说他小时候看过婆婆踩缝纫机，有时一坐就是一两个小时。

先生的话为我提供了方向，我想起老家有一台老式脚踏缝纫机，用一块防水塑料布盖着，机身有的地方已锈迹斑斑，像一台老古董，都是岁月的痕迹。犹记得，婆婆曾提到过她年轻时在裁缝店做事，擅长做旗袍。

确定婆婆的爱好后，我请假回老家给婆婆修理缝纫机，并托运到城里。那天中午，婆婆看到缝纫机的那一刻无比激动，眼眸焕发出光彩，嘴角不自觉上扬，用手一遍遍抚摸已经脱落了油漆的机身，迫不及待地戴上老视镜穿针引线。

次日吃过午饭，婆婆把全家人的破衣裤收集起来，坐在缝纫机前认真地缝补。婆婆缝出来的衣裤整齐，没有多余的线头，很专业。"妈，您咋那么能干呢，还会踩缝纫机。"我发自内心地夸道。听我这样说，婆婆忽然像少女一样害羞起来，话匣子也被打开："哪有，我们那时候女孩子的出路少，大多数人都去学裁缝，好歹是一门手艺，我也跟着去学，没想到这一学就喜欢上了……"

夕照的金粉洒在婆婆梳得一丝不苟的头发上，发出柔和的光芒，恍惚间，我仿佛看到婆婆年少求艺时的模样，不禁心生感慨：谁人不曾有青春，若能老有所爱，也是一件幸福的事。

有了缝纫机的婆婆就像鸟儿有了一双翅膀，自由自在地在属于自己的天空飞翔。自此，婆婆沉浸在自己的爱好中，没事的时候就在家研究旗袍的款式、色彩，并用缝纫机做出来。

婆婆做出来的旗袍是经过改良的，好看又时尚，穿出去显得很有气质，邻居们见了都赞不绝口，问哪里买的。时间长了大家都知道我们家有个"时尚老太太"，纷纷来家里向婆婆请教如何穿衣搭配。

渐渐地，婆婆有了自己的圈子，整天忙得不亦乐乎，成了小区里有名的"时尚达人"。

刊发于《石狮日报》《盐城晚报》

※ 优秀范文六

我的老爸是"网红"

文 / 王玉娟

老爸做梦也没想到，六十多岁的他竟然也成了一个拥有众多"粉丝"的"网红"。这是咋回事呢？事情还得从两年前说起。那时父亲刚刚退休，忙了大半辈子的他乍一闲下来，很是无趣。他不止一次地念叨要回老家去，他说他喜欢种菜，他要在老家的庭院里开辟一片小菜园，做一个"快乐的农夫"。

为了满足父亲的愿望，我们把他送回了老家。父亲是个大能人，不仅工作中雷厉风行，种起菜也是有模有样的。清明过后气温刚刚回暖，父亲就忙着除草、翻土、垄畦了。他一丝不苟地用竹篱笆把小菜园围了起来，粪沟打得整整齐齐，竹竿搭做的瓜架连成一片，就连一畦畦黑黝黝的粪土都被父亲用小齿耙整得又松又软。"谷雨前后，点瓜种豆"，父亲提前就买好了瓜菜种子。先是泡在水里催芽，然后点种、施肥、浇水。人勤地不懒，不出几天就看到一个个嫩绿的瓜菜新芽冒了出来。就像吴伯箫在《菜园小记》中说的那样："那些新芽，条播的行列整齐，撒播的万头攒动，点播的傲然不群，带着笑，发着光，充满了无限生机。"再过一段时间，你且看吧：黄瓜个个顶花带刺，西红柿有青有红缀满了秧；豆角娃娃调皮地荡着秋千，辣椒们在阳光下眉开眼笑，芫荽也默默地吐着香气……

父亲每天精心侍弄着他的蔬菜宝宝们，乐此不疲。他还把种菜的小视频和图片发到了网上，一下子引来了不少网友的关注和点赞。五一小长假我带着孩子回家看他，一进门父亲就乐呵呵地让我看他的手机：丫头你快看啊，你老爸成"网红"了，哈哈哈！我接过手机一看，果然，父亲种菜的小视频引来了好多人的围观，每条视频下都有几十上百条的评论呢！网友们夸他的小菜园漂亮，向他讨教种菜的诀窍，父亲总是不厌其烦地一条一条回复大家："诀窍就是要细心，耐心，根据各类蔬菜不同的生长习性去侍弄它们，多观察，多用心，肯定能种好！"

我看着眼前满面红光精神矍铄的"网红"老爸，心中荡起了一圈圈幸福的涟漪。

作家韩少功曾说："经常流汗劳动的生活，才是一种最自由最清洁的生活；接近土地和五谷的生活，才是一种最可靠最本真的生活。"如今的老爸每天都乐此不疲地在菜园里劳作，用心经营着属于他的那片天地，成为名副其实的"快乐农夫"兼"网红"，我也终于明白了，原来这样的生活才是父亲晚年该有的样子。

刊发于《金陵晚报》

母爱是一次又一次的目送

文 / 王俊敏

每一次上学，母亲都要送我。有时送到村口，有时送到街上，有时送到车站……那一次次的目送，犹如一根根线，把我送上更高的天空。

第一次上学，是母亲送的我。那年我已经8岁了，却还没有踏入学校的门槛。那时，人们的思想还有些封建，认为女孩子上学无用，不如在家里帮衬着干农活，而母亲毅然决然地把我送到学校。

她把我交给老师，并与老师寒暄着，大意是让老师多多关照我。然后，她绕过身来到窗外。那时候，这里还是一个无法解决温饱的小村落，大家都在一个故去老人的小土屋里学习，除了一扇门，只有一扇木窗。

母亲弯下腰，伏在窗前，眼神毫不犹疑地聚焦在我身上，似乎在看我初次上学的反应，似乎想要通过如炬的目光，来看看我是否害怕。像是猜透了她的想法，我慌忙拿出来她早已为我准备好的本子和笔，画了起来。彼时，她的目光里有一条清清浅浅的小河，流淌出喜悦的微笑。

其实，我有些害怕母亲的目送，那目送像一个渔网，洒向我心中的大海，沉甸甸的目光，是一份沉甸甸的爱。往后的求学时光，我反复劝她坐在家中，不必送我。但她总要坚持送我，还要絮絮叨叨说一些叮嘱的话。通常她会在门口望着我，直到我消失在她视线的尽头。

只是那一次，在我的默认下，她送了我一路。

那年夏天，距离我上班已经第三个年头了。因为接了九年级的毕业班，内心压力过大，开始整夜整夜地失眠。向母亲说起，母亲担忧起来，劝我回家休息。家，是温暖的港湾。回到家，果然睡眠好了很多。

为了不影响学生五点半的自习，早晨要4点多起床出发去学校。因为要穿过4公里的玉米地，母亲坚决要送我。我骑着电动车，母亲骑着自行车，跟在我身后。

我转身看到母亲正艰难地蹬着自行车。她蹬自行车的姿势有些失衡，一条腿能够到脚蹬，一条因小儿麻痹症停止发育的腿，焦急地等待着另一个脚蹬的到来。等到了脚蹬，踮起脚用脚尖再用力一蹬，车子才猛地向前移动了一些距离。

伴随着粗粗的喘气声，她脸部的肌肉开始拉扯，因用力眉头深锁着。额上的汗珠也滚落下来打湿了胸前的衣服。见我担忧地望着她，她面部的肌肉开始舒展开来，重重喘息之后，她笑了一声，像是为了打破因艰难而带来的尴尬，又像是安慰我。

"妈，这样你太累了，回去吧！"我停下车，跑到她面前，劝她回去。我不忍心她这样送我。

"那不行，这里玉米地深不安全。"她用衣服的一角擦了擦汗，赶忙用愉悦的声音安慰着我："从前，我都是走十几里路去听戏，一点儿都不嫌累……"

我妥协了，只允许她送我到大路，她慌忙答应着。终于到了大路，我劝她赶紧回去。她身子靠在树上不停地喘息着。停了车子，向我摆手，上气不接下气地说："你快走，别迟到了。"

尽管是大路，人烟依旧稀少。我回过头去，见她仍在路旁看着我。见我走到大路的尽头，她才笨拙地骑上车返回去。

在她转身的那一刻，我的眼泪因承受不住重量，汹涌而出。

我深知，一次次目送，是一次次护送，是母亲想要以这种方式护女儿一路周全。母亲给予的爱如海深，而我又能回报她多少呢？唯有在往后余生，多多陪伴在母亲身边，试着像她照顾我一样来照顾她。

刊发于《绥化晚报》

※ 优秀范文八

父亲的假牙

文 / 曾于佳

晚饭，被香喷喷的牛排诱惑，我用牙使劲咬，却怎么也咬不动！莫不是肉质太老？父亲半开玩笑："咬两口，直接吞下去。"这个方法固然好，但是委屈了喉头部分，噎堵得很，尝不到入口慢慢咀嚼最美味的肉质精华部分，我不甘心。

临睡前，下楼盛水，只见父母卧室的门半掩着。母亲低声地朝父亲说着什么，语气里还夹杂着无奈。我望着屋内，呆呆地站在原地，大气不敢出。月光落入窗里，落在父亲佝偻的背上，只见他取下一副半弧形的牙套，牙套的两边均是铁丝样的东西。看不清它的全貌，但我清楚地知道，那是上颚的全部牙的替代物。我倒吸一口气，母亲继续说："嘘，别出声，快睡吧，一会儿被两个孩子发现了就糟了。"我迅速调整状态，一只手拿起透明玻璃瓶，将瓶身微微上扬，杯口对准陶瓷的杯沿，顺着杯沿落入温热绵柔的水，接着杯中冒出一股清泉般剔透的水花。我假意咳嗽了几声，似乎让里屋的他们不察觉到我听到了她们的对话，瞬间，泪水模糊了视线。我连走路，都是一只脚重重抬起，一只脚重重着地，一步一顿，在光滑的瓷砖上清晰地响着这些声音。我是自欺欺人吗？

我真的全然不知，父亲的牙，居然……假的！

这些年，父亲为了守着这个事累吗？是的！一定疲惫至极！父亲连同这毫无生命的牙，同呼吸，共老去。我似乎看到这副牙在月光中肆意张狂地嘲笑，笑我们孩子对父亲的忽视，阵阵惶恐霎时溢满心头。为什么？为什么？父亲至今对这件事只字不提。父亲既没有嚷着让我们带他去医院，也不曾听见他在家叫过一声疼。我请教了牙科医生：倘若牙多年不治，牙床肯定会萎缩，现在补救，恐怕很难有成效。

这几年，我和哥哥先后毕业工作，不说风光无限，最起码能自己照顾好自己。日子如细流缓缓流动，我们也深知，百善孝为先，但对于父亲的关心真的很少。

印象里，听父亲说起，60年代，十七八岁的父亲，每日除了上学，回到家还要忙活许多活计。那是七月初，台风刚过，街面、河道都满是垃圾与黄泥。树木低垂着脑袋，我们村仅有一条横跨北山和桂林（我们的村名）小桥的一根长柱断裂了，必须马上解决。祖父是一位热心的人，在村里有着极高的威望。祖父立即把父亲从学校里叫唤回去，让父亲协助大伯前往河道帮忙。

河道上诸多村民抬石柱，清理泥沙，架起桥墩，场面轰轰烈烈。父亲和大伯随即加入了"拯救"桥梁的队伍中。当父亲和大伯一同扛一根粗大的石柱，石柱约六米长，重量估摸着有上百公斤，父亲和大伯各负责一端。父亲缓缓地抬起石柱扛在肩上，肩膀本能地下沉。还没走几步，大伯忙喊父亲停下，当大伯的声音传到父亲耳中时，石柱一端已经重重压下，另一端失去了平衡，父亲本能的前脚顶住，但石柱已迅速地落在父亲的嘴上，刹那间，猩红的血从父亲的嘴里喷薄而出。

父亲被带到医院后，父亲说当时疼了好一阵。血虽是止住了，但之后那半年一直觉得牙齿酸溜溜的。我当时就在想，以后日子越来越好，那岂不辜负了美食。父亲却嬉笑着说：能吃就是福！

四十几年前那根石柱，如今，成了我心里的一个重击。难怪父亲轻易地说："咬不动，就直接吞下去。"难怪他的牙齿早已松动，被假牙替代。

老去的岁月，不老的情，在以后的日子里我希望父亲安康！

刊发于《关东周刊》

※ 优秀范文九

戏曲滋养了母亲的岁月

文 / 郭锦宇

母亲爱看戏，这是我一生最深刻的印象之一。从小时候被她带着进入戏院，到长大后与她一同欣赏传统的锡剧、越剧和黄梅戏，这些都是我难以忘怀的回忆。

那些年，我们家境贫困，物资匮乏。然而，母亲总能在有限的条件下给家人带来无尽的乐趣和欢笑，每当周末到来，母亲就迫不及待地带着我去看戏。80年代的戏院，检票入场处很狭窄，要绕几个小弯道才能进场，一进去就看到红红的幕布遮住了整个舞台。高高的房顶吊着一排排大吊扇，木椅子吱吱呀呀的，一起身椅子就会"咣当"一声弹上去。我最关注的是台下角落里坐着的那些伴奏者们，有拉二胡的，敲鼓的，弹琵琶的……对幼小的我来说，那些人很神秘。

幕布没拉开前就听到一阵阵铿锵的锣鼓敲起来，丝丝缕缕的二胡声传出来，不一会儿红色幕布缓缓拉开，有时后面还会出现一层绿色幕布做背景。舞台上花花绿绿的人开始走来走去，偶尔还会有小将连翻几个跟斗出场，一个接一个咿咿呀呀唱，梆子"嗒嗒嗒"地有节奏地拍打着。年幼无知的我全然不懂唱的什么，也不爱听。最害怕的是每次锣鼓突然间"咣"的一敲一震，就把我吓得哇哇大哭，直往凳子下钻。于是母亲便会抱起我一边哄我一边看戏，随后在咿咿呀呀的唱腔中，我便头枕着父亲的腿，脚搁在母亲的腿上睡着了，一直到散场。

直到读小学后看得懂唱词了，却在不知不觉中也跟母亲一样爱上了看戏。每到有戏看，只要母亲提前几天跟我说，我会觉得度日如年，时间走得好慢好慢。好不容易盼到看戏的日子，晚饭有时都顾不上吃，就催着母亲快点快点。母亲便蹬着自行车带着我去看戏。

慢慢地我也跟母亲一样被一幕幕生动的戏曲打动，随着戏里的人物或喜或悲，自此每看一出戏都会被感动到流泪。为秦香莲的命运而叹息，对小青姑娘的钦佩，为穷书生方卿被姑母嘲讽羞辱而痛恨……连同故事深深地印在了我童年的记忆里，让我一生眷念。

于是在那个物资匮乏，精神生活贫瘠的年代，戏曲便成了我们家的精神食粮。

后来，母亲出差带回一台电唱机，红色的外壳，乳白色的指针，配了一些红色、蓝色的唱碟。有《白蛇传》《珍珠塔》《双推磨》《江姐》等，母亲每到休息在家时就放上一张她爱听的唱碟。闲暇之余还要跟我讲述戏曲里的精彩。她念叨最多的就是小青将白娘子的孩子送出去的那段，"这白娘子的孩子多聪明啊，你听听戏曲里是这样唱来着，一目能看十行字，看了一遍永不忘……"虽然这不是现实生活中的孩子，但看得出母亲内心也希望自己的孩子能这样聪敏灵慧。更惋惜法海水漫金山迫使白娘子跟许仙和孩子分开。

如今一年能看上一出戏却变成很奢侈的事。带母亲看戏便成了我的心愿。于是，在母亲节到来之际，我决定给她一个惊喜。

那天，我托朋友拿到两张锡剧票。到家就迫不及待跑进厨房，母亲正低头忙着做饭。我拍拍她的肩神秘地说："你猜我要送你什么礼物？"母亲头也不抬："你能有什么礼物，要么衣服，要么红包吧。"我拿出两张票在她面前甩了甩："嘿嘿！戏票！"母亲一听，连忙放下手中的菜，手往围裙上擦了擦，立刻喜笑颜开地要来拿我手中的票，急切地问："真的啊？乃，让我看看是什么戏。"看着母亲开心得像个孩子，我也被她的笑容感染了。随后，母亲饭也来不及吃就催促我快点快点，怕耽误了开场。一如小时候她说要带我看戏一样。

现在的戏台精装考究，播放唱词的早已不是白布黑字了，取而代之的是现代化的红色电子屏。舞台灯光设计也是极其唯美。演员的妆容，服装，道具也越来越讲究，越来越与时俱进。

看完后母亲还是意犹未尽，隔了几天又跟我叨叨戏中的人物，情节。她说看戏看的是故事情节和唱腔，看的是人间的悲欢离合，看的是戏剧背后的道理。

从牙牙学语时母亲带我看戏，到如今我带着她看戏，她一直在引领我从戏曲中懂得善与恶，美与丑，学会仁慈友爱，包容豁达，明白做人之理，行事之仪。戏曲滋养了我们整个岁月。

平日里，母亲没事做便戴着老视镜坐在沙发上边打毛衣边看电视戏曲，偶尔还会跟着哼上几句。

刊发于《老年世界》

※ 优秀范文十

陪母亲看病

文 / 茅明敏

最近，母亲身体欠佳。左手麻木，胳膊动一下就酸疼。我劝母亲去医院检查，一开始她不愿意。直到前几天走路突然头晕目眩，摔倒在地上，母亲这才意识到病情的严重性，接受了我的提议。

第一天早上去医院，看病的人已经排成一条长龙。通过做脑部 CT 和验血，医生告知是患了小脑梗，血糖也偏高。我去挂号、交费和拿药。母亲紧紧跟在我身后，像个老小孩，寸步不离。

如果要去形容我和母亲的关系，大概就是母女连心吧！纵使我们有时拌嘴、吵架，互相伤害，也会重归于好，变成了健忘的那种人。而照顾、关心彼此，成了一种本能。

母亲生病前，我还向好友抱怨母亲一点都不心疼我，我不舒服还让我洗碗，我满腹牢骚。可是，当我得知母亲的病情并不乐观之后，立刻忘记了之前的不快，决定照顾母亲的生活起居。一天，母亲破天荒地给我买了半个西瓜。我一看价格，要40多块。在我心疼钱的时候，她摆摆手，有些羞怯地说："你辛苦了！咱不差钱。"

陪母亲挂盐水的时候，我们看见了一位妇女边吊点滴边给婴儿喂奶。小孩尽情地吮吸着母乳，喝完之后满足地睡了。询问过后，知道那小孩才一个多月。"多可爱啊，粉嫩粉嫩的。"我对母亲说道。母亲笑了，感慨万千："你小时候也是这样的，很招人喜欢。"婴儿是纯洁无瑕的，他能感知母亲给予他的爱。血缘这种东西，本身就带着奇妙的意义。

人的一生是接受爱、施与爱的过程。照顾老人就是一种反哺，这是责无旁贷、义不容辞的。尽管如今很多人都觉得"养儿防老"不靠谱，但还是会尽心尽力地养育子女，无私付出。这份沉甸甸的爱，需要我们去铭记和领悟。

如果不是这次母亲生病，我一定不会发现自己的真实情感。我是多希望母亲可以健康、快乐地生活，这比拥有万贯家财更有价值。我希望以后自己和母亲之间少一点隔阂，多些沟通、理解。有妈妈的孩子像个宝，有妈妈的地方才是最温情的家。

但愿世上的每一个母亲都能感受到子女真诚的爱意，愿每一份付出都得到回报。

刊发于《山西老年》

七、美食稿

※　优秀范文一

<h1 align="center">母亲的韭菜花</h1>

文 / 李庆玉

秋已深，冷风吹，跟朋友一起外出吃火锅。尝了一口蘸料里的韭花酱，除了齁咸，根本没有韭花的香气，我开始怀念母亲为我做的那碗韭菜花。

韭菜花，是秋天里韭白上生出的白色花簇。我国食用韭菜、韭菜花的最早记述可追溯到两千多年前的春秋时期，如《诗经·豳风·七月》中就有"四之日其蚤，献羔祭韭"之句。韭菜花的花语是奉献，它的生命力也很顽强，虽然被割了一茬又一茬，但仍会不停地抬头生长，就像母亲这数十年如一日的默默付出，从未停歇。

母亲做的韭菜花是我的最爱，每逢回到家，不管是吃馒头、米饭、面条，或是喝汤，我都会迫不及待地问母亲："韭菜花还有吗？"然后母亲就会从坛子里拿出早就腌制好的韭菜花，供我吃个够。

秋季，是韭菜花开的好时节。母亲会趁着韭菜花在将开未开时，采摘下来一大筐绿白相间的花骨朵，一个个簇拥排列着，像是特意为我准备的浪漫礼物。

待到把白茫茫的韭菜花装进箩筐，我开心地跟着母亲一起回家，暗暗期待着韭菜花的成品。母亲用清水把它们细致地冲洗三遍，然后摊开在干净的席子上，放到阳光恰好处，等待自然风干。

接下来，就到了最关键的环节。只见母亲利索地拿起菜刀，不一会儿的工夫，就把韭菜花刷刷地剁成了不大不小的颗粒，接着再用蒜臼慢慢砸碎。细碎的颗粒在绿色的汤汁里磨出了零星泡沫，散发出淡淡的清香。我闻着韭菜花的香味，赶忙给母亲送来了食盐、白酒、味精，母亲一一添加，都很有讲究。

等到搅拌得差不多了，母亲就把一盆子韭菜花装进坛子里，封好口，等待腌制。小小年纪的我没得一点耐心，像守着一个宝贝一样，时不时地去瞧瞧这"陈年老酿"何时才能开坛品尝。

几天以后，终于等到母亲打开坛子。韭菜花在里面氤氲的缕缕清香扑鼻而来，我急忙拿个干净的小碗盛出好几勺，颗颗韭菜花籽经过浸泡后味道更加滋润，让一日三餐更添了一份泥土气息。这普通的家常时光里，也因为有了母亲的爱，让我感到倍加幸福。

做好的韭菜花用处可大了，我们北方人不管是吃肉吃火锅，还是喝豆腐脑都缺不了这道小菜。南方人则更喜欢用新鲜的韭菜花炒肉，有了韭菜花的加持，必定食欲大增。

韭菜花富含蛋白质、脂肪、糖类、矿物质和多种维生素以及食物纤维，可以用来补充营养，补肾温阳，增进食欲，增强体力，抗疲劳等等。

记得高中读书的时候，每次踏上前往学校的客车前，母亲一大早就会在我的书包里装好满满两罐韭菜花，让它陪伴我疲惫的学习生活。我默默地坐在客车上，望着窗外不断倒退的树影，手里抱着沉甸甸的书包，心里的滋味真不知道该怎么形容。

越长大，可以回家的日子就越数得过来。每到秋天远在他乡之时，我就会控制不住想念母亲。想到家乡的韭菜花又开了，母亲染黑的头发又白了，心里就一酸，眼睛有些湿润。

十月的秋风吹得韭菜花或许已经老了，母亲辛苦了一个又一个秋天，我却总不忍面对她慢慢老去的事实。"树欲静而风不止，子欲养而亲不待"，不知道人生还来不来得及，去报答母亲对我绵绵不绝的爱。

生活好了，调味品多了，但我总想再到街道的集市上去买一捆韭菜，带着韭菜花的淡淡韭香，就像又回到了家乡的那一畦韭菜地，吃到了母亲做的那一碗韭菜花。

刊发于《亳州晚报》《甘肃农民报》

毛豆的美味与乡愁

文 / 曹晓丽

秋天，这个丰收的季节，对于我来说，总有着说不尽的故事。特别是那些嫩绿的毛豆子，它们伴随着我成长的脚步，走过了无数个秋季。

我的家乡在江苏沿海的一个沿江城市，这里的秋季，毛豆子总是最受欢迎的食材之一。毛豆子炒蛋，毛豆子炖豆腐，毛豆子红烧鱼，毛豆子红烧肉，毛豆子海鲜汤，毛豆子六月黄……这些以毛豆子为主角的菜肴，每一样都让我回味无穷。

然而，我最喜欢的，还是那毛豆子炒襄荷。这是一种特别的菜肴，它的独特风味，总让我在品尝的第一口就能感受到。毛豆子的鲜香与襄荷的药味交织在一起，那是一种让人意想不到的美味。我喜欢它，不仅因为它的美味，更因为它寄托着我的乡愁和回忆。

我的先生是北方人，他看到我在毛豆子菜肴上的用心，从一开始的惊奇，到后来的接纳，再到现在的期待。他喜欢我做的毛豆子炒襄荷，他说这是他尝过的最美味的菜肴之一。他说："你做的毛豆子，有着家乡的味道。"

毛豆子的生长季从每年的七八月一直持续到国庆期间，这使得它成为秋季最为重要的食材之一。在田野里，嫩绿的豆荚隐藏在绿色的叶子中，仿佛在向我们诉说着它的生命力。剥开豆荚，那饱满的豆子就像一个个绿色的小娃娃，静静地躺在豆荚中间。无论是清炒还是煮汤，它们都总能散发出一种自然的清香，让人食欲大增。

然而，对于毛豆子的感情，我并非一直如现在这样深厚。在我年少的时候，我总是想远离家乡，到那个繁华的世界去看看。当我在北京求学时，正逢家乡的毛豆子丰收。我记得母亲寄来了一大包毛豆，她的电话也随之而来："毛豆长了很多，你也没空回来吃。小时候你最喜欢吃毛豆了，我给你剥了一些冻了，你放入速冻。一些豆荚吃多少剥多少，怎么煮都行。连壳煮盐水的也好……记得放入冷藏。"她的絮絮叨叨让我有些想笑，然而笑着笑着，我的眼泪却流了下来。我想起了家乡的田野，想起了那些绿色的毛豆荚，想起了母亲忙碌的身影。

人生就像那毛豆子一样，需要我们用心去经营和培育。就像那垄垄毛豆一样，只有通过努力和奋发，才能最终结出硕果。我也像一颗奋进的毛豆子，虽然离开了家乡，但我始终没有忘记我的根。我通过自己的努力和奋斗，生根发芽，最终在这里结出了属于我自己的果实。

如今，每逢秋季，当毛豆子又到了上市的季节时，我会带着我的孩子们回到家乡。我会让他们尝一尝那些鲜美的毛豆子，让他们了解那一段属于我们的故事。我也会让他们明白，无论我们走到哪里，都不能忘记我们的根在哪里，我们的故事在哪里。因为，我们都是那绿油油的毛豆子，无论何时何地，都不能忘记我们的起点和目标。

※　优秀范文三

芋头糯米饭

文 / 唐荣花

袅袅秋风生，家乡的芋头（香芋）又到了采收的季节。这应季的食物，常在我的梦里飘香。

秋天，村民们在田间地头忙碌着，弯着腰用锄头挖香芋。挖出深埋的香芋，拿住一米多长的翠绿芋苗，轻摇几下，泥土簌簌地被抖下，一只硕大的香芋露出了笑脸。过不了多久，饱满圆润的香芋便堆满田头。

小时候，我们家也种香芋，母亲种的芋头又大又好吃。无论是煮的、蒸的、炒的……那又香又粉的味道总是深深吸引着我。特别是母亲做的芋头糯米饭，更是我的心头爱。

每一回香芋挖回家后，我便缠着母亲做芋头糯米饭。芋头糯米饭工序烦琐，但母亲每次都是那么乐意下厨。

大锅煮芋头糯米饭，想要更美味，必须用柴火烧。每次都是我负责烧火，母亲特别交代要烧荔枝木柴，熏出来的味道会更加浓郁。芋头香、糯米香、芝麻香等香味汇聚在一起，在我家厨房四处飘散时，我就馋得直咽口水。勺一碗，坐在院子里的石凳上，一边看着晚霞，一边吃着香喷喷的芋头糯米饭，觉得很满足。

特别是在雨天，都不用外出劳作，一家人聚在一起，有时打扑克牌，有时围在一起下象棋，有时唱卡拉 OK。这时候，母亲就会做芋头糯米饭给大家吃。在舒适的秋雨天里，吃着粉粉、糯糯、香香的芋头糯米饭，无比温暖、幸福。

后来，到城里工作之后，就很少吃到那香喷喷的芋头糯米饭了。每当秋风起时，就特别怀念家乡的芋香味。我也常常在菜市场挑选香芋，买回家后自己亲手下厨，做芋头糯米饭。但是，无论怎么煮，都煮不出小时候吃的那种柴火芋香味。

正在窗前遥望家乡时，手机响起。电话的那一头，传来母亲的声音："芋头都挖好了，你几时回来？"母亲的声音是那么亲切，又是那么温暖。那一刻，我仿佛闻到了家乡那浓浓的芋头糯米饭的香味。

于是，我决定周末驱车返乡。同事笑我："300多公里，只是为了几个芋头？你那汽油费都可以买好几箩筐了！"我笑而不语，但我知道，有些味道，已经成了我记忆中不变的印记，它抹不掉，也换不了。

刊发于《新民晚报》

※ 优秀范文四

春卷

文 / 夏琳琳

冬日的阳光，宝贝得很，晒在身上一小会儿就会让人觉得非常温暖。我和妈妈坐在阳台上的小桌前，准备包春卷，远处的屋顶上，还有未消融的残雪。

春卷，又称春饼。与盛行于北方的饺子不同，春卷是南方比较流行的传统食物。春卷的做法比较简单，但是馅料非常讲究。最应时节的，莫过于荠菜春卷了，也就是我们所说的野菜春卷。春节期间这是一道席间必备美食。

首先，妈妈把肥嫩的荠菜在锅里用热水焯一下，然后把水分挤掉，把荠菜挤成一个又一个拳头大小的团子备用。春卷的肉馅和饺子的肉馅做法不同。春卷必须用半熟的肉做馅料。妈妈把肉剁成肉末，然后在锅中放上油以及葱姜料酒炒至半熟。接下来就到了搅拌的阶段了，这个步骤很关键，把握得不好馅料的口味就会过于咸重或者过于清淡。

妈妈让我把野菜团子拿出来，先是切成一段一段的，然后让我开始剁碎。每次包春卷，这都是我做的工作，所以我知道其中的诀窍。不要用料理机，我就在砧板上"乒乒乓乓"地剁起来，这样易于搅拌又不会太零碎。一会儿工夫，荠菜就被剁碎了。妈妈找来一口锅，先放一半的荠菜碎末，然后把肉末倒进去，再放上另一半的菜末。接下来加上适量的盐和麻油，一边考虑比例一边酌量增加。最后，撒了一些花生碎。我以为差不多了，开始用筷子搅拌馅料。

不一会，妈妈又拿来了一个袋子，变魔术一样从食品袋中倒出一些磨碎的粉末，空气中立刻弥漫着一股香气，我用力闻了一下，大声喊道"芝麻！"妈妈笑了，夸我鼻子灵。这下，春卷的馅料才算真正地配好了，经过搅拌，所有的材料已经完全融合在一起。接下来就要开始包春卷了。

说到包春卷，就不得不提春卷皮，这一薄如蝉翼的饼皮周边极其容易粘住。所以，把春卷皮子一张一张地撕下，也是门技术活。我小心翼翼地从边缘揭起，慢慢地撕下来，然后铺在台面上，用筷子挑一点馅料，分量要正好，才能包出好看的春卷。我从边缘包住馅料，尽量紧凑点卷，卷至一半把两边的皮子向里折回，然后继续卷，最后在边缘沾上一点清水，把整个春卷皮粘好就大功告成了。把它放在油锅里轻轻一炸，春卷就会被炸得金黄金黄。咬一口，脆脆的，唇齿留香。

当最后那么轻轻一卷时，我真的觉得好像把春天卷进去了一样。

刊发于《姜堰日报》

※ 优秀范文五

"母亲牌"酸菜

文／胡云飞

晚上母亲打来电话，说姐姐准备在周日回家，问我那天能否也回家一趟，原因是她特意为我们准备的酸菜，已腌制好了，就等我们回去品尝。

从小到大，我和姐姐都很喜欢吃母亲腌制的酸菜，我老公第一次品尝母亲腌制的酸菜后，也赞不绝口。自此，母亲每年都会在菜园里多种一些雪里蕻，到了成熟的季节，用它来腌制酸菜。

记得小时候，家家户户餐桌上都少不了美味的酸菜。因为腌制的酸菜存放的时间长，同时，它还是一道很美味的下饭菜，有了这道菜，可以让人多吃几碗饭。记忆中，酸菜作为主菜，母亲用酸菜配上干红辣椒简单地翻炒几下，端上餐桌，全家人吃得津津有味。现在生活条件好了，与酸菜相配的食物品种也多了起来，如魔芋炒酸菜、牛肉炒酸菜、鸡蛋炒酸菜。虽说酸菜成了配菜，但只要有母亲腌制的酸菜，味道就更香了。这道菜无论是招待客人，还是自己食用，都是一道佳肴。

母亲腌制酸菜，主要采用的是雪里蕻。采回的雪里蕻，母亲先用清水洗净，挂在绳子上晾晒一日，等叶子上的水汽风干，母亲就把它收回切碎，装坛前戴上手套，一边撒盐一边搅拌，然后装入坛中用手压实。已入坛中的雪里蕻，被装在玻璃瓶中，青青翠翠的煞是好看。

母亲说酸菜腌制后存放三个月，就可以开盖食用了。每到此时，我都要求第一个打开，而母亲总会千叮咛万嘱咐有关取酸菜的技巧。她说一定要先从坛子最上面那层取出，取完要把坛子密闭封好，不然酸菜的"仙气"会从酸菜坛中跑出来，之后的味道就差强人意了。

从记事起，母亲腌制的酸菜逢年过节必定是餐桌上的一道招牌菜，惹得亲朋好友艳羡不已。只有一次情况特殊，母亲腌制的酸菜刚好被吃完，那顿饭大家都说要是有母亲腌制的酸菜上桌，饭会更香。

成家以后，与母亲远隔千里，每每想起母亲腌制的酸菜，我就会去菜场里买上一些酸菜，但买回来的酸菜无论怎么搭配，怎么烹炒，都没有母亲腌制的酸菜好吃，也没有母亲做的那个味道。

身在异乡为异客，总是想念母亲，想念母亲腌制的酸菜。这个周日，我决定赴母亲的"邀约"，回去看望母亲。

刊发于《石狮日报》

※ 优秀范文六

春来野菜香

文 / 岳慧杰

"东风起，柳丝扬，春回大地野菜香。"晚上回家，妈妈给我端来一碗蒸菜。看着眼前碗里冒着热气的野菜，我不禁莞尔一笑：春天不吃一口新鲜的野菜，怎么能够真正地感受到春天的味道呢？

　　印象里，我记得做蒸菜的大概步骤是：先把挖来的野菜挑拣清洗干净，如果条件允许，洗菜的时候还可以在水里加入一小勺的小苏打，起到杀菌灭虫的作用；然后是在野菜上面少量多次地加入一些面粉，翻拌均匀，尽量让每片叶子都沾上面粉，以拿在手上不沾手为宜；再然后是将野菜放在笼屉里，以大火蒸煮十至十五分钟就蒸熟了；最后一步，也是我认为重要的就是，在蒸菜上面浇一层自制的蒜泥调料，里面包括蒜瓣、辣椒油、蚝油、香油、生抽、陈醋以及少许的盐。如果能忍住口欲，这之后可以继续盖上锅盖焖上几分钟，易于蒜汁汤料更好地融入蒸菜。如今想想，我都忍不住垂涎欲滴，口齿生津。

　　在所有的野菜中，我最喜欢的还是枸杞芽，我们那儿把它的名字叫混了，叫作"狗啼芽"。采集枸杞芽的时候一定要有耐心、细心加小心：枸杞芽必须选择掐它的嫩芽嫩叶，要不然吃的时候嚼在嘴里就像树枝一样生硬，难以下咽。而且这时候上面的毛刺虽然还不十分坚硬，但不小心扎在手上还是很疼的，所以掐枸杞芽的时候一定要小心……晚上吃饭的时候，当我看到家人吃着我采摘的野菜，津津有味咀嚼的时候，我心里突然生出了一种莫名的自豪感，无意中想到了一句歌词：双手能为家人而粗糙，多么荣耀，多么骄傲。

　　当然，野菜之中有的可以蒸食，有的却只能凉拌，但有一种野菜既能做成蒸菜也能凉拌着吃。这种野菜叫作麦蒿，我们这里叫作"米米蒿"，是长在麦田里的。记得小时候，初春时节，妈妈每次到麦田回来，总会顺手撅上一把麦蒿，回家或蒸食或凉拌。很多次我都会把整碗的凉拌麦蒿吃个精光，妈妈嗔怪道："哪有你这么吃的？我是让你配饭当菜吃的。"我"嘿嘿"一笑：谁叫凉拌的麦蒿这么好吃呢……"关于野菜的记忆我还有很多，除了面条菜、麦蒿、枸杞芽，还有荠菜、灰灰菜、蒲公英等。甚至稍后一段时间的榆钱儿、槐花也都可以看作野菜的一种，中医讲究"药食同源"，春天进食野菜，也是为自己的健康助力加持。

　　作家张洁在她的《挖荠菜》中写道："多少年来，每到春天，我总要找个风和日丽的日子，带上孩子们到郊区的野地去挖野菜。我明白，孩子们之所以在我身边跳着，跑着，尖声地打着呼哨，多半因为这对他们来说，是一种有趣的游戏……"此时，阳光正好，微风正柔，燕舞莺歌。趁着周末，希望我们可以带上孩子，来到野外一起挖一次野菜：感受劳动之美，春光之美，亲子互动之美。

　　野菜，是大自然的无私馈赠，春日里的另类风景。愿我们：暂时放下手边的工作，走出家门，走进自然，亲近自然，融入自然，体验一场返璞归真的快乐与童真。

刊发于《联合日报》

※ **优秀范文七**

幸福味的油鸡枞

文 / 馥小闲

周末的一个清晨去观音桥街市场赶早市，见桥头上有一老翁在卖鸡枞。奶油色的鸡枞斜卧在竹篮子里，根部有少许红泥巴，用翠绿的菜叶盖住，这是一种保鲜的方法。

老翁左手提起秤杆，右手拨着秤砣，笑意盈盈地对买主说，全是含苞待放的花骨朵，炒着吃最好不过了，再加几颗青椒，味道又鲜又脆。老翁朴实而淳厚的样子，不禁让我想起了很多关于家乡鸡枞的事。

鸡枞，是一种菌类，是食用菌中的珍品之一。它喜热，当雨季到来时，后山松林里便到处长满了野生菌类，鸡枞也在此时悄然破土而出。有时候也生长在红薯地里和田埂上。每年夏天，特别是下过雨后，母亲都会带着我和弟弟去捡鸡枞。母亲说，鸡枞有自己的窝，第一次捡到它的地方，以后每年都可以去那里找到它。它有着独特的香味，也可以通过香味来寻找鸡枞。于是，我和弟弟便跟在母亲身后一边四下打量一边嗅着鼻子，那时候觉得是一种非常有趣的游戏。

鸡枞肉厚肥硕，质细丝白，味道香郁脆滑。鸡枞还是骨朵的时候，菌顶像钝锥，直挺挺地屹立在天地之间，活像一顶顶漂亮的江南油纸伞，一片烟雨朦胧。等过几天后，伞盖披落，又像是公鸡身上华丽的羽毛。

捡回来的鸡枞，根部有很多泥巴。母亲教我们用南瓜叶清洗，南瓜叶叶面上有一层毛毛，用它来回摩擦掉鸡枞上面的泥巴，这样洗得既干净，又能完整地保留鸡枞原来的样子。鸡枞可以炒着吃，也可以炖汤，味道极鲜。母亲最常做的是用油炸干后做成油鸡枞，再加上两把新鲜的花椒，又是花椒油鸡枞了。我问母亲为什么不像炖鸡汤那样吃，母亲说，用油炸过后的鸡枞味道更浓、更醇，时间放置得更

第三章 报刊作品赏析

久，这样一年四季都有鸡枞吃了。

后来，听母亲说，她小时候体弱多病，又爱挑嘴，为了能常年吃到鸡枞，外婆就做了这油鸡枞，直到母亲出嫁后，外婆依旧给她做了送去。后来，自然而然我也喜欢吃油鸡枞。如今，母亲也学外婆那样给我做油鸡枞。每当捡到漂亮的鸡枞，母亲便拍照发给我看，只见她粗糙的双手捧着雪白娇嫩的鸡枞对着镜头笑意浓浓，隔着屏幕都能感受到她的喜悦，还有一丝丝的孤独。

母亲的投喂让我备感幸福，也让我心疼。有好几次跟她说，不要再给我邮寄东西了，她却不依。她说，现在时代不同了，种地越来越科技化，再等几年你想吃都吃不到咯，趁现在，珍惜大自然馈赠给我们的礼物，物尽其用嘛。母亲虽这么说，可我知她的心意。

她常说，"娘想儿想断肠，儿想娘扁担长"，我知道她是想我以后吃着油鸡枞时想到她，就像她吃着油鸡枞想着外婆那样，念念不忘。

刊发于《江淮晨报》

※　优秀范文八

腊味里忆流年

文 / 孙晓帆

《舌尖上的中国》里有句话说：中国人对食物的感情多半是思乡，是怀旧，是留恋童年的味道。我的家乡在湖北，我对家乡的腊味一直念念不忘，今年姐姐在老家准备的腊货丰盛，我让她邮来了两大箱。

打开纸箱，就被各种食物惊喜到了，香肠圆圆滚滚，再晾晒几天就可以切片蒸着吃，腊肉膘肥肉精，是自家饲养的黑猪肉腌制成的。还有豆面和糍粑以及腌好的腊鱼、臭豆腐……一时间，我只觉得整个童年的美味都回来了。脑海里浮现出儿时陪父母准备各种腊货的快乐时光。

进入腊月，家乡人准备很多腊味是一种习俗。先是磨豆面打糍粑，豆折面是用豆子加大米混合磨出来的，面香且有嚼劲。豆折面摊煎饼时加些馅，烙至两面金黄，可以折叠起来吃，或许"豆折"的名字就是由此而来吧。每年腊月磨了豆面打好了糍粑，母亲就会做各种美食。用豆面摊煎饼，有时炒豆面条，最常做的就是煮豆折糍粑清汤面。用腊肉炒青菜再往里面加开水、放入豆面条和糍粑块，稍煮几分钟就做好了，那是一道独特的家乡美味。

灌香肠是个细活。要先洗净猪大肠，检查有没有破洞，再找一个与肠子直径一样的细竹筒，准备好猪肉剁碎，撒点食盐、生姜末、酱油和辣椒粉，调料要适量肉才有味。每年腊月间，父母必须灌香肠。父亲坐在炉火边，把一盆腌制好的肉馅搁凳子上，通过竹筒把肉馅塞进去，再用筷子顶紧实，每塞满一截香肠，父亲都让我把棉线系上去，打死结，让香肠成为一段一段的。

有时我和弟弟洗干净手，也想试试灌香肠，母亲就说：来来，你们看看这个活好干不好干？当我把滑溜溜的肠子套上竹筒，肉馅刚塞进去，肠子就从竹筒上滑掉了，折腾半天也做不成一截香肠。母亲哈哈大笑说：干什么都不容易吧？做这个事有技巧，把肠子与竹筒那个地方紧紧捏住，才能让肉顺利地进去，肉馅塞太多肠子容易破，塞少了又不紧实不成形。看着简单好玩的事，原来有这么多学问。母亲叮嘱我们遇事要学会仔细观察，不要做一个粗心大意的人。

腊鱼也是一道美味。每年接近年关，村上人都会聚集到村后面的水库边，放空池水捕捞大鱼给村民分。一堆的鲢鱼、鲤鱼摔到地上活蹦乱跳。村主任负责给每家分鱼，我家一般会分到三十斤。母亲把剁下的鱼头做鱼头豆腐汤，剩下的鱼肉切成块放调料腌制，最后装进瓦罐密封，保存至春节后的二三月，味道还是很鲜美，是招待客人的一道珍贵荤菜。

儿时的快乐时光在腊月里总是被美食填满。腊味里的故事讲也讲不完，几乎每种食物都有难忘的回忆。

"忽有腊味心上过，回首山河已是冬"。时光流转，岁月如梭。如今我已不是当年的年龄和心境，但在一碗浓浓的家乡味里，儿时的腊味永存，心里的祝福不变。

刊发于《渝北时报》

时光之味

文 / 姜燕

深秋的午后，阳光透过窗户洒在厨房的灶台上，照在一瓶韭花酱上。这瓶韭花酱是母亲邮寄给我的。每当我打开这瓶韭花酱，空气中便会弥漫着一股独特的香味，那不仅是韭花酱的醇香，还是时光的味道。这瓶酱如同时光的密码，藏着岁月的味道，藏着故乡的记忆。

小时候的我，住在乡下，生活简单而纯粹。每年秋季，翠绿的韭菜开出洁白的韭菜花，空气中便有淡淡的香气。母亲会挑选出新鲜的韭菜花，然后将其做成好吃的韭花酱。母亲先把韭菜花清洗好几次。她说，韭菜花需要仔细地用水冲洗，多冲洗几遍，韭菜花里的小虫子、灰尘等便会被冲洗出来。我现在才明白母亲的一丝不苟，哪怕是清洗韭菜花，她也很认真。等韭菜花晾晒好后，母亲就开始做韭花酱。韭花酱是我们那个小村庄的味道，也是家的味道。制作韭花酱的过程充满了生活的烟火气。母亲弯着腰在灶台前，用传统的石臼将韭菜花捣碎，再将两个水分少的秋梨去皮后切碎，放在石臼里一起捣碎。母亲说，因为韭花非常辛辣，梨的甜味可以中和韭花的辛辣味道。再把切好的姜末放进去，加适量的盐后搅拌均匀。最后，把韭花酱放入提前洗好的坛子中，密封保存。就这样，在咽着口水的期待中，我等来了母亲打开坛子的那一刻。

在小小的厨房里，那股浓郁的韭花香扑面而来，让人心生欢喜。

如今，每个秋季母亲都会亲手做好韭花酱，然后邮寄给我。吃到嘴里的韭花酱，让我的味蕾得到满足的同时，也让我想起了家乡。这熟悉的酱香让我在异乡的日子里，感受到了母亲的爱。岁月流转，韭花酱的味道也在变。那曾经的石臼、老灶台和那个勤劳的身影都深藏于我的记忆里。韭花酱承载着岁月的味道，仿佛可以让时光倒流，让我回到那个纯朴的小村庄。

韭花酱是我记忆中最美的乡愁，它带着故乡的气息，陪伴独在异乡的我，成为我心灵的慰藉，让我在生活的旅途中，找到那份属于自己的时光之味，感受到了母爱的陪伴，勾起了我对家乡的无限思念。

刊发于《怒江日报》《燕赵晚报》《赤峰日报》

豆花

文 / 刘艳

　　下午，接儿子放学回家途中，看到路边一个卖豆花的小摊子，儿子停下脚步嚷嚷着说想吃豆花了，我点点他的头，笑着打趣道"看你，馋得口水都流出来了。"儿子不服气地说"妈妈，你不也喜欢吃豆花吗？我们买一碗吃吧。"看着儿子不停撒娇的模样，恍惚间，穿过岁月的齿轮，仿佛看到了小时候的自己。

　　那时，我也拉着母亲的手，一脸馋样地朝着母亲撒娇，妈妈我们推豆花吃吧。"我们的小馋猫想吃豆花了？"母亲笑着点了点我的头。便去房间舀了一碗豆子倒在簸箕里，弓着背，在屋檐下精挑细选，把挑好的豆子倒入水桶中，注上水浸泡上几个小时。待豆子泡得发软膨胀后，便开始了从豆子到豆花的嬗变之旅。把水桶移至石磨旁，拿起勺子一半水一半豆子，一小勺一小勺地倒入石磨眼中，母亲右手握着磨把不停地推拉着，同时左手均匀地往孔眼里添加豆子，细长的腰身随着石磨的旋转时俯时仰，动作自然协调，身姿优美犹如跳着舞一般。推磨是个力气活，母亲小小的身躯，竟有无穷的力量，半个小时下来都不见休息。

　　黄豆在石磨的旋转碾压下，乳白色的豆汁慢慢从石磨的缝隙里流出来，色泽银白如玉，白中透着晶莹，又如牛奶般顺滑，随着石磨的转动，渐渐浮起一层层泡沫，像一朵朵白色的花在石磨中绽放，一股豆香扑面而来。

　　橙黄的阳光洒在乳白色的豆汁上，反射出晶莹的亮光。也洒在母亲不停摇晃的身上，穿过屋檐反晕出一圈金黄的光晕，不耀眼却温暖着我的心。

　　母亲围着青布围裙，站在灶台前，将调好的卤水撒在豆浆上，拿着锅铲轻轻地搅动，渐渐地雪白的豆浆变得浑浊了，豆浆里的蛋白和水慢慢分离，形成了黄豆大的豆花，并逐渐地变大，再变大，直至完全分离。我眼馋地看着锅里像云朵一般飘在淡黄的碱水里的豆腐花，心中有说不出的喜悦。

　　儿时的我，总是等不及豆花的成形，就吵着要吃，母亲总说，心急吃不了好豆花，性子急绣不成牡丹花。

　　吃豆花当然少不了它的灵魂伴侣，蘸料，去地里摘上一把小葱，剁大蒜，生姜，再加一点花椒油辣子等，一碗麻辣鲜香的蘸汁就调好了，舀上一小勺浇在雪白嫩滑的豆花上，送入口中，感受着它沿着舌尖缓缓滑入口中的滑嫩，那种香辣爽口的滋味，回味无穷。

"妈妈，这豆花和外婆做不一样呀，味道也没有外婆做得好吃。"儿子一边吃还不忘点评一番。我舀了一勺豆花放入嘴里，虽然也滑嫩细腻，却没有小时候吃的那种味道。如今快节奏的生活，做出来的食物都如快餐一样，只讲究效率。看着眼前只吃了一口的豆花，使我越发想念母亲做的豆花。

我拿起电话，"妈，我周末回家看您。"儿子靠了过来，"外婆，我要吃你做的豆花。"电话那一头，母亲欣喜的声音传了过来，"好，外婆推豆花给你吃。"

一碗小小的豆花，它承载着我童年的光阴，现在它又悄悄浸润着儿子的童年时光。

刊发于《东南早报》

八、植物稿

※　优秀范文一

窗台上的水仙花

文 / 刘萌

窗外落着细雨，桌上的白瓷茶盏里，氤氲数朵茉莉，茶雨微凉。一旁的水仙抽出了枝芽，绿叶丛中开出一朵朵白色的小花，沁人心脾，带着丝丝清雅，素洁挺拔，让人看了心生欢喜。

不禁想起元朝诗人杨载的句子来，"花似金杯荐玉盘，炯然光照一庭寒。世间复有云梯子，献与嫦娥月里看。"能令嫦娥都私相探看的花朵，该是有着怎样的卓越风姿啊。

养水仙的爱好，大概是沿袭了父亲。他爱花，一年到头，不论是菊花、红掌、绣球还是栀子、君子兰、水仙花……屋里的盆盆盏盏从未断过。而素来懒惰的我，无心太多侍弄，只取了好养活的水仙，想给家里带来一丝绿意。

一碟清水，几粒卵石，置于案头窗台，不消半月，就能在万花凋零的寒冬腊月里，展翠吐芳，暗香盈袖。看着这洁白清薄的六瓣小花，虽不耀眼夺目，却也是清秀典雅，亭亭玉立，灵动满屋，让人十分舒心。

水仙是中国十大名花之一。据说是唐代从意大利引进，为法国多花水仙的变种，在中国已有一千多年的栽培历史。后经上千年的选育，已经在世界水仙花中成为独树一帜的佳品了。

既然是佳品，也就受到历代文人墨客的喜爱。"苏门四学士"之一的黄庭坚，曾忍不住为其写诗赞美。"凌波仙子生尘袜，水上轻盈步微月。是谁招此断肠魂，种作寒花寄愁绝。含香体素欲倾城，山矾是弟梅是兄。"水仙在诗中被誉为多愁善感、意态悠然的洛水仙子所化，一词一句都惟妙惟肖地勾画出它的无限风雅。

此诗一出，"凌波仙子"的美名也就实实在在地落到了水仙的头上，引得后世纷纷效仿描写，就连近代革命英雄秋瑾都为其赋过诗句，"洛浦凌波女，临风倦眼开。瓣疑是玉盏，根是谪瑶台。嫩白应欺雪，清香不让梅。余生有花癖，对此日徘徊"，聊表自己对其欣赏之情。

后来翻书时，偶然发现《闲情偶寄》的作者、清代著名戏剧家、作家李渔，也是对水仙花痴迷得不行。"水仙一花，予之命也"，他把水仙视为自己的生命，珍惜对待。后又觉得水仙花属南京的好，不听劝阻，任性地把家安在了南京。

暮年后的李渔穷困潦倒，三餐不饱。但过年时见到家中无水仙，就又斥责感慨："难道你们是要夺去我的性命吗？我宁可少掉一年的寿命，也不想一个季节没有水仙花的陪伴"。吓得家人只好典当簪珥换来水仙摆上，他才肯罢休。每每读到这段，我都会忍俊不禁，这让人又爱又怜的李渔啊。

放下茶盏，我用白瓷接了清杯水，缓缓倒入水仙盆中，指尖挥动，撩拨几阵芬芳送入鼻吸，轻轻几下，便觉精神百倍。都说这是吉祥之花，那就愿这盆水仙，伴我度过一个美好祥和的新春吧。

刊发于《金山报》

一畦韭绿满园春

文 / 燕如

春风无形，拂绿了大地；春雨无声，滋润了沃野；春意无言，温暖了世界。

正是万物复苏时，菜园里的泥土变得湿润松软，其他蔬菜才刚被惊蛰的雷声唤醒，角落里的那一畦韭菜，却已早早地萌发，尽情展露碧绿鲜嫩的身段，在浩荡的春光里无私地奉献着它的盎然绿意和独特香味。一阵微风吹过，成片的韭菜像是绿色的丝缎随风飘荡，恍惚间，春意便漾满了整个菜园。

望着这一畦韭菜，我不禁感叹古人造字的智慧与精妙。"韭"，"一"为平整的土地，"非"是韭菜长在地上的形状，如此形象。韭菜在我国已有数千年的栽培史和食用史，《诗经》中的《国风·七月》记载："四之日其蚤，献羔祭韭。"因其容易种植，割完一茬又长一茬，四季可食，故而成为稀松平常的大众菜肴。古人言："春食则香，夏食则臭"，韭菜虽是四季皆有，但要数春天时食用最佳。又有俗话说："正月葱，二月韭。"农历二月里的头茬韭菜鲜嫩碧绿、清香馥郁，是此时不可多得的美味。

韭菜的吃法很多，我最喜爱的是韭菜炒鸡蛋，看似简单，但要做得好吃，须得用心。新鲜的韭菜洗净后切成小段备用，新鲜的鸡蛋破壳后加入少许盐，在碗中充分搅拌均匀，热锅中倒入适量油，烧热后倒入鸡蛋液，先将鸡蛋煎成两面金黄，再加入韭菜与煎鸡蛋一起炒匀。金灿灿的鸡蛋与绿油油的韭菜相得益彰，鲜香味道肆意弥漫，令人垂涎三尺。春天的韭菜尤为鲜嫩，汁水丰富，很容易出汤，需要用心控制火候，若炒的时间过长，菜汁浸染鸡蛋，韭菜叶炒烂，影响口感；若炒的时间不够，韭菜的辛辣味未能去除，影响食用。

韭菜还有一些其他做法，注重的偏偏就是韭菜汁，比如韭菜猪肉饺子、韭菜三鲜饺子、韭菜饼、韭菜合子等。韭菜剁碎后更容易出汁，汤汁与肉馅、面饼混合，浴火之后，韭菜特殊的香味在高温中升华，飘在空气里，清香弥漫，夹一块入口，唇齿留香，韭菜的清香与明媚的春光一同在舌尖上绽放，怎一个鲜字了得？

韭菜不仅能入菜，还能入药。《本草经疏》中记载："韭，生则辛而行血，熟则甘而补中，益肝、散滞、导瘀是其性也……病人之气抑郁者多，凡人气血惟利通和，韭性行而能补，故可久食。"

一畦春韭绿，漾得满园春。春韭是时令规律的轮回安排，是自然馈赠于人的美味，在寒冬中经历严寒洗礼，默无声息地积蓄能量，在早春时奉献碧绿与美味，不仅明媚了菜园的春光，还犒赏了人们的味蕾。其中蕴含着的人生哲理，苏东坡的《和陶西田获早稻》写得最是透彻，"早韭欲争春，晚菘先破寒。人间无正味，美好出艰难。"美好的东西之所以美好，正是因为它们须历经万千艰难后方可得，恰似人生之旅程，不经历风雨，怎能见彩虹？

刊发于《临沂日报》

※ 优秀范文三

秋风起菱角香

文 / 郭锦宇

"菱池如镜净天波，白花点稀青角多。时唱一声新水调，谩人道是采菱歌。"这是唐代诗人白居易写的一首《看采菱》。诚然，每到初秋之季，老家的河池里便是菱角的天下，河面上布满了密密麻麻翠碧的菱叶，一朵朵细细碎碎的白色四瓣小菱花娇羞可爱，一阵秋风吹过，送来菱角的清香。

菱，古称"芰"，菱角又名腰菱、水栗、芰实、沙角等，它是草本水生植物菱的果实。又称"水中落花生"，它还是江南"水八仙"之一，而"水八仙"中我最爱吃的非菱角莫属了。

儿时的暑假，看到河面上铺满了整个菱叶，等不及菱角成熟，便和堂妹来到河边，用手去吊菱盘，摘下一个小小的嫩绿的菱角想解馋，一口咬下去却有些涩涩的。奶奶见状就笑着骂道："一个个嘴馋，菱还没长熟了，过了立秋，天凉快些就翻菱给你们吃。"

采菱角在家乡又称"翻菱角"。立秋一过，奶奶就起个大早，穿上旧衣裤，戴着凉帽，把平时洗澡用的椭圆形大木盆搬到河边，一个小板凳放在木盆中间。只见她先扒拉开河边的几个菱盘，随后扶着脚盆边沿，蹲下身子小心翼翼地跨进盆

第三章 报刊作品赏析

中，大木盆便晃动起来，再慢慢坐到小板凳上，调整好位置以保持身体平衡。坐稳后便用双手划动水面，大木盆就晃晃悠悠向前游去。只见她拎起菱盘，翻转过来，几颗鼓着圆溜溜的肚子像金元宝一样的菱角，便被奶奶轻而易举地采摘下来，落到木盆中。

邻居大娘，婶子们也纷纷拿着自家的盆下河采菱。有的划着红色的圆盆，有的划着灰色的大木盆，每划过的地方，留下一道道白色的水痕，让人想起白居易描写小娃划着小船采白莲后"不解藏踪迹，浮萍一道开"的情景。此时晨光照耀在河面上，菱叶绿得发亮，几个小木盆游弋在菱叶间，她们一边采着菱角一边笑语盈盈地聊着家常，宛如一幅清新可人的水乡画卷。

大约采上两个时辰，木盆里的菱角便像小山堆起来了。一个人是拉不动大木盆的，大家互相帮忙把盆拉上岸，再将菱角装进桶里，把嫩菱拣出来生吃，老点的就煮着吃。

煮菱的过程至今也没印象，大概就记得将菱往大锅里一倒，煮熟后得闷好一会儿。我们小孩忙着在院子里剥生菱吃，生菱入口很脆，微甜。屋内飘来一阵阵浓郁的菱角香，随着奶奶一声喊，可以来吃菱啦，我们几个就围着灶台转。煮熟的菱角已经从绿色变成了土灰色，奶奶怕我们咬不动，就用菜刀将菱角一切二，这样轻轻一咬菱肉就到嘴里了，香香的、糯糯的。

奶奶还会剥一些菱肉做菜，最爱做的就是菱烧肉，菱烧豆腐，哪怕清炒菱肉再放点葱点缀一下也是一道美味的下饭菜。

《本草纲目》也有记载，菱角具有止消渴、解酒毒、利尿、通乳等功效，嫩果可生食，作水果食用，做菜老嫩皆可煮食。菱肉具有一定的抑癌功效，营养价值极高。因此，一些村里人还常常拿着菱角去市场上卖。

如今大家都住镇上或城里，老家门前的小河虽在，菱角却是很难觅得。前几日回老家看望奶奶，她一见我去，立即拿出一袋煮熟的菱角给我吃。原来是婶婶去老家河内采摘的野菱，野菱个头小了很多，可吃起来还是那般香甜。瞬间那熟悉的味道又把我带入了儿时奶奶采菱的画面。

又是一年秋风起，吃着奶奶给的菱角，心里充满着感动，感动于大自然的馈赠，感动于奶奶至今对我的爱不少一分，更感动于一池菱角丰润着浓浓的乡愁。

刊发于《北海日报》

木槿花开

文 / 曼古乔

"朝昏看开落，一笑小窗中。"这是明代诗人张以宁眼中的木槿花。起初，我是不认识这花的，它在我家门口的园子旁开了好多年，我只当是一丛无名的野花。

直到有一天，一位朋友送我的书签上贴了一朵木槿干花，说这花赠予我最合适。我惊喜地发现，原来我一直见过的花有这么好听的名字。此后，我便开始关注它。

木槿花是一种常见的庭院灌木花种，因它的花期很短，也叫朝开暮落花。它有好几种颜色，白色、粉红色、紫红色，时而美得清雅，时而美得艳丽。开放之前，花的萼片通常会紧紧地裹在一起。盛开时的花朵像极了一个个小喇叭，走近细看，便可看见有淡黄色的花蕊点缀花的中央，花蕊顶部的花粉则略带深黄色。花瓣上如丝绸一样光滑，闻来有微微薄荷的清香。

早在两千多年前，木槿花就是美人的代名词。《诗经》有言："有女同车，颜如舜华。"说的是与公子同乘的姑娘容颜娇美，好似盛开的木槿一般。

木槿长在篱院旁，它的最特别之处是没有光照就不开花。即便已长了花苞，没有光照也会凋零。而且它仅绽放一天，晨开暮谢，着实让人惋叹。好在每一次凋谢都是在为下一次开得更加繁盛积攒养分。每次我看到它们，都会想："明天再看，它们一定会开得更美。"这种期待，让人总想着下一次的遇见。

我把木槿花的花语写在了书签的背面：温柔的坚持，坚韧、质朴、怀旧。这些的确是我喜欢的品性。说木槿如人，不如说人如木槿。认识它久了，大概快要被同化了吧！就像与一个人相识久了，身上常会有彼此的影子。

"木槿花开畏日长"，盛夏的木槿花一丛丛、一簇簇，好不热闹。听闻木槿花有清热解毒的功效，母亲摘了一些花回去，去掉花蕊和花蒂，清洗干净，再裹上一层米浆后放锅里用慢火炸至两面金黄，果真是花样美食，清脆甘甜。

人们也把木槿栽在田埂边，用来招引益虫七星瓢虫。当七星瓢虫在木槿上安家时，也会让附近的稻禾共享安宁。木槿虽花期短暂，但生命连续的美好也是很多花该羡慕的。每一天都能重获新生，每一天都充满了期待，生命的长河永无止境。它生命力顽强，是我喜欢的花。想起它，我常常心生敬畏。

刊发于《延安日报》

※ **优秀范文五**

秋深山楂甜

文 / 董阿丽

诗人陆游在《客中作》里说："累累红果络青篾，未霜先摘犹酸涩。"放翁先生是懂红果的，知道刚刚采摘下来的红果略有酸涩。可即使这样，也阻挡不了人们的口舌之欲。

红果，因色得名，其真正的名字由来已久，据《尔雅》载："机音求，树如梅，其子大如指头，赤色如小黍，可食，此即山楂也。"山楂可健胃消食，可化浊降脂。

家乡的秋季，田野里不光涌动起金色的麦浪，更有一棵棵鲜艳如火的山楂树。迎着秋风，山楂浑身洋溢着成熟的魅力，那红彤彤的山楂在园中的角落自成一景，闪耀着整个秋天。

小时候的秋天，我常跟在奶奶身后采摘院子里的山楂，也会骄傲地向小伙伴们炫耀自家山楂的美味。可惜山楂甘酸，除了我们小孩子喜欢馋嘴时当零食，就是年轻人勉强吃几个。老人是绝对不喜欢吃的，他们看到我们吃山楂都要躲得老远，生怕牙齿酸倒一片。别看老人们不喜吃山楂，做山楂却极有心得。

奶奶就是料理山楂美食的高手。山楂刚从树上摘下来，她便指挥孩子们来帮忙。把山楂洗净，去蒂去籽，再把红艳艳的山楂倒入锅中，加一大勺绵白糖和冰糖，加水没过山楂，小火慢熬至汤汁浓稠，稍置。放凉后盛上一大碗，嘴馋的我们争相品尝，即使是喝上一口汤汁，口腔里顿时被酸酸甜甜的美味包围，一道健胃消食的山楂罐头做成了。这道美食老少皆宜，获得家人的一致好评。

孩子们最爱吃的莫过于冰糖雪球和冰糖葫芦。冰糖葫芦好做些，只要炒好糖色，把处理过的山楂串成串，在糖色里滚一圈，沾上凉水冷却，嘎嘣脆的糖葫芦轻松做成。咬一口冰糖葫芦，脆甜的糖衣和酸糯的山楂入口，甜与酸、脆与糯在口腔里碰撞出奇妙的感觉，余味悠长。但冰糖雪球的做法有些麻烦，可奶奶从不嫌烦。她先在锅里加糖、淀粉和清水，熬出拉丝状。将山楂倒入锅中，再不停搅拌，直到山楂颗颗挂上雪白的糖霜，酸甜可口的小零食便出锅了。孩子们只要一听到雪球出锅的声音，那小手便热闹起来。奶奶总是笑着应承："还有呢，别着急。"

奶奶喜欢做这些山楂小零食给孩子们解馋，但她更喜欢用山楂入菜。

我曾经吃肉伤到了胃，后来只要一见到油腻的食物便掩面而逃。奶奶也不知道是怎么琢磨出来的办法——在做红烧肉或排骨时，会加入几颗山楂。结果红烧肉出锅时，肉香弥漫厨房，其色泽诱人，肥而不腻，我每次都吃得停不下来。

那时，肉不常有，山楂常有，奶奶总是变着法给我们补营养、做美味，让我们在贫瘠的生活里尝遍山楂的甜。

现在山楂大量上市，我也多买几斤，想让女儿尝尝山楂的美味。可相较我的口味，女儿更喜欢吃冰糖葫芦，她说冰糖葫芦中有幸福的味道。

也许女儿感知的甜是没有经过苦涩浸染的甜，而我的甜则是苦难中磨砺出的甘，像酸山楂中的一点甜味，像奶奶的手为我们烹制出的温暖，一直甜到心里面。

刊发于《泉州晚报》

※　优秀范文六

记忆深处秋梨香

文 / 孙晓帆

我对这种梨的喜爱，缘于上小学时村里的一棵梨树。小时候在农村生活，日子比较艰苦，我一年四季嘴馋瓜果，尤其是秋天，喜欢到处寻找各种水果。那时我们村有一户人家的院子里长着一棵大梨树，每到秋季，青皮梨挂满枝头。

那棵梨树主干粗壮低矮，看上去易于攀爬。春天它开满梨花，像落了一树白蝴蝶，很耀眼。夏天开始挂果，密密麻麻压着枝丫，以至于有些梨都长出了墙外。到了九月，树上长满了让人垂涎欲滴的硕果。

等梨真正成熟之后，这户人家就请村上壮年劳力帮忙采摘，摘下的梨一次能装十几筐，拉到集市上能卖好多钱。我们一帮小孩子去围观摘梨，个个馋到流口水，主人这时会塞给每个孩子两个梨，我们连皮都啃了个干净，真香甜。

有一年村里组织秋收联欢会，这户人家的儿媳妇拉着我要给我化妆表演节目，她哄着我说："你上台配合其他小朋友跳跳舞，唱首儿歌，我家有鸡蛋、香蕉和树上刚摘的梨，任你挑选"。我卖力地表演完，她塞给我一个用红纸包着的鸡蛋，我放下鸡蛋，拿走她桌上几个梨飞奔回家，美美地啃起来，总算解馋了。那一次，我初次体验到劳动换果实原来是这么好的滋味，我至今记忆犹新。

时间一晃就过去了十几年。有次我回老家，再次路过村中那户人家门前，发现房子有些垮塌，院里的梨树不见了踪影。我问父亲原因，父亲说，这户人家搬去城里了，这儿长期没人居住，梨树旱死了，并说，家里院中的梨树也长大了，每年的梨多得吃不完，都送人了。

我很惆怅，想起那一树青梨，还有我的童年时光。如今我把一箱青皮梨放在家中随便吃，却怎么也吃不出儿时的味道。

刊发于《联合日报》《贺州日报》《生活报》《修水报》

※ 优秀范文七

深山拾栗

文 / 易英

"七月杨桃八月楂，九月板栗笑哈哈"，"新凉喜见栗，物色近重阳"，每年农历九月，重阳前后，正是板栗上市的季节，街道上随处可见卖炒栗子的。一口大大的锅，里面翻炒着黑色的铁砂，待铁砂温度足够高了，将板栗倒进去一同翻炒，不多时，丝丝缕缕的甜香焦香便氤氲开来。锅前，早有人排队等候。晚清文人富察敦崇在《燕京岁时记》中写道："栗子来时，用黑砂炒熟，甘美异常，青灯诵读之余，剥而食之，颇有味外之美。"我也深爱糖炒栗子的甜糯松软，每每路过，总要打包一份，迫不及待地刨开外壳，漏出黄酥酥的栗仁，一口咬下，香甜软糯，如美妙的音符，欢快地跳跃在舌尖上。一包糖炒栗子，总能吃出满满的幸福感。

"一林过雨芦花白，半壁疏云栗子黄"，这些美味的栗子，常常让我想起儿时拾捡板栗的情形。那时漫山遍野的野生板栗在秋风中簌簌而落。走在山里，经常听见高大的板栗树上，"哗啦"一声落下一连串的板栗。有时运气不好，正在树下拾捡板栗，一个带刺的毛球从天而降，砸在头顶，能痛上半天。松鼠是最常见的，它们支棱着耳朵，立起前爪，抱着胖乎乎的板栗啃得津津有味。等我们的脚步声近了，忽地逃窜出去，不见了踪影。大部分时间，山里是寂静的，偶尔一两声鸟鸣，剩下的多是自己脚下的声音。我学母亲的样子，拿着蛇皮袋子，用树枝刨开地上堆积的落叶以及有着长长尖刺的外壳，一粒一粒地拾捡散落在地上的板栗。有些外壳里还残存着两三颗漏网之鱼，这时候就需要用手扒开毛刺的裂口，将板栗一颗颗掏出来。尽管小心翼翼，也常常被尖刺扎疼。

记得上中学时，有一次和母亲去拾板栗。因为我们出发晚了，这片山林已被乡人捡过，我们走了很久也才捡到小半袋子。母亲发愁地看着手里的袋子，决定再往深山里去。但此时的我又累又渴早已没有力气。母亲无奈只能将我留在了原地，她将所有的板栗都倒在了一起，又拿着空袋子出发了。母亲走后，我靠着一棵大树休息，日头已经偏西，林子里除了偶尔的鸟叫再没有其他声音。母亲在时不察觉，母亲一走立马感觉害怕起来。这深山老林里，会不会有熊瞎子和野猪出没？有没有蛇？母亲会不会遇到危险？我想去寻母亲，可又怕与母亲走岔了。只好靠在树上一动不敢动，生怕发出点响声会引来不知名的野生生物。

好在母亲没有让我久等，一个多小时就去而复返了。没人知道那一个多小时对我来说有多煎熬。但当我看到母亲背上鼓鼓囊囊的袋子时又立即激动起来。这么多的板栗换来的钱足够我两个星期的伙食费了，甚至还可以央求母亲留下一些炒来尝尝，一切都值得了。

一晃二十多年过去了，我早已走出了那片苍茫的大山，在城里安了家。只是每次大街小巷飘起板栗的甜香味时，我总会想起那段和母亲在深山里拾捡板栗的时光，虽辛苦却快乐着。板栗是大山的恩赐，而我们用勤劳的双手去迎接了这份恩赐。那小小的棕色栗子曾经照亮了过往的艰苦岁月，也将温暖着我的往后余生。

刊发于《清远日报》《湛江晚报》《滁州日报》

暮秋柿子红

文 / 李庆玉

"柿叶翻红霜景秋，碧天如水倚红楼。"过了霜降，秋色就渐渐深了，火红的柿子也跟着节令的脚步挂满了枝头。

寒风落叶，为暮秋增添了萧瑟之感，谷物经历了风霜，走到了生命中最成熟的时光。登高远眺，山野间一片片橙黄橘绿的壮阔景象，望着漫山遍野的果实，其中最吸引人眼球的，就得数这红彤彤的柿子了。

暮秋至，万物都在凋零，只有柿子铆足了劲，用它热情似火的红点缀了山林，也点亮了岁月。在这个万物清冷，霜花如雪的时节，最适宜把通红透亮的柿子摘进口袋。柿子堪称"人间甘露"，它的皮薄薄的，肉质软糯糯的，咬上一大口，那滋味甜得像蜜一样，吃得心里也美滋滋的。另外，柿子富含维生素，它不仅味道可口，还有清热润肺、生津止渴、御寒保暖、补筋骨的功能，可谓是一大良药。

我对吃柿子的记忆，印象格外深刻。记得小时候，外婆家种了一大院子的柿子，每逢深秋时节，我就会跟着外婆一起挎着竹篮，在树下摘下来闪亮通红的柿子。柿子除了供我生吃，外婆还会用来做柿子醋、柿子粥、柿饼等各种吃食。直到现在，柿饼依旧是我的最爱，软糯甘甜的味道在嘴里蔓延，就又会想起远隔千里的外婆。

柿子不仅好吃，它还是我国传统文化里的吉祥物，因为形状像红灯笼，并且"柿"谐音"事"，所以有"柿柿"如意、好"柿"成双的寓意。天气越寒冷，柿子就越甜美，从泥土里饱经风霜后长出的一簇簇柿子树，就像街边挂着的一盏盏红灯笼，把农村生活衬托得分外喜庆。饭后吃个甘甜的柿子，逛一逛田间小路，感受四季的流转，期待好事发生在下一个转弯。

古往今来，无数文人墨客的笔下，也留下了许多诗句来表达对柿子的喜爱。读杨万里的"冻干千颗蜜，尚带一林霜"，仿佛品尝到了带薄薄一层白霜像蜜一样甜的柿子；读白居易的"柿树绿阴合，王家庭院宽"，欣赏乡村小院的柿树呈现出一派绿树成荫的景象；读张舜民的"此行却在樊川尾，稻熟鱼肥柿子黄"，一股丰收的喜悦就悠悠萦绕在心头。古诗词里熟透的柿子，甜蜜了一整个秋季，也为即将到来的冬天寄托了慰藉。秋天会过去，但是柿子依旧在用它不同的姿态驻足在每一个时节，也继续为人们送来一个个祝福。新鲜的柿子要经历干燥、脱涩的洗礼，形态变化成扁圆形，才得以留在寒冷的冬天。人生也是一样，不一样的阶段有不一样的风景，我们也要学会顺应时势，拥抱变化，去体验不一样的精彩。

霜挂枝头的时节，柿子完全成熟了，她捂着羞红的脸蛋在秋风中摇曳生姿，与阳光来了个亲密接吻，把暮秋渲染得无比浪漫。看着水果摊上一堆堆的红柿，我不由自主地想起了外婆家那红了枝头的柿子，也让我想起了中国红。在这个日新月异的时代，唯愿"柿柿"平安、"柿柿如意"。

刊发于《甘肃农民报》《今日定海》《巴南日报》

※　优秀范文九

菊之盛宴

文 / 杨可萍

当金风玉露一相逢，伴着白霜翩然降落，一场盛大的菊之盛宴便开始了。看哪，这场雅俗共赏的花之宴，胜却人间无数的姹紫嫣红。

世间花多，却很少能够像菊一样有这么多的品种，能够形成一种文化，就像《红楼梦》一样，自成学派。曾忆昔，红楼十二钗，以菊花为宾，以人为主，咏物兼赋事，得菊花诗十二题。

在曹公门前，任何吟诵都无异于班门弄斧：欲讯秋情众莫知，喃喃负手叩东篱。孤标傲世偕谁隐？一样花开为底迟？圃露庭霜何寂寞？雁归蛩病可相思？休言举世无谈者，解语何妨话片时。

嘘，不要言语，此时所有的言语文字都不足以表达对菊仙的儒慕之思，就这样和着微醺的风，让菊的精魂在秋日暖阳下徜徉……

《礼记·月令》篇中记载，"季秋之月，鞠（菊）有黄华"。如果说潇湘妃子笔下的菊，是不食人间烟火的菊仙子；那么菊展上争奇斗艳的菊，则是美丽大方的邻家姑娘。如果说《红楼梦》中的赏菊之风，如同把茄子做成茄鲞般雅致，令凡夫俗子

望尘莫及；那么，这些热热闹闹的亲民菊展，则是将茄子或

菊展上那些种类繁多的菊，各具风情，仅花瓣就有园抱、退抱、反抱、乱抱、露心抱、飞舞抱等等不同区分，没有哪两朵花型是相同的，皆是千姿百态。更不用说那姹紫嫣红的色彩了，白如雪，黄似金，紫中透白，白中透红，大自然真是位绝佳的色彩调配师啊，将这深深浅浅的花色交融在一起，却是分外和谐，让人不由得惊叹造物之瑰丽。

看它们紧紧挨在一起，有的花瓣全开，有的花蕊半拢，有的已然谢幕；有的露出头，直直地挺立着；有些被别的花球遮挡，自寻了一寸阳光依旧笑得灿烂……这，才是属于老百姓的亲民菊花。就像咱们那平凡却鲜活的日子，生机勃勃，充满着烟火气，活得热气腾腾。

寒冬腊月，大多数的花儿都偃旗息鼓，沉默了下来，大地一片萧瑟。我花开后百花杀，当北风萧瑟肆虐时，才是冬菊的舞台；当冰雪禁锢大地时，且看寒菊怎样傲霜斗雪。风愈狂，愈显其孤标傲世；雪愈大，愈显其铮铮铁骨。其清冷不输冰雪一毫，其艳丽不逊梅花半分。

偷得浮生半日闲，倚窗远眺，萧瑟一片。自然的力量终归是无法对抗的，寒来暑往交替变幻，花开花落终有尽时。拈得几朵杭白菊，泡杯清茶，以感念那些曾经明艳鲜活的花儿们。

那轻飘飘的、苍白的花瓣蜷缩着，这还是那曾笑傲风霜的菊吗？怎么不见了艳压群芳的气魄？

注入滚烫的开水。不经意间，那些干枯的花瓣，像被春雷惊醒一般，慢慢舒展开，如同在风霜中绽放。花瓣，一丝一丝变得丰腴，一点一点变得鲜活起来。水晶雕琢一样通透，轻若纱薄如翼，在水中荡漾，如同摇曳在风中。

菊，不再桀骜，变得柔顺起来，洗去铅华，如同月光般皎洁。轻轻啜饮，淡雅的芬芳沁人心脾。叶瓣间的精魄，随着菊的新生而释放，将那鲜活舒展、晶莹剔透的姿态，永驻尘世。菊，终究还是那个欺霜傲雪的斗士，经历了涅槃，又获得了重生。

当冰雪消融之时，大地苏醒，万物复苏，有萌芽拱出地面，萃取阳光，积蓄力量，世间，正在等待一个风华绝代的亮相。一切，才刚刚开始……

刊发于《潮州日报》《湛江晚报》

一盆绿萝四季青

文 / 李爽爽

　　夏意渐浓，绿树成荫，鸟语花香，坐在办公室常常望向窗外，总觉空荡的窗台缺少点什么。于是买来几条小鱼，养了三个月陆续死亡，又养了几盆黄金草和铜钱草，徒长后又倒伏，最后连直挺挺的虎皮兰也开始让我视觉乏味，某一日，忽然想起来：绿萝，原来缺少绿萝呀！

　　四季中唯爱绿萝，夏风吹，阳光下，那丛摇曳的丹青色妖娆生姿，颇为生动。绿萝幽深的叶子攀缘高处，蔓延四方，生命力格外喜人。旺盛之势即使到了寒冬腊月，依然不改意志，不离不弃。

　　很长一段时间里，绿萝就像久处不厌的老朋友一样存在，上班时办公桌上有它，下班后卧室窗台上有它，喝水时看它，看书时也看它，我爱它的枝叶茂盛，爱它的郁郁葱葱。

　　对绿萝的喜爱，已有十余年。记得上大学时去表姐家做客，第一次见到客厅里的绿萝，花篮一般大小，静立在一进门的台子上，藤蔓像爬墙虎一般向上，爬满了整面墙，有的枝丫被固定在墙上，嫩绿的触角依然作延伸状，有的枝叶蜿蜒地绕过书架和花瓶，打了个圈儿，绿油油地垂下来，甚是可爱。"好美啊！"我抚摸着一串心形的叶子，不由得惊叹。"你喜欢我送你一盆，绿萝特别好养活，固定向哪就向哪个方向延伸，抑制不住，长得可快啦！"表姐满脸笑容地夸着，像是在夸一个省心的孩子。那是我第一次见到爬满墙的绿萝，不断向前匍匐的姿态让我爱上了它。

　　刚结婚时，婆婆拿来几盆绿萝放在装修好的新房里净化空气，单一的红色塑料盆上冒着短短的绿色，有叶无花，被随意地放在家具上、地板上、墙角上。大家似乎把它当成吸尘器一样的工具，并未期待它能带来什么美学价值。

　　然而，过了两周，我再去看时，这几盆绿萝却越发茂盛，在无人看管的情况下自顾自地生长，一条条藤蔓垂下来，嫩绿的叶子悬在空中，十分养眼。

　　过了几个月，偶然的一天，发现遗忘在北卧里的绿萝耷拉低垂，枝叶发软，倒伏在那里像是生了病，蔫蔫的样子让我一度觉得可能没救了。这时，我才想起有一两个月都忘记浇水，心中生出无限怜爱和悔意，赶忙舀几碗清水浇进干裂的土里，却也没抱希望。第二天推开门，想着给它收尸，但映入眼帘的却是满血复活的绿萝，丰盈的叶子，柔顺的枝蔓，简直与昨天判若两人，起死回生让我又惊又喜！绿萝又一次让我感受到它顽强的生命力！

工作后，时常看到老前辈们的办公室放着几盆绿萝，摆在架上，或置于高处，任其蔓延生长，在白墙红桌褐柜之间，垂下一片绿色，置身鲜亮的绿意，人也变得清爽和生动起来，那是一种"人老心不老"的精神状态。朋友小夏也喜欢绿萝，她用小小的瓷瓶水养，摆满了整个窗台，像是一个个观音菩萨手持的净瓶，几瓣青叶在瓶口随风晃动，生出丝丝禅意。于是我也效仿起来，清水里插几只绿萝，再养几条小鱼，摆在屋里的各个角落，绿萝也很快在水中生出细长的根须，小鱼穿梭其中，妙然给家里添了几分生气。

绿萝耐旱好养，四季常青，相貌平平却让人赏心悦目，它旺盛的生命力总能给人带来无限的力量和内心的欢喜。带着"坚韧善良，守望幸福"的花语，像是一生中朴实无华却又长久陪伴的朋友，实乃一大幸事。

刊发于《家庭百事通》

九、读书笔记

※　优秀范文一

买鱼穿柳聘衔蝉
——读《新民说·风雅宋》偶感

文 / 杨可萍

近日偶然阅得吴钩的《新民说·风雅宋》，引起了我对那个朝代莫大的兴趣。宋，"集千古繁华一梦中"，是历史上最宽容的时代，也是历史上最苛刻的时代。然而，从它的繁华到灭亡，不过短短一瞬，东京梦华转眼烟消云散。其中最让我觉得大跌眼镜的是，曾经为爱情扼腕长叹的陆游，竟然是位"猫痴"。

小时候，我曾坐在教室里，摇头晃脑地吟诵"僵卧孤村不自哀，尚思为国戍轮台。夜阑卧听风吹雨，铁马冰河入梦来。"听老师讲解，这位爱国诗人，是怎样做梦都在跨战马，杀戎狄。但那时候不知道，这首诗还有前半段："风卷江湖雨暗村，四山声作海涛翻。溪柴火软蛮毡暖，我与狸奴不出门。"哦，原来是说陆放翁裹着柔软的毯子一边撸猫一边烤火，外面电闪雷鸣刮风下雨的，狸奴和我乖乖待在家里都不要出去了吧。烤着暖暖的炉火，不一会儿就睡意蒙眬，还做了一个北上抗金光复故国的将军梦。看，这样一位丹心许国，一腔热血的诗人，不仅对爱情的忠贞，也是一位鲜活的，富有生活情趣的人。

当初，他穷困潦倒，以盐聘猫，"裹盐迎得小狸奴，尽护书房万卷书。惭愧家贫策勋薄，寒无毡坐食无鱼。"又觉得家里太过寒酸，有些对不住这个小可爱。想必失去了唐婉，能有这样一只软萌的小可爱陪着，也算是在僵卧孤村是有一点安慰了吧。

宋人养猫，一点都不敷衍，充满着浪漫。亲友邻居有母猫生的小猫，想要领养，不能空手讨要的。须得准备一份聘礼，去"礼聘"回来。聘礼可以是一包糖，一袋盐，一尾鱼等等，并不拘泥。一个"聘"字，让人觉得，在宋人眼中，猫儿就犹如一位新过门的家庭成员，而不是一只畜生。

想着当年黄庭坚提着一尾用柳条穿起来的大鲤鱼，春风得意地行走在汴梁街上。遇到熟人相问："豫章先生何往？"答曰："闻道狸奴将数子，买鱼穿柳聘衔蝉。"这是多么有趣的场景啊。

宋人给猫起名，是很风雅的。"衔蝉"是通体雪白，嘴角有一团黑，就是黄庭坚聘回来的这只猫咪；"衔碟"是通体呈黑色而嘴角有一团白色；通体黑色四肢呈白色的叫"雪夜交兵"；通体白色丝质黑色的就叫"踏雪寻梅"；还有身体白色尾巴颜色非白的叫"雪里拖枪"；而肚皮雪白其余为黄色的叫"金被银床"等。陆游给自己的猫咪起名，就有小於菟、雪儿、粉鼻之类。

我记得小时候奶奶养过猫，那是一只黄色的，背上有不规则黑色条纹的胖猫，如果按照宋人的起名方式，它应该是叫"虎斑"。然而乡村野猫，没个啥正式大名，奶奶一直叫它喵喵，我们也就跟着"喵喵喵喵"地叫。当初奶奶领养它的时候，给邻居奶奶端了一笸箩高粱米，也算是"礼聘"了吧。

每次回家，都能看见平展展的炕上，被窝中拱起一团，不用说，这只懒猫肯定是蜷在被窝中打盹呢。我一回去就跟它抢被窝，因为有奶奶撑腰，我总是能占据最暖和的炕头。喵喵拗不过我，便拖着胖胖的身子，挪到炕尾，继续打它的呼噜，一点也不受我的影响。

后来外出求学多年，回来后再也没有见过它了，奶奶说是猫咪年龄大了，感觉自己寿命不久，就会默默地离开。那一瞬间，我有伤心失落，后来随着时间的流逝，都淡忘了，记忆中只剩下那个黄色带条斑的胖橘，懒懒地蜷缩在被窝里，傲娇地行走在屋檐上……

如今读得这本书，看到宋人对猫的喜欢，不由得又勾起我的记忆。如今奶奶已作古经年，纵然有心再去"买鱼穿柳聘衔蝉"，也不会再是曾经的胖橘了，也就没有了心思跟它争宠。

物是人非，天上人间，唯愿安好！

刊发于《湛江晚报》

※　优秀范文二

<h1 style="text-align:center">坚如磐石的父爱</h1>

文 / 王海秀

"父亲从来不善言语，却将所有的爱都给了孩子。"在读梁晓声作品《父亲》时，心情很沉重，我想绝大多数人的父亲都像是故事中的父亲一样，普通且平凡，在无声的岁月里，用自己对抗生活的方式支撑起一个家，用自己厚实的肩膀替家人遮风挡雨。

梁晓声的《父亲》是由《父亲》《北方的森林》《钳工王》《军鸽》《带锁的日记》《冰坝》六篇不同的短篇故事组成，故事的篇章不长，但是每篇故事的文字都能恰到好处，给人们心灵带来不同的冲击和感受。

提到父亲，你们心目中的父亲是什么样的呢？梁晓声在《父亲》中写道：小时候，父亲在我心目中，是严厉的一家之主，绝对权威，靠出卖体力供我吃穿的人，恩人，令我惧怕的人。刚读到这里的时候，我认为在梁晓声的笔下，父亲对他而言，既是恩人又是令他心生畏惧的人。

可是跟随着文章"镜头"往下读，梁晓声又提到"父亲是个刚强的山东汉子，从不抱怨生活，也不叹气，即使他经常祈祷父亲能够抱怨点什么，但父亲就是不肯唉声叹气。"看吧，其实父亲就是一个这样的角色，生活贫穷，依靠自己的苦力劳动给全家人带来"温饱"，一个人吞下了生活带来的苦，比任何唉声叹气都管用。

但在那个特殊的时代背景下，父亲还是有着暴躁、愚昧的一面，书中写到全家人的生活和情绪都由父亲来左右，因为受限于自己的认知，就连哥哥考上大学，都在父亲的"威逼"之下退学而导致精神崩溃。读到这个部分，我心里还是狠狠地揪了起来，对这个文中的"父亲"带着谴责和不解。

可当我读到梁晓声写的父亲到北京与他生活的那段日子，虽然不言爱，但是处处尽显爱，如父亲每天坚持帮忙接送孩子、揽下所有的家务，勤勤恳恳，任劳任怨。其实这个时候才发现作者笔下的父亲开始变老了，性格也跟着变得通情达理起来。

读完梁晓声《父亲》里的父亲，才发现自己沉浸在文字中久久不能自拔。同时，也想起自己的父亲。我的父亲是个一辈子与土地打交道的农民，在我的印象中，父亲是那个即使被生活压弯了脊背，但不把抱怨说出来，默默为家庭付出的人，也是那个不会把爱挂在嘴边，但会在生活中悄悄爱你的人。

书中有一句话"生活，到底是很真实的"，我想生活中的许多父亲，大多数都是经历了磨难，为家庭付出最多，但得到的理解很少。他们可能是沉默不语的，但是他们对孩子的爱却是坚如磐石的。

刊发于《联合日报》

※　优秀范文三

秋日书香浓

文/张素平

炎热的夏已过，带着凉意的秋来到门前。清晨时分，端坐书桌旁，打开一卷喜欢的书，就着黎明的光亮，细品书香。

最近在读雪小禅的《风物人间》，书中将日常的生活用优美的文字一一道来，小禅老师不愧是当代美学家，她总能从最平凡的事物中发掘出最深刻的美。她喜欢旧物，因为旧物都历经时光淬炼，带着光阴的味道，个个意味深远。破旧的坛坛罐罐里养着别样的花花草草，古朴的旧木板中镶嵌着初阳的笑容和落日的温度，风吹草动，雨打芭蕉，简单到极致的美，让人见之忍不住泪雨连连。

书籍是知识的承载者，是思想的寄托者，是生活的指导者。每一本书都是一个人思想的凝结，品一缕书香，得半世情商。经常读书的人，遇事更加淡定，处世更加圆润。正如余秋雨所说："阅读的最大理由是想摆脱平庸，早一天就多一份人生的精彩；迟一天就多一天平庸的困扰。"

很早就喜欢读书，喜欢书中内含的力量，蕴藏的美感。随着年龄的增长，喜欢的书也在变化，开始时喜欢华丽的辞藻，优美的表达；到如今更喜欢朴实的语言，平凡的画面。华丽的包装总带着喧闹的成分，像少年，喜欢表现自己，总想做点儿什么惹人注目。朴实的语言内含沉静的因子，如沉稳的长者，全方位收敛，不露锋芒却自带力量。

好的书籍让人回味无穷，里面的语言有时华丽多姿，有时朴素平常，二者皆可牵人心扉，引内心震撼。读书读到动人处，恨不得将整颗心端进去，恨不得搬个凳子坐在作者对面，认认真真倾听他们对生活的妙解，对生命的感悟；遇到好的故事，动心时不自觉泪流满面；遇到震撼的画面，恨不得手舞足蹈，在书里翻腾一番。

时间是个神奇的东西，沉浸其中的万事万物时时刻刻在被改变。年轻时，喜欢装扮成熟，努力表现出成熟的样子，想得到更多他人赞赏的目光；成熟了却总想回到少年，哪怕什么也不懂，什么也不会，无一人欣赏，但有足够的光阴做伴。

人的思想在时光的催化下慢慢演变，从一到二，从二到三，从三到无穷无尽。这种演变最重要的辅料便是书，此书不一定是拿在手里的纸质书，看在眼里的电子书，更是那身在其中，分分秒秒体会的生活之书。

每本好书都是一个精妙世界，值得人慢品其味。每个人都拥有一个自己的世界，须得认真书写，用心品读体会。在这热气消退，凉风初来的秋日里，伴着晨光，捧一卷书，细嗅书香。

刊发于《联合日报》

冬夜读书暖心窝

文 / 肖海俊

秋天的列车轰隆隆驶过，时令开始进入冬季，寒冷掀开了冬的扉页，述说着自然的交替。一入冬季，万物蛰伏，休养生息。

我畏寒怕冷，蜷缩的身躯在冬夜里最喜欢的便是找一堆炉火或一本好书取暖，火能暖身，书能暖心。想起小时候的冬夜，一家人围炉而坐，我一边烤火，一边翻看家里有限的课外书籍，那是一天中最自在的时光，乐趣无穷。如今，在忙碌了一天后，我喜欢在寂静的夜里泡一杯热气腾腾的茶，打开一盏梦想的台灯，翻开一本珍爱的书籍，陶然忘我。

冬夜里，翻出收藏的书籍，我习惯一边看一边在书上圈圈画画，遇到与作者共鸣的文字时，在书中记录当下的想法，看得入神时一个人也能忍俊不禁。年轻时看过的书，中年时再看，别有一番滋味在心头。此时配上一壶花茶，茶香的氤氲之气袅袅萦绕，在这气温骤降的冬夜里，竟不觉冷。在书中与作者的心灵相遇，思想与思想的碰撞，与人物的悲喜共鸣，茶香书香一并入心，心头一阵安暖。

在职场困顿时，读稻盛和夫，定能茅塞顿开。他说，专心致志干一行一业，不腻烦、不焦躁，埋头苦干，你的人生就会开出美丽的花，结出丰硕的果实。保持乐观的态度，每一天极度认真，不断创新，坚持到底，就能取得进步，成为一个魅力四射的人。只要喜欢就不会觉得辛苦，心胸开阔，才能觉察出生命的祝福。他说的"付出不亚于任何人的努力"就像当头一棒，让身在职场的我陷入反思之中，矫情与困惑烟消云散。

在生活失意时，我喜欢读苏东坡。东坡居士的人生总会在生活失意时给予我无限的能量，在他被贬到黄州的第三个年头，他写出了千古留名的《定风波》，激励世世代代的人们在困境中也保持坚韧不拔的心态。"莫听穿林打叶声，何妨吟啸且徐行。竹杖芒鞋轻胜马，谁怕？一蓑烟雨任平生。"是啊，人生路上总有风雨，一味咀嚼其中的痛苦，只会让人生变得苦涩难言。不如秉持豁达的心态，难而不怨，苦而不诉，在不为人知的岁月里，默默强大自己的内心。

在悠闲自得时，我喜欢读现代文学书籍，冬天的夜里读作家李娟的书，《阿泰勒的角落》《九篇雪》都是极为应景的。她写雪，写寒冷，写苦难，却不抱怨苦难，而是与自然融合，顽强地不屈不挠地生活。诙谐幽默的文字，让我对阿泰勒充满了向往，没有到过阿泰勒却能透过文字体会到北疆的壮阔瑰丽。难怪有话"要么读书，要么旅行，身体和灵魂总要有一个在路上"。到不了的远方，就在书本的世界里去领略吧。

读书之乐最大的意义在于读着读着人就通透了，不再钻牛角尖，就像打通了人体的任督二脉。书本给予的知识如同化学元素，与人思想上的淤堵起化学反应，生出新的认知，使困惑的人不迷茫，失意的不消沉，悠然自得的人更奋进。

林语堂写道："在风雪之夜，靠炉围坐，佳茗一壶，淡巴菰一盒，哲学、经济、诗文、史籍十数本狼藉横陈于沙发之上，然后随意取之，取而读之，这才得了读书的兴味。"在寒冷的夜里，文字可以让冬的凛冽变得温润如春，坐在温暖的屋子里，沉醉在书本描绘的世界中，从哲学到经典，从唐诗宋词到现代文学，让自己享受其间，悠然自得。

冬夜读书，使心温暖，予人启迪。夜读，外面寒冷无边，居室心觉安暖。

刊发于《福州晚报》

※　优秀范文五

快乐的生活哲学

——读张晓风《一山昙华》

文 / 孙立红

有人说，读张晓风的文章总会让浮躁的内心安静下来，读完她的文章，内心都是甜甜的，笑着的。张晓风的文笔不仅被余光中赞之为"扬之有豪气，抑之有秀气，而即使在柔婉的时候，也带有一点刚劲"。更被美学作家蒋勋赞誉为这些近三十年前都读过的文字，在春茶的得意滋味里，一一在沸水中复活了。

而这本《一山昙华》，更是被世人称之为快乐的生活哲学，是一本写给年轻人的绝美哲思小书。

人的一生，从我们满怀希冀，带着青春懵懂的思绪初入社会，再到历经岁月打磨，在时间的沙漏里辗转腾挪、左奔右突，难免会被各种解不开的难题层层困扰。比如繁难琐碎、一地鸡毛的生活，想抓抓不住、想留留不了的时间，还有我们为之拼搏奋斗、不想面对又不得不面对的事业；以及每个人都逃不过的岁月沧桑、容颜渐老。

　　翻开这本由 38 篇精美小文组成的哲思书，在张晓风最温柔快乐的文字里，所有这些平凡而又难解的问题，我们都能一一找到答案。

　　当我们觉得生活累又烦的时候该怎么办？张晓风说，练气的人吐纳的是空气，而我，吐纳的是美。假如能给我一抹朝云，给我半缕晚霞，我就能还魂，不管我当时怎样潦倒虚脱，美丽总是能让我起死回生。

　　当光阴虚度，徒留感叹，面对抓不住的时间，我们该怎么办？如果一个人爱上时间，那么他就是恋爱了，作为恋人，当然会永不厌烦地渴望共花之晨，共月之夕，共其年年岁岁，岁岁又年年。

　　当我们赖以生存的事业快要变成烫手的山芋时，我们该如何自处？张晓风用幽默又富有哲思的话语说，这世上没有什么不是一生一世的，要做英雄、要做学者、要做诗人、要做情人，所要付出的代价都会不多也不少，只要一生一世，只要生死以之。

　　当岁月沧桑，红颜老去，而我们却不忍相看，不敢面对的时候该怎么办？张晓风更是有着自己独特的见解。她说，我也喜欢独自想象老去的日子，那时候必然是很美的，就好像夕晖满天的景象一样，不输朝云。

　　在这本《一山昙华》里，类似的快乐生活哲学比比皆是。张晓风总能撇开常人的思维，从另一个角度看问题，总能用最温柔快乐的笔触描摹人生的种种感悟，告诉我们只有一种方式可以好好面对这个世界，那就是满怀愉悦接纳生命中的一切，不忽略任何一处细小的美好。

发表于《滕州日报》

书香四溢秋绵长

文 / 尹瑞

在很长的一段时间里，我都很喜欢买书，当我以为买书等于看书的时候，以至于书架上到处都已经是被灰尘沾染的痕迹。

我喜欢看书，看有意思的悬疑小说。所以在工作后的几年里，我用工资购买了很多我喜欢的书。那时候的我几乎把日本作家东野圭吾所有的小说全部堆满书架。因为工作的关系，我几乎每个月都会去买书。每次上班都会带着一本小说用来消遣时间。到后来同事知道我有很多这样的小说，便都跑来借书，导致整个工作区域流转的几乎都是我买的书。

很多人说自己喜欢书，但却从来不爱惜书。发黄的纸张，卷边的痕迹，甚至书皮上被撕掉的大半，翻开后，被涂被划，还有辣椒油洒落的痕迹，让整本书看起来斑驳不堪。明明是才购入不久，却好像被岁月带走了浮华，只剩一具空壳。

同事问我：你为什么喜欢买纸质书？ 现在大把大把的读书软件和电子书如此多，在手机上读书不是更方便。而我却不以为意，因为太喜欢新书的味道，喜欢触摸书上的每一行字，每一段话，每一页。我可以在书本上随意写下自己的想法，对书的理解，建立自己独有的财富，而不是一键删除就能抹去的东西。

因为不善交流，不太爱表达的腼腆性格，读书就成了陪伴我最好的选择。后来，我不再拘泥于悬疑小说。我想去看看那些我没有读过的书。张爱玲说：书是最好的朋友。唯一的缺点是使我近视加深，但还是值得的。

读了杨绛的《我们仨》了解先生一家63年的点点滴滴。从一场老人的梦开始，到"我们仨"最终还是走散了，温馨的三口之家，平淡的生活，这就是普通人的生活写照，用一种娓娓道来的方式，传达着三口之家几十年的爱。一生很短，短的一本书可以记载，一生又很长，长到我们都不曾遗忘。

读《瓦尔登湖》使我内心纯净，看到书中别样的风景，更看到的是回归本心为自己而活的自由。读余华《活着》命运夹杂着苦难的福贵，让人反思生命的意义所在。即使生活如此蹉跎，身边的人一一离去，也要保持微笑。

冰心说："多读书，读好书，好读书。"当你长年坚持读书的时候，便会发现内心在变得强大与充盈，而不为外物所动。

再后来我读美国作家雷蒙德·钱德勒《漫长的告别》感受到在人生这部舞台剧中，人们在一次又一次的告别中渐渐走散，甚至来不及说一声再见此生便不复相见。但这不正是这场告别的意义所在？就像马洛说出了这样的话："别了，朋友。我不会说再见，我已经和你说过再见了，那时候说再见还有意义。那时候说得再见悲伤、孤独而决绝。"人生本就是一场漫长的告别，与家人告别，与朋友告别，甚至与自己告别。但无论如何告别，都会带着内心的温暖，继续行走于这漫长的日子里。

秋风起，云飞扬，枫叶落，秋绵长，打开一本好书，沉浸在文字的世界里，伴着书香气息扑面而来，在书中领略一段属于自己独有的奇妙旅程。

刊发于《亳州晚报》

※ 优秀范文七

陋室书香

文 / 沙秀莉

儿子上高中后，我们在学校附近租了一套房子陪读。房龄有三十几年了，小两居，是名副其实的"老破小"。看房那天，中介一边带我们爬老旧逼仄的楼梯，一边介绍房子的各种好处。地铁口，交通便利，虽处闹市，却在背街，小区安静，大部分都是你们学校租房陪读的，素质高，氛围好，上一任房客家的孩子考上了重点大学……

推开房门，老房子的陈旧味扑鼻而来。房子虽旧，倒也干净，小房间墙上留有几张贴纸，红楼梦人物关系图，化学方程式，还有一幅书法，写着"陋室书香"，想是上一任房客留下的。儿子驻足看了一会儿，转头和我们说，就这里吧，我喜欢"陋室书香"这四个字。

陋室小，小到我们无处可藏，不能像以前一样躲在书房里玩游戏、看视频。陋室没有电视，也没什么娱乐条件。我和老公四目相对，看书吧，给儿子做个榜样。于是，大房间加了一排书架，各自买来爱看的书放上去。"古人尽向尘中远，白日耕田夜读书"。这是我向往的生活。我们在大房间里看书，儿子在小房间里学习。累了就歇会儿，泡壶茶，切盘水果，一家人坐在一起聊聊，儿子和我们讲学校的见闻，我们和他分享工作中的趣事。

书架上的书越来越多，我们似乎在比着谁买的书多，谁看书的进度快。写作业、刷题之余，儿子把读书当成了放松、小憩的娱乐，他说读书可以"换换脑子"。老公在儿子的房间又加了一组书架，鼓励儿子有喜欢的书可以买来充实他自己的读书角，我们不限定他的阅读范围。

不知道从什么时候开始，我们的闲聊变成了读书推介会，大家会各自推荐喜欢的作者，或者正在读的书，还有读书的收获。有段时间儿子非常喜欢推理故事，书架上多了很多东野圭吾的小说。他说东野圭吾的小说节奏紧凑，悬念设置新奇，情节反转再反转，结局总是让人意想不到。巧的是，他们月考的作文题目是以"意外"为题写一篇小说。儿子借鉴东野圭吾的写法，作文发挥得不错，被当作范文在各班拆读分享。

上个月，儿子写的一首诗发表在一家很有影响力的诗歌刊物上。在此之前，他看完一本诗集说他也能写诗，我们鼓励他写出来，并帮他投稿，只是没想到，初试牛刀就有此惊喜。曾几何时，我们对儿子的学习非常焦虑，和很多家长一样，加入了"卷"的队伍，却应验了那句欲速则不达。如今的陋室书香，无心插柳却成荫。时间从来不语，却回答了所有问题。

儿子升入高中这一年多，我们买书的数量超过了以前的总和。家里各处，触手可及皆有书。如果说搬进陋室最初是因为没有娱乐被迫读书，那现在大家已经把读书看成了一种习惯，是生活必不可少的一部分。

陋室还是那间陋室，如今真的充满了书香。

刊发于《泉州晚报》《金陵晚报》《清远日报》

书香氤氲浸流年

文／王慧芳

当清晨的第一缕阳光洒满门窗的时候，我已经静坐在铺满绿色格子布的书桌前良久，捧着一本喜爱的书籍细细品读。阳光的味道融合书的味道，产生了一种奇特的书香味。

书上说："穷在路边无人问，富在深山有远亲。"书上还说："路遥知马力，日久见人心。早带雨伞，饱带干粮。"咦！这些我曾牢记于心的名言，竟会出现在书里，不禁令我惊讶，我一直以为这是奶奶的名言，未曾想它是古圣先贤们早已悟出的智慧结晶，还被载入书籍，这书的名字也颇为好听：《名贤集》而奶奶只不过是将它的智慧传承了下来。

那一刻，我像是在他乡遇故知一般欣喜若狂，因这书中的文字而再次与逝去的奶奶产生了新的连接。我一遍又一遍地品读着，回想着奶奶教我这些话时的情景，我陶醉其中，乐此不疲。心中不时升腾起一股莫名的感动，此生有心爱的人和书做伴，足矣。

我知道，待年华老去，终究会有物是人非的那一天，可是书不会老，书中的文字更不会老，它会反复地在我心里发酵，最后酿成一坛岁月的老酒，任我用余生慢慢品尝。

毛姆曾说："书籍是一所随身携带的避难所。"我对这句话的理解尤为深刻，每当心有忧愁，烦乱不安时，就会想到书籍，书籍带给我的体验是愉快和放松的。

记得刚生完孩子时，我有些产后抑郁，每天都闷闷不乐，也不爱与人交流，胸腔里像压了一块石头般喘不过气来，没有人能化解这样的焦虑和迷茫。万般无奈之下，我想起了经典的书籍，在无数个辗转难眠的夜晚，我轻轻地翻开巴金的《家·春·秋》这本书。书籍里那凄婉感人的爱情故事，那如雾一般飘荡不散的青春迷茫，那善恶交错的激烈情节。像一把万能钥匙般悄悄地打开了我沉重的心锁。自此我愈发爱读书，读好书。

"书中自有黄金屋，书中自有颜如玉。"读一本好书的乐趣是不能为外人道的，有时候一句看似平常的话，却让我不由自主地嘴角上扬，旁人见了莫名其妙，好奇地问："你这是吃了蜜吗？"

可不是嘛，看到一本好书可比吃了蜜还要高兴，如果说人要吃粮食果腹，那书籍便是我的精神食粮。

不同的书籍就像风格各异的房子，有的优雅，有的质朴，有的奢华；不同的书籍，也像种类不同的花朵，有的是风情万种的玫瑰，有的是清新淡雅的菊花，有的是雍容华贵的牡丹。不同的书籍也像不同的人，有的人生性活泼开朗，充满激情，有的人生性安静，温婉可人。

书籍也像老友，有时忽然悲从中来，只想放肆大哭一场，却又哭不出来，于是怀着一种难以言说的心情翻开一本书，贪婪地读着，让自己沉浸在书香的海洋里，这种感觉如同与好友畅怀长谈一番，大快淋漓。

"书籍多情似故人，晨昏忧乐每相亲"与书籍为友，不必拘泥于太多礼节，无论早晨，还是夜晚，或者随时随地，都可以随意翻开一本书，与之亲密交谈。那么，就让我们在这书香氤氲中静品流年，细听风雨吧。

刊发于《黄海晨刊》《溧阳日报》《来宾日报》

※　优秀范文九

读书是精神的修行

文 / 西窗雪

我们在这个信息高速发展的时代，大家每天面对着海量的资讯和广告，很容易陷入浮躁和迷茫。读书成为一种避风港，在繁杂的生活中，它让我们能够静下心来，思考人生、探索真理。

世界读书日，是一个提醒我们重视阅读的好机会。

读书，是一种独立的行为。在这个时刻，我们只有自己和文字为伴。书本，是我们与历史、人类交流的桥梁。它们代表着传统、智慧和经验。通过它们，我们可以了解到不同的文化、风景和社会变迁。不管是多么遥远的过去，或是多么陌生的角落，当我们读书时，我们就能够感受到那些似乎已经消逝的声音和身影。

读书，是一种强大内心情感的方式。它会让我们感受到人生的孤独和无常。文字，是一种深刻的思想表达，它们娓娓道来，引领我们探究世界和人性。一本好书，不仅能带给我们快乐和启示，更能让我们面对内心的困扰和挣扎。在每一个深夜里，当我孤独地靠着床头灯阅读时，文字透过眼睛，击中了我的心灵。

读书，是一种超越自我的过程。通过阅读，我们能够打开另一扇窗户，看到不同的世界和视角。这种拓展，可以让我们突破自己的局限性，从而推动我们不断成长和进步。所谓"知行合一"，读书，就是最好的知识积累，同时也是实践和创新的源泉。如果我们只是追求数量而不是品质，那么阅读也就失去了它应有的价值。读书需要耐心、专注和深入。它需要我们在阅读中思考，在思考中汲取营养。如果我们只是随便翻翻书，就像走马观花，那么读书就只是一种消遣和浪费时间。

读书是一种精神的修行和提高。它让我们感受到人生的愉悦与苍凉，也让我们超越自我、拓宽视野。正如顾城在《读书让人心生苍凉》中所说："每天早上醒来，看见窗外的世界还是这个世界，然后再看看书架上那些书，却发现世界变得更加广阔。"在这个世界上，我们面对着无数的挑战和选择。但无论是哪一种，读书都能够给我们力量和智慧。所以，在这个世界读书日，不妨找一本好书，静下心来，让文字引领我们走向更美好的未来！

刊发于《黄海晨刊》

※ 优秀范文十

相遇美好

——叶嘉莹《唐宋词十七讲》读后感

文 / 夏琳琳

上高中时，迷恋柳永的《雨霖铃.寒蝉凄切》这首词，其实是有些"为赋新词强说愁"，那时正青春年少，不识愁滋味。后来，工作和生活都经历了许多事，偶然读到苏轼的《定风波莫听穿林打叶声》惊叹不已，视若人生写照。

读来个中滋味，冷暖自知。在叶嘉莹先生《唐宋词十七讲》的讲解下，我对这首词有了更深层次的理解。于我而言，人生，一样"回首向来萧瑟处，归去，也无风雨也无晴。"无论多大的风风雨雨，我都会以乐观的心态去面对。

《唐宋词十七讲》大致有几个重点：这本书介绍每位作者时都特别注意其风格特色与所传达的感情品质的差别，也结合了一些西方理论，希望能传达出来一种感动的力量，让大众感受到词作的生动的美感。

叶嘉莹先生一生坎坷，但是一直坚强乐观。她在讲述韦庄的《菩萨蛮》中说道，一个美好的相遇是值得珍重的一件事情。邂逅这本书便是一桩十分美丽的相遇。其实很多时候我们就像深藏闺中的杜丽娘，需要有人将我们领进那个姹紫嫣红的花园。对于我而言，叶嘉莹先生就是一个领路人，她似是为我推开了一扇虚掩的门，向我呈现了一个如诗如画的世界。面对春光如许，良辰这般，由不得你不感叹："不到园林，怎知春色如许也！"在这里有"春水碧于天，画船听雨眠"，有"秋色连波，波上寒烟翠"，也有"日日花前常病酒，不辞镜里朱颜瘦"。那些曾经隐没在黑暗中的人，那些柔情似水，似曾相识的人们穿越千年光阴向我徐徐走来。

读这本书，犹如在诗词的世界里起舞，在诗词的花园里徜徉。

这本书字里行间满溢着温暖与热情，我想是因为作者的热忱与真心将词的生命力引发出来，唤起了我心底久违的感动。

叶嘉莹先生这样一本书，令我们更好地理解了诗词，理解了名家们做人的信念和理念，或慷慨激昂或忠爱缠绵。虽匆匆读完，意犹未尽。希望有一个雪夜，在久石让轻快的钢琴曲中，能再次捧起这本书，慢慢品读。

刊发于《金坛日报》

十、生活稿

※ 优秀范文一

一杯茶的时光

文 / 黄莹

时光如流水般匆匆逝去，一杯茶却能让我们停下脚步，尽享片刻的宁静。这杯茶，或许是清香的绿茶，或许是醇厚的红茶，或许是浓郁的乌龙茶。每一种茶都有其独特的味道，与它们相遇的时光，便是我心中的一杯茶的时光。

在清晨的阳光下，我喜欢冲泡一杯绿茶，品味淡淡的清香。绿茶的清新与明朗让我仿佛置身于山间清泉之中。在这宁静的时刻，我仿佛听到茶芽在水中舒展的声音，感受到它们在阳光下焕发的生命力。这杯绿茶，让我忘却了昨日的疲惫，为新的一天注入活力。

午后的阳光温暖而慵懒，我喜欢冲泡一杯红茶，享受它独特的醇厚。红茶的浓郁与香甜让我仿佛置身于浪漫的午后时光。在这悠闲的时刻，我仿佛能感受到茶汤在口中流淌，听到茶香在空气中弥漫的声音。这杯红茶，让我忘却了周围的喧嚣，为午后时光增添了一份宁静。

在夜晚的宁静中，我喜欢冲泡一杯乌龙茶，品味那深沉的浓郁。乌龙茶的独特与甘醇让我仿佛置身于古朴的茶室之中。在这宁静的时刻，我仿佛能感受到茶汤在喉间留下的甘甜，听到茶香在心中荡漾的声音。这杯乌龙茶，让我忘却了白天的烦恼，为夜晚的时光增添了一丝宁静。

一杯茶的时光，不仅仅是一段品茶的过程，更是一段与自己对话的过程。在茶香中，我仿佛听到自己的心跳和呼吸，感受到生命的力量。一杯茶的时光，让我在忙碌的生活中找到了片刻的宁静。

在这个瞬息万变的世界里，我们都在追求着属于自己的那份安逸与宁静。在我看来，一杯茶的时光便是我寻找到的最好的归宿。无论是清晨的绿茶、午后的红茶，还是夜晚的乌龙茶，每一种茶都像是生活中的一段旋律，让我在品茗的过程中找寻到属于自己的节奏与旋律。

绿茶的清新让我明白生活中的美好往往藏在平凡而又简单的时刻里。在清新的茶香中，我仿佛看到阳光下茁壮成长的嫩绿芽叶，感受到生命的活力。这让我明白，要珍惜每一个清晨和阳光明媚的日子，因为它们都是生活赐予我们的宝贵礼物。

红茶的浓郁让我明白生活中的幸福往往隐藏在温暖而又美好的时刻里。在香浓的红茶中，我感受到了午后的那份悠闲与自在。这是生活赐予我们的甜蜜滋味。

乌龙茶的独特让我明白生活中的智慧往往隐藏在深沉而又宁静的时刻里。在甘醇的乌龙茶中，我领悟到了智慧与哲理，拥有深沉、静谧的时刻也是幸福的。

在忙碌的生活中，我们都需要找到一个属于自己的角落和时刻，让身心得到放松，消减压力。对我来说，这个角落便是一杯茶的时光。一杯茶的时光让我品味到了生活的美好和快乐，让我在短暂的时光里找到了属于自己的小天地。这个小天地里没有喧嚣与纷扰，我可以用心聆听每一片茶叶的故事，用心感受它们带来的愉悦和智慧。一杯茶的时间，简单而又纯粹。

让我们静下心来，细细品味一杯茶的时光，感受它带来的美好与奇妙吧！

刊发于《许昌晨报》

※ 优秀范文二

<h1 style="text-align:center">怀念半山坡的老屋</h1>

文／陈晓晖

每次回乡，我都想去看望半山坡的老屋。这或许有寻根的意味，一座老屋，装的都是过往岁月的生活场景和亲人的音容笑貌。

房子依山而建，上去之时，需经过一条陡峭的泥沙路。这是父亲和叔父们年轻之时，依靠自己的力量，自建的两间半房子。凿山、搬土、打地基、砌墙、粉刷，全都亲力亲为。

20世纪80年代，在农村自建一所房子，是一件不容易的事。

半山坡的房子虽然交通不便，却有诸多好处，登高临远，视野开阔。清晨，它迎来乡村的第一缕霞光，傍晚，可远眺斜阳款款沉落于天边，清风朗月，不请自来。它带给我的生活美学，还有心灵的富足感，是弥足珍贵的美好体验，回味之时，仍觉暗香盈怀。

村庄三面临山，一面依水。山峰高低起伏，共有七座小山头，名曰"七屏山"。山是丘陵山脉，虽不高耸，但草木丰茂，鸟语花香，满目秀色。岭南的天气四季如春，居家绣花之时，抬头可见蜿蜒的群山，碧绿葱翠，生机盎然。

冬日的清晨，太阳在左侧的山峰飞跃而起，朝晖铺满门前，一地温暖。清冷的山林，松柏树、桃树、李树隐隐约约。山野偶尔飘来人语回响，侧耳聆听之，却模糊不清。远远望去，寂寂空山，但闻人语，不见人影。只见果园之间树影晃动，影影绰绰。

夏日的黄昏，暮色渐渐合拢，倦鸟已累，归巢而去。知了喊了一整天，声嘶力竭，无力鸣唱。周围的山峰慢慢隐入黑夜之中，成为黑夜的一部分。山风徐徐拂来，给闷热的夏夜注入了丝丝凉意。

这样的时刻，宜把饭桌搬至屋外，吹凉风，吃薄壳。薄壳即海瓜子，是夏日最美味的海产品，壳薄肉鲜，与金不换同炒，肉质鲜美，汤汁滋味更佳。晚风和薄壳，是儿时夏夜绵长悠远的美好回忆。

月圆之夜，半山坡的风景就更美了。

月亮刚钻出山头，屋前银霜遍地，山脉和村庄都沉浸在柔美的月华中，朦朦胧胧，依稀可辨。树木欢愉地沐浴着月光，偶尔传来竹林沙沙的声响，天地一片沉寂，只有一轮皓月踽踽独行。

山腰地势高，月亮显得硕大而圆润，明亮皎洁。我喜欢坐在屋前的石栏杆，一颗心跟着月亮走呀，走呀。看着它穿行在浩瀚辽阔的星空中，让水一样的月色浸润着我。

好房子就应该在这样的地方，不缺阳光、绿山、秀水、虫鸣、鸟叫，还有山风和明月。

我经常站在屋前欣赏西斜的落日，流霞飘扬的天边、夕阳沉没的地平线、似雾一般缥缈的地方，那是我一直向往的远方。在我的潜意识中，远方繁华热闹，有一切城市该有的样子，巍峨的摩天大楼，衣着光鲜的人们，有一个乡村孩子所无法知道的一切物象和美食。

远方给了一个少女无穷的想象，我以夕阳为载体，无边的向往着山外精彩的人世。

多年以后，我却站在曾经向往的远方，遥望故乡的方向，深切地怀念半山坡的老屋，还有那一轮城市的夜空代替不了的明月。

然而，随着流光一天天远去，消逝的岁月终成了一本泛黄的旧书，半山坡的老屋和门前的风景也成了书中的一个章节。

刊发于《南方工报》

第三章 报刊作品赏析

割稻

文 / 林新发

记得第一次割稻，是在我七岁那年。天刚透出一丝光亮，母亲便领着我和哥哥向稻田进发。母亲扛着硕大的摔桶走在前头，我和哥哥噘着嘴，亦步亦趋地跟在母亲身后。

来到自家稻田，母亲放下摔桶，操起一把铮亮的镰刀，往手心唾口唾沫后，俯下身子开始割稻。锋利的镰刀握在母亲手里，就像有了生命一般。一片"唰唰唰"的刀割声响过，稻子一簇簇应声而倒，两行"人"字形交叉叠放的稻束不断向前延伸。

我和哥哥各自挽起裤脚下田。我左手握住一簇水稻，右手持镰刀对准水稻茎秆后部，一用力，水稻便与稻茬分离。稻田里那些身着金黄的舞者抵不过镰刀，前仆后继地倒了下去。一块稻田的稻子很快割好了，田间只剩下一垄垄稻茬，像一只只蜷曲不动的刺猬。

我和哥哥稍稍喘了口气，继续前往下一块稻田，母亲停下割稻的动作，她往回走，将水桶拉进稻田里，开始给稻谷脱粒。只见母亲双手紧紧攥住一把水稻，走到摔桶前，双手向上扬起至与头齐平的位置，稻穗在空中划了一个美妙的弧圈后猛地砸在摔桶里的短木梯上，谷粒在惯性作用下纷纷掉进桶里。母亲翻转着连续摔打几次后，谷粒已基本脱落在摔桶里了。母亲随手将稻草扔在田里，再重新抓起另一把稻谷……

不久，太阳升起来了，气温迅速爬升。实话讲，顶着炎炎烈日割稻真是一种煎熬。我们身上的汗水像开闸了一般不停地流淌着，泥浆也很快裹满了全身，腰背开始隐隐作痛，被蚊虫蚂蟥叮咬更是家常便饭。最令人难以忍受的是，藏在稻禾中的粗长杂草，那叶片好似一把把锋利的小刀，在我手臂上留下一道道纵横交错的划痕，在汗水的浸润下，火辣辣地疼，我只能咬牙坚持着。

临近正午，毒辣的阳光仿佛喷薄而出的火焰，我们暂时放下手里的活儿，回家休整。

午后三点左右，阳光余晖犹在，母亲带着我们再次前往稻田。直至太阳收起最后一抹余晖，一天的劳作终于告一段落。这样的辛苦日子要持续好几天才能结束，割完自家稻子，我整个人黑了一圈，稚嫩的小手长出了厚厚的茧。

割稻的时光贯穿了我的整个童年。上中学后，学业日益紧张，就再也没有割过稻。时光流转，岁月葳蕤，三十年光阴一晃而过。故乡的稻田，常常在回望里漫成无边的海洋，翻涌着那些永不再来的苦辣酸甜。

又是一年稻穗飘香时，夜里，我又梦见了与母亲在稻田里割稻的场景，那些隐藏在岁月深处的幸福全都跳跃出来。在醒来时的枕畔，我的心里盛满了暖暖的感动。我知道，童年割稻的经历早已融入进我的血液里，镌刻在记忆深处。故乡的稻田，是我心中永远的空地，等着我把所有采撷收割的幸福存放。

刊发于《山东青年》《泉州晚报》《海丝商报》

※ 优秀范文四

棉被里的太阳

文/王晓艳

上午，太阳的光铺洒在阳台上，我被满地的光吸引着，忍不住坐在阳台的凳子上享受起了这束光。霜降后的秋，天高云淡，适合踩着落叶走，亦适合晒棉被。

说起晒被子，我可都是从母亲那里学来的。小时候，一到秋天，母亲最常做的事，就是把家里大大小小的棉被，一条一条展在太阳下晒。而我却像个跟屁虫一样跟在母亲身后，从这条棉被里钻进去，再从那条棉被里钻出来，像走迷宫一样，一会儿就把自己迷在了棉被里。找不到出口时，急得直喊母亲。母亲听见了还好，会立刻上前剥开棉被把我拉出来，母亲要是忙于其他事情没听见，任由我在棉被里哇哇大哭，可最后都是母亲把我从棉被里面揪出来。

几次之后，我再也不敢把自己钻进棉被里了。母亲也不再把棉被都展在一条铁丝上晒了，有时候会把棉被放在椅子上，桌子上或搭在闲置的三轮车上面。于是，我又另生主意，直接躺在棉被上，或是把小脸埋在被子里，不肯抬头，被子软软的，阳光软软的，像母亲的手掌心。母亲叫我："二艳，别把口水蹭在被子上了。"我装作听不见，继续在棉被里作怪，母亲也不管了，任由我去。有时候头埋在被子上，整个人被暖暖的光晒着，埋着埋着，就睡着了。

坐在阳台上的我，忆着小时候的事儿，不由得也被暖暖的光晒得睡着了。"有没有人曾告诉你，我很爱你。"此时手机里传来陈楚生的歌。拿起手机一看，是母亲。"今天老家的天气真好，我刚把被子展在太阳底下，你那的天气怎么样？""妈，我这边的天气也很好，我正坐在阳台晒太阳呢！那你记得也晒晒被子，秋天了，多晒被子，被子里就会装满阳光。"听了母亲的话，我把被子从柜子里抱出来，那花花绿绿的被子被我晒在阳台上，被面上大团的花，在阳光下盛开了，开得欢天喜地，开得热闹无比。

晚上，儿子躺在被窝，闻了闻被子，说："妈妈今天的被子跟往常可不一样。""有什么不一样呢？"我问。"我怎么感觉被子里有阳光。"我笑了笑说："因为我在棉被里种了太阳。"儿子惊讶地坐起身说："妈妈，你快说说，棉被里真能种太阳吗？"我扑哧一声笑了，说："儿子棉被里怎么能种太阳呢？就算种也只能种太阳的光，我今天晒棉被了。"儿子又把棉被放在鼻头闻了闻，说："太阳光可真好闻，妈妈以后要多晒晒被子，我喜欢棉被里的太阳。"那一晚，儿子睡得很香很香。

以后，只要天气好，我都会把被子捧到阳光下晒，像我母亲那样。但母亲也总帮我操心着，怕我忘了。她哪里知道，走进婚姻的女人，很多事情都会无师自通，譬如，晒被子、收拾家务、做饭、洗衣服、照顾孩子、做针线活等等。花花绿绿的被子，一一被我展开晒在阳台上，我学着小时候的样子，把头继续埋进被子里，满被子的温暖，如同太阳真的被种在了棉被里，亦像躺在母亲的怀抱里。

我知道，落在棉被里的光，不仅仅是太阳的光，还有母亲对我无微不至的关心和惦念。这束光，何尝又不是照亮我人生路上的光呢！

刊发于《陕西交通报》

渐行渐远的土灶

文 / 漆艳林

"雨过土灶犹流水，日上茅茨未起烟。早炊还到午炊熟，饮啄随时但听天。"富有乡土文化气息的土灶在几千年的中华文明进程中风雨兼程，披星戴月；在岁月长河里慢慢沉淀，历久弥新；在时光的缝隙里与光静默，"淡然于心，从容于表"。

就是今天的高科技天然气、电磁炉、电饭煲以方便快捷高效的优势以压倒式胜利实力碾压，取代土灶在人们心中的分量与位置。此时的土灶没有与之争辩抗衡，相反他以宽阔的胸襟，豁达开明的态度，谦谦君子之风推贤让能，退出历史舞台，隐于烟尘，安于流年，与快节奏，现代化的城市渐行渐远。

我家的小院里依旧保留着那几十年的土灶，曾经公公想着既然都用电磁炉、电饭煲做饭了，土灶不上潮流早就落伍了，与时代发展步调不搭，也该去旧留新，在灶房里占地方不说，还碍事还不如几锤头下去将土灶拆了腾地方。奶奶见状上前一把拦住了他，说："儿啊，你这是卸磨杀驴啊。不能拆了，土灶与我们相伴几十年，拆了土灶，得罪了灶王爷可怎么办？不管别人看不看得上，我可稀罕土灶，留在这还能用，也不碍着你什么，电磁炉、电饭煲做的饭再香都比不过宝贝儿土灶烧柴做的饭菜劲道好吃。"公公有些自责，被奶奶说的感觉有些无地自容了，像就是有了新欢抛弃旧爱的典型。公公又回到屋内在家里翻箱倒柜找出前些年装修剩下的一些白瓷砖，又买来些水泥，重新将土灶的灶台周围粉刷贴砖一番，旧貌换新颜，眼前的土灶焕然一新。土灶像穿着新衣的老小孩，那鹤发童颜的模样慈祥而富有张力，冲奶奶一阵抿嘴笑。那一刻，奶奶悬着的心应该放下了。

土壤是根，是中国人深入血脉里的情结所在，有些情怀刻在骨子里，是无法磨灭掉的。不管高端大气的集成灶多亮眼，低调奢华的燃气灶多方便，多时尚，我依旧喜欢用土灶。毕竟脑海里的美好记忆与土灶有着千丝万缕的联系，她用行动丰盈了我对尘世诗意的幻想，也给了我最想要的人间烟火气。我家的土灶有一双炯炯有神，会微笑的大眼睛，给每个人以光；以希望；以舌尖享受美食的滋味；以安放红尘世俗那颗浮躁的心，总之会让你平淡的生活泛着光，幸福的生活冒着油，与家人相聚的日子甜又香。

土灶属于母子灶，也叫狍子灶，其中一个灶眼之上镶嵌一口大铁锅，另一个灶眼之上放一个做饭的提锅，两个灶眼相通的距离再安排上一口小提锅用火的余热烧开水。土灶自然是要呼吸的，烟囱与风箱都是标配，一个负责排烟散气，一个负责煽风点火，他们在各自岗位上分工明确，各司其职只为将炒、煮、蒸、炸、烤、焖、炖的烹饪技巧通过火焰的力量表现得淋漓尽致。不管今天煮稀饭，蒸包子，还是炖排骨，我肯定是抢着烧火的那一位。火苗在灶膛里燃起的一瞬间，脑袋里就能浮现出一桌丰盛的美味佳肴，坐在灶前烧火的我就更卖力地加柴用火力猛攻了。当然我烧火还有更重要的原因，放些像木棍那样的大柴，我就可以烤东西吃了，秋天烤土豆与花生，冬天放几根红薯，春天也不打紧，可以用碗煨上一碗放了点猪油的稀饭撒点盐花；也可放点胡豆；夏天自然烤新鲜的玉米，总之只有想不到的，没有烤不了的，在那个物资匮乏的年代，土灶给了我除零食以外最好的美食用以满足胃的享受，慰藉心灵。

特别是现在土灶更能引发我的心灵共鸣，尤其当炊烟袅袅之时，那种想念土灶烹饪出来的美食就明显了，大铁锅里㸆饭，锅巴饭，铁锅贴玉米饼，那飘出来的饭菜香又牵出多少背井离乡，为生活打拼蜗居城市高楼里人儿的乡愁。想必他们都和我一样，都想回到那无拘无束，闲散幸福的慢时光，再一次体悟土灶给的温情与厚爱，只是再相逢已物是人非，心难安，意难平吧。

刊发于《松原日报》

※　优秀范文六

清零人生

文 / 张素平

生活十苦，每个人都在自己的路途上奋力跋涉。想要从生活中挖掘出一丝快乐，半分欣喜，三两欢愉，四寸开心，以抵御这时刻存在的苦，就需学会清零，清空一切烦恼与苦闷，清除过往种种，独留一片空白在心底，心才可以清明。

抬眼看日历，今年已过半，三角形的日历安静地待在桌面上，圆形的连接架将两侧厚厚的日历串联起来，这是一整年的光阴，日历的每一页都有美景美文相伴，就像生活的每一天都有精彩等着我们去发现一样。

每天到班第一件事，就是将日历翻页，告诉自己，新的一天来了，需要有新的付出，收获新的成长。昨日光阴已逝去，今日时刻已来临。放下包包，打开电脑显示器，用鼠标点击电脑屏幕左下角，选择"重启"，清除昨日遗留，为开启新的一天做好准备。看着电脑屏幕闪烁，感觉人应该像电脑一样每天重启清零，入睡时清除脑中杂乱，留下充足空间，静待新的精彩来埋填，这样大脑才会经常更新，人才能持续向前。

人这一生，需要跨越一个又一个阶段，每一个阶段，不同的付出会有不同的收获，学会清零，才能带着轻松的自己迈向下一个航程。如果人不把过去的成绩清零，沉湎于过去创造的辉煌，那么他就很难再进步；不把过去的悲伤清零，一直处在伤心的境地，生活将会阴雨连绵；不把过去的烦恼清零，心无法平静淡然，日子将会混乱无章。路遥写完《人生》这部小说时，地位已经在文学界奠定，如果他一直沉浸在这部作品带来的光环中，久久不出，那么，估计就不会有后来的享誉世界的巨著《平凡的世界》了。

清零是为了将过去的一切深藏谷底，淡化为朦胧回忆，好与不好，都不可再对如今的自己有过多的影响，你就是今时今日的你，过去的时光和经历造就了如今的自己，今日的付出，正在塑造未来的自己。要明白过去已经过去，辉煌也罢，败落也罢，都已不再回来，我们能够做的唯有把握好现在，为未来做好准备。

每次出门，我喜欢轻装上阵，只带必要的物品，这样旅途才会轻松，不必因着行李而烦恼。人生的旅途，更应该轻装前行，每隔一个阶段，将心中的杂乱整理一番，做一次大扫除，清除非必需的东西，只留一个内核，旅途才不会太过沉重。人们应该懂得，昨日的烟雨无法给今天的干旱解渴，不可对过去有太多依恋，要学会向前看。

渐渐懂得，清零的人生，是智慧的选择。

刊发于《图们江报》

第三章 报刊作品赏析

平凡生活中的诗意

文 / 孙立红

窗台上的风雨兰，经历了四个寒来暑往。今夏又长出满满一盆蓬勃的粉色小花。那一朵朵俏丽嫣然的小花簇拥在一起，就像一个个乖巧的少女。

还记得四年前我搬入新家的时候，因为急于整理家中诸多杂物，我不免有些烦躁。

就在我收拾着那散落一地的书籍时，稍不注意，抱在怀里的一摞书瞬间就又滑落下来，而当时掉落的书正好砸中了花架上的风雨兰。随着"啪"的一声脆响，土陶花盆的碎片犹如水花四溅，在落地的那一刻开始四散奔逃，而那满盆将开未开的风雨兰也变得委顿，像极了刚从秋千架上失足跌落的女子。

气急之下，我顺手抓起那一团混在泥土中的风雨兰，想把它扔进垃圾桶里。可就在那一瞬间，一朵半开的花朵忽然映入我的眼帘，它娇柔粉嫩，还带着一种欲语含羞的朦胧美。我的心被它融化了，看着那清新脱俗又带着几分婉约的娇羞模样，我的心里顿时浮起了一层久违的诗意。

于是，我赶紧放下手中还未整理完的书籍，找来之前备用的紫陶花盆，小心翼翼地又把它们栽入新的家。为防止再次打碎花盆，我直接把花盆放在了窗台上。

就这样，在每一个临风起舞的早晨，它们日日都可以与朝霞相会。在这四年的朝夕相伴中，它们也给了我无尽的诗意与美好的陪伴。

我每天上班时，都会途经一处小花园，小花园的主人是一位风烛残年的老人。老人的身体并不好，走起路来总是颤颤巍巍的。他不但手抖得厉害，而且他的眼睛也是半睁半闭，似有顽疾。

初夏的某一天，当我再次经过那里时，忽然被一阵甜甜的花香吸引了。于是，我赶紧循着香味望去，只见小花园的篱笆墙上爬满了粉色的蔷薇花。它们是那么柔美，那么天真，如霞似锦。蔷薇架下，那个颤颤巍巍的老人正迎着初升的朝阳洒下来的点点金光，绑着篱笆墙上丝丝缕缕垂下来的蔷薇藤蔓。老人的动作娴熟，丝毫看不出他身体抱恙。

我不禁被眼前的这一幕震撼到了，正可谓入眼的皆是风景，入心的才是生活。

我读张晓风的《种种有情，种种可爱》时，被她写的这一段话所打动："时间将怎样对待你我呢？这就要看我们是以什么态度来期许自己了。"其实，冷暖都是人间，我们要用心感受生命刚刚好的温度，领略平凡生活中的诗意。

刊发于《怒江日报》

※ 优秀范文八

窗台上的红与绿

文 / 雪竹

早上打扫阳台，在窗口的一角我又看见了那盆铜钱草。它肆意生长着，中国红的镶金边掐腰陶瓷花盆托举着片片绿绿的叶子。在透着玻璃窗温暖的阳光照射下，它的叶片如同一枚枚古朴黝黑的铜钱，熠熠生辉，散发着迷人的气息。

一个月前清早的菜市场里，朋友送我几株铜钱草的小苗，瘦瘦的，蔫蔫的。它的叶柄像线头一样软软地瘫在一边，叶子也快没有水分了，像一小块一小块的碎破布，难看极了，还不如我菜篮子里的青菜新鲜。

看着我有点嫌弃的样子，朋友说，你别看它这模样，是因为它缺水了，也缺营养了。若是把它放在一个好的花盆里，加点养分，几天就会枝繁叶茂。朋友特意叮嘱，要选好的花盆和土壤，它会给你惊喜的。

我很不屑地接过来放进菜篮子，回到家把它扔在客厅的一角，就去干别的了。

晚饭后一家人坐在沙发上看电视《花卉的养殖》，我突然想起了那几株被我扔在角落里的铜钱草。

它静静地躺在那个不起眼的角落里，看上去比清早更蔫了，只有那一撮小小的根系看着比较鲜亮。

我拿起来翻来覆去地看了看，正要把它丢进垃圾桶。这时爱养花的老公问："那是什么？""朋友送我几株铜钱草，你看它蔫蔫巴巴的样子，扔了吧！""哎，别，别扔，你是不懂啊，这植物很好养的。""就这？还好养？""给我吧，你别管了。只要有合适的花盆、有足够的养分，你等着看吧，会有奇迹的。"说完，老公从我手里小心翼翼地接过那一小撮植物，就去阳台忙活了。奇迹？我才不信哩！

第二天我去阳台晾衣服，在窗台的一角，发现了一个像宽口酒瓶一样，上口镶金边掐腰红色的陶瓷花盆，乍一看去，像一位戴着金色项链的红衣女郎。我拿起来看了看，里边光看见水和被水淹没的灰色土壤，其他啥也没有。

老公上班已走，我也没再细问。那个红色的花盆就这样被我遗忘在了窗台上。

隔天早上又看见它，红色的花盆，绿色的叶子，粗壮的叶柄，像一把把绿色的小伞撑开在鲜艳的花盆里。

我想，正是因为盆内土壤的滋养才让这快要枯竭的植物重见天日，才会让它长得如此旺盛吧。也正是因为有了这红盆的衬托与托举，才让这整株的植物在这隆冬里看上去有了生命的意义与春天的气息。放眼窗外的整个世界，百草枯竭，树叶凋落，只有树梢那随风摇晃的灰色鸟窝孤零零地挂在半空。

红色花盆象征着生命的成熟与稳重，尽显着她的沉稳与魅力，那被她托举的绿色才更显得生机盎然苍翠欲滴。

由此我想到了我的老师沉香红。她不正是那托举着并为片片绿叶输送养分的精美红色花盆吗！

老师用她自己最丰富最渊博的知识雨露像甘醇般滋养着我，为我即将枯竭的写作之路不断输送着知识养分，我将沐浴着温暖的阳光，在老师知识的灌输与滋养下一路茁壮成长。

刊发于《贺州日报》

※　优秀范文九

一帘窗色暖流年

文 / 王红悦

春日的午后，临窗而坐，邂逅一帘春色。

春风从窗外挤了进来，和着春的味道，清润而淡雅。阳光透过窗棂射进来，雀跃在案几的书页上。夹带着一池暖融，一片澄明。不觉中，整个人便浸在温婉灵动之中。我追逐着光线不着痕迹的脚步，看那些光影轻轻巧巧地挪移着。从书页、桌面再到地板上，如一朵光霭的花，清香浮溢一般开在我的房间里，如梦如幻地氤氲着我的情愫，旧日的时光被唤醒。

关于窗的最早记忆是在儿时，在姥姥家。那是一栋老式的三间灰瓦房，窗户是木框的。简单的几块横竖木棱，镶上玻璃，样式极普通，没有江南的雕饰图案。春日打开窗户，飘进来的是乡下泥土的清新，裹着草木的新绿，蘸着春阳的和暖。那时房檐下，会有衔着泥草飞来筑巢的小燕子；窗台上，会有飞落歇息的麻雀，叽叽喳喳地点头摆尾。我和弟妹们有时走近前，想捉住它们，但不等靠近，机灵的鸟儿们早就飞远了。这时，窗内坐在炕上的姥姥，总是含笑着说我们淘气。我们姊妹在院子里玩耍，她便临窗看着，我们几个像小燕子似的飞奔、嬉闹。姥姥身体不好，很少下地走动。她喜欢坐在窗台边，手里也总是拿着活计。那时我们穿的衣裤，背的书包，踢的毽子……都是出自姥姥之手。她常穿着一件灰色土布上衣，立领盘扣的偏襟款式。花白的头发，在脑后盘成了一个小小的发髻，上面罩着黑色的网兜。纵然岁月老去，记忆里，姥姥临窗而坐的模样依然清晰如昨。

"小窗棂，大世界。"静倚窗前，有时会收获一份清幽的光景。前些年曾在乌镇东栅小住，特意选了东市河北岸的一处水阁，圆自己枕河而居的江南梦。清晨，总是被几声清脆的鸟鸣唤醒。推开雕花的木格短窗，窗外木板上是几盆盛开的杜鹃，红灿灿的，窗下就是潺潺的流水。不远处的小桥，静静地站立。河道不宽，雾霭袅袅，河边有女子提水浣洗。河对岸是一排古柳树，那柔顺的枝条垂入水中，轻轻搅动着，水面荡起层层涟漪，如一朵睡莲绽放。树上的鸟儿们，从这个枝头飞向那个枝头，似跳着舞蹈，唱着歌的花朵。阳光越过屋顶的墨瓦，射向水面，打碎了薄雾梦的呓语，为黛绿色的锦缎绣上了浅黄的花纹。水面浮动着古树与水阁的倒影，层次分明。偶尔会有乌篷船从窗外款款而来，伴着吱吱呀呀的摇橹声。那一刻，黛瓦白墙的水乡情韵，都映在窗色里。不由得想起了茅盾笔下的水阁："人家后面门外就是河，站在后门口，可以用吊桶打水，午夜梦回，可以听得橹声欸乃，飘然而过……"临窗而望，如同走在先生的文字里，安静而真切地体会灵秀而醇美的意境，以及他梦绕魂牵的乡愁。

钱钟书先生说过："窗子打通了大自然和人的隔膜，把风和太阳逗引进来……"窗子也把时光逗引进来，点染着那些生命里珍贵而温暖的邀约。静默的窗棂，岁月的镜头，继续酝酿下一帘的景致，安暖流年。

刊发于《中国应急人才报》《拂晓报》《通州日报》

厨房里的春天

文 / 朱林莉

　　随着春天的到来，厨房里的蔬菜在这个季节也焕发出勃勃生机。这万物复苏的景象不仅令人心怀感慨，更是启迪了无数的创意。在这些生机勃发的蔬菜、瓜果、根茎和叶子中，你总能找到无限可能性，借由它们制作精美的花艺和别具一格的装饰品。正如李清照所说："暖雨晴风初破冻，柳眼梅腮，已觉春心动。"春日万物有生机，蓬勃向上，充满着无限的希望和活力。

　　此刻的春天，仿佛是一位美丽的姑娘，踏着轻盈舞步，带来了无限的生机和希望。花开如海，让我们沉浸在这缤纷的色彩中，感受到大自然的神奇魅力。正如唐代诗人白居易所说："春风得意马蹄疾，一日看尽长安花。"这个春天，不仅有着花的盛开，连平凡的蔬菜也在绽放着创意的光芒，为我们带来更多惊喜。正如著名哲学家亚里士多德所说："艺术是神圣的东西，它能够源源不断地萃取出美好与优雅。"让我们在这个充满文艺与创意的春天中，释放内心的创造力，在厨房里的蔬菜、花草中寻找灵感，创作出属于自己的美丽与艺术。

　　红萝卜头发芽了，我们可以用这些脆弱却充满生命力的蔬菜芽打造出别样的花艺空间，让家居生活更加文艺。正如唐代诗人杜甫所说："忽如一夜春风来，千树万树梨花开。"红萝卜的花苗，清新的绿色配合着点点小白花，仿佛是那缕春风，为厨房添了几许春色。将它们插入透明的玻璃瓶，清澈的水晶瓶中，就像把沐浴在阳光下的春天带回家。正如著名作家奥斯汀所说："春天代表着生命的力量，希望与幸福。"让这些蔬菜芽在玻璃瓶中延续生命，让我们在这春日的美好时光里，感受到生命的力量和无限希望。

　　在这个春天的厨房里，洋葱长出了葱苗，大蒜发芽，地瓜也长出了嫩绿欲滴的叶子。它们不仅是美味的佳肴，更是一道生命的盛宴。正如唐代诗人白居易所说："浮华生半日，人生能几何。"这些葱苗、蒜苗、地瓜叶不过是生命的短暂展现，却让我们感到生命的美好和无限的可能。将它们巧妙地摆放在一起，让我们在生活中感受艺术的美妙。或者，利用大蒜苗和葱苗制作出绿色植物墙，让空间变得清新自然。正如著名画家莫奈所说："我想要用颜色来表达我的感情，用自然来表达我的情感。"让我们运用这些蔬菜和植物的美丽，用我们的心灵去感受春天的生机与活力，再次感叹生命的神奇和美丽。

芹菜根也将这个春天的绿色悄然绽放。站在它们的身旁，仿佛能够感受到生命的脉动和活力的呼吸。就像著名诗人普希金所说："绿色是希望的颜色。"这些新芽，带着清新的绿色和无限的希望，让我们对生命的美好充满了向往。它们可以被食用，可以用来制作芹菜汁，带来健康与味觉的双重享受。此外，将它们剪下来，做成绿色小箭头，插在花瓶中，增添一份清新自然的美感。

春天的厨房里，我们用发芽的蔬菜、新芽和嫩叶创造出了属于自己的文艺与创意。它们不仅让我们的生活充满了色彩和灵感，更展现了春天带给我们的无限可能。而在这些蔬菜、花卉之间，也绽放出了我们对生命和创作的热爱。在这里，厨房不仅是烹饪的空间，更是创意和艺术的天地。

春天给了我们生机和温暖，让我们把这份美好传递下去。英国诗人克莱尔说："每一个春天都有一个不同凡响的故事。"让我们在这个春天里，用我们的创意和大爱，书写属于自己的春天故事，让艺术的韵味延续到我们每一天的生活之中。

刊发于《黔东南日报》

第四章

光芒女性成长社专栏

如今我来当靠山

文 / 王伟珠

　　不久前，母亲火急火燎地打来电话，说父亲行走不便将近一周了，但他执意不肯上医院，还说自己身体并无大碍。母亲好说歹说，父亲就是纹丝不动，所以她让我劝劝父亲。

　　我知道父亲一向刚毅隐忍，总不想麻烦孩子们。他行走困难，这让我心头一紧，想起前段时间老父亲在昏暗的夜间行走，一个不小心脚打滑，人掉进马路边的沟渠，头和腰部遭受重创。当时，我们连夜送父亲上医院看急诊，他头部缝了好几针，幸亏医生说无大碍，但这一次绝不能让父亲忍着。

　　我立马赶回家，去接父亲上医院。看到父亲迈不开步子的模样，猛然发现，我的父亲，我一直以来的强大靠山，居然老了！在医院进行全身检查时，曾经上山下地浑身是劲儿的父亲，也显得那么无力无助，这让我感慨万千。好在就诊及时，父亲做了脑部手术，后来康复得不错。

　　父亲虽然文化程度不高，但年轻时就爱看报纸，记忆力很强，基本过目不忘，再加上年轻时外出工作见过世面，所以见识广，口才好，思辨力强，很像一名乡村律师，常常为乡邻排忧解难，因此也备受大家尊重。记忆中，邻里遇到难事，总喜欢跑来我家找我父亲求助，让他出谋划策，甚至出面帮忙解决问题。

　　回想童年，我很感恩父亲，在我幼年调皮时，他从来不打不骂，而是俯下身跟我好好说话，摆事实、讲道理，让我充分感受到了父亲对我的尊重和爱。而当我被班上的调皮男孩"欺负"时，他会带着我去学校，找到顽皮男孩教育一番。有父亲的宠爱和庇护，我在童年时期非常有安全感和幸福感。

　　聪明睿智的父亲，在我成长成人的过程中，还教会了我很多为人处世、待人接物的道理和智慧，这也成了我一辈子的心灵滋养来源。是父亲的教导和鼓励，让我勇于活出自己，也让我更有力量去培养我的孩子们。

　　"父兮生我，母兮鞠我。抚我畜我，长我育我，顾我复我，出入腹我。"人到中年，孩子还未长大，父母已然老去。古话说："子欲养而亲不待。"时间的脚步匆匆，一去不复返，作为子女，行孝要及时，趁父母亲健在的时候要多关心关爱他们。

这个月底，父母就要拿到新房的钥匙了，我跟父母说，不会让他们再操心劳力了，我来给父母装新房我准备为他们打造一个暖色原木风格的家，让他们住得舒心、安心。我呢，就带上孩子们常回家看看，陪伴他们聊天、散步。

金山银山，不如一座靠山。父亲，曾经是我身后那座高大的靠山，是我心目中的英雄；现在，我也要像他一样，做孩子们的英雄母亲和幸福靠山。

刊发于《楚天都市报》

※ 优秀作品二

荷的心事

文／林苔

荷的心事，悠远淡然。或许只是一阵风的写意，或许是年少时的情结，又或许是娴静素心。

风荷卷卷。一阵风来，那"无穷碧""过人头"的接天荷叶染绿了夏天。

夏风时而疏狂，倘若泛一叶小舟于荷塘深处，会有千万荷叶随风而来，倘若是在有云的傍晚，云边水湄，什么也不用想，只用倾听荷的心事。

"涉江而过，芙蓉千朵。诗也简单，心也简单。"诗言有一女子，涉江而过，采得芙蓉，她要将其送给心悦之人，奈何所思在远道，实在遗憾。忽而想起，年幼时，家里有一本《唐诗三百首》儿童读本，上面有一彩绘插图：其中，一美貌女子撑篙，另一个戏水，她们的身旁亦是满满的荷叶，数枝荷花，现如今想起时，觉得它似是在《采莲曲》那一页。

"清水出芙蓉，天然去雕饰。"女子一袭碧衣，妆容淡淡，她在荷花盛开的夏日清歌一曲："江南可采莲，莲叶何田田。鱼戏莲叶间……"这样悠扬动听的歌声，足以让一个夏日心旷神怡，难以忘怀。

有一段时日，我在练习硬笔书法时，竟将李清照的《如梦令·常记溪亭日暮》在纸上写了一遍又一遍，不为别的，只为那些人生好光景吉光片羽，刹那永恒。"兴尽晚回舟，误入藕花深处。"少年时的情思长大后难再有，纵情山水间的欢脱、愉悦，无非是一场相见欢，见美景，见玩伴，见自己，纯洁天真，难得的是彼时的心境。荷之梦浅，一别经年。

也喜欢有雨的时候，雨打荷叶闲听雨。雨中的荷清逸脱俗，倾国倾城，雨中的人素衣布袍，宛若明珠。也喜欢周邦彦的那首词："燎沉香，消溽暑。鸟雀呼晴，侵晓窥檐语。叶上初阳干宿雨、水面清圆，一一风荷举。"一夜的雨，晨起鸟儿鸣叫，荷风带露，看到有人曾这样写："荷叶的圆心转动雨水的圆。"心中不由赞叹起来，素简乃大美。

有人写了行书《爱莲说》，一页又一页，然后用它包花来卖，看着是新摘来不久的荷花，放在编织花篮里，再用那些行云流水的文字包裹起来，只觉简约雅致又唯美……

荷花总能勾起人的美好记忆。从古诗词里，从文人墨客的笔下，它清丽脱俗，美得出尘。隔水远观时，荷花，它就像一个美而不自知的美人。它在江南青烟碧水里，在夕阳残照下，甚至，有一天，它枯了，都是一种美。

※　优秀作品三

家的幸福模样

文 / 张奇珍

有作家说："家是一只小小的船，却要载我们穿过多么漫长的岁月。"

在我心中，家不仅仅是一间属于自己的房子，而是长年累月在这间房子度过的生活。

"家人闲坐，灯火可亲。"就是最温馨幸福的场景。

家于我而言，是一生爱与幸福的源泉，也是我生生不息的动力，乐此不疲使劲儿折腾的理由。一个有温度的家，需要日日用心打理和经营。每个角落，都有它专属的气息在流淌。

厨房，是一个家中最重要的空间，有它，家才有烟火气息。

一个温馨的家中，厨房不应该是藏在角落里一个独立的小空间，它应该是一个敞开的空间，连接着餐厅。有做过一日三餐的人都会知道，要在厨房里日复一日，年复一年地为家人烹煮三餐，是一件非常不容易的事情，若不是心怀深爱，这样的付出无法持久。所以，我一直对家人和朋友说，不要让在厨房忙碌的那个人变成一个"伙夫"，而是充满爱的能量、带着美好心情的"调味师"。

家里装修的时候，我坚持要在厨房单独装上空调，这样才能抵御炎夏下厨的热浪焦灼。

我喜欢在做菜的时候放音乐，料理台上是要有鲜花的，台面的高度是定制的，符合我的身高，这样我在洗刷切煮的过程中有一个最舒适的姿势，不会因为腰椎劳累酸痛而影响烹饪的心情。

我在做菜的时候，不会去想工作的事情，而是带着一份闲适，慢慢地备菜、烹煮，不慌不忙，哪怕慢一点点也没有关系，边做菜边顺手用抹布擦拭台面和炉灶周边，趁着烹饪时的温热擦拭，轻松搞定油污。等到最后一个菜上桌时，我顺手把锅也洗了。

我觉得衣物收纳也是一件需要花心思的事情。

比如，易皱的衣物一定要熨烫后再挂起来。我还入手了烘干机，在梅雨季节会派上很大的用场。而且也少买一些衣物和床品，急用的时候，当天洗，当天烘干，还可顺便除螨杀菌。

我买衣服保持固定的数量，坚持"一进一出"的原则，即买一件进来，就需要淘汰一件出去。

我会为家人挑选品质上等的枕头，生活不易，让自己每晚好好地安睡，很重要。我家孩子有一段时间每天早晨起床后总是无精打采的，一问才知道，他的枕头是传统的棉花枕，孩子因为喜欢在床上抱着枕头翻滚磨蹭，时间长了枕头就变形了，舒适度不好，影响了孩子的睡眠质量。我赶紧给他精心挑选了一个舒适又不易变形的乳胶枕，很快孩子的睡眠就改善了，每天早上起床后笑眯眯的小脸蛋就像初升的太阳，温暖而闪耀。

我还喜欢定期调整家里的软装。比如桌布，有几款花色轮流使用，可以根据季节、节日、心情来调整。每年春分这天，我就把家里的窗帘都换成淡雅清爽的颜色，有时是浅翠绿，有时是淡青色，棉纱的质地轻软柔嫩，带着一点隐约朦胧的透视感。先生和孩子晚上进家门的时候，都会来一声："哇，妈妈，感觉今天家里很春天耶！"接着他们还会发现，家里餐桌上的餐具也是春天的颜色，鲜亮明媚。

村上春树这样定义小确幸："当你用认真有趣的态度对待生活里那些看似无

趣的小事时，就会收获一份份小小而确定的幸福，从而觉得生活美好无比。"对于家，钱钟书一语道破："人生不过是居家，出门，又回家。"

我爱我家，这是我生命中最为重要的地方。一屋欢声笑语，几道家常小菜，或许就是最大的幸福。

刊发于《楚天都市报》

※　优秀作品四

秋风起，满城尽是桂花香

文／郭斌

"露邑黄金蕊，风生碧玉枝。千株向摇落，此树独华滋。"又到了一年桂花飘香的季节。

每到花开时，在繁密的枝叶间望见那星星点点碎金似的黄花，更感觉像是一块绿色绣花布上点缀着一粒粒金子，又像是一个个小娃娃扒开绿叶笑眯眯地往外瞧。

近观桂花树，会发现它的叶子两头尖尖，中间圆圆的。叶子边缘有小刺，一不小心就会扎伤手。来到桂花树前，桂花那沁人心脾的香味更浓郁了，香气直往鼻子里钻。难道是小刺猬也喜欢闻桂花香，临走时把它的小刺分了一点儿给叶子呢？

桂花树的叶子也是制作树脉书签的首选。记得自然课上，老师带我们去大自然找寻桂花树叶，摘些许老桂花树叶。回到课堂上，架锅烧火，锅里放些水加洗衣粉，再放摘的树叶，待到叶肉能用牙刷轻轻刷下来，即可停火晾凉。

每人分了几片煮过后的树叶，左手轻轻压着树叶，右手拿起牙刷轻轻缓缓刷，生怕力气过大，一下子把叶脉弄伤了。刷得差不多了，放在自来水冲刷片刻，就露出了白白的叶脉，将刷好的叶脉晒晒太阳，再取回来浸入喜欢的颜色盒里几分钟，晾干变成了一枚别致的树脉书签。为了方便保存，也可以过一层塑封膜。

树脉书签是一段记忆的延展，也是一份情感的珍藏。拿起树脉书签就会想起桂花的香，沁人心脾，仿佛能闻到那股子香味……

资料显示，桂花有两种，月月开的称木樨，花朵较细小，呈淡黄色。另一种称金桂，只有秋天才开，花朵较大，呈金黄色。

秋天走到桂花树下，仔细看那散发着香味的桂花，一簇一簇的，开在枝丫分叉的地方，四片淡黄色的花瓣聚拢成一朵。每朵不是单独伫立，而是好几朵簇拥成一大朵，密密麻麻，煞是好看。簇拥的桂花像极了团结一致的中国人民。

看，小桂花们有的躲在树叶后面，像在玩捉迷藏；有的懒洋洋的，盖着树叶被子在睡大觉；还有的舒展身姿，好像在翩翩起舞。

就着那淡淡的月色，用心去读那一树绿叶黄花，沐浴着清雅的香气，脑海里浮出了李清照的"暗淡轻黄体性柔，性疏迹远只留香。何须浅碧深红色，自是花中第一流。"

桂花树不像梅花树那么有姿态，笨笨拙拙的，不开花时只是满树茂密的叶子，开花季节也得仔细地从绿叶丛里找细花，它不与繁花斗艳。可是桂花的香气，直钻心底，让人如痴如醉。它香得含蓄，不与百花争妍；它舒而不躁，勇而不惧；它美丽朴素，庄重典雅。桂花是迷人的，迷人的原因是它不但可以闻，还可以吃。这样的朴实，难道不像千千万万中国人吗？

我爱这秋天的桂花。生在中国，长在中国，我们是幸福的，也是幸运的。每当走过桂花树下，脑海里都会浮现这样一个场景：秋天与你同坐一棵桂花树下，每落下一朵小小的桂花，我们就互相交换一句话，待到头上都落满了黄色的星星，我们共赴寒冬去看雪。

※ 优秀作品五

夏日江城，风舞蔷薇

文／郭斌

五月浅夏，光阴落香，不觉又是一季蔷薇花开时……

五月的江城，蔷薇满枝盛世开。公交车上，随处可见道路两旁手牵手的蔷薇姐妹们，一丛丛，一片片地把自己的轻快和淡然，递给五月的风，泼泼洒洒，风枝袅袅地摇曳着，怒放着。

目光，顺着两侧爬满蔷薇花的街道望去，一种盛大而浩荡的花开景象，延绵出整条街的优雅、浪漫之美。

蔷薇花的颜色，有深浓的粉红色，有淡淡的水粉色，有浪漫的紫色，有纯美的白色。蔷薇花开了，层层叠叠的花瓣，不言不语，花朵有大有小，有单瓣也有重瓣的，花朵簇生于梢头，色泽鲜艳，气味芳香。藤蔓攀缘在小树墙上、栅栏上、花墙上，它以花朵量多、鲜艳又簇拥在一起，以群集的优势吸引人们的眼球，让人们啧啧称赞。

群集的蔷薇像极了团结一致，勤劳踏实的江城人民。心连心，手牵手，对抗疫情。高楼林立，交通便捷，飞速发展的江城，难道不是生活在这座城市的人努力挥洒汗水，奉献青春的见证吗？

一丛丛的碧叶，一簇簇的花儿，在季节里安门落户，演绎着自己的浪漫和温雅。一阵夏风拂过，蔷薇的香气扑面而来，忽而，几分陶然，绵醉到心里。蔷薇的香，能拂去夏日的燥热，让人内心平静下来。这像极了江城人民的包容，接纳每一位外来务工人员的不知所措，让他们内心少了些漂泊感，多了些许暖意。

五月蔷薇，朴素的香味，寂静的奢华，一朵禅韵，浅笑而生。落花入尘，不慌不乱。无论繁华和富贵，无论简静和平实，都在心里清亮。随着生活条件越来越好，江城人还是一颗浅淡的心，不以物喜，不以己悲。疫情期间，是最能体现江城人情绪波动的。齐心协力，共渡难关，这难道不是江城一道亮丽的蔷薇盛世吗？

蔷薇也称为"刺玫"。蔷薇除了观赏价值，还有较强的净化作用，能够吸收烟尘和多种有害气体。江城是一座工业城市，蔷薇花开，给这座城增添了灵动的美，也提供了清新的空气。蔷薇不也映衬着江城人的奉献精神吗？

此刻，让我们怀着感恩的心，来汲取她正值年华的美，花开一季的不悔。

蔷薇轻快、淡然地开着，与其说五月的江城催开了你，不如说是你延续了五月的江城，芬芳了五月的江城。

五月伊始，让我们携手同行，穿梭在这花开的季节，共赏这江城的蔷薇满枝的繁华吧！

※ 优秀作品六

会飞的星星

文 / 易英

雨过天晴，气温节节攀升，城里又添几分烦热，我带孩子回到乡下老家避暑。一回到广阔天地，儿子撒了欢地在田野里奔跑，一整天都不知疲倦，到了晚上，也坚持要坐在外面，不肯回屋。

我陪孩子坐在屋外，初夏的夜晚凉风阵阵，让人万分的舒爽惬意。天际，一轮圆月清冷地照拂着大地，周围的景致影影绰绰，晃晃悠悠的。我们似乎在水里了，随着水波柔柔地荡漾着，又像在梦里，被风儿轻轻地摇曳着。

"妈妈快看，星星在飞来飞去！"儿子稚嫩的声音在身旁响起。我顺着儿子的手指望去，夜幕已经统治了天际，幽深的天幕中，星星正眨巴着眼睛溜出来，一颗，两颗，三颗……不大一会儿星星点点的光便布满了黝黑的天际。在城里，儿子很少有机会仰望天空，就算仰望天空，在绚烂的灯光里，在高楼大厦的遮挡下，也很难清楚地捕捉到头顶的星光。而此时，乡村的夜干净透彻，天幕上的星子们如此清晰，幽远又生动。它们忽闪忽闪的，一会儿这里暗了下去，一会儿那里又亮了起来，在幼小的儿子眼中，这可不正是星星们长了翅膀，在夜空中飞来飞去，游玩嬉戏。我没有给儿子解释，而是望着浩瀚的星空陷入了回忆。

也是在这老屋前，那时爷爷健在，我们不知道缠着他讲了多少远方的故事，又指着星空问过他多少童言稚语。爷爷总是不厌其烦，一边用着手中的旱烟，一边讲述着这些神秘而遥远的星辰。如今，爷爷或许化作了这万千星子的一颗，正静静地陪伴着我们。

小时候，我常常一个人躺在山坡上等日落，那时候总能看到飞机从云海中穿行而过，很快地划过视野，消失在山的那头。那一刻，总会莫名地惆怅，似有无数的委屈无法向人诉说。那架飞机曾经离我那么近，它来到我的心上，似乎已经知晓了我那些远方的梦想，但它又毫不停留地飞走了，徒留下一颗孤独又失落的心给我。那时候，我多么想走出这里，可如今，我又有很多时候迫不及待地想回来。

林清玄说：城市华灯万盏，那里是许多人的家，但从远处看，每个人的家只是一个小小的窗口。也许，我们每个人都是一颗会飞的星星，当我们羽翼丰满，便练习着飞过高山，飞到那车水马龙的远方，在那些高楼大厦里点亮一屋灯火，成为万千灯火里的一束。我们在那些小小的窗口里，努力工作，实现人生价值。但总有那么一些时刻，我们想念那片浩瀚广阔的星空，想念那无边无际的原野，想念老屋里的那些人，更想念星空下那些自由的灵魂。于是我们又迫不及待地飞回来处。在那里，修养身心，喂养灵魂，等到心灵的电充满，才有力气再次启程飞往灯火阑珊处。

是的，我有两个家。一个是我的梦想，一个让我生出梦想的根。我不断地在两个家飞来飞去，享受着生命，也探寻着生命的意义。

刊发于《聊城日报》《黔东南日报》《长春日报》

※　优秀作品七

做孩子的启蒙老师

文／王小兰

说起教育这件事，我想起了李白的《蜀道难》，"教育之难，难如上青天"。在攀登教育这条"蜀道"之时，我唯一的方法就是，做孩子的启蒙老师。

孩子是父母的"复印件"，这是毋庸置疑的。教育这件事的起点在于父母，而不在于孩子。所以在教育王小宝的时候，我唯有以身作则，言传身教。我的兴趣爱好广泛，喜欢研究各种有趣的事情，而王小宝这个"跟屁虫"总是如影随形，我学啥，他学啥。因此我会借机引起他对于学习的兴趣，从而引发他的内驱力，学会自我学习。我的启蒙教育主要是激发他的求知欲和探索欲，最重要的技巧方面就是吊足胃口，让他有学习的欲望。

就拿学电子琴这件事来说，我买电子琴的时候王小宝在老家，不在身边。选琴时，我特意挑选了我俩都喜欢的浅蓝色。琴送到家中后，我先拍几张美照，和他分享，然后发微信视频，告诉他我买了一架电子琴，接下来要开始学琴了。聊天时我有意无意地和他提起这架电子琴配备相对应的线上课程，直接打开 APP，用蓝牙连接琴键，就能够学习，方便又简单，并且系统设有大人和儿童两个学习模块。介绍完毕我现场演示一番。对于想让他学琴的事情，我只字未提，而是自己开始上电子琴课。每次练琴时，我都会拍照或者发视频，和他分享我今天学习的内容和感受。这个暑假，王小宝日复一日地听电子琴的声音，所以学琴成了他梦寐以求的事情。

暑假结束回到家中，刚进家门，他就迫不及待地坐在电子琴面前，开始弹奏。彼时他还一窍不通，但不影响他对电子琴的热爱。房间里响起了杂乱无章的琴声，看见他爱不释手的样子，我会心一笑，我心里明白王小宝学琴是水到渠成的事情了。果不其然，我还未开口，他就强烈要求上课。

第四章　光芒女性成长社专栏

从那之后，我们俩成了音乐课同学，我俩轮流上课和练习。他每天都会自主弹琴，不需要我催促，甚至他开始敦促我上课。其实，不只学电子琴如此，在阅读、识字、画画等方面，我都如法炮制。事实证明这种方法对于王小宝十分有用，他成了朋友圈里的"小学霸"。当然，这一切的前提都是他主动要求学习的，我从未强迫过他。相比于物质奖励和口头表扬这类外在动力，我更加注重他的内驱力，我会认真了解他的兴趣和感受。我也会根据他的实际情况，以身作则，做他的榜样。而今，我们在许多方面都是同学，经常探讨学习的方法和收获，也会分享学习过程中遇到的困难和喜悦。

俗话说"父母是孩子的第一任老师"，深以为然。作为启蒙老师的我，能做的事情很有限，唯有在日常生活习惯中潜移默化、慢慢地影响他。希望在不远的将来，他能读遍万卷书，行遍万里路，最终找到最适合自己的那条路。

刊发于《中国电视报》

※　优秀作品八

一碗馄饨的温暖

文 / 王婷

夜幕降临，我沿着回家的小径踽踽独行。路边的杏树在灯光下熠熠生辉，然而被失业阴影笼罩着的我，却无心欣赏这份美丽。

我随意地踏进一家不起眼的小店。一抬头，是一家手工馄饨店。点完不久，一碗热气腾腾的馄饨就放在了我面前。大碗中装着鼓鼓囊囊的馄饨，汤里有紫菜、虾米，面上撒了绿葱葱的香菜。香味随热气弥漫开来，我瞬间想起了母亲手包馄饨的滋味，鼻子一酸，眼眶泛红。老板娘瞥了我一眼，用带着地方口音的话说："小姑娘，趁热吃！天冷，给你多加了两个。"

《颜氏家训》中记载云："今之馄饨，形如偃月，天下之通食也。"记忆里，妈妈包的馄饨总是鼓鼓的，一张四四方方的馄饨皮中总能塞上满满的肉馅，却刚刚好能合起来。小时候，我看着妈妈忙碌地包着馄饨，也想帮忙，可妈妈总是嫌弃我"手笨"。拗不过我就说："你帮忙数数吧，包多少个了，够不够我家的小馋猫吃了。"

我就三只五只地数着，看着眼前的美食，心里高兴得不得了，就咧嘴笑。妈妈看着我，脸上也乐开了花。

后来，在不那么顺利地找工作的日子里，我经常来到这家馄饨店，喝上一口热汤，心中也会温暖几分。老板娘依旧热情地招呼我，总是悄悄地给我多加几个馄饨，嘴里念叨着一个人在外面找工作不容易。我们见面的次数多了，我也了解到她们并不是本地人。她丈夫在外打工，她也节衣缩食地开起了孩子最爱吃的馄饨店。我看着她和员工一个个包着那不同口味的馄饨，好像是将一份来自母亲的温暖也随着手心的温度包了进去。

时间不知不觉过去了一个多月，冬日的天气越发寒冷，杏叶落了一地的金黄。我找到了一份喜欢的工作，曾被生活打压的希望如蜗牛触角般退回，此时又缓缓地伸了出来。我兴冲冲地走到那家馄饨店，却看见大门紧闭。

我转身去了她家，老板娘大概没有想到我突然到访，局促地说没有准备饭菜。我把水果放下，笑着回她说，特地来看看你和孩子。孩子正感冒难受，她准备着孩子爱吃的馄饨。水已经沸腾得如大颗的珍珠，她把馄饨倒入，麻利地加入了调味和各种配菜。我们寒暄着，闲聊中提起了在家做外卖，可以照料孩子，也无妨生计。我看到她疲惫的眼神瞬间亮了起来。

在一个普通的傍晚，我加班后拿起手机点外卖，那熟悉的店名跃入眼帘。我会心一笑，望向远处。街道还是那个街道，星空仍是那样深沉幽暗，但我却看到了那微弱闪亮的星光。那个星光是步履向前的希冀，是满溢而出的爱意，是奋斗不息的脚踪。在这萧瑟的冬天里，一碗馄饨却暗藏了一整个生机勃勃的春天。

刊发于《山东青年》

※　优秀作品九

外婆的多彩朋友圈

文／王婷

吃过晚饭，我习惯性地刷起朋友圈。突然，一张书法临摹帖的照片吸引了我的视线，定睛一看，写字之人竟然是外婆。

外婆什么时候开始玩朋友圈了？带着这个疑问，我打开外婆的微信，不翻不知道，一翻吓一跳。外婆的朋友圈中不仅有绘画、美食、毛笔字，还有品茶、广场舞。她倒是比我这个"90后"更热爱生活呀！我拨通视频电话："外婆，你什么时候也这么潮了，朋友圈玩得可真溜啊！"电话那头，外婆戴着老花镜，乐得露出了后槽牙，"那必须的呀，你们都不在家，我也和好姐妹一起再年轻一把！"

从那之后，我时不时翻翻外婆的朋友圈。前天，她发了新学的菜——蒜香柠檬鸡翅，隔着屏幕我都能闻到香味儿，于是赶紧打电话请教。外婆开心极了，她从冰箱中拿出几个解冻好的鸡翅，把手机用支架放好，一边改刀一边说着："这做鸡翅的第一步就是腌制，生抽、老抽、蚝油、料酒、盐、黑胡椒、蒜瓣一样都不能少。还要用手抓均匀，只有这样才更入味儿。"我跟着外婆的步骤做，腌制期间我们俩聊生活、聊工作。等腌制好了，我们一起在空气炸锅中铺柠檬片，放鸡翅、刷油、翻面，香味就顺着手机从那头飘到了这头。等到鸡翅出锅，我迫不及待地塞一块入嘴，那滋味美妙无比。外婆看见我的馋相，大声打趣："你这丫头有没有点吃相啊，以后想吃啥跟外婆学，吃饭可是人生大事呀！"我赶紧把餐桌上的外卖盒推出镜头，使劲点头。她说得没错，出门在外好好吃饭也是爱自己的一种方式。

昨天，外婆发了老家的小菜园，菜园里有绿油油的青菜，红彤彤的小米椒，深紫的茄子，水灵灵的小白菜，还有一串串从高处垂下来的长豆角，一片生机盎然。看多了城市中写字楼的规矩与喧嚣，眼前的田园风景让人心驰神往。那一刻，我完全沉浸在大自然的馈赠中，感受到那些看似"无用"却时刻在滋养着人心的东西，它让我静下来，柔软下来。

外婆的朋友圈里既有人间烟火，也有诗情画意。新学的菜肴，书桌上练的毛笔字，农村的静谧清晨，晚上热闹的广场舞，以及村口大片的麦田、弯弯曲曲的小路……那一切都饱含着生命的活力，让人感觉万物可爱。

晚上回家经过花市，我买了几支向日葵，到家插瓶放水，那一抹绚丽瞬间使整个屋子明亮起来。我也学着外婆，拍照发了朋友圈，不一会儿就收到好多点赞。泡一壶红茶，翻开一本买了许久仍崭新的书，在这秋日的凉爽里，久违的松弛感又重新回到我的生活。

王小波说，"一个人只拥有此生此世是不够的，他还应该拥有诗意的世界。"真应该感谢外婆的朋友圈，是她的用心经营，让我的生活也变得多姿多彩起来。

刊发于《钱塘江文化》

那一抹甜甜的小冰凉

文 / 张奇珍

"一股细微的清香味儿。"

"对，就是它——红糖凉糕。"

当我的味蕾被它占领时，与它的回忆井喷式朝我涌来……

有一年外出学习，偶然在成都街头一家不起眼的老旧小店里，吃到了一种甜品：红糖凉糕。小小的一碟，柔软圆润的糕体上淋着浓稠的红糖汁，用勺子舀起一口品尝，瞬间一股冰凉带着古早味的纯正红糖汁在口腔里漾开来，仔细一抿，浓密的甜里似乎还微透着一股细微的清香味儿，说不出来的特别口感，瞬间征服了我的胃。

那些天，只要有一点点空隙时间，我就跑去街上吃上一碟，慢慢地抿着，入口即化的滑顺冰凉感非常抚慰人心，我就这样莫名地被它深深的吸引了。后来我知道了，这是四川的一种特色小吃。

几年后，再次去到成都，满心满眼地去寻找红糖凉糕，吃了几家，口感却不一样了，一点都没有那之前的惊喜感，后来终于在朋友的带领下，在一家充满情调的餐厅里再次尝到了那深刻又熟悉的口感。从此，红糖凉糕成了我去四川必不可少的打卡环节。

今年夏天，我去到重庆，依然在逛街的过程中寻觅这碟心头好。还真的让我偶遇了一位在地铁口摆摊卖红糖凉糕的大姐，打开保温桶，我看到泡在冰水里的一块块半圆形Q弹嫩滑的淡黄色凉糕，模样与我在成都吃过的略有不同，我决定还是买一份尝试一下。在拎着凉糕走回酒店的路上，忍不住打开品尝了一口，哇！是对的感觉，我瞬间兴奋得嗷嗷叫了几声，口齿不清地朝着身边的家人呱唧呱唧地嚷嚷：就是这个味儿，是正宗的，非常正宗。我得再去买一份。

我转身快步赶到小推车面前，喜笑颜开地跟大姐表白：大姐，你家的凉糕很正宗，很好吃，再来一份。凉糕大姐也非常开心，娓娓地告诉我这是她自己做的，她每天把大米浸泡在水里，泡够时间，然后用石磨磨成米浆，再把沸水加入米浆不停地搅拌均匀，然后进行调浆、熬制，熬制过程中需要不断地搅拌，防止粘锅，搅拌至米浆变成浓稠的凉糕糊再关火，煮好的凉糕糊倒入碗中自然冷却、凝固、定型，放入冰水里冷藏。再把红糖溶解在水中，煮至浓稠状，吃的时候淋在凉糕上面即可。听起来容易，但是在制作的过程中每个环节都很讲究细节，任何一个环节做不到位，就会影响口感。

原来是这样啊，难怪不是每一家的凉糕都是同一种口感，我瞬间明白了，对坚持手作的这份初心深感可贵，这世间没有平白无故的优良品质，哪怕是一碗小小的凉糕，都需要满满的匠心才能去达成啊。

听完大姐制作凉糕的故事，我心满意足地带着两份凉糕回到酒店，安安静静地坐着慢慢品尝，那一晚的美好是两碗红糖凉糕给的，油然而生的幸福感里带着甜甜的冰凉。

我坐在窗台上看着窗外的灯火闪烁，静静思量。

作为一个美食爱好者，我是品尝过一些不错的食物，但是真正能够令我惊喜到两眼发光的，为数不多。我也无法解释，为何这样一份小小的红糖凉糕，如此地触动我的心弦，给予我如此美好的体验。从第一次偶遇到这一次，每一次红糖凉糕入口时，那份冰凉柔顺带着深深的甜，仿佛在瞬间抚平了39度高温的燥热，是一种无可替代的柔软与包容，让你在人潮涌动的人世间里，瞬间被看见和懂得的感觉，是一种爱。

无法解释的事情，我喜欢称它为上天赐予的礼物。而我，欣然接受这份礼物，用满心的欢喜和温柔与它对话。仿佛，爱在流动，幸福，因此滋长，缓缓蔓延。

离开重庆已多时，心里却时不时地会回想起这充满能量的四川红糖凉糕，冰凉细腻丝滑Q弹、甜而不腻的红糖汁，给过一个原本不爱甜食的南方妹子切切实实的幸福感。从此，内心多了一个奔赴四川最朴素也最纯粹的理由。

或许，在这人间里，洒落着星星点点的礼物，就像盲盒一样，等待着我们去开启，就像这份红糖凉糕，这一抹甜甜的小冰凉，在这滚烫沸腾的人间，是一股清凉的镇静剂，是安心丸，给我的生活带来了无数次美好的回味。

静下来，去倾听你内心的声音

文 / 张奇珍

因为一直是个对时间很有感觉的人，不忍浪费不忍辜负，于是把前半生活成了一个奔跑的版本，真正留给自己走心去思考的时间并不够多。现在回想起来，如果过往我能够给自己的生命多留一些空白，多读一些好书，多一些安静的思考，多和一些良师益友做深度的交流，那么在很多选择上，会更加清晰。

很多时候，我们在一些关键节点做的选择，会直接影响到后来很长的一段路。

人生是一场单程的长途旅行，在这场旅行中，必然会经历无数的弯道和迷茫期，而复盘走过的路是我们生活中不可或缺的功课。

如果我们把一年的时间按照四个期间来分段，每一段时间为期 3 个月，每一段期间所经历过的事情都去做一个回顾和梳理，那么在每一年终对这一年做复盘和总结的时候，一定会发现自己在过去的一年时光里有很多珍贵的收获，或得或失，就会很清晰地呈现出来，为了下一个阶段有更清晰的调整和规划。

在很多时候，我们很难有足够的智慧能够看得足够长远，更多时候，我们会局限在当下的社会节奏里，被身边的各种声音裹挟着前行。比如社会主流价值观，比如家人的期待，比如世俗的眼光……我们的生活在不知不觉中，被各种各样的"标准"定义着，它们明里暗里在影响着我们的步伐，影响着我们在每个重要节点上做出的选择，让我们的生命不知不觉地步入一个复制版的人生轨道，让我们忽略了去和自己内心对话，问问自己真正渴望的人生是什么样子的？

生命原是人最珍贵的价值。每一个人的人生体验都是独一无二的，每一个生命个体的心路历程也都是无法复制的，没有一个人可以切身体会到另外一个人的经历和感受。所以，对自己的生命有一个清晰的看见至关重要。

在当今时代，很多人耗尽精力追逐各种外在的东西，以为这是生命真正的需要。然而，当很多外在的东西都拥有了之后，我们会发现内在生命依然有一个空洞无法填满，它会时不时浮现出来提醒我们，原来我的生命并没有去到真正的自由和幸福。奔跑得太匆忙，会让我们模糊了思绪，忽略了生命真正的需要是什么。

我们总说这人生你走的每一步都算数，正因为如此，这人生路上的每一步都很重要，都需要带着精微的觉知去迈步。这个精微的觉知，并不是说我们要走得小心翼翼，如履薄冰，而是要向心而行。这是我走了很长的路之后才领悟到的。

最近读周国平的书《只是眷恋这人间烟火》时非常入心，他说："人世间真实的幸福原是极简单的。在五光十色的现代世界里，让我们记住一个古老的真理：活得简单才能活得自由。在一个人的生活中，精神需求相对于物质需求所占比例越大，他就离自己的灵魂越近，他的幸福感就越强。"

我们不可避免地生活在一个功利的世界上，为了生存而奋斗。然而，我们可以也应当减轻这个程度，为生命争取尽可能大的空间。

在市声尘嚣之中，生命的声音已经久被遮蔽，现在，让我们都安静下来，去倾听自己身体和心灵的声音，听一听自己的生命在说什么，想一想自己的生命究竟需要什么。

我曾经问自己，如果有一天，我不用为了生活而奋斗的时候，我最想做的事情是什么？那一刻，我才在众多的选项里找到自己内心真正的热爱，我终于清晰自己想要的一直都那么简单，也是触手可及的。自此，我才开始放下用力寻找，真正地安下心来，依心而行，向着我的热爱一点一点去靠近。而正是在这个过程中，我得到了内心真正的宁静，体验到由内而外自然生长的无可替代的喜悦。

一岁有一岁的成长，我们总是要对得起这一年四季，日月晨昏。

时间无言，似水流年。但是我们不要慌张，我们可以慢一点，学习着去向内探索，因为心的声音是向着我们的灵魂而去的，那是我们的生命渴望去到的终极方向，那里通向恒久的喜乐与幸福。

无论是于喧嚣里谋生，还是在安静里谋心，我们慢慢地学习在人间烟火里保持一份清醒，忠于内心的选择，在自省中成熟，在喜悦中知足，以乐天旷达的胸襟，用人性中无须声张的朴素厚实，去走这漫漫人生路，用热爱去丰盈这段单程的旅途。

在生命的修行中，愿我们知世俗而不世故，唯愿遇见的所有，皆是我们去向幸福的阶梯。

创意写作通关秘籍

扫码获取

01 创意写作课
学作文技巧
写高分作文

02 名家创作谈
看创作心得
得名家真传

03 佳作朗诵赛
听在线音频
享文字魅力

04 作文点评站
拍照上传
在线点评作文